D1728562

Petrick/Eggert

Umwelt- und Qualitäts-
managementsysteme

Umwelt- und Qualitäts- managementsysteme

– Eine gemeinsame Herausforderung –

Herausgegeben von
Klaus Petrick und Renate Eggert

Mit 81 Bildern und 11 Tabellen

Die Autoren:

Detlef Butterbrodt, Renate Eggert, Wolfgang Fischer,
Andreas Friedel, Alexander Gogoll, Michael Jacobi,
Peter Kleinsorge, Martin Mantz, Uwe Müller, Karl Niederl,
Ulrich Nissen, Joachim Pärsch, Klaus Petrick,
Thomas Ritzenfeld, Ulrich Tammler, Martin Witthaus

Carl Hanser Verlag München Wien

Die Herausgeber, Dr.-Ing. Klaus Petrick und Dr. Dipl.-Chem. Renate Eggert, haben in der DQS die Verfahren zur Umweltbegutachtung und Zertifizierung von Umweltmanagementsystemen entwickelt. Die DQS Deutsche Gesellschaft zur Zertifizierung von Qualitätsmanagementsystemen mbH (Berlin, Frankfurt) ist zugelassene Umweltgutachterorganisation.

Die Deutsche Bibliothek – CIP-Einheitsaufnahme
Umwelt- und Qualitätsmanagementsysteme : eine gemeinsame Herausforderung / hrsg. von Klaus Petrick und Renate Eggert.-München ; Wien : Hanser, 1995
ISBN 3-446-18107-5
NE: Petrick, Klaus [Hrsg.]

© 1995 Carl Hanser Verlag München Wien
Umschlaggestaltung: Susanne Kraus, München
Satz: Datentechnik/Lichtsatz Gruber, Regensburg
Druck: Buchdruckerei Sommer, Feuchtwangen
Bindung: Thomas Buchbinderei, Augsburg
Printed in Germany

Autoren

Dipl.-Ing. Detlef Butterbrodt

Geboren 1962, studierte nach einer abgeschlossenen Berufsausbildung Maschinenbau an der Technischen Universität Berlin mit der Vertiefung Produktionstechnik und Qualitätsmanagement. Am Fachgebiet Qualitätswissenschaft am Institut für Werkzeugmaschinen und Fertigungstechnik arbeitet er als Wissenschaftlicher Mitarbeiter seit 1992 unter der Leitung von Prof. Dr.-Ing. G. F. Kamiske an der ökologischen Ausrichtung des TQM-Führungsmodells und seit 1994 an dem AiF/FQS-geförderten Forschungsprojekt „Umweltschutz als Bestandteil eines umfassenden Managementsystems". Daneben ist er Mitbegründer eines Hochschularbeitskreises und Mitglied in zahlreichen weiteren Arbeitskreisen (AiF/FQS, DGQ, DQS, NAGUS, NQSZ) zu dieser Thematik.

Dr. Dipl.-Chem. Renate Eggert

Geboren am 9.11.1962, studierte Chemie an der FU Berlin und promovierte 1991 am Fachbereich Organische Chemie. Parallel dazu beschäftigte sie sich mit Ökotoxikologie und Umweltrecht; während ihrer Studienzeit war sie als wissenschaftliche Mitarbeiterin tätig. 1992 erwarb sie innerhalb des QM- und Auditorenlehrgangs die Qualifikation DGQ-Fachauditor. Seit 1993 ist Frau Dr. Eggert als Referentin und Auditorin bei der DQS „Deutsche Gesellschaft zur Zertifizierung von Qualitätsmanagementsystemen mbH" beschäftigt. Mit ihren Kenntnissen unterstützte sie die DQS beim Aufbau des Auditdienstes Umweltmanagementsysteme und führt als Projektleiterin diese Arbeit fort.

Dr. rer. nat. Wolfgang Fischer

Geboren am 10.11.1942 in Teplitz-Schönau. Nach dem Studium der Chemie an der Universität Erlangen-Nürnberg war er ab 1976 als Verfahrensingenieur für Umweltmonitore bei der Fa. Klaus-Schaefer GmbH in Neu-Isenburg tätig. 1977 wechselte er zu dem amerikanischen Konzern WR GRACE, wo er 1989 als Entwicklungsdirektor mit einem seiner umweltschutzbezogenen Verfahrens- und Produktpatente für die Gummi- und Kunststoffverarbeitung dem Unternehmen zur Verleihung des Innovationspreises der deutschen Wirtschaft verhalf. In den letzten fünf Jahren widmete er sich als Supervisor Quality Management ausschließlich der Einführung eines europaweit harmonisierten Management- und Umweltschutzsystems. Neben dieser Tätigkeit auditiert er seit 1991 zusätzlich im Auftrage der DQS und führt seit 1994 DGQ-Lehrgänge zur Ausbildung von DGQ-Umweltauditoren und DGQ-Umweltschutzmanagern durch.

Dipl.-Ing. Andreas Friedel

Geboren am 4. 2. 1967. Von 1987 bis 1992 Studium des Maschineningenieurwesens an der TU Chemnitz. 1991 Studienaufenthalt in der heutigen GUS. 1992 VDMA-Studienpreis. 1992 Aufnahme eines Promotionsvorhabens, gefördert von der Hans-Böckler-Stiftung. Seit 1993 Promotionsstudent an der Universität Stuttgart. 1993/94 Mitarbeit an Projekten in den Gebieten Produktrecycling, umwelt- und recyclingorientierte Produktgestaltung und Ökobilanzen am Fraunhofer-Institut für Produktionstechnik und Automatisierung, Veröffentlichungen und Vorträge im Themenkreis Betriebliches Umweltmanagement.

Dipl.-Ing. Alexander Gogoll

Geboren 1964, ist Wissenschaftlicher Mitarbeiter am Fachgebiet Qualitätswissenschaft unter der Leitung von Prof. Dr.-Ing. G. F. Kamiske am Institut für Werkzeugmaschinen und Fertigungstechnik der Technischen Universität Berlin. Seit Anfang 1993 untersucht er im Rahmen des BMFT-Programms Qualitätssicherung 1992-1996 die Einsatzmöglichkeiten von Qualitätstechniken im Dienstleistungsbereich.

Dipl.-Ing. Michael Jacobi

Geboren 31.1.1940. Lehre als Schriftsetzer. Studium an der Akademie für das graphische Gewerbe München. Danach Herstellungsleiter Tageszeitungen der Ullstein GmbH. Von 1966 bis 1995 Mitarbeiter bei Mohndruck, Mitglied der Geschäftsleitung, verantwortlich für Umwelt, Arbeitssicherheit, betriebliches Vorschlagswesen. Mitglied Umweltausschuß IHK Bielefeld und Beirat der B.A.U.M. EPAG i.G. sowie Mitglied verschiedener überbetrieblicher Arbeitskreise zum Thema Umwelt.

Peter Kleinsorge

Geboren 1938, trat 1969 nach einem Studium der Schiffstechnik bei der damaligen NCR GmbH als Entwickler ein. Seit 1971 bis heute war er in verschiedenen Positionen der Qualitätssicherung in Berlin, Augsburg und den USA tätig. In den Jahren 1986 bis 1988 war er maßgeblich daran beteiligt, das Konzept des Prozeßmanagements weltweit und flächendeckend im Konzern einzuführen. Zwischendurch Lehrtätigkeit an der Fachhochschule Augsburg für das Fach „Qualitätssicherung". Gegenwärtig ist er verantwortlich für das Qualitätssystem in der Workstation Products Division der AT&T Global Information Solutions (früher NCR GmbH) in Augsburg. Autor mehrerer Veröffentlichungen zum Thema CAQ-Konzepte, Prozeß-Management sowie strategisches Benchmarking. Peter Kleinsorge ist zertifizierter Auditor für Qualitätsmanagementsysteme, sowie Dozent für Seminare der DGQ Deutsche Gesellschaft für Qualität.

Dipl.-Ing. und Jurist Martin Mantz

Geboren 1956, studierte in Hamburg Maschinenbau und Rechtswissenschaften, und war mehrere Jahre im Sonderanlagenbau tätig. Er war drei Jahre lang Geschäftsführer eines Hamburger Beratungsunternehmens und ist jetzt selbständiger Unternehmensberater für Umwelt- und Qualitätsmanagement sowie Referent der DGQ im Bereich des Umweltmanagements.

Dr.-Ing. Uwe Müller

Jahrgang 1960. Studium der Verfahrenstechnik an der TU Clausthal, 1994 Promotion am Fachbereich Sicherheitstechnik der Uni Wuppertal. Seit 1986 Mitarbeiter der Fa. Henkel KGaA, Düsseldorf, in verschiedenen Positionen. Ab 1993 Projektleiter zur Entwicklung eines integrierten Umweltmanagementsystems. Seit Ende 1994 Leiter der Organisationseinheit Arbeitsschutz und Vorschlagswesen. Mitglied in verschiedenen Arbeitskreisen des VCI zu Themen von Umweltschutz und Sicherheit.

Dipl.-Ing. Dr. techn. Karl Niederl

Geboren 1952, hat 1978 das Studium der Technischen Physik und 1982 das Doktoratstudium über Energiesysteme an der Technischen Universität Graz beendet. Er war nach einigen USA-Forschungsaufenthalten und industriellen Tätigkeiten als Inbetriebnahme-Ingenieur Vertragsassistent an der TU Graz. Ab 1983 leitete er das Energiereferat, seit 1989 ist er als Leiter des Amtes für Umweltschutz der Stadt Graz tätig.

Dipl.-Wirtschaftsing. Ulrich Nissen

Geboren 1963. Lehre zum Kfz-Elektriker. Wirtschaftsingenieurstudium an der Universität Hamburg. Diplomarbeit über strategisches Umweltmanagement. 1988/89 Marketingtätigkeit bei einer Software-Firma in den USA. 1990/91 Lehrtätigkeit über Maschinenbau und technischen Umweltschutz bei der GFBA in Hamburg. 1991 Umweltberater bei der Gesellschaft für Umwelttechnik und Unternehmensberatung (GUT) in Berlin. 1992-1994 Wisssenschaftlicher Mitarbeiter auf den Gebieten Umweltmanagement und Öko-Design am Fraunhofer-Institut IPA, Stuttgart. Seit 7/94 Doktorand am Lehrstuhl für Öffentliches Recht der WiSo-Fakultät der Universität Erlangen-Nürnberg sowie freier Umweltmanagementtrainer. 1988/89 Stipendiat der Carl-Duisberg-Gesellschaft. Träger des HASCO-Umwelt-Wissenschaftspreises. Zahlreiche einschlägige Veröffentlichungen.

Dipl.-Ing. Joachim Pärsch

Geboren 1936, studierte Eisenhüttenkunde an der TH Aachen. Danach war er als Leiter der Gütesicherung bei MBB, Donauwörth, sowie als Leiter des Qualitätswesens bei MAN, Gustavsburg, und der Brown Boveri Reaktor GmbH,

Mannheim, tätig. Heute ist er Geschäftsführer der DQS Deutsche Gesellschaft zur Zertifizierung von Qualitätsmanagementsystemen mbH, Frankfurt/Main.

Dr.-Ing. Klaus Petrick

Geboren 1940, studierte Luftfahrttechnik an der TU Berlin und war bis 1972 wissenschaftlicher Mitarbeiter am dortigen Institut für Raumfahrttechnik. Von 1973 bis 1991 war er Geschäftsführer des Ausschusses Qualitätssicherung und angewandte Statistik und bis 1988 auch Geschäftsführer des Normenausschusses Akustik und Schwingungstechnik im DIN, insbesondere zuständig für die Normung von Immissions- und Emissionsmessungen. Er wurde Anfang 1989 zum Geschäftsführer der DQS Deutsche Gesellschaft zur Zertifizierung von Qualitätsmanagementsystemen mbH bestellt. Ab 1992 übt er diese Funktion hauptamtlich aus. Daneben war er bis Dezember 1993 Chairman von EQS (European Committee for Quality System Assessment and Certification). Seit vielen Jahren arbeitet er im ISO/TC 176 „Quality Management and Quality Assurance" mit.

Dipl.-Ing. (FH) Thomas Ritzenfeldt

Geboren 1961, hat nach technischer Berufsausbildung 1989 das Studium der Physikalischen Technik an der FH-Heilbronn beendet. Zunächst war er als Projektingenieur für Umweltschutzthemen in der Steinbeisstiftung Baden-Württemberg tätig. Seit 1991 leitet er als Umweltschutzbeauftragter den Bereich Umweltschutz des Getriebeherstellers Getrag Ludwigsburg mit den Verbundunternehmen.

Dipl.-Ing. Ulrich Tammler

Geboren 1967, studierte Maschinenbau an der Technischen Universität Berlin. Seit 1992 untersucht er als Wissenschaftlicher Mitarbeiter am Fachgebiet Qualitätswissenschaft unter der Leitung von Prof. Dr.-Ing. G. F. Kamiske am Institut für Werkzeugmaschinen und Fertigungstechnik die Einsatzmöglichkeiten der Qualitätstechniken im Umweltmanagement und die ständige Verbesserung der Umweltverträglichkeit von Produktionsprozessen. Seit 1994 betreut er ein AiF/FQS-gefördertes Forschungsprojekt „Umweltschutz als Bestandteil eines umfassenden Managementsystems". Er ist Mitbegründer eines Hochschularbeitskreises und Mitglied in weiteren Arbeitskreisen.

Dr. rer. nat. Martin Witthaus

Geboren 1939, Studium der Chemie an der TU Hannover, Promotion in Technischer Chemie. Ab 1968 Industrietätigkeit bei Amoco Chemicals (USA), Kali-Chemie AG (Hannover) und seit 1974 bei Henkel KGaA, Düsseldorf, als Leiter der Hauptabteilung Organische Technologie. Seit 1990 Leiter des Zentralen Qualitätsmanagements der Henkel KGaA.

Vorwort

Vor dem Hintergrund zunehmender Umweltbelastung und -zerstörung ist das Umweltbewußtsein in der Bevölkerung in den letzten Jahren stark gestiegen. Die Suche nach den Ursachen der Umweltprobleme hat neben der individuellen Verantwortung jedes einzelnen Gesellschaftsmitglieds die bedeutende Rolle der Unternehmen in diesem Zusammenhang deutlich gemacht.

Innerhalb weniger Jahre haben in Organisationen (in Unternehmen, Verwaltungen, Instituten) umweltschutzbezogenes Management, kurz Umweltmanagement (UM), und betriebliche UM-Systeme eine herausragende Bedeutung gewonnen. Es ist zu erwarten, daß dieses Thema im nächsten Jahrzehnt für Wirtschaft und Staat in vielen Ländern zum Schlüsselthema wird.

Systematisches betriebliches Umweltmanagement ist eine komplexe Herausforderung. Es setzt beträchtliche Veränderungsbereitschaft im Management voraus und kann in der Anfangsphase Anpassungen der Produktionsprozesse und der Zuständigkeiten erfordern. Ein ökologisch orientiertes Management muß bereit sein, alte Lösungen in Frage zu stellen und neue Wege zu gehen. Die Prämissen des Wirtschaftens müssen überdacht werden, und man muß akzeptieren, daß eine intakte Umwelt neben Kapital und Arbeit ein wesentlicher Produktionsfaktor ist, mit dem entsprechend sorgfältig nach wirtschaftlich- ökologischen Prinzipien umgegangen werden muß.

Um diesem Anspruch gerecht werden zu können, ist es notwendig, Verfahren und Strukturen zu entwickeln und einzuführen, die das Zusammenwirken von Ökologie und Ökonomie erleichtern und auch in der betrieblichen Praxis realisierbar machen.

Hier kann das Qualitätsmanagement eine wertvolle Orientierungshilfe bieten: Qualitätsmanagement dient traditionell dazu, die Erfüllung der Kundenforderungen an die Angebotsprodukte sicherzustellen. Diese Kundenforderungen können auch Umweltforderungen mit einschließen. In diesem Falle wird Umweltverträglichkeit zum Qualitätsmerkmal dieser Produkte. Qualitäts- und Umweltmanagement stimmen hier überein. In Bezug auf das Management der Qualität unerwünschter Nebenprodukte, wie z. B. von Emissionen, Abfällen, Abwässern und Ressourcenverbrauch, geht das Umweltmanagement dagegen über das traditionelle Qualitätsmanagement hinaus. Es folgt aber prinzipiell den gleichen Grundgedanken und ist somit die konsequente Ergänzung des Qualitätsmanagements im Sinne eines Total Quality Management-Konzepts.

Vieles deutet darauf hin, daß diese Entwicklung ähnlich verläuft wie im Qualitätsmanagement (QM) und bei QM-Systemen in den letzten Jahrzehnten.
Hier wurden in den 60er und 70er Jahren besonders in zukunftsorientierten
Firmen Anstrengungen unternommen, nicht nur Produkte herzustellen, die
die Kunden- bzw. Marktforderungen erfüllen, sondern auch die Systematik
der Entstehung der Produkte im gesamten Unternehmen zu verbessern.
Damit sollte erreicht werden, Produkte mit zufriedenstellender Qualität
kostengünstiger anbieten zu können. Einerseits mußte dem sich verschärfen-
den Wettbewerb standgehalten werden. Andererseits verlangten beispielsweise öffentliche Auftraggeber und industrielle Großkunden zunehmend
Vertrauen in die Qualitätsfähigkeit ihrer Lieferanten. Diese mußten also
zunehmend darlegen, daß sie fähig sind, die gestellten Qualitätsforderungen
an die zu liefernden Produkte gleichmäßig zu erfüllen.

Dieses Interesse von Organisationen nach Stärkung der Wettbewerbsfähigkeit
und dieses Verlangen von Kunden nach Qualitätsfähigkeit von Lieferanten
führte zur Erarbeitung von intern und vertraglich anwendbaren Bezugsdoku-
menten. Es entstanden wegweisende Veröffentlichungen, branchenbezogene
Normen und in wesentlichen Industriestaaten unterschiedliche nationale
Normen zum Thema Qualitätsmanagementsysteme (früher Qualitätssicherungssysteme). Der Vergleich dieser unterschiedlich gestalteten Normen
zeigte, daß die Prinzipien und Werkzeuge des Qualitätsmanagements allgemein gültig gefaßt werden können. Dies gilt für alle Branchen bzw. Produkt-
arten, für jede Größe einer Organisation, für jede Produkt- und Prozeßtech-
nologie und unabhängig davon, in welchem Land sich die Organisation befindet. Die internationale Harmonisierung dieser unterschiedlichen, jedoch im
wesentlichen inhaltsgleichen Normen führte zwischen 1980 und 1987 zu den
internationalen Normen der ISO 9000-Reihe, die heute die erfolgreichsten
internationalen Normen überhaupt sind. Sie wurden in 73 Ländern unverändert als nationale Normen veröffentlicht.

Diese Normen werden sowohl für unternehmensinterne Zwecke als Hilfestellung für den Aufbau von QM-Systemen verwendet (ISO 9004-Teile) als auch
zunehmend als Vertragsbestandteile zwischen Abnehmern und Lieferanten.
Dabei läßt sich der Abnehmer vom Lieferanten der Produkte darlegen, daß
dessen QM-System eingeführt ist, funktioniert und die Forderungen der ISO
9001, 9002 oder 9003 erfüllt. Die Darlegung kann vom Lieferanten auch
gegenüber einer neutralen Zertifizierungsstelle erfolgen. Das nach entsprechender Prüfung (Audit) erworbene Zertifikat soll bei den Abnehmern Vertrauen in die Qualitätsfähigkeit des Lieferanten schaffen. Während die Darlegung des QM-Systems auf die Vertrauensbildung beim Kunden ausgerichtet
ist, soll die Darlegung eines Umweltmanagement-Systems (UM-Systems)

zunächst vor allem der Vertrauensbildung bei der Gesellschaft (gesellschaftliche Gruppen, Staat) dienen. Es soll Vertrauen in die umweltbezogene Qualitätsfähigkeit einer Organisation geschaffen werden, d. h. Vertrauen in die Fähigkeit, gesetzliche und intern festgelegte umweltschutzbezogene Forderungen an die Angebotsprodukte, Nebenergebnisse, Prozesse und Anlagen systematisch und fortwährend zu erfüllen. Für diese umweltbezogene Qualitätsfähigkeit werden sich in Zukunft, aufgrund verstärkt empfundener Umweltverantwortung, industrielle und staatliche Abnehmer und Verbraucher der Angebotsprodukte und aufgrund von Risikoüberlegungen auch Banken und Versicherungen vermehrt interessieren.

Wie in den 70er und 80er Jahren nationale und schließlich internationale Normen über QM-Systeme entwickelt wurden (ISO 9000-Reihe), entstanden und entstehen zur Zeit in den verschiedenen Ländern nationale Normen über UM-Systeme, und es entsteht eine internationale Normenreihe dazu (ISO 14000-Reihe). Ein maßgebliches Zeichen wurde zudem 1993 in Europa mit der Verordnung (EWG) Nr. 1836/93 über die freiwillige Beteiligung gewerblicher Unternehmen an einem Gemeinschaftssystem für das Umweltmanagement und die Umweltbetriebsprüfung gesetzt. Diese Verordnung fordert von den teilnehmenden Unternehmen die Veröffentlichung einer Umwelterklärung und unter anderem die Einrichtung eines Umweltmanagementsystems, das die Erfüllung aller relevanten gesetzlichen Forderungen und der eigenen Umweltpolitik sowie eine ständige umweltbezogene Verbesserung des Unternehmens gewährleisten soll. Aus unternehmensinterner Sicht kann es keine Trennung zwischen den QM- und den UM-Systemen geben. Es gibt zahlreiche Überschneidungen. So sind umweltschutzbezogene Merkmale von Produkten (z. B. der Benzinverbrauch eines Autos), Anlagen und Prozessen zugleich Qualitätsmerkmale dieser Einheiten. Alle Aspekte des Managementsystems (neben Qualitäts- und Umwelt- auch Finanz- und Kostenmanagement, Arbeitsschutzmanagement usw.) müssen in der Organisation aufeinander abgestimmt zur Geltung kommen. In diesem Buch liegt der Schwerpunkt daher in der Herausarbeitung der Gemeinsamkeiten dieser Managementaspekte, um besonders auch kleinen und mittleren Unternehmen praktikable Wege aufzuzeigen, den neuen Herausforderungen standzuhalten und aktiv und möglichst wirtschaftlich die neue Verantwortung wahrzunehmen.

Dabei sollen die unterschiedlichen Randbedingungen für die Managementbereiche jedoch nicht verwischt werden. Sie liegen im wesentlichen in der traditionellen Trennung dieser Bereiche der Organisation und in den teilweise stark differierenden Interessen der jeweiligen Interessenpartner der Organisation. Ein weiterer Aspekt sind die für die Bereiche unterschiedlichen

Regelungsdichten durch Rechts- und Verwaltungsvorschriften und durch Normen. In bezug auf die Kernelemente des Managementsystems spielen diese Unterschiede aber keine Rolle.

Dieses Buch gibt besonders denjenigen Organisationen Hilfestellungen, die bereits ein QM-System eingerichtet haben, das die Forderungen der Norm ISO 9001 erfüllt. Es soll jedoch auch das gegenseitige Verstehen fördern: Die dem Qualitätsmanagement verpflichteten Mitarbeiter werden erfahren, wie weit ihre Systematik erweitert werden muß, um die Umweltmanagement-Aspekte umfassender als bisher und mit der notwendigen Gewichtung zu berücksichtigen. Die vorwiegend dem Umweltschutz verpflichteten Mitarbeiter werden im Qualitätsmanagement wirksame Mittel zur Verwirklichung ihrer Ziele vorfinden. Für die oberste Leitung einer Organisation, die sich den Grundsätzen und Zielen der anspruchsvollen Führungsmethode TQM Total Quality Management mit ihrem ständigen Verbesserungsanspruch in allen Bereichen der Organisation verschrieben haben, ist die Zusammenführung aller Managementaspekte gedanklich eine Selbstverständlichkeit.

Es soll noch einmal hervorgehoben werden, daß es in diesem Buch um interne Managementsysteme und externe Vertrauensbildung (zum Beispiel anhand von Systemzertifikaten) geht. Organisationen sollen in ihrem Bemühen unterstützt werden, ständig und systematisch die umweltschutzbezogenen Forderungen an Produkte, Prozesse und Anlagen zu erfüllen. Es geht also nur indirekt um die technischen Forderungen selbst, wie sie durch Gesetze, von Kunden oder als intern spezifizierte Forderungen an die Produkte, Prozesse und Anlagen festgelegt sind. Gleiches gilt für die Nachweise der Erfüllung dieser technischen Forderungen zum Beispiel anhand von Produktzertifikaten und Umweltzeichen für Produkte. Deshalb sei schon an dieser Stelle dazu aufgerufen, diese Differenzierungen wahrzunehmen, das Thema Managementsystem-Zertifizierung nicht zu überfrachten und die Bedeutung von QM- und UM-Systemzertifikaten richtig zu bewerten.

Dieses Buch vermittelt den aktuellen Stand der Themenbereiche Umwelt- und Qualitätsmanagementsysteme. Einige der dargestellten Sachverhalte und Vorgehensweisen können sich kurzfristig ändern. Der Leser wird gebeten, die jeweils neueste Entwicklung zum Thema zu verfolgen.

Berlin, im Herbst 1995   *Dr.-Ing. Klaus Petrick*

Inhalt

A2 Geschäftsprozeßmanagement und das Qualitäts- und Umweltmanagementsystem
Peter Kleinsorge

B2   Untersuchungsmethoden im betrieblichen Umweltschutz

Ulrich Niessen, Andreas Friedel

C2 Zertifizierung von Umweltmanagementsystemen

Dr. rer. nat. Renate Eggert

C3 Zertifizierung des Umweltmanagement-Systems als Erweiterung des Qualitätsmanagement-Systems Ein Erfahrungsbericht aus der Computerindustrie

Peter Kleinsorge

C4 Erfahrungsbericht aus Pilotzertifizierungen von Umweltmanagementsystemen aus der Sicht der Zertifizierungsstelle

Dr. rer. nat. Wolfgang Fischer, Dipl.-Ing. Joachim Pärsch

C5   Praxisbeispiel aus der metallverarbeitenden Industrie

Dipl.-Ing. (FH) Thomas Ritzenfeld

C6   Ein integriertes Umwelt- und Qualitätsmanagement-system für ein Unternehmen der chemischen Industrie

Dr. Uwe Müller, Dr. Martin Witthaus

Das Konzept der Zusammenführung von Qualitätsmanagement und Umweltmanagement

Dr.-Ing. Klaus Petrick

1 Das Umfeld einer Organisation

Seit dem 2. Weltkrieg hat sich die Wirtschaft in vielen Ländern grundlegend geändert. Eine Organisation / ein Unternehmen betätigte sich in den Aufbaujahren vornehmlich in einem Verkäufermarkt, d. h. in einem auf das Land oder die Region beschränkten Markt, der vom Mangel an Waren und durch Wachstum geprägt war. Auch Produkte, deren Qualität und Preis wenig angemessen waren, fanden ihre Käufer. Die Organisationen waren nach jahrzehntelanger entsprechender Entwicklung vorwiegend tayloristisch organisiert: „Oben wird gedacht, unten wird nach den Vorgaben gearbeitet." Für die Qualität der Produkte war die Inspektionsabteilung mit ihrer „Endkontrolle" zuständig.

Heute herrschen die Bedingungen eines grenzüberschreitenden Käufermarktes vor. Es herrscht Sättigung für traditionelle Produkte. Organisationen sind gezwungen, größeres Gewicht auf Innovationen, auf die Wünsche der Kunden und auf die effiziente Nutzung aller personellen und sachlichen Ressourcen durch klare Führung und Organisation zu legen, um wettbewerbsfähig bleiben zu können.

Der weitgehend wirtschaftlich bedingte Zusammenbruch des Ostblocks hat gezeigt, daß isolierte Volkswirtschaften langfristig nicht lebensfähig sind. Abkapselung und protektionistische Einflußnahme des Staates auf die wirtschaftlichen Bedingungen führen zur Verkümmerung und zum Verlust der Wettbewerbsfähigkeit, erst recht, wenn der Markt geöffnet wird.

Früher konnten in begrenzten Märkten staatliche Einflüsse starke Geltung gewinnen. Die Wirtschaft konnte dadurch geschützt und lebensfähig gehalten werden. Die heutige Globalisierung der Märkte macht Volkswirtschaften und damit das Wohlergehen der Bevölkerung eines Landes immer abhängiger von der Wettbewerbsfähigkeit ihrer Unternehmen auf dem Weltmarkt. Der einzelne Staat hat wenig Einfluß auf die Bedingungen des Weltmarktes und muß sich zunehmend darauf beschränken, die Randbedingungen für das Wirtschaften im Land vernünftig zu gestalten. Die eigentlich Handelnden und die wirtschaftliche und soziale Zukunft des Landes Bestimmenden sind die Unternehmen. Sie übernehmen damit vermehrt Verantwortung für die Belange der Gesellschaft. Der Staat muß zunehmend auf das verantwortliche Handeln der Unternehmen und auf die Selbstverwaltungsmechanismen der Wirtschaft bauen. Konsens zwischen Staat und Wirtschaft in den Schlüsselfragen und Randbedingungen für das Wirtschaften ist eine wichtige Voraussetzung. Natürlich kann sich der Staat nicht aus denjenigen Bereichen zurückziehen, die nur er als Vertreter der Gesellschaft regeln kann oder in denen Selbstverwaltungskräfte der Wirtschaft nicht ausreichend wirksam sind. So legt er beispielsweise die Forderungen an korrektes finanzielles Verhalten der Unternehmen, Forderungen bezüglich Arbeitsschutz und Umweltschutz, Produkt- und Umwelthaftungsregelungen, langfristig sinnvolle Besteuerungsprinzipien, Steuersätze u. a. fest und ist verantwortlich für ihre Durchsetzung.

Die Erkenntnis wächst, daß Organisationen nur durch langfristig angelegtes Handeln nach klaren Führungsstrategien ihre Existenz sichern können. Aufgrund der Komplexität der Aufgaben werden an das Managementsystem einer Organisation immer höhere Forderungen gestellt. Dies gilt in bezug auf die Fähigkeiten,

- mit den angebotenen Waren oder Dienstleistungen hoher Qualität die Kundenbedürfnisse zufriedenzustellen und vorausschauend zukünftige Kundenerwartungen zu ermitteln;

- alle Prozesse zu beherrschen (Prozeßfähigkeit und -beherrschung), den Prozeß der ständigen Qualitätsverbesserung in allen Bereichen des Unternehmens einzuleiten und aufrechtzuerhalten und die Qualität der Arbeit in allen Bereichen in den Vordergrund zu stellen;

- die Ablauforganisation so umzugestalten, daß die Kernprozesse für die Wertschöpfung effizient unterstützt werden;

- neue Technologien zu entwickeln oder zu nutzen;

- die Mitarbeiter entsprechend ihrem Können einzusetzen und zu fördern sowie für Sicherheit und Gesundheitsschutz am Arbeitsplatz zu sorgen;

- die Finanzmittel, Sachmittel und eingesetzten natürlichen Ressourcen optimal zu nutzen und für umweltschonende Produktion, umweltverträgliche Produkte und Schonung der natürlichen Umwelt und ihrer Ressourcen zu sorgen;

• die berechtigten Interessen aller Interessenpartner des Unternehmens (wie Eigner, Mitarbeiter, Kunden, Zulieferanten, Gesellschaft) angemessen zu berücksichtigen und bei ihnen durch die Darlegung Vertrauen zu schaffen, daß alle wichtigen Aspekte beachtet werden.

Die Stärkung der Verantwortung der Unternehmen, ihre Anpassungsfähigkeit und ihre Einsicht in die Notwendigkeiten bieten eine Chance, der Verschlechterung der sozialen und Umweltbedingungen aufgrund von Überbevölkerung, Überanspruchung sowie Vergeudung natürlicher Ressourcen entgegenzuwirken.

Umweltorientierung bedeutet dabei nicht, daß die klassischen unternehmerischen Ziele an Bedeutung verlieren würden. So bleiben etwa Gewinnmaximierung und Arbeitsplatzsicherung auch weiterhin erstrebenswerte Elemente einer unternehmerischen Strategie. Die Dominanz dieser klassischen Elemente aber wird abnehmen. Der Umweltschutz tritt gleichberechtigt neben sie und verleiht ihnen eine neue Perspektive.

Der Staat wird hierbei verstärkt Rahmenbedingungen schaffen, um den Markt als treibende Kraft für Anstrengungen der Unternehmen zu einer Verbesserung ihrer Umweltschutzleistung wirken zu lassen. Dabei werden die heute zum Großteil noch externen, d. h. von der Allgemeinheit getragenen Kosten der Nutzung des Produktionsfaktors Umwelt den Unternehmen zugerechnet werden. Diese als Internalisierung bezeichnete Einbeziehung der Kosten, negativer externer Effekte bzw. sozialer Kosten in die Herstellungskosten nach dem Verursacherprinzip soll die Diskrepanz zwischen den einzelwirtschaftlich verrechneten und den tatsächlichen gesamt-(volks)wirtschaftlich angefallenen Kosten minimieren. Die politische Umsetzung der Internalisierung wird vor allem mit Hilfe der Öko-Steuern (Pigou-Steuern) erwartet, die durch die damit verbundenen Preise von Gütern und Dienstleistungen einen Lenkungseffekt zu mehr Umweltentlastung bewirken sollen.

International aufeinander abgestimmte staatliche Regelungen dürften zur Wahrnehmung dieser Chance ebenso notwendig sein wie die Schaffung neuer Wertmaßstäbe, die zu verantwortungsvollerem Verbraucherverhalten führen.

2   Das Wirken einer Organisation in ihrem Umfeld und Klärung wichtiger Begriffe

2.1   Zweck einer Organisation

Der Betriebszweck jeder Organisation/jedes Unternehmens ist es, Produkte zu erstellen und am Markt anzubieten (Angebotsprodukte), um mit den erzielten Einkünften die Existenz zu sichern.

Angebotsprodukte lassen sich nach der Begriffsnorm DIN EN ISO 8402 einteilen in

- Hardware (z. B. Stückgüter),
- Software (z. B. DV-Software, dokumentierte Informationsinhalte, Wissen),
- verfahrenstechnische Produkte (z. B. chemische Produkte, Strom, Gas),
- Dienstleistungen (z. B. Krankenhausleistung, Bankleistung, Wartungsleistung)
- oder Kombinationen daraus (z. B. Medizinprodukt bestehend aus mechanischen Teilen, mit DV-Software, mit Infusionslösungen und Wartungsleistung).

2.2   Die Interessenpartner einer Organisation

An den Aktivitäten einer Organisation direkt oder indirekt Beteiligte können in Gruppen von Interessenpartnern (engl. stakeholders) eingeteilt werden (vgl. DIN EN ISO 9000-1):

- Die Kunden, deren typische Erwartungen zufriedenstellende Produktqualität und angemessener Preis sind,
- die Mitarbeiter, die besonderes Interesse an ausreichendem und sicherem Einkommen sowie an einem gesunden Arbeitsplatz und Zufriedenheit bei der Arbeit haben,
- die Eigentümer, die vor allem eine ausreichende finanzielle Leistungsfähigkeit ihrer Organisation, langfristige Wettbewerbsfähigkeit und Gewinnmaximierung erwarten,
- die Zulieferanten, die primär an einer langfristigen Geschäftsbeziehung interessiert sind,
- die Wettbewerber, die versuchen, Wettbewerbsvorteile zu erlangen und
- die Gesellschaft, die verantwortliches und nachhaltiges umwelt- und sozialverträgliches Handeln erwartet.

2.3   Prozesse, Management und Managementsystem einer Organisation

Jede Arbeit im Unternehmen wird in einem Prozeß vollzogen. Ein Prozeß ist ein „Satz von in Wechselbeziehungen bestehenden Mitteln und Tätigkeiten, die Eingaben (Inputs) in Ergebnisse (Outputs) umgestalten". Zu den Mitteln können Personal, Finanzen, Einrichtungen und Anlagen, Technik und Methoden gehören (siehe DIN EN ISO 8402).

Das prinzipielle Prozeßmodell nach DIN EN ISO 9000-1 ist in Bild 1 dargestellt.

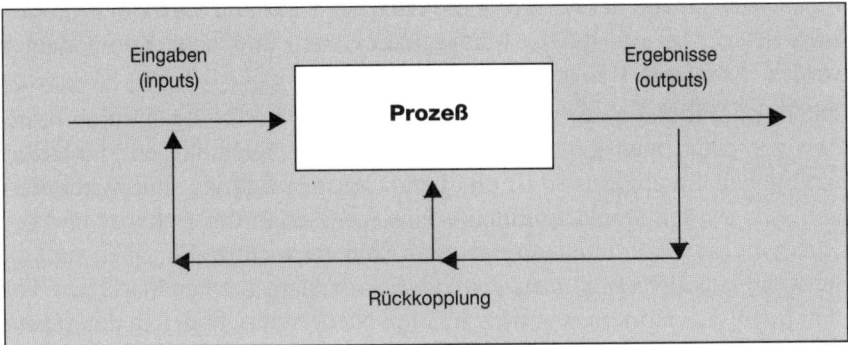

Bild 1:   Prozeßmodell

Das Hauptaugenmerk sollte auf die wertschöpfenden Prozesse gerichtet werden, da nur diese zur Erreichung der Ziele der Organisation beitragen. Jede Art von Verschwendung und Erzeugung unerwünschter Prozeßergebnisse ist im Sinne von möglichst schlanken Prozessen zu vermeiden. Die festgelegte Art und Weise der Prozeßausführung wird „Verfahren" genannt. Das schriftlich dokumentierte Verfahren heißt „Verfahrensanweisung".

„Management" einer Organisation beinhaltet, analog zu „Qualitätsmanagement" nach DIN EN ISO 8402 definiert, die Tätigkeiten, die im Rahmen des Managementsystems die Unternehmenspolitik, Ziele und Verantwortungen festlegen sowie diese durch Mittel wie Planung, Lenkung, Ergebnisbeurteilung und Verbesserung verwirklichen. Das „Managementsystem" wird gebildet durch die zur Verwirklichung des Managements erforderliche Organisationsstruktur, durch Verfahren, Prozesse und Mittel.

Wesentliche Aspekte des Managements sind das Identifizieren, Organisieren, Führen und Handhaben aller der Wertschöpfung dienenden Prozesse in der Organisation, die selten aus einfachen hintereinander erfolgenden Schritten bestehen. Die Gesamtheit der Prozesse und Schnittstellen bildet ein komplexes Netzwerk. Auf die Hauptgeschäftsprozesse, auf Einfachheit und Ordnen der Prozesse nach ihrer Bedeutung sollte bei ihrer Festlegung und Strukturierung geachtet werden.

2.4   Ein Modell für das Wirken der Organisation in ihrem Umfeld

In Bild 2 wird in Analogie zum prinzipiellen Prozeßmodell nach Bild 1 der geschilderte Sachverhalt grafisch erläutert.

Die *Organisation* wird in Bild 2 als „Black Box" abgebildet, in der das *Managementsystem* anhand der *Netzwerke von Prozessen* wirkt und *interne Systemergebnisse* liefert. Auf das interne Managementsystem und seine Komponenten wird in Abschnitt 3 eingegangen.

Die links in Bild 2 aufgeführten *Eingaben (Inputs)* in die Organisation bestehen vor allem aus den *Ressourcen* (Menschen; Technologien; Finanzen; natürlichen Ressourcen wie Luft, Land, Wasser; Energie; Informationen), den *Anlagen,* den *Prozeßausrüstungen* einschließlich Prozeß-Software und den *Zulieferungen* wie Produktkomponenten. Weitere wichtige Eingaben sind die notwendigen *rückgekoppelten Informationen* vor allem aus dem Markt bzw. von den Interessenpartnern, wie sie z. B. ihren Niederschlag finden in den (*Qualitäts-, Termin-* und *Kosten-*) *Forderungen* an die Ergebnisse der Organisation.

Die rechts im Bild aufgeführten *Ergebnisse (Outputs)* der Prozesse in der Organisation sind ebenfalls vielfältiger Art. Die Ergebnisse sind mit Qualitäten, Terminen und Kosten verbunden. Sie sind für die wesentlichen Gruppen von Interessenpartnern von unterschiedlicher Bedeutung und werden im folgenden aufgeführt:

a) Primäres Ergebnis sind die für den Markt bestimmten Produkte *(Angebotsprodukte) in Form von Hardware, Software, verfahrenstechnischen Produkten, Dienstleistungen oder Kombinationen daraus. Hierfür interessieren sich in erster Linie die Kunden (Käufer), die Forderungen bezüglich Qualität, Kosten, Liefertermin, aber auch bezüglich umweltbezogener Merkmale stellen.*

b) *Nebenergebnisse* der Organisation, die bei der Realisierung der Angebotsprodukte und ggf. bei deren Gebrauch und Entsorgung anfallen. Dies sind Abfälle, Emissionen, Risiken und der Verbrauch an natürlichen und künstlichen Ressourcen. Wesentliche, meist negative Wirkungen sind die Umwelteinwirkungen (Immissionen), die während der Realisierung (Herstellung), des Gebrauchs, nach dem Gebrauch oder anderweitig eintreten. Betroffener Interessenpartner ist die *Gesellschaft,* repräsentiert durch Nachbarn des Standorts der Organisation (z. B. bei Lärm- und Geruchs-

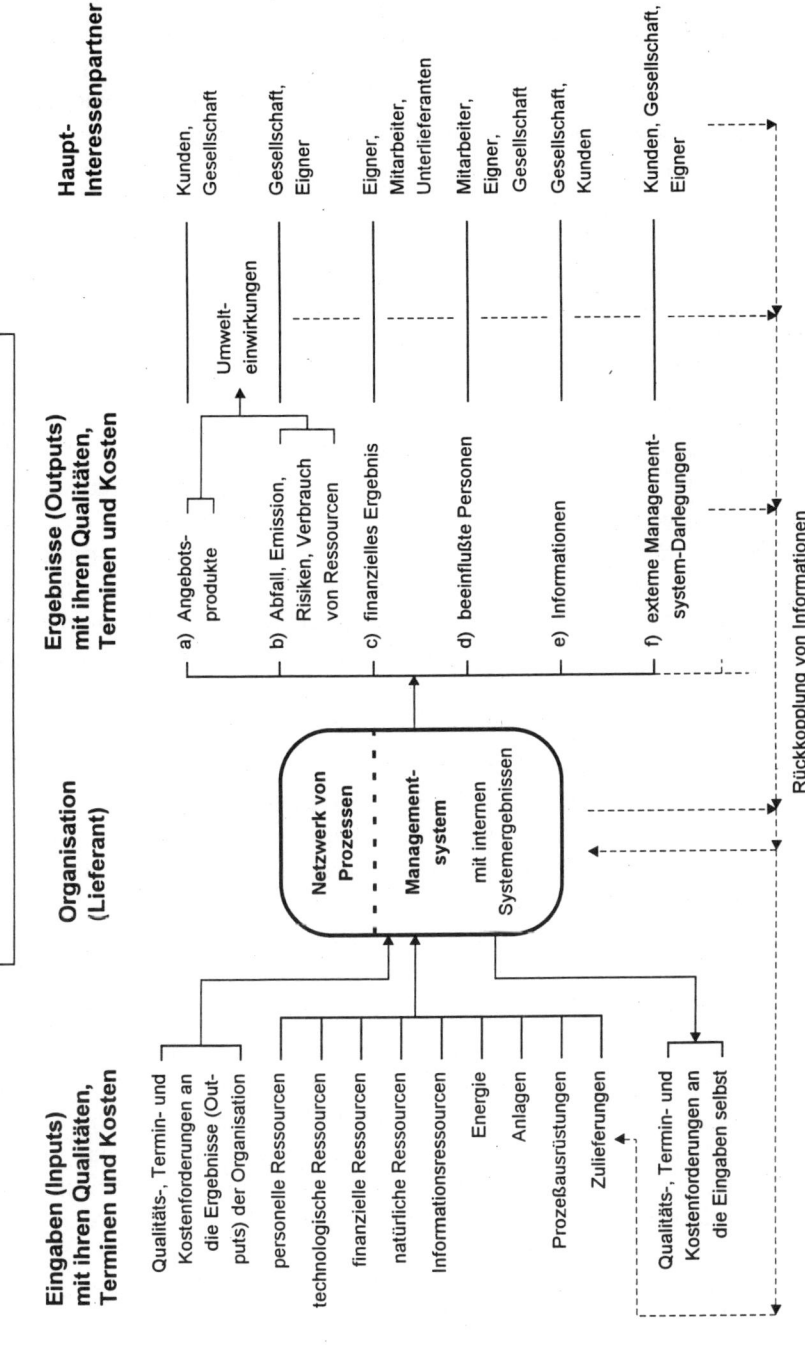

Bild 2:   Management-Modell einer Organisation

immissionen), durch Kommunen (z. B. bei Flußverschmutzungen), durch staatliche Stellen (z. B. wenn Umweltvorschriften zu erfüllen sind), und allgemein durch die Menschheit (z. B. wenn globale natürliche Systeme gefährdet werden). Auch die Eigentümer und andere Interessenpartner sind betroffen, denn eine gute Umweltleistung und ein gutes Umweltschutzimage der Organisation können zum Beispiel durch *Kunden* honoriert werden und ertragsfördernd wirken. Die Organisation wird daran interessiert sein, die mit ihren Tätigkeiten einhergehenden Produkt-, Umwelt- und Arbeitssicherheitsrisiken nach Möglichkeit zu minimieren. Dies hat neben der Vermeidung von möglichen Haftungsansprüchen Dritter auch eine günstigere Einschätzung seitens Banken und Versicherungen zur Folge.

c) Ein weiteres primäres Ergebnis neben a) ist das *finanzielle* Ergebnis der Organisation (Gewinn, Rentabilität, Liquidität, Kapitalstruktur etc.), woran die direkte Aussage über die Existenz- und Wettbewerbsfähigkeit der Organisation geknüpft ist. Interesse daran haben vor allem die *Eigentümer,* die *Mitarbeiter und die Zulieferanten* der Organisation, natürlich aber auch die *Gesellschaft* aus steuerlichen, beschäftigungspolitischen oder sozialen Gründen. Auch *Kunden* haben Interesse an der finanziellen Leistungsfähigkeit der Organisation. Dies gilt zum einen für Weiterverarbeiter, wenn sie sich von Lieferungen abhängig machen, und zum anderen für Endverbraucher, wenn sie auf Ersatzteillieferungen und andere Kundendienstleistungen angewiesen sind.

d) Ein weiteres Ergebnis sind die durch die Arbeit und die Arbeitsbedingungen ggf. in ihrer Gesundheit beeinträchtigten *Personen.* Daß die *Mitarbeiter* einer Organisation an ihrer eigenen Gesundheit Interesse haben, ist selbstverständlich. Doch auch die *Eigner* sind Interessenten an der Gesundheit der Mitarbeiter, da deren Leistungsfähigkeit maßgebenden Einfluß auf die Leistungsfähigkeit der Organisation hat.

e) Je nach Art der Organisation und ihres Wirkungskreises gibt es weitere materielle und immaterielle Ergebnisse, für die sich einzelne Interessenpartner interessieren können. Hervorzuheben sind von der Organisation ausgegebene Informationen, die als spezielle Daten, Kennzahlen oder globale *Informationen* mündlich oder z. B. als Berichte bekannt werden. Hierzu gehören z. B. Informationen über Stand und Entwicklung der Angebotsprodukte der Organisation, ihrer Finanzen, ihres Standes des Umwelt- und Arbeitsschutzes usw.

f) Die jeweiligen Interessenpartner interessieren sich primär direkt für die jeweiligen Ergebnisse und wünschen ggf. den Nachweis, daß das Ergebnis die gestellten Qualitäts-, Termin- und / oder Kostenforderungen erfüllt. So kann ein Kunde Qualifikationsprüfungsnachweise für das betreffende Produkt verlangen oder ggf. die Prüfung selbst durchführen. Im Verdachtsfalle wird eine staatliche Stelle beispielsweise Emissionsmessungen anstellen und auf Erfüllung der Vorschrift prüfen. Der Eigner prüft, ob sich ein angemessener Gewinn eingestellt hat.

Wünscht ein Interessenpartner jedoch größeres Vertrauen in die Fähigkeit der Organisation, Ergebnisse zu liefern, die die jeweilige Forderung ständig erfüllen, muß über die Prüfung des Ergebnisses selbst hinaus ein Weg gefunden werden. Dies kann z. B. der Fall sein, wenn der Interessenpartner eine längere Beziehung zur Organisation aufbauen will. Der Weg, sich denjenigen Teil ihres Managementsystems, der für diese Vertrauensbildung wichtig ist, von der Organisation darlegen zu lassen, wird zunehmend beschritten. Solche Darlegungen sind in Bild 2 unter den Ergebnissen als *„externe Managementsystemdarlegungen"* bezeichnet. Im Abschnitt 5 wird auf die Darlegungen der Organisation (first party) gegenüber Kunden (second party), unabhängigen Stellen (third party) und anderen näher eingegangen.

Die Pfeile im unteren Teil von Bild 2 sind die rückgekoppelten Informationen. Dabei handelt es sich um

● Informationen der Interessenpartner über die Forderungen an die Ergebnisse und

● die Informationen über die Beschaffenheit der Ergebnisse selbst.

Diese fließen auch in das Managementsystem der Organisation und beeinflussen ggf. direkt die Eingaben (Inputs). So sind es zwei wesentliche Aufgaben einer Organisation, zum ersten die Qualitätsforderungen (einschließlich umweltbezogener Einzelforderungen), die Kunden an Produkte stellen, zu erkunden, und zum zweiten bei allen Aktivitäten die Forderungen aus Rechts- und Verwaltungsvorschriften (z. B. die umweltschutzbezogenen Forderungen) zu beachten. Den wesentlichen Einfluß auf die Eingaben (Inputs) hat natürlich die Organisation selbst, was im Bild 2 durch den Pfeil ausgedrückt wird, der aus dem Managementsystem in die Rückkoppelungslinie mündet.

Fazit:

Mit dem Modell nach Bild 2 und anhand der gegebenen Erläuterungen lassen sich besonders aus dem Blickwinkel externer Beobachter oder Interessenpartner die folgenden vier heute oft unterschiedenen Teilsysteme erklären:

- Der auf zufriedenstellende Qualität der Angebotsprodukte ausgerichtete Teil des Managementsystems ist das *Qualitätsmanagementsystem* im Sinne der ISO 9000-Normenreihe.

- Der auf zufriedenstellende umweltschutzbezogene Qualität der Nebenergebnisse und Angebotsprodukte ausgerichtete Teil des Managementsystems ist das Umweltmanagementsystem, z. B. im Sinne der EU-Verordnung 1836/93 und der ISO 14000-Normenreihe.

- Der auf ein zufriedenstellendes finanzielles Ergebnis der Organisation ausgerichtete Teil des Managementsystems ist das Finanz- und Kostenmanagementsystem.

- Der auf Gesundheit und Sicherheit der in der Organisation arbeitenden Personen ausgerichtete Teil des Managementsystems ist das Arbeitsschutzmanagementsystem.

Je nachdem, welche anderen Ergebnisse der Organisation oder internen Ergebnisse separat betrachtet werden, lassen sich weitere Teile des Managementsystems betrachten: Personalmanagementsystem, Informationsmanagementsystem, Zeitmanagementsystem usw. Über die Zweckmäßigkeit solcher gedanklichen Aufteilungen muß intern nachgedacht und entschieden werden.

3 Das umfassende Managementsystem einer Organisation

3.1 Managementsystem und Qualitätsmanagementsystem nach ISO 9000

Jede Organisation unterscheidet sich von einer anderen z. B. in der Art ihrer Angebotsprodukte, in deren Anspruchsklasse, in der Anzahl und Qualifikation ihrer Mitarbeiter, in Umfang und Art der Arbeitsteilung, in ihrer Rechtsform, in der Verfügbarkeit der Ressourcen, in ihren technologischen Fähigkeiten, in ihrem gesellschaftlichen und industriellen Umfeld, in ihrer Strategie usw. Das Managementsystem für die Organisation muß auf diese vorhandenen Gegebenheiten und die Absichten und Zielsetzungen hin individuell gestaltet werden. Ein genormtes Managementsystem kann es deshalb nicht geben, auch nicht für Teilziele.

3.2 Qualität im umfassenden Management

Es ist nicht Zweck der Normen der DIN EN ISO 9000-Familie, Qualitätsmanagementsysteme (QM-Systeme) zu normen. Ihr Zweck ist es vielmehr

- in Form von Begriffsfestlegungen (DIN EN ISO 8402) eine Verständigungsgrundlage zu schaffen,
- in Form von Leitfäden in das Thema einzuführen (DIN EN ISO 9000-1),
- QM-System-Elemente und -Techniken zu beschreiben und zu interpretieren (DIN EN ISO 9004-1ff, DIN EN ISO 9000-2ff und DIN ISO 10011-1 bis DIN ISO11 011-3, DIN ISO 10012-1) und
- in Form von QM-System-Mindestforderungen externe Darlegungen der Qualitätsfähigkeit gegenüber Interessenpartnern zu ermöglichen (DIN EN ISO 9001, 9002 oder 9003).

Tabelle 1 gibt eine Übersicht über diese Normen.

In Tabelle 2 (entnommen aus DIN EN ISO 9000-1) sind die QM-Elemente mit den jeweiligen Abschnittsnummern der Basisnormen aufgeführt.

Das QM-System, wie es zur Zeit nach der DIN EN ISO 9000-Familie verstanden wird und vor allem auf die Erfordernisse der Lieferanten-/Kundenbeziehungen hin zugeschnitten ist, ist nur ein Teil des umfassenden Managementsystems des Unternehmens, allerdings ein wichtiger. Das QM-System kann als Kernsystem des umfassenden Managmementsystems aufgefaßt werden. Es ist auf das primäre existenzsichernde Ergebnis der Organisation, nämlich unmittelbar auf Angebotsprodukte, ausgerichtet (siehe Bild 2), die den Interessenpartner „Kunde", den Anwender und meist Käufer des Angebotsprodukts, zufriedenstellen sollen.

Nach Bild 2 geht es im umfassenden Managementsystem jedoch nicht nur um die Angebotsprodukte, sondern um die Ausrichtung auf *alle* Ergebnisse der Organisation mit ihren Qualitäten, Terminen und Kosten (Buchstaben a-f).

Dem umfassenden Verständnis entsprechend kann der Begriff *Qualität* als „realisierte Beschaffenheit einer Einheit bezüglich der geforderten Beschaffenheit (Qualitätsforderung)" auf beliebige Einheiten angewendet werden: auf materielle oder immaterielle Eingangs-, Zwischen- und Endprodukte/ Ergebnisse, auf Tätigkeiten und Prozesse, auf Personen, auf Systeme oder auf beliebige Kombinationen daraus; ebenso wie man zu allen diesen Einheiten Kosten- und Terminbetrachtungen anstellen kann.

Die Möglichkeit, das *Qualitätsdenken* auf die gesamte Organisation anzuwenden, kann die oberste Leitung der Organisation aktiv ergreifen und damit weit über das hinausgehen, was man bisher üblicherweise als Inhalt der DIN EN ISO 9000-Familie auffaßte. Ein solches Vorgehen führt zu TQM „Total Quality Management", das nach DIN EN ISO 8402 wie folgt definiert ist:

„Umfassendes Qualitätsmanagement: Auf die Mitwirkung aller ihrer Mitglieder gestützte Managementmethode einer Organisation, die Qualität in den Mittelpunkt stellt und durch Zufriedenheit der Kunden, auf langfristigen Geschäftserfolg sowie auf Nutzen für die Mitglieder der Organisation und für die Gesellschaft zielt."

Auf diese Art gelangt man zu einem zu ständiger Verbesserung verpflichteten Managementsystem. Dabei ist zu beachten, daß Management bezüglich der Ergebnisse der Organisation (Angebotsprodukte, Nebenprodukte; finanzielle Ergebnisse usw.) immer drei Komponenten hat: Qualitätsmanagement, Terminmanagement und Kostenmanagement mit dem Ziel, die Qualitätsforderung (Beschaffenheitsforderung), die Terminforderung und die Kostenforderung an das jeweilige Ergebnis zu erfüllen, während bei Tätigkeiten und Prozessen der Zeitablauf zur Beschaffenheit dieser Einheiten gehört und damit Gegenstand des Qualitätsmanagements ist (siehe Qualitäts-Termin-Kosten-Kreis (QTK-Kreis) nach Geiger [1]).

Dabei ist, wie oben dargestellt, das Umweltmanagementsystem der auf die umweltbezogene Qualität der Nebenergebnisse und der Angebotsprodukte ausgerichtete Teil des Managementsystems.

Tabelle 1:   Übersicht über die Normen der DIN ISO 9000-Familie

DIN 55350-11	Begriffe zu Qualitätsmanagement und Statistik — Grundbegriffe des Qualitätsmanagements
DIN 55350-12	Begriffe der Qualitätssicherung und Statistik — Merkmalsbezogene Begriffe
DIN 55350-13	Begriffe der Qualitätssicherung und Statistik — Begriffe zur Genauigkeit von Ermittlungsverfahren und Ermittlungsergebnissen
DIN 55350-14	Begriffe der Qualitätssicherung und Statistik — Begriffe der Probenahme
DIN 55350-15	Begriffe der Qualitätssicherung und Statistik — Begriffe zu Mustern
DIN 55350-17	Begriffe der Qualitätssicherung und Statistik — Begriffe der Qualitätsprüfarten
DIN 55350-21	Begriffe der Qualitätssicherung und Statistik — Begriffe der Statistik; Zufallsgrößen und Wahrscheinlichkeitsverteilungen
DIN 55350-22	Begriffe der Qualitätssicherung und Statistik — Begriffe der Statistik; Spezielle Wahrscheinlichkeitsverteilungen
DIN 55350-23	Begriffe der Qualitätssicherung und Statistik — Begriffe der Statistik; Beschreibende Statistik
DIN 55350-24	Begriffe der Qualitätssicherung und Statistik — Begriffe der Statistik; Schließende Statistik
DIN 55350-31	Begriffe der Qualitätssicherung und Statistik — Begriffe der Annahmestichprobenprüfung
DIN 55350-33	Begriffe der Qualitätssicherung und Statistik — Begriffe der statistischen Prozeßlenkung (SPC)
DIN 55350-34	Begriffe der Qualitätssicherung und Statistik — Erkennungsgrenze, Erfassungsgrenze und Erfassungsvermögen
DIN EN ISO 9001	Qualitätsmanagementsysteme — Modell zur Qualitätssicherung/QM-Darlegung in Design/Entwicklung, Produktion, Montage und Kundendienst, (ISO 9001 : 1994), Dreisprachige Fassung EN ISO 9001 : 1994
DIN EN ISO 9002	Qualitätsmanagementsysteme — Modell zur Qualitätssicherung/QM-Darlegung in Produktion, Montage und Kundendienst, (ISO 9002), Dreisprachige Fassung EN ISO 9002 : 1994
DIN EN ISO 9003	Qualitätsmanagementsysteme — Modell zur Qualitätssicherung/QM-Darlegung bei der Endprüfung, (ISO 9003 : 1994), Dreisprachige Fassung EN ISO 9003 : 1994
DIN EN ISO 9004-1	Qualitätsmanagement und Elemente eines Qualitätsmanagementsystems — Teil 1: Leitfaden, (ISO 9004-1 : 1994), Dreisprachige Fassung EN ISO 9004-1 : 1994
E DIN ISO 8402	Qualitätsmanagement und Qualitätssicherung — Begriffe, (Identisch mit ISO/DIS 8402 : 1991)
E Bbl.1 zu DIN ISO 8402	Qualitätsmanagement und Qualitätssicherung — Anmerkung zu Grundbegriffen
DIN ISO 9000	Qualitätsmanagement- und Qualitätssicherungsnormen — Leitfaden zur Auswahl und Anwendung, (Identisch mit ISO 9000 : 1987)
E DIN ISO 9000-2	Qualitätsmanagement- und Qualitätssicherungsnormen — Allgemeiner Leitfaden zur Anwendung von ISO 9001, ISO 9002, und ISO 9003
DIN ISO 9000-3	Qualitätsmanagement- und Qualitätssicherungsnormen — Leitfaden für die Anwendung von DIN ISO 9001 auf die Entwicklung, Lieferung und Wartung von Software, (Identisch mit ISO 9000-3 : 1991)
DIN ISO 9000-4	Normen zum Qualitätsmanagement und zur Darlegung von Qualitätsmanagementsystemen — Leitfaden zum Management von Zuverlässigkeitsprogrammen, (Identisch mit ISO 9000-4 : 1993 bzw. IEC 300-1 : 1993), Deutsche Fassung EN 60300-1 : 1993
DIN ISO 9004-2	Qualitätsmanagement und Qualitätsmanagementelemente — Leitfaden für Dienstleistungen, (Identisch mit ISO 9004-2 : 1991)
E DIN ISO 9004-3	Qualitätsmanagement und Elemente eines Qualitätssicherungssystems — Leitfaden für verfahrenstechnische Produkte, (Identisch mit ISO/DIS 9004-3 : 1992)
E DIN ISO 9004-4	Qualitätsmanagement und Elemente eines Qualitätssicherungssystems — Leitfaden für Qualitätsverbesserung, (Identisch mit ISO/DIS 9004-4 : 1992)
E DIN ISO 9004-7	Qualitätsmanagement und Elemente eines Qualitätssicherungssystems — Leitfaden für Konfigurationsmanagement, (Identisch mit ISO/DIS 9004-7 : 1993)
DIN ISO 10011-1	Leitfaden für das Audit von Qualitätsmanagementsystemen — Auditdurchführung, (Identisch mit ISO 10011-1 : 1990)
DIN ISO 10011-2	Leitfaden für das Audit von Qualitätsmanagementsystemen — Qualifikationskriterien für Qualitätsauditoren, (Identisch mit ISO 10011-2 : 1991)
DIN ISO 10011-3	Leitfaden für das Audit von Qualitätsmanagementsystemen — Management von Auditprogrammen, (Identisch mit ISO 10011-3 : 1991)
DIN ISO 10012	Forderungen an die Qualitätssicherung für Meßmittel — Bestätigungssystem für Meßmittel
E DIN ISO 10013	Leitfaden für die Erstellung von Qualitätsmanagement-Handbüchern (ISO/DIS 10013 : 1993)

Tabelle 2: Die QM-Elemente der Normen DIN EN ISO 9001, 9002, 9003 und 9004-1

Vergleichsmatrix der Abschnittsnummern für einander entsprechende Themen

Externe Qualitätssicherung / QM-Darlegung External quality assurance Assurance qualité externe					QM-Leit-faden	Übersichts-karte
Darlegungsforderung		Anwendungs-Leitfaden		Abschnittstitel in ISO 9001		
ISO 9001	ISO 9002	ISO 9003	ISO 9000-2		ISO 9004-1	ISO 9000-1
4.1 ●	●	◐	4.1	Verantwortung der Leitung	4	4.1; 4.2; 4.3
4.2 ●	●	◐	4.2	QM-System	5	4.4; 4.5; 4.8
4.3 ●	●	●	4.3	Vertragsprüfung	○	8
4.4 ●	○	○	4.4	Designlenkung	8	
4.5 ●	●	●	4.5	Lenkung der Dokumente und Daten	5.3; 11.5	
4.6 ●	●	○	4.6	Beschaffung	9	
4.7 ●	●	●	4.7	Lenkung der vom Kunden beigestellten Produkte	○	
4.8 ●	●	◐	4.8	Kennzeichnung und Rückverfolgbarkeit von Produkten	11.2	5
4.9 ●	●	○	4.9	Prozeßlenkung	10; 11	4.6; 4.7
4.10 ●	●	◐	4.10	Prüfungen	12	
4.11 ●	●	●	4.11	Prüfmittelüberwachung	13	
4.12 ●	●	●	4.12	Prüfstatus	11.7	
4.13 ●	●	◐	4.13	Lenkung fehlerhafter Produkte	14	
4.14 ●	●	◐	4.14	Korrektur- und Vorbeugungsmaßnahmen	15	
4.15 ●	●	●	4.15	Handhabung, Lagerung, Verpackung, Schutz und Versand	10.4; 16.1; 16.2	
4.16 ●	●	◐	4.16	Lenkung von Qualitätsaufzeichnungen	5.3; 17.2; 17.3	
4.17 ●	●	◐	4.17	Interne Qualitätsaudits	5.4	4.9
4.18 ●	●	◐	4.18	Schulung	18.1	5.4
4.19 ●	●	○	4.19	Wartung	16.4	
4.20 ●	●	◐	4.20	Statistische Methoden	20	
				Qualitätsbezogene Wirtschaftlichkeit	6	
				Produktsicherheit	19	
				Marketing	7	

Zeichenschlüssel:
● = umfassende Forderung;
◐ = weniger umfassende Forderung als bei ISO 9001 und ISO 9002;
○ = QM-Element nicht vorhanden (in der internationalen Norm)

3.3 Aufbau des Managementsystems

Ein umfassendes Managementsystem aufzubauen ist ein längerfristiger Prozeß und muß planvoll und schrittweise geschehen. Über die bereits vorhandenen Systemelemente (z. B. in Form von dokumentierten Grundsätzen und Verfahren) ist eine Bestandsaufnahme zu erstellen. Bereits vorhandene, aber noch nicht dokumentierte Elemente müssen, wenn nötig, den Fähigkeiten der Mitarbeiter entsprechend und mit ihrer Beteiligung dokumentiert werden. Schwachstellen und Lücken, oft auch deren Ursachen, werden aufgedeckt und beseitigt, vor allem in den zunächst als besonders wichtig erkannten Systemelementen. Perfektion ist dabei nicht gefragt, weil nur bei fehleranfälligen Systemkomponenten wie etwa denen der Tabelle 2 der Aufwand vertretbar ist. Die strategische Ausrichtung und Ausbaufähigkeit muß jedoch von Anfang an gewährleistet sein.

In der Praxis besteht oft die Ansicht, daß einzelne Teile des Managementsystems einer Organisation traditionell weitgehend getrennt voneinander wirken und auch zukünftig wirken sollten. Schließlich gebe es in der Organisation genügend Abteilungen, die auch mit einem Minimum an Kommunikation auskommen. So komme es vielfach vor, daß die Verantwortung für die Qualität der Angebotsprodukte in der Qualitätsabteilung, die Verantwortung für den Umweltschutz in der Umweltschutzabteilung, diejenige für die Finanzen in der Finanzabteilung usw. gesehen würden. Auch das Verlangen z. B. von Kunden oder des Staates nach ergebnisbezogenen Nachweisen, nach Nachweisen für korrektes Verhalten und nach Vertrauensbildung in speziell abgrenzbare Fähigkeiten der Organisation lasse es vielfach sinnvoll erscheinen, für klare Trennungen zu sorgen. In dem in Abschnitt 2.1 beschriebenen Umfeld, in dem eine Organisation wirkt, sind extern begründete Abgrenzungsgesichtspunkte zwar gültig, intern kommt es jedoch gerade und ausschlaggebend auf das Zusammenwirken und auf die Wahrnehmung der jeweiligen Verantwortung für alle Ziele der Organisation durch alle Mitarbeiter und alle Hierarchieebenen hindurch an. Die Unternehmenspolitik (ggf. die Politiken für Teilbereiche) und zugehörigen Ziele der Organisation sind daher zu diesem Zweck aufeinander abzustimmen und klar festzulegen und in alle Ebenen „herunterzubrechen". Die Schnittstellen (Kontaktstellen) in der Aufbauorganisation und bei den Prozessen müssen erkannt, dokumentiert und so optimiert werden, daß der notwendige Informationsfluß sichergestellt wird.

3.4   PDCA-Modell

Überlegungen, den heutigen Erfordernissen offensiv nachzukommen, werden momentan vielfältig angestellt, und zwar von zahlreichen modernen Unternehmen, von Wissenschaftlern, von Ausbildungsinstitutionen, von Fachvereinigungen und von Normungsinstituten sowie von Institutionen, die Preise für hervorragende Leistungen vergeben. Es handelt sich dabei um Managementmodelle als Hilfestellungen für Organisationen. Dabei geht es auch um die Möglichkeiten der Selbst- und Fremdbewertung der Leistungsfähigkeit einer verantwortlich handelnden Organisation.

In fast allen Konzepten zur Verwirklichung von TQM wird mehr oder weniger deutlich das ursprünglich von Deming und Shewhart entwickelte PDCA (plan, do, check, act)-Modell angesprochen: plane, handle, prüfe, verbessere. Eine Darstellungsart ist das Bild 3.

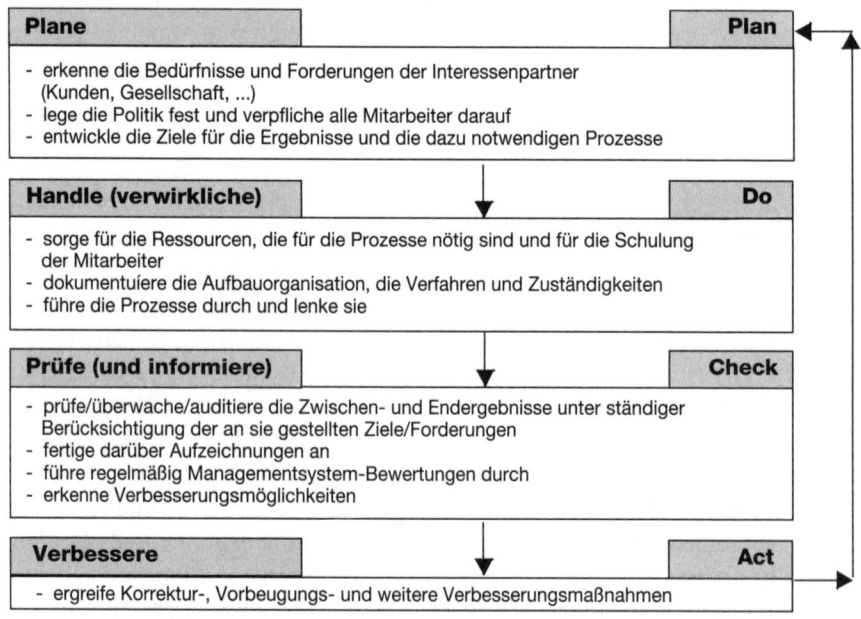

Bild 3:   PDCA-Modell

3.5   Drei Konzepte in Richtung umfassendes Managementsystem

Drei Konzepte im Sinne eines umfassenden Managementsystems bzw. im Sinne von TQM werden im folgenden als Anregungen vorgestellt. Anhand dieser Konzepte kann die oberste Leitung einer Organisation Anregungen für den Aufbau ihres Managementsystems beziehen. Sie kann damit auch prüfen, ob das z. B. nach DIN EN ISO 9004 Teil 1ff für den QM-Kernbereich aufgestellte und um alle Managementaspekte erweiterte Managementsystem alle wichtigen Systemelemente enthält und ggf. hohe Ansprüche erfüllt.

3.5.1 Die Richtlinien der EFQM (European Foundation for Quality Management) zur Selbstbewertung 1995 für den European Quality Award [2]

Die EFQM vergibt europäische Qualitätspreise und den European Quality Award:

- jedes Jahr europäische Qualitätspreise für Unternehmen, die Spitzenleistungen durch Qualitätsmanagement als grundlegenden Prozeß zur kontinuierlichen Verbesserung nachweisen;

- jedes Jahr den European Quality Award für das Unternehmen, das als bestes aller Gewinner der Qualitätspreise beurteilt wird, d. h. als der erfolgreichste Vertreter von TQM in Europa.

Die Bewerbung umfaßt Informationen der Organisation nach dem EFQM-Modell über

- die zu beurteilenden unternehmerischen Aktivitäten, Prozesse, Ressourcen und Ergebnisse,

- die Ergebnisse der Selbstbewertung,

- die Bereiche, die im Rahmen dieser unternehmerischen Belange behandelt werden können.

Das europäische TQM-Modell mit der festgelegten Bedeutungszuordnung (1% entspricht 10 Punkten) ist in Bild 4 dargestellt.

Das Europäische Modell für umfassendes Qualitätsmanagement bildet die Grundlage für die Vergabe des Europäischen Qualitätspreises und beruht auf folgenden Prämissen:

- *Kundenzufriedenheit, Mitarbeiterzufriedenheit und positive Gesellschaftliche Verantwortung/Image* werden durch ein

- *Managementkonzept* erzielt, welches durch eine spezifische *Politik und Strategie,* eine geeignete *Mitarbeiterorientierung* sowie das Management der Ressourcen und Prozesse

- zu herausragenden *Geschäftsergebnissen* führt.

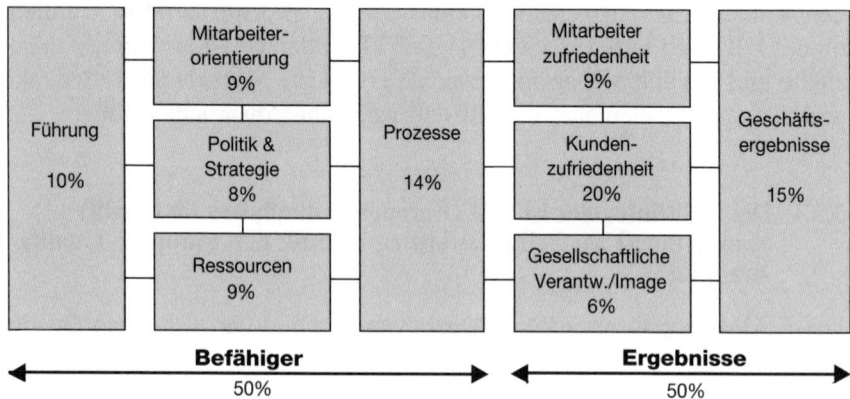

Bild 4:   Das europäische TQM-Modell

Jedes der neun Elemente dieses Modells kann als Kriterium zur Beurteilung des Fortschritts eines Unternehmens auf dem Weg zu Spitzenleistungen dienen. Die Kriterien lassen sich in die beiden Gruppen Befähiger und Ergebnisse zusammenfassen.

Die Ergebnis-Kriterien befassen sich damit, *was* die Organisation erreicht hat und erreicht.

Die Befähiger-Kriterien befassen sich damit, *wie* die Ergebnisse erzielt werden.

Tabelle 3 enthält die Kriterien und Unterpunkte, denen jeweils gleiches Gewicht beigemessen wird. In den EFQM-Selbstbewertungsrichtlinien werden zu jedem Unterpunkt eine Reihe von möglichen Ansatzpunkten aufgeführt.

Der Prozeß der Selbstbewertung wird beschrieben in Form der Simulation einer Bewerbung um den Preis, in Form von Standardformularen, durch Matrixdiagramme, durch Workshops, durch Einbeziehung von Kollegen und durch Fragebögen. Ein Selbstbewertungsformular für jeden Unterpunkt sämtlicher Kriterien wird beispielhaft aufgeführt, und es wird die Methode der Selbstbewertung in tabellarischer Form erläutert

- in bezug auf die „Befähiger", inwieweit das „Vorgehen von überragender Qualität ist" und inwieweit das „Vorgehen umgesetzt wird";

- in bezug auf die „Ergebnisse", und zwar auf die „Güte der Ergebnisse" und „den Umfang der Ergebnisse".

Tabelle 3:   Die neun EFQM-Kriterien mit Unterpunkten

BEFÄHIGER

1.   Führung (10%)

Das Verhalten aller Führungskräfte, um das Unternehmen zu Umfassender Qualität zu führen

Wie das Führungsteam und alle anderen Führungskräfte Umfassende Qualität als grundlegenden Prozeß für eine kontinuierliche Verbesserung initiieren und durchsetzen.

Es ist nachzuweisen:

1a   sichtbares Engagement und Vorbildfunktion in bezug auf Umfassende Qualität

1b   eine beständige TQM-Kultur

1c   rechtzeitiges Anerkennen und Würdigen der Anstrengungen und Erfolge von Einzelpersonen und Teams

1d   Förderung von Total Quality durch Bereitstellung geeigneter Ressourcen und Unterstützung

1e   Engagement bei Kunden und Lieferanten

1f   Aktive Förderung von Umfassender Qualität außerhalb des Unternehmens

2.   Politik und Strategie (8%)

Daseinszweck, Wertesystem, Leitbild und strategische Ausrichtung des Unternehmens sowie die Art und Weise der Verwirklichung dieser Aspekte

Wie Politik und Strategie des Unternehmens das Konzept der Umfassenden Qualität widerspiegeln und dessen Grundsätze bei der Festlegung, Umsetzung, Überprüfung und Verbesserung von Politik und Strategie angewandt werden.

Es ist nachzuweisen, wie Politik und Strategie

2a   auf dem Konzept der Umfassenden Qualität beruhen.

2b   aufgrund von relevanten und umfassenden Informationen festgelegt werden.

2c   die Grundlage von Unternehmensplänen bilden.

2d   bekanntgemacht werden.

2e   regelmäßig aktualisiert und verbessert werden

3.   Mitarbeiterorientierung (9%)

Der Umgang des Unternehmens mit seinen Mitarbeitern

Wie das Unternehmen das gesamte Potential seiner Mitarbeiter freisetzt, um seine Geschäftstätigkeit ständig zu verbessern.

Es ist nachzuweisen, wie

3a   Mitarbeiterressourcen geplant und verbessert werden.

3b   die Kompetenzen und Fähigkeiten der Mitarbeiter bei der Personalplanung, Personalauswahl und Personalentwicklung erhalten und weiterentwickelt werden.

Tabelle 3:   (Fortsetzung)

3c   Mitarbeiter und Teams Ziele vereinbaren und ständig die Leistungen überprüfen.

3d   die Beteiligung aller Mitarbeiter am Prozeß der ständigen Verbesserung gefördert wird und wie Mitarbeiter autorisiert werden, selbst zu handeln.

3e   eine wirksame Kommunikation über Hierarchien hinweg (von oben nach unten
und umgekehrt) erzielt wird.

4.   Ressourcen (9%)

Management, Einsatz und Erhaltung von Ressourcen

Wie die Ressourcen des Unternehmens wirksam zur Unterstützung der Unternehmenspolitik und -strategie entfaltet werden.

Es ist nachzuweisen, wie eine ständige Verbesserung der Geschäftstätigkeit erzielt
wird, und zwar durch

4a   das Management der finanziellen Ressourcen.

4b   das Management der Informations-Ressourcen.

4c   den Umgang mit Lieferanten, Materialien, Gebäuden und Ausrüstungsgütern.

4d   die Anwendung von Technologie.

5.   Prozesse (14%)

Das Management aller wertschöpfenden Tätigkeiten im Unternehmen

Wie Prozesse identifiziert, überprüft und gegebenenfalls verändert werden, um eine
ständige Verbesserung der Geschäftstätigkeit zu gewährleisten.

Es ist nachzuweisen, wie

5a   die für den Unternehmenserfolg wesentlichen Prozesse identifiziert werden.

5b   das Unternehmen seine Prozesse systematisch führt.

5c   Leistungsmessungen von Prozessen zusammen mit den entsprechenden Feed-
back-Informationen verwendet werden, um Prozesse zu überprüfen und Verbes-
serungsziele zu setzen.

5d   das Unternehmen Innovation und Kreativität bei der Prozeßverbesserung anregt.

5e   das Unternehmen Prozeßveränderungen einführt und den Nutzen bewertet.

ERGEBNISSE

6.   Kundenzufriedenheit (9%)

Was das Unternehmen im Hinblick auf die Zufriedenheit seiner externen Kunden
leistet.

Es sind aufzuzeigen:

6a   die Beurteilung bezüglich der Produkte, Dienstleistungen und Kundenbeziehun-
gen des Unternehmens durch die Kunden.

Tabelle 3: (Fortsetzung)

6b die Entwicklung zusätzlicher Meßgrößen, die die Zufriedenheit der Kunden des Unternehmens beschreiben.

7. Mitarbeiterzufriedenheit (20%)

Was das Unternehmen im Hinblick auf die Zufriedenheit seiner Mitarbeiter leistet.

Es sind aufzuzeigen:

7a die Beurteilung des Unternehmens durch die Mitarbeiter.

7b die Entwicklung zusätzlicher Meßgrößen, die die Zufriedenheit der Mitarbeiter des Unternehmens beschreiben.

8. Gesellschaftliche Verantwortung/Image (6%)

Was das Unternehmen bei der Erfüllung der Wünsche und Erwartungen der Öffentlichkeit insgesamt leistet. Dazu gehören die Bewertung der Öffentlichkeit bezüglich der Einstellung ihres Unternehmens zu Lebensqualität, Umwelt und Erhaltung der globalen Ressourcen sowie der unternehmensinternen Maßnahmen in diesem Zusammenhang.

Es ist nachzuweisen:

8a wie die Gesellschaft als Ganzes die Auswirkungen des Unternehmens auf das Umfeld wahrnimmt.

8b die Entwicklung zusätzlicher Meßgrößen, die die Zufriedenheit der Gesellschaft mit dem Unternehmen beschreiben.

9. Geschäftsergebnisse (15%)

Was das Unternehmen im Hinblick auf die geplanten Geschäfts-/Unternehmensergebnisse und die Erfüllung der Bedürfnisse und Erwartungen aller finanziell am Unternehmen Beteiligten leistet.

Es ist nachzuweisen:

9a welche finanziellen Meßgrößen für die Messung des Unternehmenserfolges verwendet werden.

9b welche nichtfinanziellen Meßgrößen für die Messung des Unternehmenserfolges verwendet werden.

Gemäß der Tabelle kann der interne Prüfer eine der fünf Stufen 0%, 25%, 50%, 75% oder 100% wählen.

Die Bewertung der vom Unternehmen (Kandidaten) eingereichten Bewerbungs-unterlagen und die Betriebsbesuche werden von EFQM-Prüferteams vorgenommen. Die Juroren entscheiden über die Preisvergabe.

Zuweilen wird kritisiert, daß das EFQM-Modell die Planungstätigkeiten, die Hauptquelle von Fehlern, unterbewertet.

Der in den USA zu großer Bedeutung gelangte Malcolm-Baldrige National Quality Award [3] wird nach ähnlichen Gesichtspunkten des ganzheitlichen Managements wie der Europäische Qualitätspreis der EFQM vergeben. Auf ihn und seine Kriterien wird deshalb hier nicht näher eingegangen, obwohl er Pate für andere Qualitätspreise stand.

3.5.2 Motorola Corporate Quality System Review QSR, Guidelines, November 1992 [4]

Dieser Leitfaden zeigt stellvertretend für andere firmenspezifische Richtlinien, welche Ansprüche Organisationen, die sich selbst zu Höchstleistungen verpflichten, an ihr eigenes Managementsystem und an das seiner Zulieferanten stellen.

Der Zweck des Leitfadens ist es, mit geschulten Bewertungsteams (vier bis fünf hochrangige Managementexperten) den Reifegrad eines jeden der zehn festgelegten Systemelemente und einer Reihe von Unterelementen zu ermitteln,

- nach einer sechsstufigen Rangskala („schwach" bis „außergewöhnlich"),
- im Hinblick auf geplante Vorgehensweise („approach"), auf durchgängige Verwirklichung („deployment") und auf Ergebnisse („results").

Der Leitfaden spricht zwar auch alle QM-System-Elemente der ISO 9000-Grundnormen an, geht aber in seiner Ausrichtung auf TQM und auf das Ziel „Weltklasse" weit darüber hinaus, wie im folgenden deutlich wird:

- Beauftragter der obersten Leitung muß im System eindeutig die Kundenstimme mitvertreten;
- Ausrichtung auf eindeutig beherrschte Prozesse (Sechs-Sigma-Konzept) auch für Verwaltungsprozesse;
- Ausrichtung auf Weltklasseprodukte und -prozesse einschließlich der Verwaltungsprozesse (Durchführung von „Benchmark-" und Kundenzufriedenheits-Studien);
- Planung und Entwicklung neuer Technologien;
- Problemlösungstechniken;
- Studien zur Ermittlung der Wiederholpräzision und Vergleichpräzision für Meßgeräte und -verfahren;
- starke Einbeziehung und aktive Beteiligung des Personals in die Qualitätsverbesserungs- und Kundenzufriedenstellungsmaßnahmen;
- besondere Ziele, Beurteilungs- und Meßsysteme der Kundenzufriedenheit mit der Firmenleistung, vergleichende Imagestudien.

Die Systemhauptelemente (subsystems) von Motorola sind
1. Management des QM-Systems
2. Entwicklung und Lenkung neuer Erzeugnisse / Technologien / Dienstleistungen
3. Lenkung der Zulieferanten (interne und externe)
4. Prozeßausführung und -lenkung
5. Qualitätsdatenprogramme
6. Problemlösungstechniken
7. Überwachung der Meßgeräte und -systeme
8. Einbeziehung der menschlichen Ressourcen
9. Kundenzufriedenheits-Beurteilung
10. Software-Qualitätsmanagement

3.5.3 Der Entwurf der kanadischen Normungsorganisation CSA über „Allgemeine Prinzipien von Managementsystemen" [5]

Dieser Entwurf zeigt, wie allgemeine, in allen Managementmodellen und -theorien auftauchende Prinzipien von Managementsystemen für jede Organisation zur Erfüllung der Erfordernisse ihrer Interessenpartner angewendet werden können.

Mit den Prinzipien wird der obersten Leitung der Organisation quasi eine Lupe in die Hand gegeben, durch welche die unterschiedlichen Theorien, Modelle und Normen betrachtet werden können. Dabei werden beispielsweise folgende Aspekte berücksichtigt:

● die 14 Punkte der Managementtheorie von Deming, die Grundsätze der „lernenden Organisation", die Grundsätze des „Management by objectives", das „PDCA-Model",

● vorgegebene System-Elemente im QM-System, Finanz- und Kostenmanagementsystem, UM-System, Arbeitsschutzmanagementsystem

● die EFQM-Kriterien (siehe Konzept des Abschnitts 3.5.1), die Kriterien für den Malcolm Baldrige National Quality Award.

Im einleitenden Text heißt es:
„Der einfachste Blick auf eine Organisation ist, daß sie aus Menschen besteht,
● die wissen, welchen Erfordernissen nachzukommen ist – sie haben einen ‚Zweck‘,
● die dafür aktiv sein wollen – sie haben Motivation und *Verpflichtung‘,*

- die die *,Fähigkeit'* haben, das zu tun,

- die aus ihren Tätigkeiten *,lernen'* und sich ständig verbessern

- die *,Maßnahmen'* ergreifen, die die anderen Prinzipien der Elemente des Systems zusammengenommen widerspiegeln.

Diese fünf Prinzipien gemeinsam bilden das Managementsystem der Organisation. Jedes Prinzip ist mit jedem anderen wie in dynamischen Modellen durch ,Maßnahmen' gekoppelt. Dabei können z. B. ,Zweck' und ,Verpflichtung' sowohl als ein Ergebnis der ,Maßnahme' als auch als ein Vorläufer der ,Maßnahme' angesehen werden."

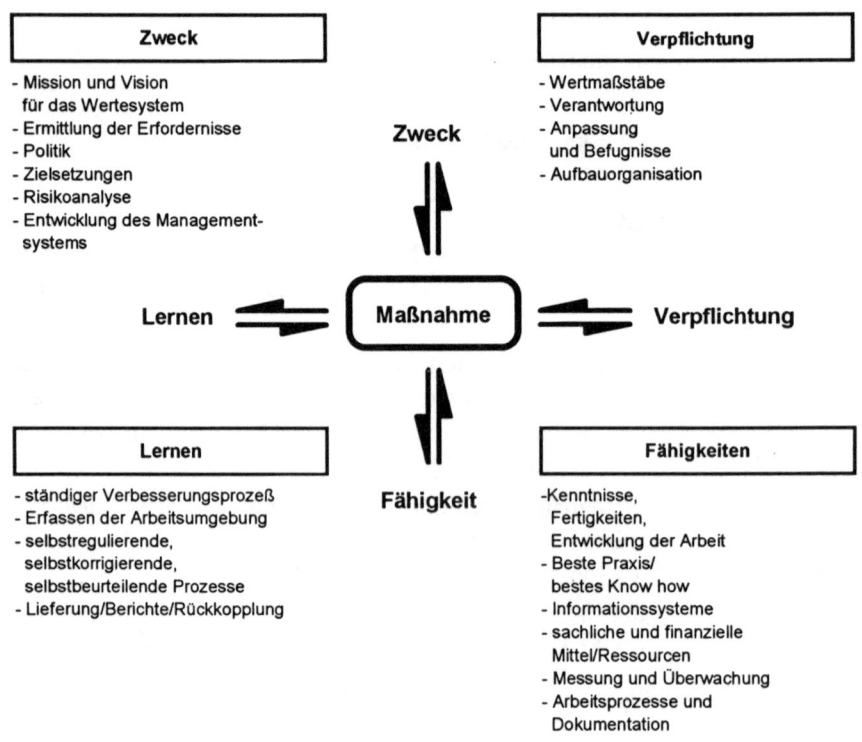

Bild 5: Die allgemeinen Prinzipien und Elemente eines kanadischen Modells für Managementsysteme

Kritik an diesem kanadischen Managementmodell wird allerdings dahingehend geäußert, daß die Prozesse, die in einer Organisation ablaufen und diese prüfen, zu wenig behandelt werden.

4 Weitere Grundsätze und Entwicklungstendenzen für erfolgreiches Management

In diesem Abschnitt seien ergänzend zu den vorangegangenen Abschnitten, in denen besonders auf ganzheitliches Management im Rahmen des *einen* Managementsystems einer Organisation eingegangen wurde, besonders wichtige weitere Einzelaspekte betrachtet bzw. verdeutlicht. Sie sind strategischer Natur und benötigen zu ihrer Berücksichtigung in einer Organisation unbedingt der Einschaltung und Entscheidung der obersten Leitung.

4.1 Überwindung des Taylorschen Managementmodells, Mitarbeitermotivation

Zur drastischen Erläuterung sei eine bereits 1979 veröffentlichte Verlautbarung von K. Matsushita (Executive Advisor Matsushita Electric Industrial Ldt., Japan) hier wiedergegeben, deren Inhalt für viele Unternehmen noch gültig ist. Er wendet sich von Japan aus unmittelbar an Organisationen des „industrialisierten Westens":

„Wir werden gewinnen und der industrialisierte Westen wird verlieren: Daran kann kaum noch etwas geändert werden, weil die Gründe für Euer Fehlverhalten in Euch selbst liegen.

Eure Unternehmen sind nach dem Taylor-Modell aufgebaut; sogar schlimmer, so sind eure Köpfe aufgebaut. Während Eure Bosse denken und die Arbeiter die Schraubendreher drehen, seid Ihr tief davon überzeugt, daß dieses der richtige Weg ist, Euer Geschäft zu leiten.

Für Euch besteht der Kern des Managens darin, die Ideen aus den Köpfen der Bosse in die Hände der Arbeiter zu übertragen.

Wir befinden uns jenseits des *Taylor-Modells:* Das Geschäft, so wissen wir, ist heute so komplex und schwierig und das Überleben von Unternehmen ist in einer Umgebung, die zunehmend unvorhersehbar vom Wettbewerb geprägt und risikobehaftet ist, derart gefährdet, daß seine weitere Existenz von der tagtäglichen Mobilisierung jeden Gramms Intelligenz abhängt.

Für uns ist der Kern des Managements genau diese Kunst des Mobilisierens und Zusammenbringens der geistigen Ressourcen aller Mitarbeiter im Dienst des Unternehmens. Weil wir besser als Ihr den Umfang der technologischen und ökonomischen Herausforderungen erfaßt haben, wissen wir, daß der Geist einer Handvoll von Technokraten, so brilliant und intelligent sie sein mögen, nicht mehr ausreicht, die wirklichen Erfolgschancen des Unternehmens zu verbessern.

Nur durch Heranziehen der kombinierten geistigen Leistungen aller seiner Mitarbeiter kann ein Unternehmen den Turbulenzen und Einengungen der heutigen Umwelt begegnen. Das ist der Grund, warum unsere großen Unternehmen ihre Mitarbeiter drei- bis viermal soviel *schulen* wie Ihr Eure, warum sie im Unternehmen derart intensiv *Austausch* und *Kommunikation* fördern. Das ist der Grund, weshalb sie sich ständig um jedermanns *Vorschläge* bemühen und warum sie vom Erziehungssystem steigende Anzahlen von höher gebildeten als auch allgemein und gut ausgebildete Generalisten anfordern, weil diese Leute das Lebensblut der Industrie sind.

Eure *„sozial eingestellten Bosse‘,* die oft guter Absicht sind, glauben, daß es ihre Pflicht ist, ihre Leute im Unternehmen zu beschützen. Wir sind dagegen Realisten und sehen es als unsere Pflicht an, *unsere Leute zur Verteidigung ihrer Unternehmen anzuhalten,* was ihnen hundertfach ihre Hingabe zurückerstatten wird. Indem wir so handeln, sind wir ‚sozialer‘ als Ihr.“

In [6] wird auf die Möglichkeiten in Europa eingegangen, die Motivation Mitarbeiter zu erhöhen, diese in Entscheidungen einzubinden und das Mitarbeiterpotential systematisch besser zu nutzen durch

- vertrauensbildende und -wirksame Maßnahmen durch Mitgestaltungsmöglichkeiten,
- Kooperation statt Konfrontation,
- Wertschöpfung durch Wertschätzung,
- Erweiterung von Arbeitsinhalten,
- offene Kommunikationsstrukturen,
- bereichsübergreifend tätige Teams,
- Qualifizierung (spezielle Personalentwicklung),
- zielgerichteter Aufbau von Entlohnungssystemen.

Die Wertschöpfung der Mitarbeiter ist zukünftig besonders wichtig,

- da im Trend zu weniger Großserienfertigungen, d. h. zu kleinen Serien und Einzelfertigungen, mitdenkende Mitarbeiter mit sehr vielen Fähigkeiten verlangt werden,
- da durch Rationalisierung und stärkeren Einsatz von „fähigen“ Maschinen Fehler von Mitarbeitern zukünftig einen Großteil der gemachten Fehler überhaupt ausmachen werden und es deshalb auf die Intelligenz jedes Mitarbeiters ankommt. [7]

4.2 Flache Hierarchie, Verwirklichen der Unternehmenspolitik in allen Ebenen der Organisation, Managementsystem-Bewertungen

Der Grundsatz „flache Hierarchie" hat eng mit dem vorangegangen Punkt der Einbeziehung aller Mitarbeiter zu tun.

Flache Hierarchien und Prozeßorientierung über Stellen/Abteilungen hinweg sind wichtig für die Effektivität der Organisation. Das wesentliche Merkmal zur Abwendung vom Taylorismus besteht darin, die Politik und Zielsetzungen der Organisation, wie sie von der obersten Leitung ausgedrückt werden, in die nächsten Ebenen zu transportieren. Das geschieht nicht lediglich durch Kenntnisnahme der Politik, sondern wird erst richtig wirksam, wenn auf der betreffenden Ebene die allgemeine Politik eine für diese Ebene angemessene Interpretation erfährt. Die Verantwortlichen dieser Ebene formulieren dazu die für die Ebene gültige Politik, die konkreten Zielsetzungen und die Programme zu ihrer Verwirklichung, und zwar als Ergebnis von Gruppenarbeit. Diese Gruppen bestehen aus Mitarbeitern der betreffenden Ebene, die alle Kenntnisse und möglichst vielfältige Vorschläge sammeln, und aus Vertretern aus anderen mitwirkenden Bereichen. Auf dieselbe Weise wird auf der jeweils nächsten Ebene verfahren. Mit der Umsetzung dieser Politik sowie der Ziele und mit der Beurteilung der erreichten Ergebnisse unter Beteiligung aller Mitarbeiter wird Motivation und Verantwortungsgefühl breit gefördert und die Effektivität der Arbeit gesteigert.

Die oberste Leitung sollte jedoch auch die Weichen dafür stellen, daß dieser „Top-Down"- durch einen „Bottom-Up"-Mechanismus ergänzt wird. Auf einer tieferen Ebene erarbeitete Vorschläge, erkannte Ungereimtheiten und Probleme bei Politik und Zielen einer höheren Ebene sollten in systematischer Weise nach „oben" transportiert und möglichst gemeinsam gelöst werden.

Die oberste Leitung der Organisation sollte zur Prüfung ihrer Politik in der sich wandelnden Umgebung der Organisation und zur formellen Bewertung des Standes und der Angemessenheit des Managementsystems, auch in bezug auf die Politik und die Ziele, periodische Managementsystem-Bewertungen (management reviews) unter Beachtung der Ergebnisse von internen Audits durchführen. Diese Bewertungen sind ein äußerst wirksames Mittel, dynamisch eigene Leistung in bezug auf die eigenen Zielsetzungen zu bewerten. Der Erfolg der Maßnahmen hängt weitgehend vom Vorbild ab, das der Vorgesetzte durch sein eigenes positives Verhalten gibt.

4.3   Beauftragter der obersten Leitung

Für die Ergebnisse der Organisation mit ihren Qualitäten, Kosten und Terminen (siehe Bild 2) sind alle Mitarbeiter in ihren jeweiligen Aufgabenbereichen (mit)verantwortlich, also weder allein die oberste Leitung noch irgendwelche „Beauftragte", denen nach überholtem Verständnis die „Wahrnehmung der Verantwortung" für das jeweilige Ergebnis übertragen wird.

Zunächst wird hier auf den Beauftragten der obersten Leitung für das QM-System eingegangen und den Überlegungen in [8] gefolgt, um dann zu erweiterten Betrachtungen zu kommen: In einer modernen Organisation sollte es den „Chefinspektor", (später auch „Leiter der Qualitätskontrolle" genannt) als den Verantwortlichen für gute Qualität und Produktfehler nicht mehr geben. Dieser war über die Abteilungsgrenzen hinweg selten in der Lage, systematische Fehlerursachenbeseitigung und vorbeugende Fehlervermeidungsstrategien einzuführen. Das heißt jedoch nicht, daß Endprüfungen generell überflüssig geworden sind. Sie werden nach Art und Beschaffenheit der Produkte in mehr oder weniger starkem Umfang auch weiterhin notwendig sein. Prinzipiell gilt jedoch der Grundsatz, daß zufriedenstellende Qualität nicht erprüft werden kann, sondern durch beherrschte Prozesse von Anfang an produziert werden muß.

In einer modernen Organisation, die nach TQM-Grundgedanken geführt wird, gibt es das Wegdelegieren des Themas Qualität durch die oberste Leitung nicht mehr. Der Hauptverantwortliche für Qualität und für die QM-Bewertung (management review) in der obersten Leitung muß benannt sein. Der Beauftragte der obersten Leitung („Qualitätsmanager", „Qualitätsbeauftragter", „Qualitätsleiter") hat beratende, planende, koordinierende und überwachende und wenig exekutive Funktionen. Ihm können weitere Mitarbeiter unterstellt sein, und er kann auch der Leiter einer Stelle Qualitätswesen sein. Er ist der obersten Leitung der Organisation (im Rahmen eines Konzerns dem Leiter eines selbständig operienden Geschäftsbereichs oder eines Werkes als Profitcenter) direkt unterstellt oder gehört ihr an (und ist im letzteren Fall mit dem Hauptverantwortlichen in der obersten Leitung in einer Person vereint). Jeder Mitarbeiter im Unternehmen muß wissen, daß der Beauftragte im direkten Auftrag der obersten Leitung handelt. Zum Aufgabenbereich des QM-Beauftragten der obersten Leitung gehören:

● Beratung und Mitwirkung beim Erarbeiten der Qualitätspolitik der Organisation und der Produktgestaltungsziele (QM-Ziele) unter Berücksichtigung der Wettbewerbssituation,

- Know-how-Zentrum für Qualitätsfragen (Unterstützung der Linie bei Aufbau des QM-Systems, bei Auswahl von Qualitätstechniken, bei der Schulung, bei Qualitätszirkeln usw., Unterstützung der Zulieferanten),

- Mitwirkung bei der Aufstellung der jährlichen Qualitätsziele, der Festlegung der Kennzahlen (unter Beachtung der Ergebnisse des Controllings, d. h. auch betriebswirtschaftlicher Aspekte),

- Konzipierung des QM-Systems und Erarbeitung von QM-Programmen im Sinne der ständigen Verbesserung,

- Durchführung und Auswertung von Qualitätsaudits,

- interne und externe Repräsentation der qualitätsbezogenen Aufgaben in Vertretung der obersten Leitung (kein Blitzableiter für Kundenreklamationen),

- Durchführung von Analysen aufgrund von Qualitätsdaten (Analysen des Ist-Zustands, Fehler/Schwachstellen-Analysen, Risikoanalysen, Schadensanalysen usw.)

- Darstellung der qualitäsbezogenen Ereignisse, Informieren der obersten Leitung,

- Risiko-, Krisen- und Umweltschutzmanagement.

Gerade der letzte Punkt zeigt, daß der Beauftragte der obersten Leitung bezüglich Umweltschutzmanagement ebenfalls dem Beauftragten der obersten Leitung bezüglich QM-System zugeordnet werden kann. Dies muß jedoch nicht so sein, wenn in der Organisation Umweltschutz branchenbedingt als besonders wichtiges Gebiet angesehen wird. Hier kann es sinnvoll sein, einen weiteren Beauftragten der obersten Leitung zu etablieren. Dies gilt analog für das Arbeitsschutzmanagement oder das Finanz- und Kostenmanagement (siehe Bild 2). Alle Teilaspekte bilden ein umfassendes Managementsystem. Sie sind sachlich verknüpft und weisen weitgehende Überschneidungen auf. Deshalb ist eine Koordinierung in jedem Fall notwendig. Wenn mehrere Beauftragte vorhanden sind, müssen diese ein Team bilden. Dieses sollte sich im Sinne einer für die verschiedenen Aspekte harmonischen Unternehmenspolitik und des einheitlichen Zielsystems der Organisation aufeinander abstimmen.

4.4   Prozeßorientierung, Reengineering

Wie anhand von Bild 2 erläutert wurde, erfolgt jede Arbeit im Unternehmen im Dienste interner oder externer Kunden und im Dienste anderer Interessenpartner durch Prozesse. Es wird für viele Organisationen eine nahe Zukunftsaufgabe sein, die wichtigen Prozesse klarer zu identifizieren und zu dokumentieren, ihre Struktur, ihren Ablauf und Ressourceneinsatz möglichst einfach und einsichtig zu beschreiben und ihre Bedeutung klar herauszustellen. Gerade hier sollten ständige Verbesserungen angestrebt werden. Bei diesem „Reengineering" können häufig gegenüber der Vergangenheit flachere aufbau-organisatorische Hierachien erreicht werden. Es ist aber darauf zu achten, daß wirklich bewährte Strukturen bewahrt bleiben. Im Kapitel A2 wird auf dieses Thema besonders eingegangen.

Im Qualitätsmanagement im Sinne der DIN EN ISO 9000-Reihe spielen die besonders wertschöpfenden Prozesse eine wesentliche Rolle. Dieses sind diejenigen Prozesse, in denen direkt Beiträge zur Qualität des Angebotprodukts erbracht werden, wie Marketing, Planung, Entwicklung/Design, Produktion, Lagerung, Verpackung, Versand und Wartung/Kundendienst. Diese Prozesse sind auch im Sinne des Umweltschutzmanagements von Bedeutung, wenn es um die Erfüllung der Forderungen an die umweltschutzbezogenen Merkmale

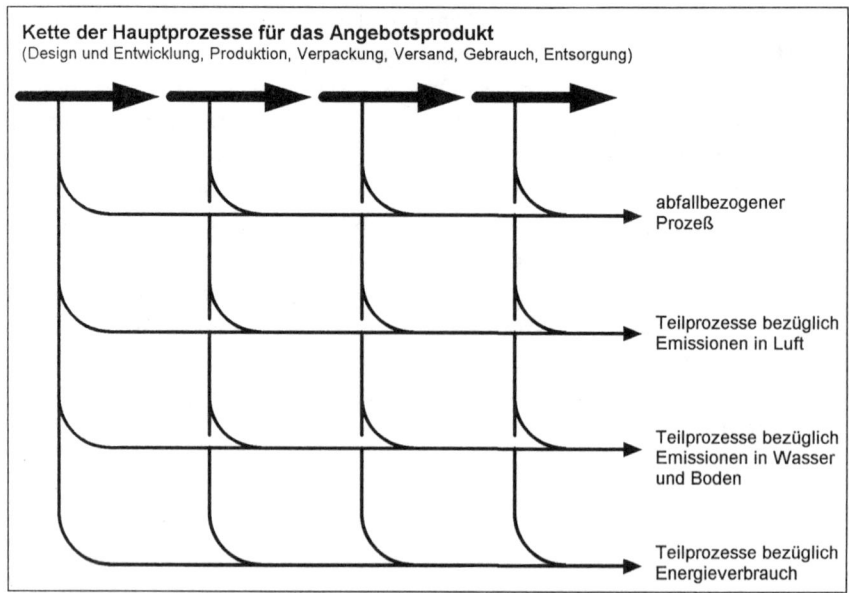

Bild 6:   Besondere umweltschutzbezogene Teilprozesse (Beispiel)

des Angebotprodukts geht, die gleichzeitig Qualitätsmerkmale sind. Hier stimmen Umwelt- und Qualitätsmanagement in ihrer Systematik überein.

Nach Bild 2 sind vor allem die Nebenergebnisse der Prozesse der Organisation wie Abfall, Emissionen, Energieverbrauch usw. umweltrelevant. Traditionell beschäftigen sich Umweltabteilungen in einer Organisation hauptsächlich mit diesem Aspekt, d. h. mit dem Management bezüglich der Emissionen in Luft, Wasser, Boden, mit Abfall und mit Umweltrisiken. Hier sind Anlagen und Prozesse betroffen, die mit den obigen Hauptprozessen nur mittelbar in Beziehung stehen. Hierfür können also separate und von den Hauptprozessen abzweigende Teilprozesse festgelegt und gemanagt werden, z. B. im Hinblick auf die Erfüllung der Forderungen in Umweltvorschriften und ggf. gemäß Unternehmenspolitik strengeren internen Forderungen (siehe Bild 6).

Analog können ggf. miteinander vernetzte Prozesse festgelegt werden bezüglich Finanz- und Kostenmanagement, Arbeitsschutzmanagement u. a.

4.5 Simultaneous Engineering

In vielen Unternehmen erfolgen Planung und Design bzw. Entwicklung von Angebotsprodukten zeitlich vor der Planung und Entwicklung der Produktionsprozesse und der dazugehörigen Anlagen. Auch in DIN EN ISO 9004 und in DIN EN ISO 9001 werden bewußt zwei getrennte QM-Elemente angesprochen. Kostenbetrachtungen bezüglich der Entwicklungsergebnisse und ihrer Realisierung werden üblicherweise ebenfalls getrennt angestellt. Die Planung, auf welche Zulieferungen man zurückgreifen will, geschieht auch weitgehend separat. Anliegen des „simultaneous engineering" ist es, bei der Planung und Entwicklung der Produkte und Produktionsprozesse unter Berücksichtigung der relevanten Kosten und der Zulieferungen zu möglichst gleichzeitigem Vorgehen und zu intensiver Abstimmung der Einzelaspekte zu kommen. Unverträglichkeiten auch im Hinblick auf die Kosten und Folgekosten der jeweiligen Lösung des Gestaltungsproblems können hierbei rechtzeitig im Sinne besserer Wirtschaftlichkeit sowie kürzerer Entwicklungs- und Markteinführungszeiten erkannt werden.

Dieses Thema hat seine ganz besondere, nicht zu unterschätzende Bedeutung für Fortschritte im Umweltschutzbereich. Heute wird in Unternehmen oft nur halbherzig und nachsorgend Umweltschutz betrieben („end of pipe"). Die Erfüllung von gesetzlichen Forderungen im Zusammenhang mit Abfall und Emissionen steht dabei im Vordergrund. Um wesentliche Verbesserungen im Umweltschutz im Sinne vorbeugenden Umweltschutzes zu erreichen, muß den Planungs- und Design- bzw. Entwicklungsphasen besondere Aufmerksamkeit gewidmet werden. Dazu gehört eine Planung und Entwicklung der Angebotsprodukte und der Produktionsprozesse nach den wirkungsvollen Prinzipien des „simultaneous engineering". Umweltauswirkungen, die sich aufgrund der Festlegungen in Produktspezifikationen und den daraus abgeleiteten Prozeßspezifikationen ergeben, müssen vorausschauend abgeschätzt werden. Hier ist auch der praktische Ansatzpunkt, an dem sich die traditionellen „Qualitäter", die betrieblichen Umweltschützer und die Betriebswirtschaftler am besten ergänzen und bei ihrer Arbeit gegenseitige Synergien nutzen können. Daher muß eine gegenüber der Vergangenheit anspruchsvollere und einer ständigen Verbesserung verpflichtende Umweltpolitik als Teil der umfassenden Politik und in Harmonie und Überschneidung mit der Qualitätspolitik der Organisation festgelegt und umgesetzt werden.

4.6 Zurückschneiden auf das Kerngeschäft (Corporate Downsizing)

Marquardt [13] analysiert den heutigen Trend des Zurückschneidens als eine anhaltende Strukturänderung der Wirtschaft. Früher konnten es sich Firmen finanziell leisten und waren darauf angewiesen, leistungsstarke Spezialistengruppen zu haben, die z.B. im Kontakt mit Universitäten Innovationen hervorbrachten und neue Verhaltensweisen prägten. Erstmalig in der Geschichte ist eine notwendige kritische Masse komplexen technischen know-hows dank der elektronischen Kommunikationsnetzwerke für viele erreichbar und anwendbar geworden.

Es ist nicht mehr nötig, daß alle für den Unternehmenszweck notwendigen und stützenden Funktionen Teile des Unternehmens sind. Die Nutzung genormter Schnittstellenregelungen oder Stützfunktionen beschleunigt den Trend des „outsourcing". Damit konzentriert sich das Unternehmen auf seine Kerngeschäftsfunktionen, zu denen auf jeden Fall die strategischen Funktionen und die Anwendung seiner ureigensten Technologie gehören, und versetzt sich in die Lage, seine Tätigkeiten wirkungsvoller und wirtschaftlicher zu lenken. Damit einher geht allerdings eine größere Abhängigkeit des Unternehmens von kleineren Organisationen; auf deren Kompetenz muß man sich verlassen können.

4.7   Vorausschauende Ausrichtung der umfassenden Politik der Organisation

Im Sinne von TQM und angesichts der heutigen Rahmenbedingungen für wirtschaftliche Tätigkeiten muß von opportunistischem Erfolgsdenken Abschied genommen werden. Politik und Strategie der Organisation können nur erfolgreich eingesetzt werden, wenn sie hinreichend vorausschauend angelegt sind und die Interessen der Interessenpartner in verantwortlicher Weise berücksichtigen. Die im Rahmen der Politik festgelegten konkreten, jeweils kurzfristig gesetzten Ziele sind jedoch so schnell und flexibel wie möglich zu realisieren.

5   Herstellererklärungen, Ergebniszertifikate und Managementsystem-Zertifikate

5.1   Herstellererkärungen über technische Ergebnisse

Elemente des Managementsystems der Organisation betreffen Prüfungen und Beurteilungen von technischen Zwischen- und Endergebnissen im Hinblick auf die Forderungen an diese Ergebnisse (Outputs, siehe Bild 2). Diese sind zum Beispiel

- Prüfungen von Entwürfen, Zwischenprodukten und Endprodukten auf Erfüllung von Kundenforderungen und von internen und gesetzlichen Einzelforderungen, die alle gemeinsam die Qualitätsforderung an das Produkt (Angebotsprodukt) bilden.

- Prüfungen von Emissionen in die Umwelt oder von Immissionen in der Nachbarschaft auf Erfüllung der gesetzlichen und der internen Umweltschutzforderungen.

- Prüfungen von Belegen, von Kosten- und Aufwandsaufstellungen, von Rechnungen und von Bilanzen auf Erfüllung gesetzlicher und interner Forderungen.

- Prüfungen der Immissionsbelastung von Mitarbeitern und Prüfungen von Emissionen von Anlagen und Immissionen am Arbeitsplatz auf Erfüllung von gesetzlichen und/oder internen Arbeitsschutzforderungen.

Berichte über Ergebnisse derartiger Prüfungen und Beurteilungen können je nach Zweckbestimmung als Herstellererklärungen oder -informationen abgegeben werden, zum Beispiel

- an Kunden in Form von Produktinformationen, Werksprüfzeugnissen, Bescheinigungen oder Prospekten über die Qualität von Angebotsprodukten,

- an die Gesellschaft (bzw. gesellschaftliche Gruppen) in Form von Umweltschutzerklärungen über technische umweltschutzbezogene Daten,

- an die Eigner der Organisation in Form von Berichten über interne Finanzergebnisse oder über Wirtschaftlichkeitsuntersuchungen,

- an die Mitarbeiter in Form von Informationen über die Arbeitsplatzsituation.

5.2 Zertifikate über technische Ergebnisse

Werden die Prüfungen von technischen Ergebnissen durch unabhängige anerkannte (akkreditierte) Prüf- und Zertifizierungsstellen durchgeführt und gibt es für die jeweiligen Prüfungen ausreichend anerkannte Bezugsgrundlagen (z. B. in Form von Normen oder Vorschriften), können die Prüfergebnisse in Form von Zertifikaten oder Zeichen dargestellt werden, z. B.

- in Form von Produktzertifikaten (CE-Kennzeichnung nach EU-Richtlinien, VDE-Zeichen usw.),
- in Form von Umweltzeichen für Produkte (z. B. Blauer Engel),
- in Form von Bilanzprüftestaten von Wirtschaftsprüfern,
- in Form von amtsärztlichen Attesten über Berufskrankheiten.

5.3 Herstellererklärungen über Managementsysteme

So wie Prüfungen und Beurteilungen technischer Zwischen- und Endergebnisse zum Managementsystem gehören, so bilden auch Untersuchungen des Managementsystems (oder seiner Teile) selbst Elemente dieses internen Managementsystems. Solche Untersuchungen werden auch interne Audits oder interne Revisionen genannt. Analog zur Definition von Qualitätsaudit nach DIN ISO 8402 ist ein Audit „eine systematische unabhängige Untersuchung, um festzustellen, ob die aufgabenbezogenen Tätigkeiten und die damit zusammenhängenden Ergebnisse den geplanten Anordnungen entsprechen und ob diese Anordnungen wirkungsvoll verwirklicht und geeignet sind, die Ziele zu erreichen". Audits können sich auf irgendwelche Teile und Aufgaben des internen umfassenden Managementsystems beschränken.

Beispiele:

- Das interne QM-System-Audit (Qualitätsaudit) nach DIN ISO 10011 ist eine interne Untersuchung des QM-Systems, das die Organisation zum Beispiel nach DIN ISO 9004 eingerichtet hat, eingebettet in das umfassende Managementsystem.
- Das interne UM-System-Audit (Umweltaudit, Umweltbetriebsprüfung) ist eine interne Untersuchung des Umweltmanagementsystems, das sich in vielen Teilen mit dem QM-System überlappt (s. Bild 2) und deshalb ggf. in Kombination mit dem QM-System-Audit durchgeführt werden kann.
- Das Finanz-Audit / die Finanz-Revision ist eine interne Untersuchung des Finanz- und Kostenmanagementsystems (finance controlling systems), das Teil des umfassenden Managementsystems der Organisation ist.
- Das Arbeitsschutzaudit ist eine interne Untersuchung des Arbeitsschutzmanagementsystems als Teil des umfassenden Managementsystems.

Ergebnisse von Audits (Revisionen) werden in Auditberichten dargestellt und dienen der obersten Leitung der Organisation als wesentliche Unterlage für ihre Managementsystem-Bewertung (Management Review), d. h. für ihre formelle Bewertung der Wirksamkeit und der Angemessenheit des Managementsystems in bezug auf die betreffende Politik und die Zielsetzungen. Diese Bewertung selbst ist wiederum ein wichtiges Führungselement im Managementsystem.

Ergebnisse von internen Audits können auch als Herstellererklärungen in formeller oder informeller Form abgegeben werden. So kann man sich dabei auf freiwillig angewandte allgemein anerkannte Prüfgrundlagen berufen.

Beispiele:

- In einer Erklärung der Organisation zum eigenen QM-System kann ein Hersteller die Erfüllung der Forderungen der Norm DIN EN ISO 9001, 9002 oder 9003 erklären. Natürlich kann er auch z. B. über den Stand der Verwirklichung des eigenen TQM-Konzepts informieren, wofür es keine formellen allgemein anerkannten Bezugsgrundlagen gibt.

- In einer an die Öffentlichkeit/Gesellschaft gerichteten Erklärung der Organisation zum Umweltmanagementsystem kann sich eine Organisation auf die Norm DIN EN ISO 14001 (z. Z. Entwurf) (siehe Abschnitt 6) oder auf die EU-Verordnung 1836/93 (siehe Kapitel C1) beziehen. (Der Bezug auf die Verordnung in einer Herstellererklärung bedeutet allerdings nicht die Beteiligung am EU-Gemeinschaftssystem dieser Verordnung, die die Einschaltung eines zugelassenen unabhängigen Umweltgutachters (Person oder Organisation) bedingt.)

- Eine Erklärung der Organisation zu ihrem Finanz- und Kostenmanagementsystem gegenüber Ihren Eignern, gegenüber Banken, Versicherungen oder Kunden wird weniger eine Aussage über die Erfüllung der gesetzlichen Forderungen hinsichtlich der Grundsätze ordnungsgemäßer Buchführung sein. Sie wird eher eine Aussage sein, welche Art von intern sinnvoller Kostenrechnung im Finanz- und Kostenmanagementsystem zur Kalkulation, Wirtschaftlichkeitslenkung und Bereitstellung von Informationen für dispositive Zwecke gewählt und verwirklicht wurde, wie z. B. die Grenzplankostenrechnung [9].

- In einer Erklärung der Organisation zum Arbeitsschutzmanagementsystem kann sich die Organisation z. Zt. noch nicht auf eine allgemein anerkannte Grundlage beziehen, zumindest nicht auf eine nationale oder internationale Norm.

5.4 Zertifikate zu Managementsystemen

Werden die Audits (Revisionen), wie sie unter 5.3 aufgeführt sind, bei entsprechender Darlegung des auditierten Teilbereiches (Aspekts) des umfassenden Managementsystems durch externe unabhängige akkreditierte Managementsystem-Zertifizierungsstellen durchgeführt, und gibt es für die jeweiligen Audits ausreichend anerkannte Bezugsgrundlagen (z. B. in Form von Normen oder Vorschriften), können die Auditergebnisse in Form von Systemzertifikaten dokumentiert werden.

Beispiele:

- QM-System-Zertifikate als Ausdruck der Erfüllung der Forderungen von DIN EN ISO 9001, 9002 oder 9003 oder der entsprechenden Forderungen von EU-Richtlinien (Beispiel: QM-System-Zertifikat der DQS)

- UM-System-Zertifikate als Ausdruck der Erfüllung der Forderungen von DIN EN ISO 14001 (z. Z. Entwurf) (siehe Abschnitt 6) oder der Forderungen der bereits erwähnten EU-Verordnung 1836/93 (Beispiel: UM-System-Zertifikat der DQS)

- Testate von staatlich anerkannten Wirtschaftsprüfern über die Erfüllung der gesetzlichen GoB-Forderungen (Grundsätze ordnungsgemäßer Buchführung) durch die im HGB geforderte Finanzbuchhaltung, die zwar ein Teil des Finanzmanagementsystems ist, aus interner Sicht jedoch nicht unbedingt der wichtigste.

- Denkbare Arbeitsschutzmanagementsystem-Zertifikate; hierfür gibt es noch keine genormten Grundlagen; Ansätze dafür liefert die Richtlinie des Rates vom 12. Juni 1989 (89/391/EWG) über die Durchführung von Maßnahmen zur Verbesserung der Sicherheit und des Gesundheitsschutzes der Arbeitnehmer bei der Arbeit.

Ein Produktzertifikat oder, allgemein ausgedrückt, ein technisches Ergebniszertifikat, soll dem Kunden oder anderen Interessenpartnern als Nachweis oder Vertrauensbeweis dienen, daß das Produkt/Ergebnis die gestellten (genormten) Forderungen erfüllt (siehe 5.2), die Qualität des Ergebnisses also zufriedenstellend ist. Ein Systemzertifikat/-testat soll dagegen durch Darlegung der Erfüllung der (gegebenenfalls genormten) Systemforderungen beim Interessenpartner Vertrauen bilden, daß die Organisation, die das Ergebnis hervorbringt, die an dieses Ergebnis gestellten Forderungen konsistent und gleichbleibend erfüllen wird (Vertrauen in die Fähigkeit der Organisation).

Systemzertifikate ergänzen deshalb Ergebniszertifikate und umgekehrt, können sich jedoch nicht gegenseitig ersetzen, d. h.

- das QM-System-Zertifikat kann nicht das Produktzertifikat ersetzen,
- das UM-System-Zertifikat kann nicht das Umweltzeichen oder die durch eine dritte Stelle abgesicherte Umwelterklärung ersetzen,
- das Testat des Wirtschaftsprüfers über die Erfüllung des GoB-Forderungen kann nicht das Testat über die Bilanz und Gewinn- und Verlustrechnung ersetzen,
- ein Arbeitsschutzmanagementsystem-Zertifikat kann nicht ein ärztliches Attest ersetzen.

Auf das Verfahren der QM-System- und UM-System-Zertifizierung wird im Abschnitt 7 eingegangen.

Hier noch ein Wort zur Zertifizierung von QM-Systemen. Die Aussagen gelten analog für andere Zertifizierungen:

Entscheidet sich eine Organisation, ihr QM-System nach DIN EN ISO 9001, 9002 oder 9003 zertifizieren zu lassen, ist dieses Zertifikat ein Nebenprodukt einer internen Anstrengung. Es kann für die Mitarbeiter motivierend wirken, für Werbezwecke genutzt und natürlich in Verträgen mit Abnehmern und ggf. im Rahmen von EG-Richtlinien, z. B. über die Erlangung der CE-Kennzeichnung für Produkte, verwendet werden.

Zweckmäßig ist es jedoch, nach Einführung des QM-Systems weitere strategische Maßnahmen zu ergreifen. Viele starten nach Einführung des QM-Systems und gegebenenfalls nach einer Zertifizierung den Prozeß einer kontinuierlichen Verbesserung im Rahmen von TQM „Total Quality Management". TQM ist eine Führungsmethode, die Qualität in den Mittelpunkt aller ihrer Prozesse stellt, ob sie sich auf die Qualität der Angebotsprodukte direkt auswirken oder nicht (siehe Abschnitt 3).

Das nur auf externen Druck durch Auftraggeber oder den Staat angestrebte und schließlich in bürokratischer Weise erlangte Zertifikat, also ein Zertifikat, dessen zugehöriges QM-System nicht wirklich lebt und nicht Ausgangspunkt für ständige Verbesserungen ist, wird auf Dauer auf dem Markt an Vertrauen und damit an Bedeutung verlieren.

Diese Gefahr besteht besonders dann,

- wenn Zertifizierer von QM-Systemen inkompetent oder leichtfertig ohne die nötige Breite und Tiefe auditieren;
- wenn die Organisation ohne innere Überzeugung und ohne Willen zur ständigen internen Verbesserung und damit bürokratisch an die Einrichtung eines QM-Systems geht;

- wenn die in den einzelnen Ländern zuständigen Akkreditierer von Zertifizierungsstellen (in Deutschland die TGA „Trägergemeinschaft für Akkreditierung" im DAR „Deutscher Akkreditierungsrat") die Unabhängigkeit und Kompetenz der Zertifizierer nicht ausreichend prüfen und überwachen;

- wenn der QM-Zertifizierung unangemessene Bedeutung beigemessen wird, z. B. indem vom Zertifikat fälschlicherweise erwartet wird, daß es ein Nachweis einer zufriedenstellenden Qualität des Produkts selbst oder Ausdruck einer hohen Technologie der technischen Prozesse sei.

Es sei wiederholt: Das Zertifikat drückt aus, daß die Organisation, aus dem Blickwinkel üblicher Kunden betrachtet, ausreichend systematisch arbeitet, um erwarten zu können, daß die Qualitätsforderung an das Produkt (die Ware oder Dienstleistung) erfüllt werden wird, nicht mehr und nicht weniger.

Entsprechendes gilt für andere Managementsystemzertifikate, z. B. für UM-System-Zertifikate. Organisationen sollten bei der Auswahl des Zertifizierers auf dessen Kompetenz (Akkreditierung ist ein Minimum) und die internationale Anerkennung seiner Zertifikate achten. (So arbeitet z. B. die DQS als Mitglied von EQNet „The International Certification Network" und mit ihren insgesamt ca. 35 Kooperationen und zahlreichen gegenseitigen Anerkennungen mit Partnern weltweit dafür, daß Zertifikate nach gemeinsamen Regeln erteilt werden und internationale Anerkennung genießen.) Zertifizierer müssen Unabhängigkeit bewahren, Interessenkonflikte vermeiden (z. B. keine Beratung anbieten) und sollten nicht gewinnorientiert arbeiten.

Letztlich kommt es auf die Anerkennung des Zertifikats bei dem Kunden oder bei einem anderen Interessenpartner der zertifizierten Organisationen an.

6 Aktivitäten in der Normung zu Managementsystemen

Im Rahmen der internationalen Normung durch die International Organization for Standardization (ISO) befassen sich bisher zwei Technische Komitees (TCs) mit der Normung zu Managementsystem-Teilaspekten:

- Im ISO/TC 176 „Quality Management and Quality Assurance" wurden die Normen der ISO 9000-Familie (siehe Tabelle 1 und Tabelle 2) erarbeitet und werden diese weiterentwickelt. Dieses Komitee wurde 1979 auf Vorschlag des DIN eingerichtet. Es legte nach Entwürfen von 1985 die Erstausgabe der ISO 9000-Kernnormen 1987 vor. Im Jahr 1994 erfolgte die erste Überarbeitung dieser Normen. In der Zwischenzeit wurde eine Reihe weiterer Leitfäden erarbeitet.

Das ISO/TC 176 gliedert sich in folgende Unterkomitees:

- SC 1 „Terminology"
- SC 2 „Quality Systems"
- SC 3 „Quality Technologies"

Die deutsche Zuarbeit zum ISO/TC 176 erfolgt im Rahmen des DIN-Normenausschusses NQSZ durch den Arbeitsausschuß NQSZ 1 „Qualitätsmanagement".

- Im 1993 gegründeten ISO/TC 207 „Environmental Management" wird an Normen zum Thema Umweltmanagement gearbeitet. Das ISO/TC 207 gliedert sich in folgende Unterkomitees:

- SC 1   Umweltmanagementsysteme (UM-Systeme)
- SC 2   Umweltaudit
- SC 3   Umweltkennzeichnung
- SC 4   Umweltleistungsbestimmung (Environmental Performance)
- SC 5   Öko-Bilanzen (Life Cycle Analysis)
- SC 6   Begriffe

Die deutsche Zuarbeit zu diesem internationalen Komitee wird durch den ebenfalls 1993 gegründeten DIN-Normenausschuß Grundlagen des Umweltschutzes (NAGUS) geleistet.

In verschiedenen Ländern wird bereits darüber diskutiert, ob nicht eine Normung zu einem weiteren Managementgebiet eröffnet werden sollte, nämlich zum Thema Arbeitsschutz-Managementsysteme.

Vor und während der Gründung des ISO/TC 207 wurde insbesondere von seiten des ISO/TC 176 versucht, unter Hinweis auf die unbestreitbar großen Gemeinsamkeiten der unterschiedlichen Teilbereiche von Managementsystemen die Normungsaktivitäten nicht zu trennen, sondern zusammenzuführen. Entsprechende Initiativen gab es auf nationaler Ebene in mehreren Ländern. Schließlich entschieden die obersten Gremien der ISO, die Normungen in unterschiedlichen Komitees durchzuführen. Eine Initiative, im Rahmen einer gemeinsamen, von den beiden Technischen Komitees 176 und 207 beschickten Koordinierungsgruppe die Weichen dahingehend zu stellen, daß die Normungsergebnisse voll kompatibel werden, scheiterte.

Die weitgehende Trennung der Normungsaktivitäten ist ein Spiegelbild der Situation in weiten Teilen der Großindustrie, wie sie Anfang der 90er Jahre in den entwickelten Ländern vorherrschte. In voneinander getrennten Zentralstellen waren oder sind die Themen Qualitätsmanagement und Umweltmanagement angesiedelt. In der täglichen Arbeit werden oft mehr die Unterschiede zwischen den Bereichen als ihre Gemeinsamkeiten betont. Die politischen Randbedingungen für beide Bereiche werden oft als grundsätzlich unterschiedlich angesehen.

Es ist zu erwarten, daß die unterschiedlichen Normungsergebnisse zu Schwierigkeiten bei der Umsetzung in Betrieben, insbesondere in kleinen und mittleren Unternehmen, führen werden. Dort wird schon unter dem Gesichtspunkt der Wirtschaftlichkeit des Managens wenig Verständnis für getrennte und dazu noch unterschiedlich strukturierte Normen vorhanden sein. Die bereits beginnenden Diskussionen über eine neue Normung, nämlich zum Thema Arbeitsschutzmanagement, verstärken das Gefühl bei vielen Beteiligten und Beobachtern, daß hier sachlich und wirtschaftlich eine Chance vertan wurde, effizient gemeinsam zu planen und zu arbeiten. So verstärken sich die bereits in der Vergangenheit geführten Diskussionen, ob es nicht zweckmäßig sei, einen Leitfaden oder Technischen Bericht zu erarbeiten, in dem das Thema „Umfassendes Managementsystem" behandelt wird. Er könnte einen Rahmen dafür liefern, wie voll aufeinander abgestimmte Normen zu Management-Teilaspekten erarbeitet werden können.

In Tabelle 4 werden die miteinander vergleichbaren Normen der ISO 9000-Familie und der entstehenden Normen zu Umweltmanagement und Umweltaudits gegenübergestellt.

Tabelle 4:   Gegenseitige Zuordnung der QM- und UM-Normen

Kernnormen des ISO/TC 176 „Quality Management and Quality Assurance"	Norm-Projekte des ISO/TC 207 „Environmental Management"
ISO 8402 (1994) „Qualitätsmanagement – Begriffe"	ISO 14050 (199X)? „Environmental Management – Vocabulary"
ISO 9000-1 (1994) „Normen zum Qualitätsmanagement und zur Qualitätssicherung/ QM-Darlegung – Teil 1: Leitfaden zur Auswahl und Anwendung"	
ISO 9001 (1994) „Qualitätsmanagementsysteme; Modell zur Qualitätssicherung/QM-Darlegung in Design, Entwicklung, Produktion, Montage und Wartung"	ISO/DIS 14001 (1995)* „Specifications for Environmental Management Systems"
ISO 9002 (1994) „Qualitätsmanagementsysteme; Modell zur Qualitätssicherung/QM-Darlegung in Produktion, Montage und Wartung"	
ISO 9003 (1994) „Qualitätsmanagementsysteme; Modell zur Qualitätssicherung(/QM-Darlegung bei der Endprüfung"	
ISO 9004-1 (1994) „Qualitätsmanagement und Elemente eines Qualitätsmanagementsystems – Teil 1: Leitfaden"	ISO/DIS 140XX (1995)° „Environmental Management Systems – General Guidelines on Principles, Systems and Supporting Techniques"
	ISO/DIS 14010 (1995)* „Guidelines for environmental auditing – General principles of environmental auditing"
ISO 10011-1 (1991) „Leitfaden für das Audit von Qualitätsmangementsystemen – Auditdurchführung"	ISO/DIS 14011-1 (1995)* „Guidelines for environmental auditing – Audit Procedures, Part 1: Auditing of environmental management systems"

Tabelle 4: Fortsetzung

Kernnormen des ISO/TC 176 „Quality Management and Quality Assurance"	Norm-Projekte des ISO/TC 207 „Environmental Management"
ISO 10011-2 (1991) „Leitfaden für das Audit von Qualitätsmanagementsystemen – Qualifikationskriterien für Qualitätsauditoren"	ISO 14011-3 (1995)* „Guidelines for environmental auditing – Qualification criteria for environmental auditors"
ISO 10011-3 (1991) „Leitfaden für das Audit von Qualitätsmanagementsystemen – Management von Auditprogrammen"*	

* erschienen im August 1995 als internationaler und europäischer Norm-Entwurf DIS, prEN)
º erschienen im August 1995 als internationaler Norm-Entwurf (DIS)

Die in den beiden Tabellen 5 und 6 dargestellten Abschnittsstrukturen von ISO 9001 und des Entwurfs zu ISO 14001 zeigen die Unterschiedlichkeit des Aufbaus der beiden Dokumente. Die Tabellen enthalten deshalb die ungefähren inhaltlichen Zuordnungen anhand der Abschnittsnummern des jeweils anderen Schriftstücks. Die Tabellen entstammen dem Entwurfsmanuskript zu ISO 14001 und sind auch bezüglich der deutschen Übersetzung als vorläufig zu betrachten.

Die Kernnormen der ISO 9000-Familie sind 1994 in einer ersten Überarbeitung erschienen. Die nächste Phase der Überarbeitung der gesamten Normenfamilie dürfte grundsätzlicher Natur sein und mehrere Jahre dauern. Für diese längerfristig angesetzte Revision zeichnen sich folgende Entwicklungen ab:

• Die Abschnittsstrukturen von ISO 9004 und ISO 9001 sollen aneinander angepaßt werden.

• Der Leitfaden ISO 9004 dürfte ausgeweitet werden und Gesichtspunkte des umfassenden Managements einer Organisation ansprechen bzw. die Einbindung und Anknüpfung daran klären. Eine stärkere Orientierung an den Kernprozessen der Organsiation ist vorgesehen. Eventuell werden für interne QM-Zwecke Methoden der Selbstbewertung einer Organisation zur Einschätzung der erreichten Reife der realisierten QM-Elemente anhand von Beurteilungsskalen angesprochen.

- Eine stärkere Verknüpfung der Ziele der Organisation mit den erreichten Ergebnissen ist angestrebt. Entsprechend sollen die Verfahren, nach denen beurteilt wird, ob die Ziele erreicht wurden, gestärkt werden.

- Allgemeine Prinzipien des Qualitätsmanagements, wie sie in allen Managementbereichen befolgt werden können, werden entweder in einer getrennten Norm oder in ISO 9004 integriert angesprochen.

- Die Darlegungsforderungen, wie sie in ISO 9001 enthalten sind, dürften keine wesentliche Ausweitung auf weitere QM-Elemente erfahren.

- Verwirklichung des Konzepts der Gruppen von Interessenpartnern (stakeholders) der Organisation: neben den Kundenerwartungen stärkere Berücksichtigung der Erfordernisse der Eigner, der Mitarbeiter, der Zulieferanten und der Gesellschaft.

- Aufrechterhaltung der Anwendbarkeit auf alle Organisationen unabhängig von ihrer Größe, ihren Produkten, der Anspruchsklasse ihrer Produkte, der Technologie ihrer Produkte und Prozesse.

- Angemessene Berücksichtigung der Gesichtspunkte zu den übergeordneten Produktkategorien (Hardware, Software, verfahrenstechnische Produkte und Dienstleistungen und Kombinationen davon), jedoch keine produktspezifische Normung.

- Vermeidung der Ausuferung von Normen durch Vermeidung der Entstehung von branchenspezifischen QM-System-Normen. Interpretationen und weitere Literatur können nützlich sein, wenn sie nicht auf Normungsniveau gehoben werden.

- Der Inhalt von Leitfäden wie von ISO 9004-2 ff und ISO 9000-2 ff und von ISO 10 000 ff (s. Tabelle 1) soll so weit wie möglich in die Kernnormen ISO 9000-1 und 9004-1 integriert, ansonsten in der ISO 10 000-Serie untergebracht werden. Die ursprünglichen Kernnormen ISO 9000-1, ISO 9001/9002/9003 und ISO 9004-1 sollen weiterhin den herausragenden Platz einnehmen.

- Ob die Normen ISO 9002 und ISO 9003 langfristig notwendig sind, wird sich in den nächsten Jahren zeigen.

Tabelle 5: Zuordnung der Abschnitte von ISO 14001 zu ISO 9001

ISO 14001 (Normentwurf August 1995)		ISO 9001 : 1994...	
Allgemeines	4.0	4.2.1, 1. Satz	Allgemeines
Umweltpolitik	4.1	4.1.1	Qualitätspolitik
Planung	4.2		
Umweltaspekte	4.2.1	—[1]	
Gesetzliche und andere Forderungen	4.2.2	—[2]	
Zielsetzungen und Einzelziele	4.2.3	—	
Umweltmanagementprogramme	4.2.4	4.2.3	Qualitätsplanung (zum QM-System)
Durchführung	4.3		
Organisationsstruktur und Verantwortlichkeiten	4.3.1	4.1.2	Organisation
Schulung, Bewußtseinsbildung und Kompetenz	4.3.2	4.18	Schulung
Kommunikation	4.3.3	—	
Dokumentation des Umweltmanagementsystems	4.3.4	4.2.1, ohne 1. Satz	Allgemeines
Lenkung der Dokumente	4.3.5	4.5	Lenkung der Dokumente und Daten
Ablauflenkung	4.3.6	4.2.2	QM-Verfahrensanweisung
		4.3[3]	Vertragsprüfung
		4.4	Designlenkung
		4.6	Beschaffung
		4.7	Lenkung v. Kunden bereitgest. Produkte
		4.9	Prozeßlenkung
		4.15	Handhabung, Lagerung, Verpackung,...
		4.19	Wartung
		4.8	Kennzeichnung und Rückverfolgbarkeit von Produkten
Notfallvorsorge und Maßnahmenplanung	4.3.7	—	
Überwachung und Korrekturmaßnahmen	4.4		
Überwachung und Messung	4.4.1, 1. und 3. Absatz	4.10	Prüfungen
		4.12	Prüfstatus
		4.20	Statistische Methoden
Überwachung und Messung	4.4.1, 2. Absatz	4.11	Prüfmittelüberwachung
Abweichungen, Korrektur- u. Vorsorgemaßnahmen	4.4.2, 1.Teil d.1.Satzes	4.13	Lenkung fehlerhafter Produkte
Abweichungen, Korrektur- u. Vorsorgemaßnahmen	4.4.2, ohne 1.Teil d.1.S.	4.14	Korrektur- und Vorbeugungsmaßnahmen
Aufzeichnungen und Protokolle	4.4.3	4.16	Lenkung von Qualitätsaufzeichnungen
Umweltmanagementsystem-Audit	4.4.4	4.17	Interne Qualitätsaudits
Bewertung durch die oberste Leitung	4.5	4.1.3	QM-Bewertung

1) gesetzliche Anforderungen zitiert in ISO 9001, 4.4.4   2) Zielsetzungen zitiert in ISO 9001, 4.1.1   3) Kommunikation mit den Qualitäts-Interessenpartnern

Tabelle 6: Zuordnung der Abschnitte von ISO 9001 zu ISO 14001

ISO 9001 : 1994..		ISO 14001 (Norm-Entwurf August 1995)	
Verantwortung der Leitung	4.1	4.1	Umweltpolitik
Qualitätspolitik	4.1.1	4.2.1	Umweltaspekte
	—1)	4.2.2	Gesetzliche und andere Forderungen
	—2)	4.2.3	Zielsetzungen und Einzelziele
	—	4.2.4	Umweltmanagementprogramme
Organisation	4.1.2	4.3.1	Organisationsstruktur u. Verantwortlichkeiten
QM-Bewertung	4.1.3	4.5	Bewertung durch die oberste Leitung
Qualitätsmanagementsystem	4.2	4.0	Allgemeines
Allgemeines	4.2.1, 1. Satz	4.3.4	Dokumentation d. Umweltmanagementsystems
QM-Verfahrensanweisungen	4.2.1, ohne 1.Satz	4.3.6	Ablauflenkung
	4.2.2	—	
Qualitätsplanung (zum QM-System)	4.2.3		
Vertragsprüfung	4.3 3)	4.3.6	Ablauflenkung
Designlenkung	4.4	4.3.6	Ablauflenkung
Lenkung der Dokumente und Daten	4.5	4.3.5	Lenkung der Dokumente
Beschaffung	4.6	4.3.6	Ablauflenkung
Lenkung vom Kunden bereitgestellter Produkte	4.7	4.3.6	Ablauflenkung
Kennzeichnung und Verfolgbarkeit von Produkten	4.8	—	
Prozeßlenkung	4.9	4.3.6	Ablauflenkung
Prüfungen	4.10	4.4.1, 1. u. 3. Absatz	Überwachung und Messung
Prüfmittelüberwachung	4.11	4.4.1, 2. Absatz	Überwachung und Messung
Prüfstatus	4.12	—	
Lenkung fehlerhafter Produkte	4.13	4.4.2, 1.Teil d.1.Satzes	Abweichungen, Korrektur- und Vorsorgemaßnahmen
Korrektur- und Vorbeugemaßnahmen	4.14	4.4.2, ohne 1.T. des 1.S.	Abweichungen, Korrektur- und Vorsorgemaßnahmen
	—	4.3.7	Notfallvorsorge und Maßnahmenplanung
Handhabung, Lagerung, Verpackung,...	4.15	4.3.6	Ablauflenkung
Lenkung von Qualitätsaufzeichnungen	4.16	4.4.3	Aufzeichnungen und Protokolle
Interne Qualitätsaudits	4.17	4.4.4	Umweltmanagementsystem-Audit
Schulung	4.18	4.3.2	Schulung, Bewußtseinsbildung u. Kompetenz
Wartung	4.19	4.3.6	Ablauflenkung
Statistische Methoden	4.20	—	
		4.3.3	Kommunikation

1) gesetzliche Anforderungen zitiert in ISO 9001, 4.4.4   2) Zielsetzungen zitiert in ISO 9001, 4.1.1   3) Kommunikation mit den Qualitäts-Interessenpartnern

7 Modell zur Darlegung der umweltschutzbezogenen Fähigkeit einer Organisation: eine Hilfestellung

Nach Vorliegen des Norm-Entwurfs der endgültigen Norm ISO 14001 werden weltweit Zertifizierungen von Umweltmanagementsystemen auf dieser Grundlage erfolgen.

In den vorangegangenen Abschnitten ist auch auf die Normen der DIN ISO 9000-Reihe über Qualitätsmanagementsysteme aus unterschiedlichen Betrachtungswinkeln heraus eingegangen worden. Die weitverbreitete Anwendung dieser Normen für Qualitätsmanagementzwecke (DIN EN ISO 9004-1) und für Vertrags- und Zertifizierungszwecke (DIN EN ISO 9001, 9002 und 9003) haben besonders bei kleinen Unternehmen zu dem Verlangen in der Praxis geführt, aufzuzeigen, wie konkret im Rahmen des umfassenden Managementsystems einer Organisation Qualitäts- und Umweltmanagementsystem zusammengeführt werden können. Angesichts der z. Z. leider auseinanderlaufenden, langfristig jedoch sicher konvergierenden Normungen über Darlegungsforderungen an Qualitätsmanagementsysteme (ISO 9001, 9002, 9003) und Umweltmanagementsysteme (ISO/DIS 14001) und angesichts der Notwendigkeit, Wege zur Umsetzung der EU-Verordnung 1836/93 (EWG) aufzuzeigen, bestand in vielen Organisationen der Wunsch, die jeweiligen Darlegungsforderungen gemeinsam darzustellen.

Dieses Konzept der Zusammenführung wurde bereits 1993 auch für eine Normung vorgeschlagen, fand jedoch angesichts der vorherrschenden Abgrenzungsbestrebungen noch keine ausreichende Unterstützung. Daraufhin haben sich DGQ und DQS entschieden, für den Zweck der gemeinsamen Darstellung eine Schrift zu veröffentlichen, die sich an der Struktur der DIN EN ISO 9001 orientiert und dabei die UM-System-Forderungen der EU-Verordnung, nationaler Normen des Auslands und der sich abzeichnenden Internationalen Norm abdeckt. (Auch die Strukturierung nach ISO/DIS 14001 ist denkbar. Hierfür liegt jedoch keine Veröffentlichung vor.) Diese Schrift, DGQ 100-21, veröffentlicht im Oktober 1994, hat den Titel „Umweltmanagementsystem; Modell zur Darlegung der umweltschutzbezogenen Fähigkeit einer Organisation" [11].

In [12] wird übrigens dem Konzept gefolgt, das UM-System-Handbuch (als Dokumentation des UM-Systems der Organisation) nach der Struktur von ISO 9001 aufzubauen.

Die Schrift kann als Hilfestellung für externe System-Audits durch Kunden der Organisation oder durch Zertifizierungsstellen verwendet werden, und zwar unabhängig davon, nach welcher (künftigen) Norm ein UM-System-

Zertifikat ausgestellt werden soll. Diese Schrift dürfte deshalb auch nach Vorliegen einer internationalen UM-System-Norm besonders für kleine Unternehmen als Hilfestellung von Bedeutung sein. Sie liefert eine Brücke zwischen der anstehenden internationalen UM-System-Norm und den eingeführten QM-System-Normen.

Der Zusammenführung von Qualitäts- und Umweltmanagement liegt das einfache Konzept zugrunde, daß eine Organisation (beispielsweise industrielle, kommerzielle oder Verwaltungsorganisation) gemäß Bild 2 als ein Netzwerk von Prozessen aufgefaßt werden kann, deren Ergebnisse beschrieben werden als

- *Angebotsprodukte,* die die Erfordernisse oder Forderungen der Kunden und anderer Interessenpartner erfüllen sollen und

- *Nebenergebnisse* wie materielle oder immaterielle Nebenprodukte, z. B. Abfall, Emissionen, Ressourcenverbrauch (wie Energie-, Flächen-, und Wasserverbrauch), Verbrauch anderer Mittel sowie umweltbezogene Risiken. Solche Nebenergebnisse stellen im Vergleich zu den Angebotsprodukten, dem Hauptzweck der Organisation, meist unbeabsichtigte Ergebnisse dar.

Alle diese Ergebnisse (Angebotsprodukte und Nebenergebnisse) wirken auf die Umwelt ein, entweder direkt oder indirekt, während oder nach ihrer Anwendung, günstig oder ungünstig.

Qualitätsmanagement als Teil des umfassenden Managements konzentriert sich herkömmlich auf Kundenzufriedenheit und wirtschaftlichen Erfolg des Lieferanten. Dazu müssen die Kundenforderungen an das Angebotsprodukt erfüllt werden. Dieser Hauptgesichtspunkt schließt die Erfüllung umweltschutzbezogener Forderungen aus Rechts- und Verwaltungsvorschriften und umweltschutzbezogener Forderungen des Kunden an das Produkt ein.

Umweltmanagement als Teil des umfassenden Managements konzentriert sich auf die Erfüllung aller externen und internen umweltschutzbezogenen Forderungen, die sowohl an die Angebotsprodukte (wie beim Qualitätsmanagement) als auch an sämtliche Nebenergebnisse wie beispielsweise Abfall, Abwasser, Emissionen etc. gestellt werden sowie auf eine „nachhaltig umweltgerechte Entwicklung" („sustainable development").

Von Geschäftsführungen von Organisationen wird erwartet, daß sie die Umweltaspekte nicht mehr getrennt von den Qualitätsaspekten betrachten und die Festlegung einer aufeinander abgestimmten Politik nicht versäumen.

Die Festlegung harmonisch aufeinander abgestimmter Grundsätze ist eine Schlüsselangelegenheit. Konflikte zwischen wirtschaftlichen und umweltbezogenen Zielen der Organisation können nur von der obersten Leitung der Organisation gelöst werden, da sie für die Festlegung einer einheitlichen Unternehmenspolitik verantwortlich ist. Unterschiedliche Gesamtmanagementsysteme zur Verwirklichung der Teilziele führen bei Aufteilung in Teilmanagementsysteme durch Reibungsverluste in der Regel zu einer weniger effizienten Nutzung der Potentiale. Die Koppelung der Umweltmanagementaspekte mit den Regeln der ISO 9000-Reihe wird zwar als neuartig betrachtet, sie ist aber folgerichtig.

Heute ist es wohl eindeutig und in der täglichen Praxis meist klar verständlich, daß Management im Hinblick auf die Umweltaspekte von Angebotsprodukten einerseits Teil des Umweltmanagements, gleichzeitig aber auch Teil des Qualitätsmanagements ist. Dieser Teil des QM-Systems gleicht dem entsprechenden Teil des UM-Systems. Mit anderen Worten: Sofern Angebotsprodukte mit ihren umweltschutzbezogenen Merkmalen und ihrer Entstehung betroffen sind, ist es ein einziges System, nicht zwei.

Außerdem ist das Verständnis dafür gewachsen, daß nicht nur ein unzureichendes Qualitätsmanagement in seiner bisherigen Bedeutung, sondern auch ein unzureichendes Umweltmanagement zu negativen wirtschaftlichen Konsequenzen für die Organisation führen kann.

Das in der Schrift DGQ 100-21 gewählte Konzept der Anwendung und Erweiterung der DIN EN ISO 9001 bezüglich UM-Systemen bedingt, daß ihr Inhalt in zwei Spalten angeordnet ist:

Die Qualitätsmanagement-Elemente von DIN EN ISO 9001 mit ihren Darlegungsforderungen sind in der Schrift in einer der beiden Spalten abgedruckt. Sie dienen zum Vergleich mit den analog interpretierten UM-Elementen und ihren umweltschutzbezogenen Darlegungsforderungen, wie sie in der zweiten der beiden Spalten abgedruckt sind.. Diese umweltschutzbezogenen Darlegungsforderungen stellen das „Modell zur Darlegung der umweltschutzbezogenen Fähigkeit einer Organisation" dar.

Durch diese Art der Darstellung wird

● die volle Systemverträglichkeit aufgezeigt,

● gezeigt, daß die Darlegungsforderungen von ISO 9001 in ihren wesentlichen Inhalten mit den UM-System-Darlegungsforderungen zusammenführbar sind,

● besonders denjenigen Organisationen, deren QM-System bereits die Forderungen nach ISO 9001 erfüllt, aufgezeigt, wie sie die UM-System-Forderungen bereits existierender Vorschriften und/oder Normen nach ISO 9001 zuordnen können.

In der folgenden Tabelle 7 werden als Beispiele zwei Abschnitte aus der DGQ-Schrift 100-21 zitiert. Dabei wird die jeweils rechte Spalte der Schrift mit den entsprechenden Forderungen der Normen DIN EN ISO 9001 nicht mitzitiert. Der vollständige Text ist der DGQ-Schrift zu entnehmen.

Tabelle 7:   Kernforderungen an die Darlegung des UM-Systems nach der Schrift DGQ 100-21

4.1   Verantwortung der Leitung

4.1.1 Umweltpolitik

Die oberste Leitung der Organisation muß ihre Umweltpolitik, eingeschlossen ihre umweltschutzbezogenen Zielsetzungen und ihre Verpflichtung zum Umweltschutz, festlegen und dokumentieren. Die Organisation muß sicherstellen, daß diese Politik in allen Ebenen der Organisation verstanden, verwirklicht und aufrechterhalten sowie in festgelegter Weise öffentlich zugänglich gemacht wird.

Die Umweltpolitik muß die Verpflichtungen einschließen,

• die einschlägigen Forderungen aus Rechts- und Verwaltungsvorschriften zu erfüllen,

• die Maßnahmen des Umweltschutzes auf den Stand der Technik zu bringen und zu verwirklichen und

• den Umweltschutz in der Organisation kontinuierlich zu verbessern, wo nötig und möglich.

Die oberste Leitung muß sodann für die einzelnen Ebenen der Organisation, in Einklang mit der Umweltpolitik, die Umweltziele festlegen.

4.4   Designlenkung

4.4.1 Allgemeines

Die Organisation muß Verfahrensanweisungen zur Lenkung und Verifizierung des Designs der Produkte (Angebotsprodukte und Nebenergebnisse wie Abfälle, Emissionen usw.), Prozesse und Anlagen einführen und aufrechterhalten, um die Erfüllung der festgelegten umweltschutzbezogenen Forderungen sicherzustellen.

Dabei ist insbesondere sicherzustellen, daß beim Design bzw. während Entwicklung die umweltschutzbezogenen Risiken in Betracht gezogen werden, wo sie herrühren, z. B. von Angebotsprodukten, Rohmaterialien, Vormaterialien, Produkten/Zwischenprodukten, Produktionsprozessen (siehe auch 4.9), Verpackung/Handhabung/Lagerung, Transport, Anwendung, Abfall.

4.4.2 Design- und Entwicklungsplanung

Die Organisation muß in den Plänen für jede Design- und Entwicklungstätigkeit die zugehörigen umweltschutzbezogenen Tätigkeiten beschreiben oder auf sie Bezug nehmen sowie die Verantwortung für ihre Verwirklichung festlegen.

4.4.4 Designvorgaben

Die umweltschutzbezogenen Forderungen bezüglich Angebotsprodukten, Nebenergebnissen, Prozessen oder Anlagen, die als Designvorgaben dienen, eingeschlossen die anwendbaren gesetzlichen und behördlichen Forderungen aus einschlägigen Rechts- und Verwaltungsvorschriften, müssen festgestellt und dokumentiert werden, und ihre Auswahl muß hinsichtlich ihrer Angemessenheit durch die Organisation geprüft werden.

4.4.5 Designergebnis

Das umweltschutzbezogene Designergebnis muß dokumentiert und in einer Form dargestellt werden, die in bezug auf die Designvorgaben verifiziert und validiert werden kann.

Das Designergebnis muß umweltschutzbezogen diejenigen Designmerkmale aufzeigen, die bezüglich Umweltverträglichkeit der Produkte entscheidend sind.

Literatur zu Kapitel A1

[1] *Geiger, W.:* Qualitätslehre; Einführung, Systematik, Terminologie. Friedr. Vieweg & Sohn Verlagsgesellschaft mbH, Braunschweig/Wiesbaden 1994, Kapitel 2: QTK-Kreis

[2] EFQM: Der European Quality Award 1995, Bewerbungsbroschüre; Selbstbewertung 1995, Richtlinien

[3] Malcolm Baldridge National Quality Award, 1995; Award Criteria; NIST National Institute of Standards and Technology; Gaithersburg, MD 20899-0001, USA

[4] Motorola Corporate Quality System Review (QSR), Guidelines, Revision November 1992; P. O. Box 20912, Phoenix, Arizona 85036, USA

[5] General Principles of Management Systems, Third Draft 1993, Canadian Standards Association

[6] *Schnauber, H., Zülch, J.:* Zertifizierungschance für umfassendes Qualitäts- und Wertschöpfungsmanagement. Zeitschrift QZ 39 (1994). Carl Hanser Verlag, München, Wien 1994

[7] *Kume, H.:* University of Tokyo, Private Kommunikation

[8] *Kamiske, F., Krämer, F.:* Der moderne Qualitätsmanager als Leiter des Qualitätswesens;

[9] *Masing, W.:* Handbuch Qualitätsmanagement. 3. Aufl. Carl Hanser Verlag, München, Wien 1994, S. 991-1000

[10] *Haberstock, L.:* Kostenrechnung II (Grenz-) Plankostenrechnung. 7. Auflage. S + W Steuer- und Wirtschaftsverlag, Hamburg 1991

[11] Umweltmanagementsysteme – Modell zur Darlegung der umweltschutzbezogenen Fähigkeit einer Organisation; DGQ-DQS-Schrift 100-21; Teil 1: deutsche Fassung; Teil 2: englische Fassung; Beuth-Verlag (ISBN-Nr. 3-410 32852-1)

[12] *Ellringmann, H.:* Muster-Handbuch Umweltschutz: Umweltmanagement nach DIN ISO 9001. Luchterhand, Berlin 1994

[13] *Marquardt, D. W.:* The future of Quality – What part will statistics play. Wilmington, USA, 1994. Private Mitteilung

Weitere ausgewählte Literatur

[14] *Schulz, E., Schulz, W.:* Ökomanagement. Beck Wirtschaftsberater, dtv-Band 55870, 1990

[15] *Frehr, H.-U.:* Total Quality Management; Unternehmensweite Qualitätsverbesserung. 2. Auflage. Carl Hanser Verlag, München, Wien, 1994

[16] *Zink, K.-J. (Hrsg.):* Business Excellence durch TQM; Erfahrungen europäischer Unternehmen. Carl Hanser Verlag, München, Wien, 1994

[17] *Seghezzi, H. D. (Hrsg.):* Top Management and Quality. Carl Hanser Verlag, München, Wien, N. Y., Barcelona, 1992

Geschäftsprozeßmanagement und das Qualitäts- und Umweltmanagementsystem

Peter Kleinsorge

1 Total Quality Management und die Wertschöpfungskette im Unternehmen

Heutige Unternehmensstrukturen sind in vielen Fällen das Ergebnis einer zum Teil jahrzehntelangen Evolution. Zum Erscheinungsbild gehören Segmentierung der Arbeit und Suboptimierung ebenso wie ausgefeilte hierarchische Strukturen. Das Prüfen am Produkt oder der erzeugten Dienstleistungen und das damit verbundene Korrigieren von Fehlern schützen den Abnehmer vor allzu großem Schaden. Aber zu einem hohen Preis!

Die Wettbewerbssituation auf dem Weltmarkt, das Vorbild gerade der japanischen Industrie und die erhöhten Qualitätsansprüche der Kunden haben Lern- und Umorientierungsprozesse in Gang gesetzt, die bei weitem noch nicht abgeschlossen sind.

Während früher die qualitätssichernden Maßnahmen sowie Maßnahmen des Umweltschutzes, die weitgehend auf das Auffinden und Korrigieren von Fehlern ausgerichtet waren, sich auf die Bereiche Produktion und Entwicklung beschränkten, durchdringt heute der Begriff Qualität und Umweltschutz alle Bereiche eines Unternehmens.

Total Quality Management im Sinne von Fehlervermeidung ist die Devise. Doch wie sieht die Umsetzung im Unternehmen aus? Reicht es aus, einen Qualitätsbeauftragten und einen Umweltbeauftragten einzusetzen, der für die Unternehmensleitung ein geeignetes Programm entwickeln und einführen soll?

Total Quality Management ist eine Geisteshaltung, eine Unternehmenskultur nicht um ihrer selbst willen, sondern um absolute Kundenzufriedenheit und Forderungen der Gesellschaft zu wirtschaftlichsten Bedingungen zu gewährleisten.

Die angebotenen Produkte (Waren und Dienstleistungen) entstehen in der Wertschöpfungskette eines Unternehmens, die sich aus den unterschiedlichsten Geschäftsprozessen zusammensetzt. Typische Geschäftsprozesse sind

- Auftragsbearbeitung,
- Entwicklung,
- Produktion,
- Beschaffung,
- Personalentwicklung,
- Kundendienst,
- Produktplanung,
- Marketing,
- Vertrieb,

um nur einige scheinbar ganz unterschiedliche Prozesse zu nennen. Eine Gemeinsamkeit haben jedoch alle Prozesse der Wertschöpfungskette: Sie tragen zum Erfolg des Unternehmens bei, wenn auch sicherlich mit unterschiedlichem Gewicht. Wenn wir davon ausgehen, daß nur fehlerfreie Prozesse fehlerfreie Waren oder Dienstleistungen erzeugen, ist es da nicht logisch und sinnvoll, alle Geschäftsprozesse einer Wertschöpfungskette abzusichern, um vorbeugend Fehler zu vermeiden?

Das Qualitäts- und Umweltmanagementsystem muß die gesamte Kette von Geschäftsprozessen mit Elementen und Maßnahmen überziehen, die gezielt auf die jeweiligen Prozesse ausgerichtet sind. Dabei werden Kriterien zur Beurteilung der Prozeßqualität wie

- Mitarbeiterzufriedenheit,
- Kundenzufriedenheit,
- Lieferzeiten,
- Reaktionszeit auf Kundenanfragen,
- Energieverbrauch,
- Anfall von Abfall,
- Materialvorrat,

ebenso wichtige Qualitätskennzahlen wie Produktqualität und Zuverlässigkeit.

Daraus leitet sich ab, daß im TQM-Konzept Qualität zur Aufgabe eines jeden an der Wertschöpfungskette Beteiligten wird. Qualität einschließlich Umweltschutz wird Managementaufgabe – Aufgabe des Qualitätswesens und der Umweltexperten dabei ist es, der Leitung des Unternehmens geeignete Methoden und Werkzeuge zur Verfügung zu stellen, um diese Aufgaben zu erfüllen.

Der Nutzen liegt klar auf der Hand:

- Das Unternehmen, das dauerhaft überragende Waren- und Dienstleistungsqualität zu wettbewerbsfähigen Preisen anbietet, besitzt einen klaren Marktvorteil.

- Das Unternehmen, das ein hohes Maß an Umweltverantwortung zeigt und nachweist, hat einen gesellschaftlichen Vorteil, der auch vom Markt honoriert wird.

- Das Unternehmen, das die Qualität seiner Abläufe und Geschäftsprozesse erfolgreich und auf kontinuierlicher Basis verbessert, wird deutlich niedrigere Kosten bei der Erfüllung seiner Qualitäts- einschließlich Umweltanforderungen an Waren und Dienstleistungen haben.

- Das Unternehmen, das zufriedene Kunden durch Erfüllung realer und angenommener Bedürfnisse dieser Kunden gewinnt und dem dies besser als dem Wettbewerb gelingt, wird Marktanteile gewinnen.

Was wir brauchen, ist ein erlernbares Konzept, das es uns erlaubt, diese neue Unternehmenskultur in die Tat umzusetzen und zu praktizieren. Wichtig dabei ist, zu einer Optimierung der gesamten Wertschöpfungskette zu gelangen, um den größtmöglichen Nutzen für Kunden und Erzeuger zu erreichen. Voraussetzung dafür ist wiederum, daß die gesamte Wertschöpfungskette kundenorientiert aufgebaut ist: Die Kundenanforderungen gehen vom externen, zahlenden Kunden über die internen Geschäftsprozesse des Unternehmens bis zum externen Zulieferer.

Die Erfüllung der Forderungen wird in der Gegenrichtung gemessen (Bild 1).

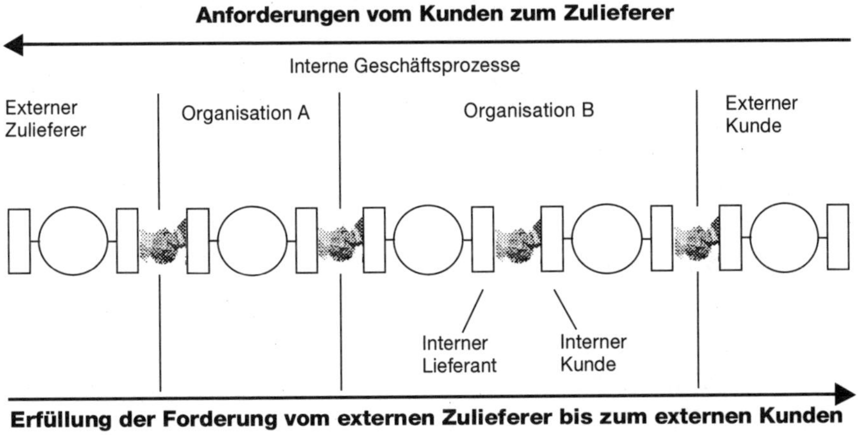

Bild 1: Die kundenorientierte Wertschöpfungskette

2   Prozeßmanagement – das Konzept

Die Methodik, die zuerst in amerikanischen Unternehmen in den achtziger Jahren eingeführt und seitdem erfolgreich angewandt wurde, kann mit dem Begriff „Prozeßmanagement" beschrieben werden. Was ist darunter zu verstehen?

Der Grundgedanke ist, daß jede Art von Entwicklung, Produktion, Kundendienst, Vertrieb usw. in Prozesse untergliedert werden kann, die entweder parallel oder hintereinander geschaltet ablaufen können. Da diese Prozesse zum Teil horizontal verlaufen, bleibt es nicht aus, daß herkömmliche Organisationsstrukturen wie Abteilungen und Bereiche durchbrochen werden. Es werden also in vielen Fällen traditionell gewachsene Grenzen gesprengt, und es wird nicht innerhalb der eigenen Abteilung „gemanagt", sondern es werden Prozesse überprüft, gelenkt und verbessert. Es gilt also, gewohntes Managementdenken und -verhalten zu ändern. Dies kann nur erfolgreich sein, wenn das Konzept als solches von der Unternehmensleitung, gleich welcher Art von Unternehmen, getragen und unterstützt und somit zum Handlungsprinzip wird. Der Grundgedanke hinter allem ist ein Wechsel vom Prüfen / Korrigieren zur Vorbeugung, d. h. Fehlerverhütung (Bild 2).

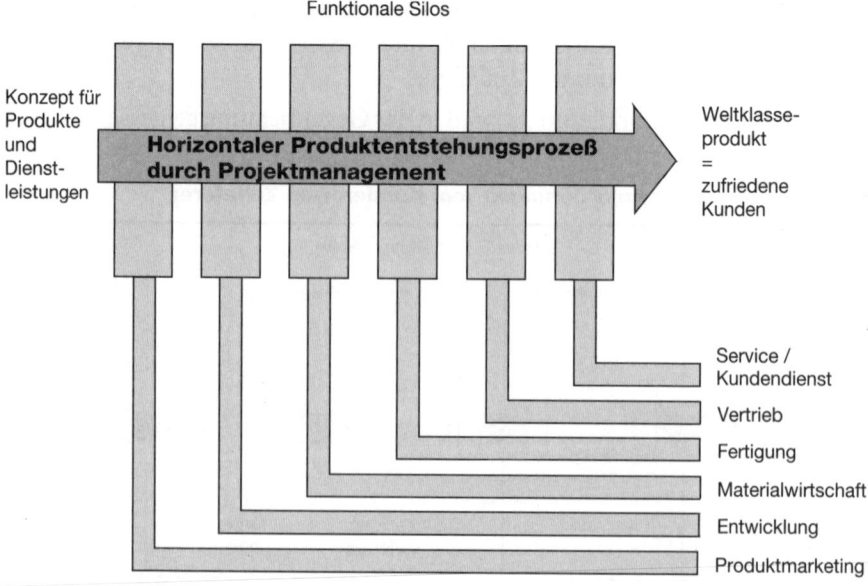

Bild 2: Beispiel für einen komplexen horizontalen Prozeß. Der Prozeß ist wiederholbar – die Besetzung des Projektteams kann unterschiedlich sein

Effektives Prozeßmanagement ist

- vorbeugend angelegt,
- ablauforientiert,
- aktionsorientiert, um Prozesse fortlaufend zu verbessern,
- bereichsübergreifend, die Optimierung des Gesamtsystems ist wichtig,
- auf alle Geschäftsprozesse ausgerichtet.

Prozeßmanagement ist das methodische Vorgehen, um das japanische Prinzip „Poka-Yoke" (Poka = unbeabsichtigter Fehler, Yoke = Verminderung, Vermeidung) mit Leben zu erfüllen.

3   Das Prozeßmanagement-Modell

3.1   Prozeßdefinition

Ein Prozeß ist jede Art von einzelner oder zusammengesetzter Tätigkeit, die dazu führt, ein Produkt (Ware oder eine Dienstleistung) zu erzeugen, die den Forderungen des Kunden oder Abnehmers entspricht. Ein Prozeß hat meßbare In- und Outputs, fügt Wert hinzu und ist wiederholbar.

Soweit die allumfassende Definition, die im nachfolgenden näher erläutert werden soll. Zunächst die Elemente des Prozeßmanagementmodells:

- Kunde / Abnehmer,
- Kundenforderungen,
- Output,
- Zulieferer,
- Anforderungen an den Zulieferer,
- Input,
- Arbeitsinhalt

(dazu Bild 3).

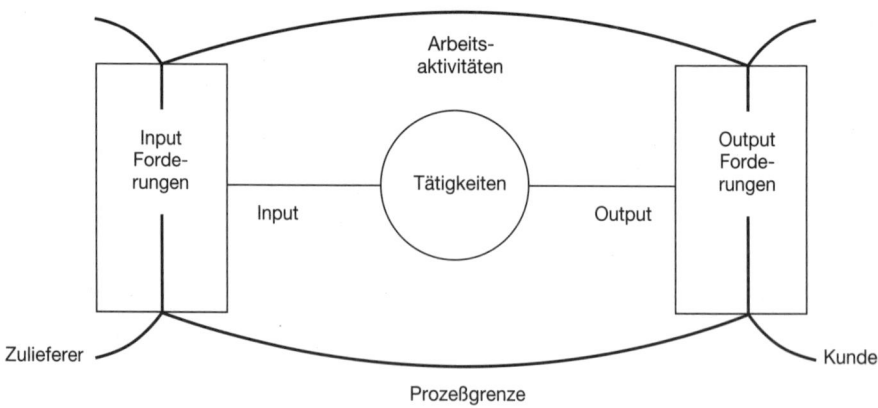

Bild 3:   Elemente der Prozeßbeschreibung. Die Prozeßbeschreibung legt Schnittstellen und Abgrenzungen zu anderen Prozessen fest

3.2 Kunde / Abnehmer

Neu am Gedanken des Prozeßmanagement ist, daß es außer den externen Kunden / Abnehmern, die letztlich ein Produkt (Ware oder Dienstleistung) kaufen, auch interne Kunden gibt. Alle Prozesse, auch interne, haben einen Kunden oder Abnehmer. So ist z. B. in einem Fertigungsprozeß die Endmontage Kunde der Vormontage, die Vormontage ist Kunde der Bauelemente-Hersteller usw. Ein Prozeß hat in der Regel mehrere interne oder externe Kunden.

3.3 Kundenforderungen

Der Kunde bestimmt die Forderungen dessen, was an ihn geliefert werden soll. Allseits bekannt ist der Begriff des „Pflichtenheftes", mit dem ein externer Kunde seine Forderungen an ein Produkt festlegt. Neu hingegen ist, daß auch bei internen Prozessen der Abnehmer festlegt, was er von seinem Zulieferer erwartet. Um beim o.g. Beispiel zu bleiben: die Endmontage legt fest, welche Stückzahlen in Erfüllung welcher Qualitätsforderung zu welchem Zeitpunkt etc. sie von ihrem Lieferanten, der Vormontage, erwartet. Kundenforderungen müssen meßbar, dokumentiert und mit dem Kunden abgestimmt sein. Ganz klar erkennbar ist die absolute Kundenorientierung des Prozeßmanagementgedankens, die Ausrichtung sowohl auf die externen als auch auf die internen Kunden. Der externe Kunde wird so Teilhaber unserer Geschäftsprozesse, bestimmt letztlich deren Ausrichtung.

3.4 Output

Output ist jedes Produkt (Ware oder jede Dienstleistung), das sich als Arbeitsergebnis ergibt. Der Output hat den Forderungen des Abnehmers zu genügen, ist kalkulierbar, gleichbleibend und meßbar. Ein Prozeß generiert in der Regel mehrere Outputs in unterschiedlichen Erscheinungsformen. Auch unerwünschte Nebenprodukte wie Abfall, Reste von Gefahrstoffen etc. gehören zu den Prozeßoutputs.

3.5 Zulieferer

Zulieferer ist jeder, der zu einem Prozeß einen Input leistet; so ist der Bauteilelieferant Zulieferer für die Vormontage, die Vormontage ist Zulieferer für die Endmontage und die Endmontage ist Zulieferer für den zahlenden Kunden.

3.6   Forderungen an den Zulieferer

Zulieferer ist nicht nur der externe Lieferant, sondern jeder, der für einen Prozeß einen Input liefert. So muß die Vormontage, um bei obigem Beispiel zu bleiben, ihren Lieferanten gegenüber Forderungen festlegen, die es ihr erlauben, die eigenen Aufgaben so durchzuführen, daß sie den Forderungen ihres Abnehmers, der Endmontage, genügen. Die Forderungen an den Zulieferer müssen ebenfalls meßbar, dokumentiert und gegenseitig abgestimmt sein.

Unter dem Aspekt des Prozeßmanagement ist auch das Verhältnis von externen Zulieferern (Lieferanten) und Abnehmern neu zu sehen. Der Zulieferer bzw. sein Prozeß der Realisierung wird im Sinne des Prozeßmanagements Teil des Abnehmerprozesses. Barrieren zwischen Lieferant und Abnehmer werden abgebaut, Doppelaktivitäten (Endprüfung beim Lieferanten – Wareneingangsprüfung beim Abnehmer) vermieden. Voraussetzung ist natürlich, daß der Abnehmer den Lieferanten von der Notwendigkeit des Prozeßmanagement überzeugt und der Lieferant dem Abnehmer gestattet, Einblick in seine eigenen Prozesse zu gewähren. Die Vorgehensweise sieht im allgemeinen wie folgt aus:

- Qualifikation des Lieferanten und seines Unternehmens;
- Qualifikation des Produktionsprozesses (Qualitätsmerkmale einschließlich Umweltverträglichkeit);
- Qualifikation des Produktes / der Produkte (Qualitätsmerkmale einschließlich Umweltverträglichkeit);
- Nachweis einer gleichbleibenden Prozeßqualität, die den Forderungen des Abnehmers entspricht.

3.7   Input

Input ist alles, was direkt von den Zulieferern an den Abnehmer geliefert wird. Das kann sein: Material, Energie, Dokumente, ja selbst Dienstleistungen durch Arbeitskräfte. Diese Zulieferungen müssen die von den Abnehmern gestellten Forderungen erfüllen, und sie müssen kalkulierbar, gleichbleibend und meßbar sein.

3.8   Arbeitsinhalt und Tätigkeiten

Der einzelne Prozeß ist ein Satz von in Wechselbeziehungen stehenden Tätigkeiten und Abläufen, wodurch Eingaben (Inputs) durch Wertschöpfungsaktivitäten in Ergebnisse umgestaltet werden, d. h. Produkte (Waren oder Dienstleistungen, Nebenergebnisse) erzeugt werden. Der Prozeß fügt Wert hinzu und untersteht der Lenkung eines einzelnen Prozeßeigners.

Der Prozeß mit seinem Arbeitsinhalt setzt sich in der Regel aus mehreren Einzeltätigkeiten zusammen. Jede Einzeltätigkeit fügt Wert hinzu. Jeder komplexe Prozeß mit komplexem Arbeitsinhalt kann in einfache Prozesse mit einfachem Arbeitsinhalt aufgegliedert werden.

Auf diese Weise läßt sich eine Prozeßstruktur eines Unternehmens entwickeln, die im Idealfall mit der Organisationsstruktur übereinstimmt (Bild 4).

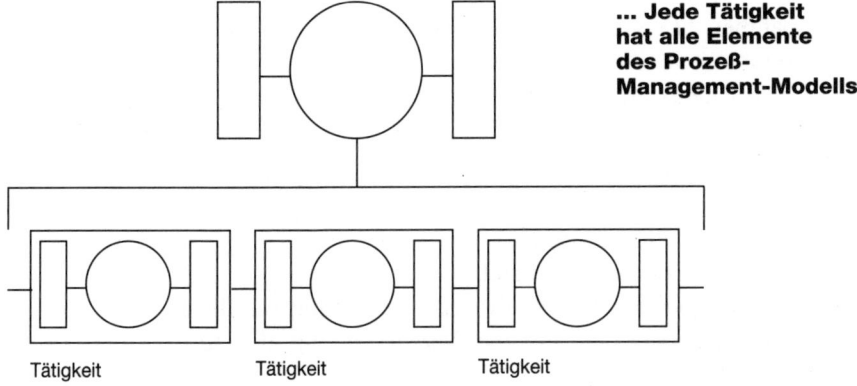

... **Jede Tätigkeit
hat alle Elemente
des Prozeß-
Management-Modells**

Tätigkeit   Tätigkeit   Tätigkeit

Bild 4:   Prozeßstruktur – Definition von Unterprozessen

4   Die fünf Stufen des Prozeßmanagements

4.1   Stufe eins: Prozeßverantwortung

Kerngedanke des Prozeßmanagements ist, daß nur eine Person für einen Prozeß verantwortlich sein kann: Diese Person sollte sich als Prozeßeigner fühlen. Es ist Aufgabe des Prozeßeigners, seinen Prozeß festzulegen, zu messen und zu steuern, um ihn fortlaufend zu verbessern. Der Prozeßeigner ist verantwortlich dafür, das Prozeßmanagement-Konzept auf seinen ihm zugeordneten Prozeß anzuwenden. Er muß die Autorität haben, notwendige Maßnahmen zu ergreifen, um den Prozeß zu verbessern. Dabei steht er mit der von ihm gelenkten Tätigkeit als Mittler zwischen Zulieferer und Abnehmer. Die Charakteristika eines Prozeßeigners sind:

- er versteht die Aktivitäten im Prozeß,
- er „managt" die Beziehungen zu seinen internen / externen Kunden / Zulieferern,
- er kann den Prozeß ändern,
- er kann Ressourcen bereitstellen,
- er ist der kontinuierlichen Prozeßverbesserung verpflichtet,
- er ist verantwortlich für die Verwirklichung der fünf Stufen dieses Abschnittes.

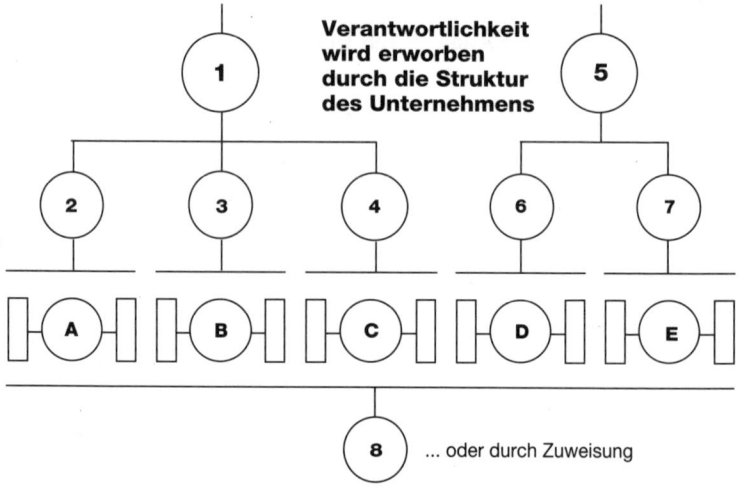

Die Produkte (Waren oder Dienstleistungen) durchlaufen den gesamten Prozeß horizontal. Konflikte werden möglich, wenn die für die Prozesse Verantwortlichen versuchen, die Erfordernisse des vertikalen Managements ebenso wie die der Kunden zu befriedigen.

Die Ernennung eines Prozeßeigners für horizontale Prozesse reduziert diesen Konflikt und ermöglicht bessere Perspektiven, die Wirksamkeit des gesamten Prozesses zu überwachen.

Bild 5:   Prozeßeigner: Durch die Organisation oder durch Zuweisung

Gibt es mehrere gleiche Prozesse im Unternehmen, beispielsweise an verschiedenen Standorten, so soll es nur einen Eigner für diesen Prozeß geben. Die weiteren Prozeßverantwortlichen sind in diesem Fall Benutzer. Bei komplexen, horizontalen Prozessen, die mehrere Organisationen durchlaufen und wesentlich sind für den Erfolg des Unternehmens, sollte ein Prozeßeigner ernannt werden. Als Beispiele für solche Prozesse seien genannt:

der Auftragsbearbeitungsprozeß, der Produktentstehungsprozeß (Bild 5).

4.2 Stufe zwei: Beschreibung des Prozesses

Es ist die Aufgabe des Prozeßeigners, „seinen" Prozeß mit den Elementen des Prozeßmanagementmodells zu beschreiben. Hierbei sind die Vereinbarungen mit Kunden und deren Forderungen ebenso zu dokumentieren wie die vereinbarten Forderungen an die Zulieferer. Die Tätigkeiten im Prozeß werden zweckmäßig mit Ablaufdiagrammen beschrieben.

Die Vorteile einer klaren Prozeßbeschreibung:

- Kunden- / Zulieferbeziehungen sind unmißverständlich dokumentiert und übereinstimmend verabschiedet,
- alle Kunden / Zulieferer sind einbezogen,
- die Prozeßgrenzen und Schnittstellen sind klar,
- die Tätigkeiten sind beschrieben,
- Potentiale zur Verbesserung werden bereits in diesem frühen Stadium sichtbar – und
- Geschäftsprozesse werden durchgängig, transparent, und können so erst von der Leitung erfolgreich bewertet („reviewed") werden.

4.3 Stufe drei: Messung des Prozesses

Erfüllungen der Forderungen an einen Prozeß werden nur dann sichtbar und nachvollziehbar, wenn Messungen erfolgen. Im Sinne des Prozeßmanagement gilt die fundamentale Aussage: Ein Prozeß ist beherrschbar, wenn er meßbar ist. Nur was meßbar ist, ist lenkbar – und was lenkbar ist, kann auch verbessert werden. Ein Hilfsmittel zum Messen von Prozessen bieten die Methoden der statistischen Prozeßlenkung, die nur einen Nachteil haben: sie sind größtenteils auf traditionelle Fertigungsprozesse zugeschnitten. Es stellt also eine Herausforderung an den Prozeßeigner dar, Meßmethoden für seinen ggfs. nicht produktionsspezifischen Prozeß zu entwickeln und einzuführen, z. B. für Prozesse des Vertriebs, der Administration, des Personalwesens usw.

Meßstellen im Prozeß

Input

Die Messung dient der Beurteilung, ob der gesamte Input die Forderungen des Prozesses erfüllt, damit die Tätigkeiten wie geplant ablaufen können. Besonders wichtig ist die Messung des Inputs, von dem die Leistungsfähigkeit des Prozesses abhängt, wenn die Fähigkeit des Zulieferers oder die Steuerungsmechanismen zweifelhaft sind. Der Prozeßverantwortliche muß mit dem Zulieferer zusammenarbeiten, um diese Maßnahmen langfristig überflüssig werden zu lassen.

Output

Die Messung, z. B. in der Endprüfung, dient der Feststellung, ob das Prozeßergebnis die Forderungen des Kunden erfüllt. Die Fehler, die in dieser Phase erfaßt werden, können oft nur mit hohen Kosten beseitigt werden und weisen in der Regel auf ungeeignete Steuermechanismen während des Prozesses hin. Bei den Meßdaten muß auch die Rückmeldung seitens der Kunden berücksichtigt werden, denn das Feedback vom Kunden ist das eigentliche Maß für die Kundenzufriedenheit. Deshalb sollten gerade diese Daten mit dem Kunden, intern oder extern, abgestimmt sein.

Im Prozeß

Die Messung dient der Feststellung, ob kritische Aufgaben im Rahmen des Prozesses zufriedenstellend ablaufen. Sie dient der Erkennung gegenläufiger Entwicklungen und der Einleitung von Korrekturen, bevor schwere Fehler auftreten. Aufgrund der Möglichkeiten der Vorbeugung und frühen Erkennung von Fehlern können die Messungen von Prozeßmerkmalen während des Prozesses sehr wirksam sein. SPC-Methoden (Statistical Process Control) können und sollten hier, wie auch für Output-Messungen, eingesetzt werden. Dies ist die wirksamste Methode, den Prozeßablauf transparent und kalkulierbar zu machen.

4.4   Stufe vier: Beherrschung des Prozesses

Im Sinne des Prozeßmanagement heißt Prozeßbeherrschung:

- die Kundenforderungen werden permanent erreicht, damit ist Kundenzufriedenheit sichergestellt,
- es gibt keine signifikanten Prozeßabweichungen,

- das Meßsystem erlaubt sofortige Identifizierung von möglichen Prozeß-Schwankungen, bevor Fehler entstehen,
- Konsistenz der Inputs ist gegeben,
- notwendige Korrekturmaßnahmen zielen gleichzeitig auf den Entstehungsprozeß und auf die Ergebnisse (Produkte) ab.

Zum letzteren ist notwendig, nicht nur Fehler bzw. deren Symptome zu beheben, wie es in den meisten Regelkreisen geschieht, sondern die Wurzeln eines Problems (Fehlerursachen) zu erkennen, um daraufhin den Prozeß so zu verändern, daß das erkannte Problem in Zukunft nicht mehr auftritt. Wird die Fehlerursache übersehen, entstehen häufig Nacharbeitskosten oder andere Verluste (Bild 6).

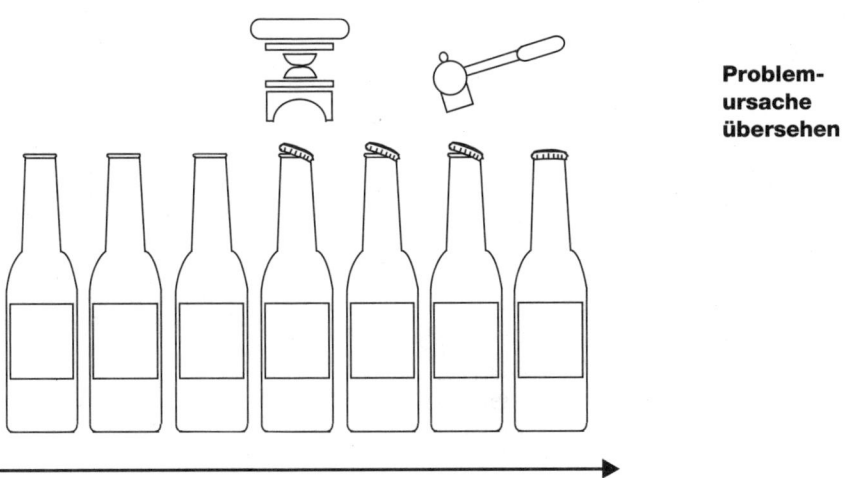

Problem-ursache übersehen

Bild 6:   Übersehene Fehlerursache im Prozeß (Maschinenfähigkeit) führt zu Nacharbeit

Problemlösungstechniken sollten deshalb systematisch angewandt werden, um Problemursachen zu erkennen, Irrwege auszuschließen, Lösungen zu entwickeln und zu implementieren. Die Methodik der Problemursachenanalyse führt zum sog. „großen Problemlösungskreis", wie in der Grafik dargestellt (Bild 7).

Nur auf der Basis beherrschter Prozesse kann man planen und Ressourcen optimieren. Niedrigere Prozeßkosten sind das Ergebnis. Zudem gewinnt der Kunde, intern wie extern, Vertrauen in den Lieferanten und seine Geschäftsprozesse.

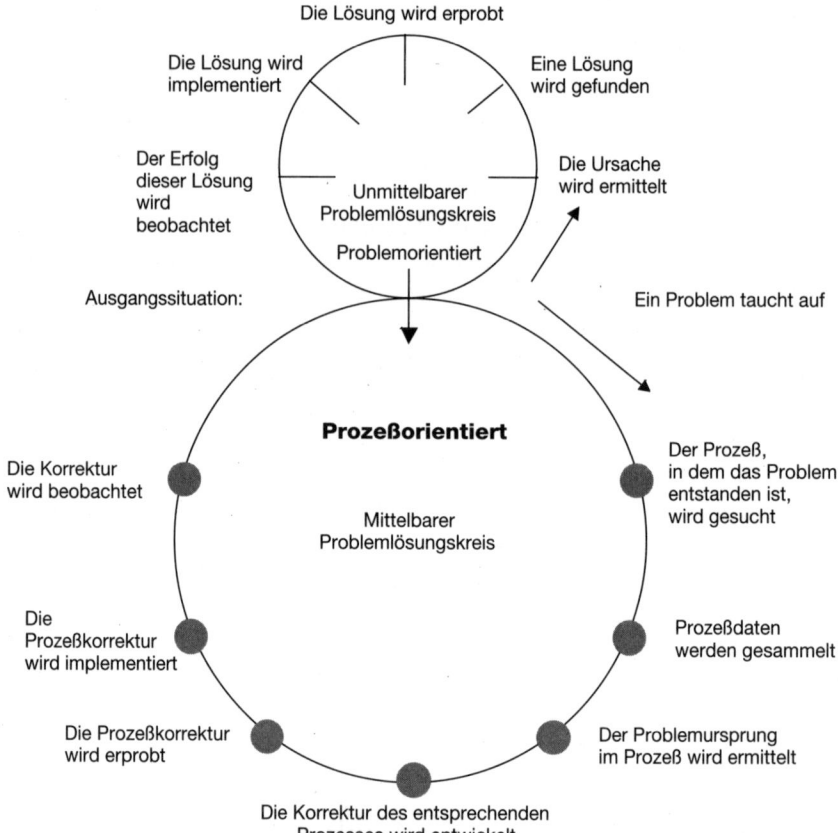

Der Weg vom kleinen zum großen Problemlösungskreis geht über die Ermittlung
der Fehlerursache: In welchem Prozeß ist der Fehler entstanden?

Bild 7:   Problemlösungskreise für Produkte / Dienstleistungen und Prozesse

4.5   Stufe fünf: Verbesserung von Prozessen

Es scheint selbstverständlich, daß ein Prozeß zuerst einmal beherrscht werden muß, bevor man daran geht, ihn zu verbessern. Unter „beherrscht" ist
hier zu verstehen, daß ein Prozeß anhand der Meßwerte für die eingeführten
Merkmale über einen gewissen Zeitraum beobachtet wird, Prozeßschwan-
kungen eliminiert werden und kontinuierlich eine zufriedenstellende Prozeßqualität erreicht ist. Der folgerichtig nächste Schritt wäre dann, den Prozeß zu
verbessern, ihn auf das nächsthöhere Qualitätsniveau (z. B. in engere Prozeß-
merkmalsgrenzen) zu bringen, bzw. höheren Kundenerwartungen zu entsprechen, immer mit dem Ziel vor Augen, einen Null-Fehler-Prozeß zu erreichen.

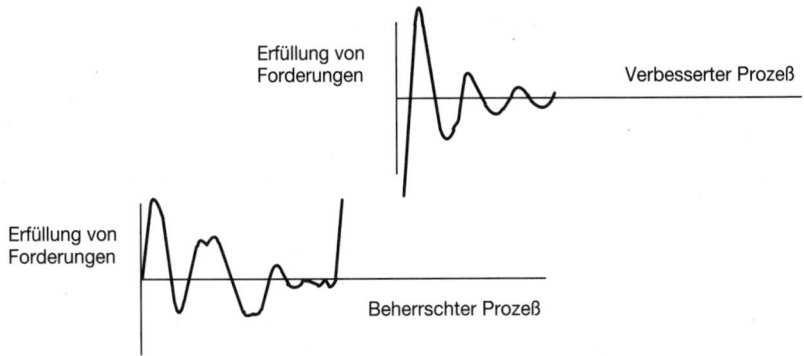

Ein Prozeß gilt als "beherrscht", wenn alle Elemente des Prozeß-Management
eingeführt und wirksam sind
Die Verbesserung des Prozesses bedeutet, ihn wirksamer und leistungsfähiger zu machen

Bild 8:   Prozeßverbesserung und Prozeßbeherrschung

All dies ist Aufgabe des Prozeßeigners und führt letztlich dazu, nicht nur
fehlerfreie Waren oder Dienstleistungen zu erzeugen, sondern auch die
Gestehungskosten zu senken (Bild 8).

Auslöser für Prozeßverbesserungen oder das Anwenden besserer Prozesse
können sein

● Problemanalyse,

● Analyse des Prozeßablaufs,

● Prozeß-Verbesserungsziele,

● Kostenziele,

● Steigerung der Kundenanforderungen,

● Steigerung der Prozeßfähigkeit von Zulieferern,

● Änderung im Geschäftsumfeld – und

● die ständige aktive Beteiligung aller Mitarbeiter und deren innerer Verpflichtung zu kontinuierlicher Qualitätsverbesserung.

Der verbesserte Prozeß muß vom Prozeßeigner neu beschrieben werden, das
Meßsystem muß adaptiert werden, der neue Prozeß wird beherrscht – und
damit beginnt ein weiterer Verbesserungszyklus.

„Continuous Improvement" durch systematische Vorgehensweise, mit der
Methodik des Prozeßmanagements: Damit wird das erreicht, was im Begriffs-
inhalt des japanischen Wortes „kaizen" (= ständiges Streben nach Verbesserung) steckt.

5   Bewertung von Prozessen

5.1   Prozeßkategorien

Es bietet sich an, Prozesse, je nach Reifegrad, in Kategorien zu unterteilen. Die Kategorien entsprechen grob den im Kapitel 4 genannten fünf Stufen des Prozeßmanagement-Modells. Der Vorteil der Prozeßbewertung in Kategorien liegt auf der Hand. Die Bewertung bietet, wenn sie nach objektiven Kriterien von einer möglichst neutralen Stufe durchgeführt wird, die Möglichkeit, Prozesse untereinander zu vergleichen – und Ziele für Prozeßverbesserungen zu setzen. Dies wiederum erlaubt es den Prozeßeignern, Ziele vorzugeben, die mit ihren Leistungsbeurteilungen verknüpft sind. „Management by Objectives" wird so auf das Prozeßmanagement angewandt.

Als praktikabel haben sich folgende Kategorien erwiesen:

- Kategorie 5: Ein Prozeß, der zwar irgendwie abläuft und Ergebnisse liefert, eine genaue Beschreibung fehlt jedoch. Die Eignerschaft ist nicht eindeutig geklärt. Dies ist die typische Ausgangssituation in einem Unternehmen vor Einführung des Prozeßmanagement-Gedankens.

- Kategorie 4: Ein definierter, beschriebener Prozeß mit klarer Eignerschaft. Die Kundenforderungen sind bekannt, den Lieferanten sind die Inputforderungen bekannt, es besteht ein Meßsystem für Output, Input und wichtige Prozeßparameter.

- Kategorie 3: Ein beherrschter Prozeß. Der Output entspricht konstant den Kundenforderungen, der Prozeß läuft stets innerhalb vorgegebener Grenzen, die Lieferanten erfüllen konstant die Inputforderungen.

- Kategorie 2: Ein verbesserter Prozeß. Dieser Prozeß zeichnet sich gegenüber dem Kategorie-3-Prozeß durch eine höhere Prozeßfähigkeit aus.

- Kategorie 1: Ein selbsttätig sich anpassender Prozeß. Gleicht unterschiedlichen Input aus und richtet seine Aktivitäten automatisch so ein, daß fortlaufend fehlerfreie Produkte (Waren und Dienstleistungen) erzeugt werden. Der Idealzustand eines Prozesses (Bild 9).

Die Bewertung von Prozessen kann am unproblematischsten mit Hilfe von Checklisten durchgeführt werden. Beginnend mit einem Prozeß der Kategorie „5" wird mit etwa 10 Fragen nach Bedingungen gefragt, die der jeweilige Prozeß zu erfüllen hat, um die nächsthöhere Kategorie zu erreichen. Wird auch nur eine Frage mit „Nein" beantwortet, bleibt der Prozeß in der Ausgangskategorie. Diese Methodik erlaubt eine verhältnismäßig objektive Prozeßbeurteilung, die durch Prozeßaudits ergänzt werden kann. Praktische

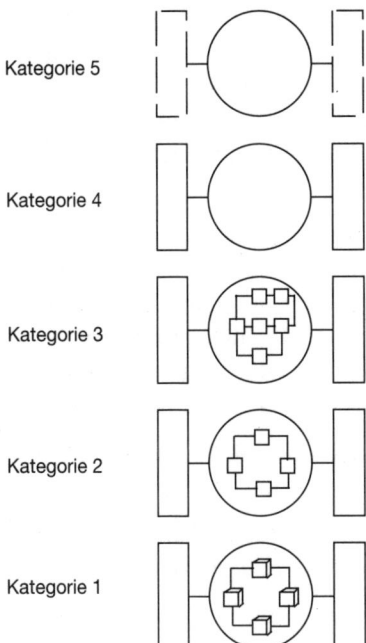

Kategorie 5

Kategorie 4

Kategorie 3

Kategorie 2

Kategorie 1

Bild 9: Analytische Methode der Prozeßbeurteilung in fünf Kategorien. Bewertung durch Checklisten

Erwägungen lassen es ratsam erscheinen, die Prozeßbeurteilung mit der Funktion des internen Audits z. B. nach DIN EN ISO 9004 oder bzw. 9001 zu verknüpfen. Denn wie von der DIN EN ISO Norm für interne Audits verlangt, sollte auch die Prozeßbeurteilung neutral und im Auftrag der Leitung durchgeführt werden.

5.2 Prozeßkosten

Wenn man davon ausgeht, daß Geschäftsprozesse Wert erzeugen sollen, so müssen alle Tätigkeiten innerhalb des Prozesses auf dieses Ziel ausgerichtet sein. Wird kein Wert erzeugt, sondern „Blindleistung" erbracht, so entstehen Kosten, die man im gängigen Sprachgebrauch als Fehlleistungskosten bezeichnet.

Wertschöpfung: Wertschöpfung ist der Einsatz von Ressourcen mit dem Ziel, den oder die Input(s) im Prozeß in den oder die Output(s) zu verwandeln, die den Forderungen der internen oder externen Kunden entsprechen. Auch Fehlerverhütungskosten, wenn sie dazu dienen, einen fehlerfreien Prozeß zu erzielen, gehören in die Kategorie Wertschöpfung.

Fehlleistungskosten: Fehlleistungkosten sind Kosten, die dadurch entstehen, Inputs, Prozeßmerkmale oder Outputs zu prüfen und Fehler zu korrigieren (Prüf- und Fehlerkosten). Ausgenommen hiervon sind Prüf- und Beurteilungskosten, die der Beurteilung der Prozeßqualität im Sinne der Prozeßbeherrschung dienen. Diese Kosten sollten zwar minimiert werden, zählen aber nicht zu den Fehlleistungskosten.

Das Verhältnis von Wertschöpfung zu Fehlleistungskosten ist ein aussagekräftiges Maß für die Effektivität eines Prozesses. Ein Prozeß mit beispielsweise 70 % Effektivität (= Wertschöpfung) hat einen Fehlleistungsaufwand von 30 % – keine ungewöhnliche Zahl bei Geschäftsprozessen. Die Erfassung der Fehlleistungskosten ist zumindest bei administrativen Geschäftsprozessen ohne großen Aufwand über eine Zeiterfassung durchführbar:

Gesamtzeit minus Zeit für Prüfungen minus Zeit für Fehlerkorrektur = Wertschöpfungszeit.

Die Anwendung dieser Methode sollte zur Identifikation von Verbesserungspotentialen dienen, nicht dazu, Prozesse untereinander zu vergleichen.

Schlüsselfaktoren für die Durchführung sind:

- Prozeßkenntnis
- Analyse jeder Aufgabe im Prozeß und ihrer Beziehung zu den anderen
  - Eliminierung von Fehlerkosten
  - Reduzierung von Prüf- und Beurteilungskosten
  - Optimierung der Verhütungskosten

5.3 Benchmarking

Benchmarking, ein Begriff aus der amerikanischen Industrie, bedeutet soviel wie sich an Festpunkten (=Benchmarks) zu messen. Diese Benchmarks sind durch die Besten der jeweiligen Industrie gegeben, sind nach heutigem Stand der Technik und des Wissens das maximal Erreichbare. Man kann grob unterscheiden:

- Benchmarking von Prozessen
  Hier werden Abläufe, Organisationen, Programme und Strategien analysiert und mit den eigenen verglichen.
- Benchmarking von Leistungsparametern
  Hier werden Prozeßkennzahlen, Leistungskennzahlen, als Richtgrößen übernommen.

Beide Benchmarking-Methoden können zur Prozeßbeurteilung herangezogen werden. Sie sind unverzichtbar, wenn man die Geschäftsprozesse des eigenen Unternehmens objektiv aus Wettbewerbssicht beurteilen will. Allerdings ist dabei zu berücksichtigen, daß der Benchmarkingprozeß dynamisch ist (Bild 10).

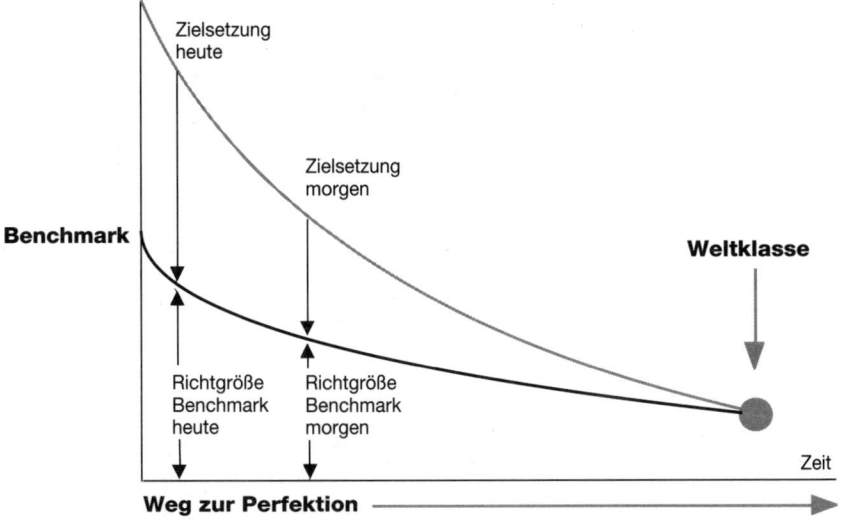

Bild 10:   Benchmarking – Ein dynamischer Prozeß zur Bewertung gegebener Geschäftsprozesse im Unternehmen sowie zur Ableitung von Zielsetzungen zur Prozeßverbesserung

5.4   Gesamtwertung

Sicherlich ist es sinnvoll, die Bewertung von Geschäftsprozessen mit einer Kombination aller drei genannten Methoden

- Analytische Bewertung – Prozeßkategorien
- Kostenbewertung – Wertschöpfung und Fehlleistung
- Benchmarking – Vergleich zum Bestmöglichen

durchzuführen. Der Schwerpunkt der Bewertung orientiert sich an den Unternehmenszielen.

Ein andere Vorgehensweise wäre, eine Gesamtbewertung nach den Kriterien des amerikanischen Malcolm Baldrige Awards oder nach denen des European Quality Awards durchzuführen.

Hier ist zu bemerken, daß der Umweltschutzgedanke im europäischen
Bewertungssystem stärker vertreten ist (Bilder 11 und 12).

1.0	Leadership	95
2.0	Information and Analysis	75
3.0	Strategic Quality Planning	60
4.0	Human Resource Development and Management	150
5.0	Management of Process Quality	140
6.0	Quality and Operational Results	180
7.0	Customer Focus and Satisfaction	300
	Gesamt	1000

Bild 11:   Malcolm Baldrige Award Elemente

		Punkte	
1.0	Leadership	100	
2.0	Policy and Strategy	80	
3.0	People Management	90	Enablers 50%
4.0	Resources	90	
5.0	Processes	140	
6.0	Customer Satisfaction	200	
7.0	People Satisfaction	90	
8.0	Impact on Society	60	Results 50%
9.0	Business Results	150	
	Gesamt	1000	

Bild 12:   European Quality Award Elemente

Ziel der Bewertung sollte nicht sein, eine vorgegebene Punktzahl zu erreichen, sondern Lücken zu entdecken und diese mit geeigneten Verbesserungsmaßnahmen zu schließen.
Es geht nicht um Punkte, sondern um Verbesserungspotentiale.

6 Prozeßmanagement – Ein Wandel der Unternehmenskultur

Prozeßmanagement ist kein Programm, das auf verschiedenen Ebenen eines Unternehmens zur Lösung von Schnittstellenproblemen oder zur Teiloptimierung von Abläufen eingesetzt werden kann. Prozeßmanagement ist ein Wandel der Unternehmenskultur – und das aus verschiedenen Gründen:

Der Prozeßgedanke ist vielfach in Konflikt mit gewachsenen organisatorischen Strukturen, besonders bei komplexen, horizontalen Geschäftsprozessen, die mehrere Organisationen durchlaufen, jedoch nur einen Prozeßeigner haben.

Von jedem einzelnen im Unternehmen ist ein Umdenken gefordert:

- Konzentration auf Geschäftsprozesse (=„Entstehungungsprozesse"), nicht auf Produkte (Waren oder Dienstleistungen), um diesen Prozeß zu optimieren.
- Optimierung des Gesamtprozesses, um höchstmögliche Kundenzufriedenheit zu erzielen.
- Anwendung des Prozeßgedankens auf alle Prozesse des Unternehmens, die der Wertschöpfung dienen und zu Kundenzufriedenheit führen. Die Herstellprozesse sind nur ein Teil der kritischen Geschäftsprozesse. So bekommt der Gedanke des Total Quality Management (TQM) eine realisierbare Form.
- Maßstab für die Prozeß-Qualität sind die Forderungen der internen und externen Kunden.
- Der Ansatz, bei allen Steuerungsmechanismen, Störfaktoren im Prozeß zu ermitteln und zu eleminieren. Prüfen und Fehlerkorrektur wird durch Vorbeugung abgelöst (Poka Yoke).
- Fehlerfreie Prozesse zu erzielen wird Gedankengut jedes Mitarbeiters. Jeder leistet seinen Beitrag (kaizen).
- Teamleistungen bekommen gegenüber Einzelleistungen stärkeres Gewicht.
- Qualitäts- einschließlich Umweltbewußtsein wird intuitiv.

Die Implementierung des Prozeßmanagment-Konzepts im Unternehmen kann deshalb nur top-down, von oben nach unten erfolgen. Das Management (die oberste Leitung) muß die Notwendigkeit einsehen und die Vorteile erkennen. Das Management muß die nötige Infrastruktur schaffen, Ressourcen für Training und Umsetzung bereitstellen, motivieren – und Vorbild sein (Bild 13).

Allmählicher Übergang	Von		Zu
Prozeß- anwendung	Nur Herstellung	⟶	Alle Unternehmensbereiche
Ansatz	Prüfung	⟶	Vorbeugung
Orientierung	Produktbeurteilung	⟶	Prozeßbeurteilung
Annahme- kriterien	Subjektiv	⟶	Erfüllung von quantitativen Forderungen
Standard	Toleranz gegenüber Fehlern	⟶	Fehlerfrei

Bild 13:   Wandel der Unternehmenskultur

Wir sollten aber auch wissen:

● Prozeßmanagement und Wandel der Unternehmenskultur sind Langzeit- unternehmungen.

● Umfangreiche Verbesserungsmaßnahmen benötigen Zeit.

● Beides sind komplexe Vorhaben, die ein neues Qualitäts- einschließlich Umweltbewußtsein aller Mitarbeiter voraussetzen.

Wo Qualitäts- und Umweltverantwortung nicht fest im Unternehmen veran- kert sind, kommen sie nie zustande!

7   Prozeßmanagement und das QM/UM-Handbuch

7.1   Prozeßbeschreibungen, Basis für das QM/UM-Handbuch

Prozeßmanagement und Darlegung des Qualitäts- und Umweltmanagement- ssystems im QM/UM-Handbuch nach DIN EN ISO 9000 und nach ISO/DIS 14001 stehen in keinem Konflikt zueinander, im Gegenteil: anstelle von Ver- fahrensanweisungen stehen strukturierte Prozeßbeschreibungen, aus denen im Sinne der ISO-Norm klar hervorgeht

- Was geschieht wo?   – Prozeßablauf
- Wer ist verantwortlich?   – Eignerschaft
- Welche Anweisungen sind notwendig?   – Teil der Inputs
- Welche Qualitäs- einschließlich Umwelt-
  schutzdaten und -information entstehen?   – Teil der Outputs.

Die Darlegung des QMS/UMS durch Prozeßbeschreibungen ist eine Darstellung „von innen heraus", eine transparente Darstellung der verketteten Geschäftsprozesse. Es wird beschrieben, welche Wertschöpfungsaktivitäten notwendig sind, um Kundenzufriedenheit zu erzielen und die Wettbewerbsfähigkeit zu erhalten. Dabei finden sich fast alle Elemente der DIN EN ISO 9000-Normenreihe in den Prozeßbeschreibungen wieder. Dieser Ansatz unterscheidet sich wesentlich von der Prozeßdarstellung in Form von Anweisungen, die manchmal den Eindruck erwecken, daß sie von außen aufgezwungen sind. Die Forderungen der DIN EN ISO-Norm und des Umweltschutzes sind kein starres Korsett, sondern notwendige Mindestforderungen an die Geschäftsprozesse im Unternehmen und müssen in diesen fest verankert sein, d. h. die Erfüllung der Forderungen muß gelebt werden.

Die DGQ-Schrift 100-21 ist eine brauchbare Hilfstellung für die Kombination der Forderungen an das Qualitäts- und Umweltmanagementsystem nach ISO 9001 und ISO/DIS 14001 bei Beibehaltung der Struktur der ISO 9001.

7.2 Qualitäts- und Umweltpolitik

Die Qualitäts- und Umweltpolitik ist Teil des QM/UM-Handbuchs.

Die Aussagen der Qualitäts- und Umweltpolitik müssen sich im QM/UM-Handbuch in konkreten Prozeßforderungen wiederfinden lassen.

Diese Forderungen sind Inputs für die einzelnen Geschäftsprozesse, hier dargestellt für Umwelschutzanforderungen (Bild 14).

Zielsetzungen für die fortlaufende Verbesserung des Gesamtprozesses sowie für die Einzelprozesse sind mit den Prozeßverantwortlichen abzustimmen.

7.3 Umsetzung der Qualitäts- und Umweltpolitik: Prozeßbeschreibungen und Verfahrensanweisungen

Die Umsetzung der Qualitäts- und Umweltpolitik, ausgedrückt in konkreten Forderungen und Zielsetzungen, findet sich in Prozeßbeschreibungen oder Verfahrensanweisungen wieder.

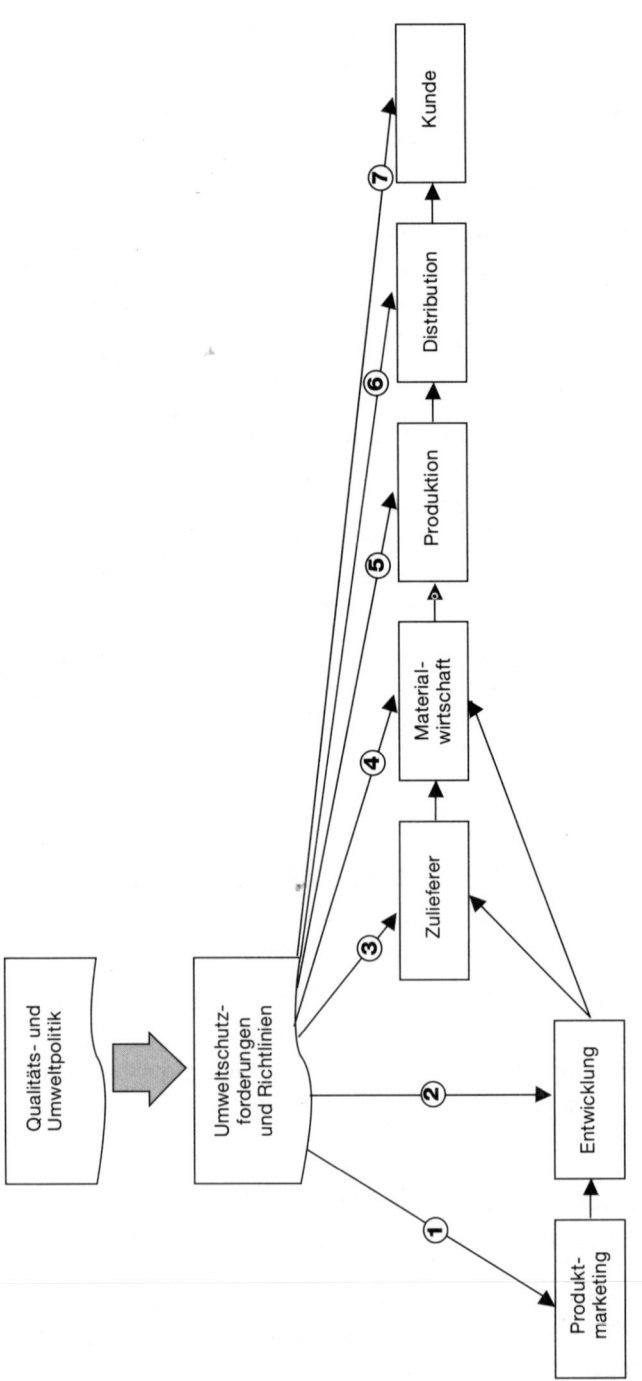

1. Produktforderungen
2. Forderungen an Produkt- und Materialeigenschaften
3. Forderungen an Produkte, Materialien und Prozesse
4. Forderungen an Entsorgungsprozesse
5. Forderungen an Fertigungs- und Entsorgungsprozesse
6. Forderungen an den Prozeß der Verpackungsrückgabe
7. Forderungen an den Verpackungs- und Produkt-Recycling-Prozeß

Bild 14: Umweltschutzforderungen und Richtlinien, Inputs für die Prozeßkette

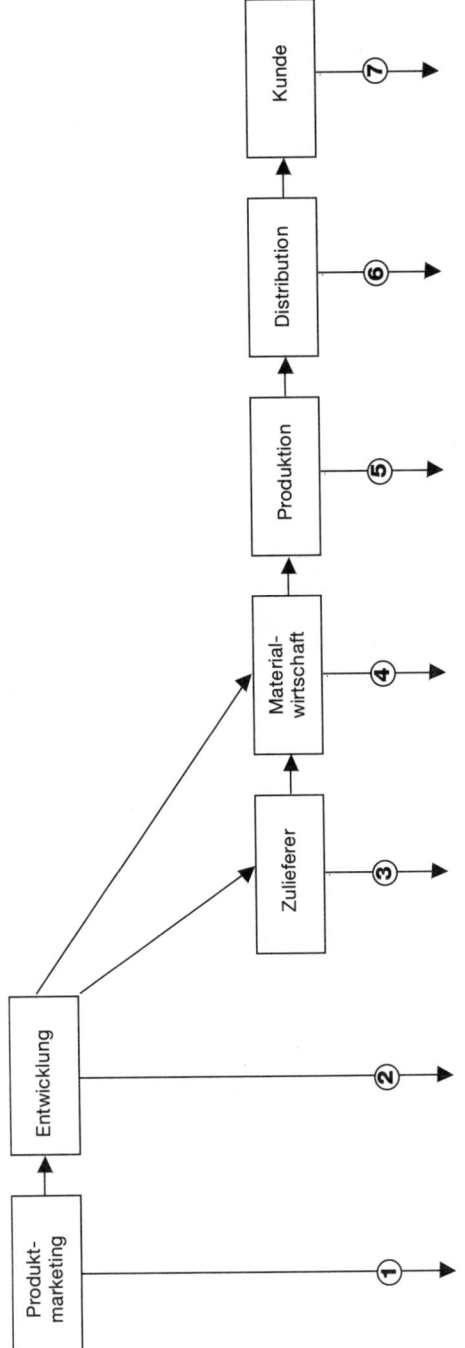

1. Produktdefinition: Enegieverbrauch etc.
2. Einkaufsspezifikationen, Verpackung
3. Material gemäß Spezifikation, anforderungsgerechte Prozesse
4. Verpackungsabfall
5. Verpackungsabfall, Elektronikschrott, gefährliche Materialien
6. Verpackung
7. Verpackung, Produktrücknahme

Bild 15:   Umweltrelevanter Output aus der Prozeßkette

Aus der Prozeßbeschreibung ergeben sich zwangsläufig die Outputs, zu denen beispielsweise auch gewollte oder ungewollte Nebenprodukte gehören, wie: Produktionsabfall, Verpackungsmüll usw. (Bild 15).

Hier wird es notwendig, die Behandlung derartiger Outputs durch Verfahrensanweisungen zu regeln, die ebenfalls im QM/UM-Handbuch enthalten sind.

Als Beispiele seien genannt:

- Verfahrensanweisung für den Umgang mit Eletronikschrott,
- Verfahrensanweisung für die Rücknahme von Verkaufsverpackung,
- Verfahrensanweisung für die Entsorgung von Industrieabfall.

Wo Prozeßbeschreibung und wo Verfahrensanweisung?

Es kann nützlich sein, die Benennung „Prozeßbeschreibung" grundsätzlich bei Prozessen der Wertschöpfungskette, und die Benennung „Verfahrensanweisung" dort, wo unabhängig von Prozessen der Umgang mit Materialien oder anderen Outputs geregelt wird, zu verwenden.

Ein derart strukturiertes QM/UM-Handbuch entspricht nicht nur den gegenwärtigen Forderungen der DIN EN ISO 9001 und der ISO/DIS 14001, sondern läßt auch für zukünftige Forderungen genügend Spielraum.

Literatur zu Kapitel A2

[1] *Harrington, H. J.:* Business Process Improvement. McGraw-Hill, New York, N. Y.

[2] *Melan, E.; H. Melan:* Process Management. McGraw-Hill, New York, N.Y. 1993

[3] *Haist / Fromm:* Qualität im Unternehmen. 2. Aufl. Carl Hanser Verlag, München, Wien 1991

[4] *Fromm, H.:* Das Management von Zeit und Variabilität in Geschäftsprozessen. CIM Management 5 (1992), S. 7/14

[5] *Kleinsorge, P.:* Benchmarking, Leistungsvergleiche – Der Weg zur Weltklasse. Frankfurter Brief für Unternehmensführung, Juli 1992, S. 11/13

[6] *Kepner, C. H.; Tregoe, B. B.:* The new rational manager. Princeton Research Press, Princeton, N. J.

[7] *Camp, R. C.:* Benchmarking. American Society for Quality. Quality Press, Milwaukee, Wi. Deutsche Ausgabe: Carl Hanser Verlag, München, Wien 1994

[8] *Masing, W. (Hrsg.):* Handbuch Qualitätsmanagement, 3. Aufl. Carl Hanser Verlag, München, Wien 1994

Rechtliche Aspekte des Umwelt- und Qualitätsmanagements

Problematik der Umsetzung von Umweltschutzzielen

Dipl.-Ing. und Jurist Martin Mantz

Alle am Aufbau von Umweltmanagementsystemen beteiligten Fachdisziplinen sind heute aufgefordert, mit der gebotenen Offenheit der dynamischen
und immer komplexer werdenden Entwicklung im Umweltbereich gegen-
überzutreten. Dazu gehört insbesondere die Bereitschaft, „alte Zöpfe" abzu-
schneiden, ohne Bewährtes abzulehnen oder zu ersticken. Dieser Beitrag
beschäftigt sich daher u. a. mit der Frage, worin die Gemeinsamkeiten und
Unterschiede von Qualitäts- und Umweltmanagementsystemen (QM- und
UM-Systeme) aus rechtlicher Sicht liegen und inwieweit die bekannten Strukturen der inzwischen bewährten QM-Systeme zur Bewältigung des Problems
„Umweltschutz" übertragbar sind.

Verantwortlich für die Umsetzung von Qualitäts- und Umweltschutzzielen
sind die Unternehmensleitungen. Nach Inkrafttreten der EU-Verordnung
stellt sich vielerorts die Frage, ob die im Qualitätsmanagement (QM) bewährten Normen der DIN ISO 9000er Reihe analog auf Umweltmanagementsysteme übertragbar sind. Ihre Anwendung hätte den Vorteil, daß sie in der
Wirtschaft – und hier insbesondere im Bereich der Produkthaftung – mittlerweile breite Akzeptanz gefunden hat.

Ziel der EU-Verordnung ist die Verbesserung des Umweltschutzes durch
„sanften Zwang" mit der zentralen Forderung nach Implementierung eines
UM-Systems und dessen Zertifizierung bzw. externer Begutachtung. Erkenn-
bares Vorbild der EU-Verordnung sind die britische UM-System-Norm
BS 7750 und die ISO 9000er Reihe. Derzeit liegt der Entwurf einer neuen
Normenreihe DIN ISO 14000 ff vor. Er weist erhebliche Gemeinsamkeiten
mit der DIN ISO 9000er Reihe auf, lediglich einzelne Elemente sind unter
Berücksichtigung der EU-Verordnung ergänzt. Anders als herkömmliche
QM-Systeme rückt die EU-Verordnung den Standort eines Unternehmen in
den Mitteilpunkt der Betrachtung. Erfaßt sind nicht nur das zu vermarktende

Produkt, sondern auch die Nebenprodukte (Abfälle, Emissionen usw.) am Produktionsstandort und dessen Umgebung. Mehr noch: Auch die Vertragspartner (Lieferanten etc.) werden einer Prüfung unterzogen. Hierdurch soll vermieden werden, daß sich Unternehmen unliebsamer Produktionen durch Outsourcing „entledigen".

Vielfältige Anforderungen

Die Anforderungen an die Unternehmen und deren Erzeugnisse aus produkt- und umwelthaftungsrechtlicher Sicht sind vielfältig. *„In der Mischkultur naturwissenschaftlich-technischer, rechtlicher, ökonomischer und sozialpsychologischer Faktoren, die die Haftpflichtrisiken der Industrie und sonstiger gewerblicher Unternehmen so entscheidend prägt, befindet sich die moderne Industriegesellschaft ersichtlich erst am Anfang einer tiefgreifenden, langwirkenden Entwicklung"* [1]. Dieses Zitat des wohl bekanntesten deutschen Versicherungsrechtlers Schmidt-Salzer für den Bereich der Produkt- und Umwelthaftung gibt die Probleme, vor denen das (Umwelt-)Management heute steht, deutlich wieder. Hinzu kommt, daß sich in jüngerer Zeit neue, komplexe Schadensbilder entwickelt haben, die auf einer Vielzahl verschiedener Ursachen beruhen. Deren wissenschaftliche Erforschung steckt noch in den Kinderschuhen. Typisches Beispiel für diese multikausalen Syndrome sind das Waldsterben und die dramatisch zunehmenden Allergien bei Menschen.

Mit zunehmenden ökologischen Erkenntnissen wächst die Einsicht, daß ein medienübergreifender Umweltschutz notwendig ist, der der Vernetzung der ökologischen Systeme Rechnung trägt.

Betriebsorganisation und Umweltschutz

Nachdem die Möglichkeiten der modernen Umwelttechnik und die Entwicklung rechtlicher Instrumentarien (Verbote, Genehmigungsvorbehalte etc.) in Deutschland ausgereizt scheinen, wendet sich das Interesse mehr und mehr der innerbetrieblichen Organisation zu. Die Betriebsorganisation ist für die Beherrschung von Produkt- und Umweltrisiken von entscheidender Bedeutung, da Verstöße gegen (Umwelt-)Vorschriften – mit nachteiligen Folgen für die Umwelt – in der Regel auf menschliche Unzulänglichkeiten und nicht auf Vorsatz einzelner Handelnder beruhen. Dem müssen innerorganisatorische Maßnahmen begegnen:

Symbol

- klare Zuordnung von Verantwortlichkeiten und Befugnissen auf der Ebene der Unternehmensleitung und den nachgeordneten Ebenen.

- Beziehungszusammenhänge zwischen den verschiedenen Fachdisziplinen gestalten bzw. fortlaufend verbessern.

Die Entwicklung verbesserter Organisationsstrukturen verlangt hohe Kreativität [2]. Regeln lassen sich hierfür kaum aufstellen, denn es fehlt ein fester und allgemeingültiger Maßstab dafür, was „besser" ist. Die Lösung des Problems „Bewältigung von Umweltrisiken" kann nicht erzwungen werden. Auch die bestehenden Normen zur Betriebsorganisation können diese Aufgabe nicht lösen, weil sie keine Inhalte vorgeben (vgl. Ziffer 2).

1   Rechtsnatur der DIN EN ISO 9000er Reihe und der EU-Verordnung

Die Normen der DIN EN ISO 9000er Reihe sind von – auf der Basis privatrechtlich arbeitenden – Normenorganisationen erarbeitet worden. Sie haben somit grundsätzlich keinen rechtsverbindlichen Charakter. Ihre Struktur entspricht der sonstiger technischer Normen (z. B. DIN-Normen, VDE-Normen) und stellt sogenannte „antizipierte" Sachverständigengutachten dar. Rechtsverbindlichkeit erlangen sie grundsätzlich nur bei deren ausdrücklicher Einbeziehung im Vertragsrecht. Anders die EU-Verordnung 1836/93: Verordnungen der Europäischen Union richten sich an alle Mitgliedsstaaten und sind in allen Teilen unmittelbar verbindlich. Für die EU-Verordnung gilt dies ab dem 29. Juni 1993!

Konsequenz:

- Bei der freiwilligen Teilnahme am Umwelt-Audit-System handelt es sich bei Verstößen gegen Inhalte der EU-Verordnung um Verstöße gegen öffentliches Recht,
- bei Verstößen gegen technische Normen des Privatrechts dagegen – bei vertraglicher Einbeziehung – um Pflichtverletzungen gegenüber dem Vertragspartner.

Anwendung „Technischer Regelwerke"

Technische Normen enthalten erhebliches Sachverständigenwissen. Das Know-How von Sachverständigen macht sich der Gesetzgeber im Umweltrecht dadurch zunutze, daß in Gesetzen mittelbar auf technische Normen verwiesen wird. So wird in verschiedenen Umweltgesetzen auf technische

Regeln wie „Stand der Technik (§ 5 Abs.1 BlmSchG)", „Stand von Wissenschaft und Technik (AtG)" oder „Allgemein anerkannte Regeln der Technik (WHG)" verwiesen. Regelwerke sachverständiger Gremien, die diese „Technischen Regeln" ausfüllen, geben eine (widerlegbare) Vermutung dafür, daß sie den vom Gesetzgeber vorausgesetzten technischen Standard ausfüllen [3]. Die Einhaltung „Technischer Normen und Standards" haben daher die Vermutung für sich, daß sie zutreffend den jeweiligen Stand der Technik wiedergeben. Diese Vermutung kann allerdings entkräftet werden, z. B. wenn sich eine technische Norm als veraltet bzw. überholt herausstellt. Für den Bereich der Betriebsorganisation fehlen in deutschen Umweltgesetzen bisher direkte Verweisungen auf technische Normen, wie z. B. auf die DIN EN ISO 9000er Reihe.

Anwendung der EU-Verordnung

Einen ersten Schritt in diese Richtung macht nunmehr die EU-Verordnung. Für das deutsche Recht ungewöhnlich, stellt sie das Umweltmanagement und damit auch die Betriebsorganisation in Anhang I der Verordnung als Bestandteil des UM-Systems in den Mittelpunkt des Interesses. Im Anhang II der Verordnung, der die Forderungen an die Umweltbetriebsprüfung enthält, wird auf die Norm ISO 10 011, im Rahmen der Normen für Umweltmanagementsysteme in Art. 12, auf einzelstaatliche, europäische oder internationale Normen verwiesen. Danach gelten Unternehmen, die ihr UM-System nach derartigen Normen aufgebaut haben und zertifizieren ließen, als den einschlägigen Vorschriften der Verordnung entsprechend, wenn die Normen und Verfahren von der europäischen Kommission anerkannt werden. Die Anerkennung einer Norm für UM-Systeme fehlt bislang. Es scheint sinnvoll, auch die – für das Qualitätsmanagement von der ISO (International Organization for Standardization) entwickelten – Normen der DIN ISO 9000er Reihe über QM-Systeme auf ihre Tauglichkeit bezüglich der UM-Systeme hin zu untersuchen.

2   Vergleich von Qualitäts- und Umweltmanagementsystemen

QM-Systeme umfassen alle in einem Unternehmen durchgeführten qualitätsbezogenen Tätigkeiten und Prozesse. Ein QM-System wird nach DIN EN ISO 8402 definiert als die „Aufbauorganisation, Verantwortlichkeiten, Abläufe, Verfahren und Mittel zur Verwirklichung des Qualitätsmanagements". Das

Managementsystem selbst stellt keine inhaltlichen Forderungen, weder an die Qualität eines Produktes noch an seine Herstellungstechnik. Ein gutes Managementsystem schafft damit für sich allein noch keine Gewähr für eine hohe (Umwelt-)Qualität eines Produktes oder eines Unternehmens. So kann die Anspruchsklasse und damit die Qualitätsforderung an das Produkt oder an die Prozesse niedrig und in der Qualitäts- und/oder Umweltpolitik entsprechend anspruchslos ausgedrückt sein. Das System ist trotzdem „gut", wenn es diese, wenn auch anspruchslose Politik, tatsächlich verwirklicht.

Mißbrauch von Zertifikaten

Dieses häufig anzutreffende Mißverständnis nutzen bereits einige Unternehmen werbewirksam, indem sie ihr UM-System, das auf einer anspruchslosen Umweltpolitik basiert, zertifizieren ließen. Dies ist durchaus nicht verwerflich, solange es dem Umweltschutz nützt. Ein ohne Beachtung von Bewertungskriterien für die Umweltpolitik ausgestelltes Zertifikat für ein UM-System birgt aber die Gefahr in sich, daß es im Wettbewerb – unabhängig von den tatsächlich von einem Unternehmen ausgehenden Umweltbelastungen – Umweltfreundlichkeit suggeriert. Hier liegen auch die Befürchtungen weiter Kreise der Öffentlichkeit: Verkommt das Zertifikat zum inhaltslosen Werbeslogan?

Untersucht man einige bereits vor Geltung der EU-Verordnung vergebene Zertifikate unseriöser Zertifizierer, so scheinen sich diese Befürchtungen zu bestätigen. Ein wirklich fairer Wettbewerb verlangt vom Unternehmen auch, seine Umweltpolitik darzulegen und eine ehrliche, nachvollziehbare – der Öffentlichkeit zugängliche – Darstellung der Umweltleistung, d. h. der Umweltqualität [4].

Aufgabe des Qualitätsmanagements

Die Untersuchung bewährter Normen der DIN EN ISO 9000er-Reihe über QM-Systeme ergibt: Das von Unternehmen angestrebte Ziel des Qualitätsmanagements ist in erster Linie das zu vermarktende Produkt (Angebotsprodukt) und nicht dessen umweltverträgliche Produktion am Produktionsstandort. Im Vordergrund des Interesses von Unternehmen stehen die Beziehungen zu den Kunden/Verbrauchern. Die Aufgabe des Qualitätsmanagements in Verbindung mit Recht und Technik ist somit: „Die Einhaltung von rechtlichen Qualitätsforderungen zur Verhütung von Schäden durch das Produkt". Jeder, der ein Produkt in Verkehr bringt, hat für dessen zufriedenstellende Qualität, sei es nach dem Vertrage oder zum gewöhnlichen Gebrauch, rechtlich einzustehen [5].

Genügt das verkaufte Produkt nicht den gestellten Qualitätsforderungen, so steht dem Kunden das Recht der Mängelgewährleistung, also Preisminderung, oder Rücktritt vom Vertrag zu. Der Kunde kann sich vom Vertragspartner lösen und anderen Lieferanten zuwenden. Um diesem Risiko vorzubeugen, ist der Lieferant bemüht, durch Zertifizierung seines QM-Systems seinem Kunden Vertrauen in die Qualitätsfähigkeit seines Unternehmens bzw. seiner Prozesse zu vermitteln. Umweltbelange waren bisher meist nicht Bestandteil der Qualitätspolitik. Im Gegenteil: Es scheint noch weit verbreitete Ansicht sein, daß die Berücksichtigung von Umweltbelangen ein Produkt wesentlich verteuern. So ist es für den Anbieter eines Produktes z. B. – obwohl strafbar – unter Umständen „billiger", seinen Abfall rechtswidrig in einer Kiesgrube zu vergraben, als ihn teuer einer Abfalldeponie zuzuführen (vgl. Beschluß des VGH München v. 2.4.1993). Verstöße gegen umweltrechtliche Bestimmungen werden häufig erst Jahre später bekannt, wenn sich z. B. Abfälle im Ausland wiederfinden.

Rechtliche Folgen eines Verstoßes

Nach dem derzeitigen deutschen System der ausschließlich staatlichen Überwachung bleibt der Öffentlichkeit lediglich die Hoffnung, daß die Überwachungsbehörden ihre Aufgaben wahrnehmen und, soweit rechtlich möglich, Umweltbeeinträchtigungen entgegenwirken. Darüber hinaus bleiben die Produktionsweisen eines Unternehmens der Öffentlichkeit als auch den Umweltbehörden im nicht genehmigungspflichtigen Bereich weitgehend verborgen. Im Bereich der nicht sanktionierten Umweltvorsorge ist das ordnungsrechtliche Instrumentarium wirkungslos [6]. So hat die Behörde keine Möglichkeit, das Abfallvermeidungsgebot gem. § 1 a Abfallgesetz ordnungsrechtlich zu erzwingen, da das Umweltrecht gegen derartige Verstöße keine Sanktionsmöglichkeiten vorsieht.

Hier ist der Gesetzgeber darauf angewiesen, durch wirtschaftliche Anreize (Abgaben, Steuern, Subventionen) und der Schaffung von Umweltvorschriften (z. B. Technische Anleitung (TA) Abfall) Einfluß auf die Industrie zu nehmen. Der Verordnungsgeber ist aber aufgerufen, mit indirekten Maßnahmen behutsam umzugehen: *Eine intakte Umwelt kann zwar ein attraktiver Standortfaktor sein, unterschiedliche Umweltvorschriften führen aber auch zu Wettbewerbsverzerrungen, mit Wettbewerbsvorteilen für Standorte mit anspruchslosen Vorschriften.*

Wirtschaftsstandort Deutschland

Das Thema „Wirtschaftsstandort Deutschland" belastet auch die derzeitige Diskussion, wenn es um die Einführung neuer Umweltvorschriften geht. Dem spricht entgegen, daß schärfere Umweltgesetze zu verbesserten Umwelttechnologien führen. Diese wiederum könnten Exportschlager der deutschen Wirtschaft werden.

Entscheidend ist jedoch, daß die Bundesrepublik Deutschland eine – im Sinne einer nachhaltig umweltgerechten Entwicklung der Wirtschaft – moderne und führende Industrienation bleibt. Dieses Ziel verlangt eine aktive und nicht passive Auseinandersetzung mit Umweltnormen und -vorschriften. Hierin liegen der Grund und die Notwendigkeit für die Einführung von UM-Systemen.

Analoge Anwendung

Ist die analoge Anwendung der DIN EN ISO 9000er Reihe sinnvoll? In der Literatur wird teilweise vor einer analogen Anwendung der ISO 9000-Reihe auf die Belange des Umweltschutzes gewarnt. Diese Aussage ist im Kern nicht richtig, denn die ISO 9000-Reihe selbst ist kein starres Instrument zur Erfüllung von Forderungen an das Managementsystem. Es stimmt allerdings, daß es sich bei der DIN ISO 9000er Reihe juristisch gesehen um rechtlich unverbindliche Vorgaben handelt, die von den Unternehmen nicht notwendigerweise angewendet werden müssen. Dagegen stellt die EU-Verordnung eine rechtsverbindliche Vorschrift dar.

Aus der Sicht des Praktikers stellt sich damit die Frage: Tragen vorhandene Normen das Potential zur rechtskonformen Weiterentwicklung im Sinne der Verordnung in sich, oder ist eine völlig neue Norm zu schaffen? Größeren Unternehmen und Konzernen stellt sich diese Problematik nicht mit solcher Deutlichkeit. Ganz anders jedoch ist die Situation kleiner und mittelständischer Unternehmen. Für sie erscheint die Implementierung zweier verschiedener Systeme nahezu absurd. Hinzu kommt die neuerliche Diskussion um eine Norm zum Arbeitsschutzmanagementsystem. Sollen dann etwa drei seperate Managementsysteme installiert werden und die erforderlichen Audits jeweils seperat erfolgen? Wann soll dann noch produziert werden?

Dieser Sorge von klein- und mittelständischen Unternehmen muß Rechnung getragen werden, will man die Akzeptanz und Bereitschaft zur Implementierung von Managementsystemen erhöhen und nicht gesetzlich verordnen.

Auch der VO-Geber hat sich für den „sanften Zwang" zur Einführung von UM-Systemen entschieden. Es ist sicher besser, das bestehende QM-System weiterzuentwickeln, als losgelöst davon ein eigenständiges UM-System aufzubauen. Festzuhalten bleibt: Umweltschutzmerkmale bestimmen die „Qualität" eines Produktes, des Herstellungsverfahrens und die davon ausgehenden Umweltauswirkungen mit.

3 Öffentlichkeit der EU-Verordnung

Adressat des Nachweises funktionierender Managementsysteme ist nach dem Willen des Verordnungsgebers nicht unmittelbar der Vertragspartner / Abnehmer des Produktes, sondern die Öffentlichkeit. Sieht DIN ISO 9000 keine Veröffentlichung der Qualitätspolitik vor, verlangt die EU-Verordnung eine für die Öffentlichkeit bestimmte Umwelterklärung. In ihr müssen die Umweltpolitik, das Umweltprogramm und das UM-System eines Standortes beschrieben sein (Art. 3f und Art. 5 Abs. 1). Die Veröffentlichung von Umweltinformationen ist im deutschen Umweltrecht bekannt. So sieht die Störfallverordnung gem. § 11a vor: Betreiber müssen Personen, die von einem Störfall betroffen werden könnten, sowie die Öffentlichkeit in geeigneter Weise und unaufgefordert über Sicherheitsmaßnahmen informieren. Nach dem Mitte 1994 verabschiedeten Umwelt-Informationsgesetz kann sich die Öffentlichkeit bei Überwachungsbehörden Zugang zu Umweltinformationen von Betrieben verschaffen.

4 Qualitäts- und Umweltpolitik

Innerhalb des QM-Systems im Sinne der DIN EN ISO 9000er Reihe ist es gewöhnlich *„Ziel der Qualitätspolitik",* bei Entwicklung, Fertigung und Vertrieb der Produktpalette die Interessen des Kunden/Verbrauchers zu berücksichtigen, ohne die materiellen, personellen und finanziellen Ressourcen des Unternehmens zu überfordern [7]. Inhalte dieser – vornehmlich auf den Kunden zugeschnittenen – Qualitätspolitik legt die Unternehmensleitung fest. Die Beachtung und Einhaltung öffentlich-rechtlicher Vorschriften wird als selbstverständlich vorausgesetzt (Bild 1).

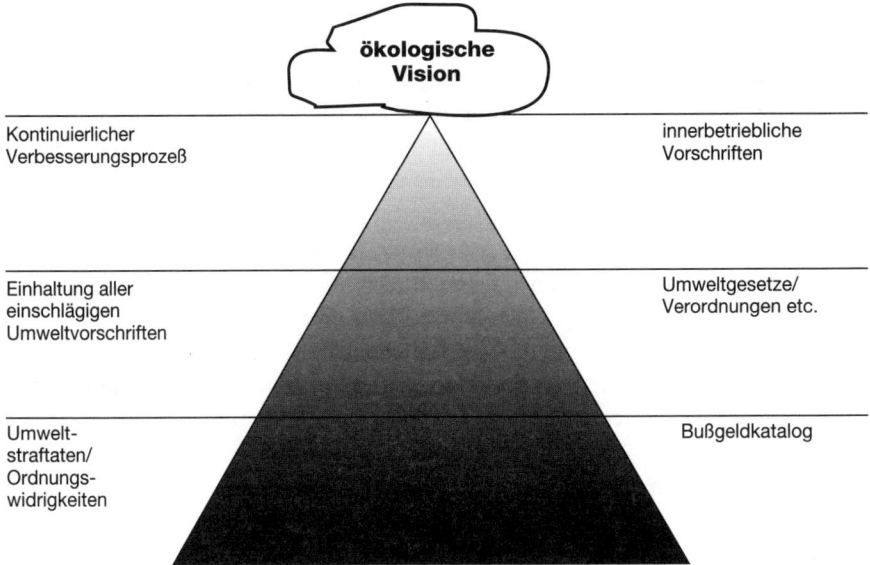

Kontinuierlicher Verbesserungsprozeß — innerbetriebliche Vorschriften

Einhaltung aller einschlägigen Umweltvorschriften — Umweltgesetze/ Verordnungen etc.

Umwelt- straftaten/ Ordnungs- widrigkeiten — Bußgeldkatalog

Bild 1:   Die Umweltpolitik

Im Unterschied dazu schreibt die EU-Verordnung die Mindestinhalte der Umweltpolitik verbindlich vor (Art. 3a). Dies sind

● die Einhaltung aller einschlägigen Umweltvorschriften und

● die Verpflichtung zu angemessenen kontinuierlichen Verbesserung des betrieblichen Umweltschutzes (KVP kontinuierlicher Verbesserungsprozeß).

Verpflichtung zur Einhaltung von Umweltvorschriften

Die *„Verpflichtung zur Einhaltung aller Umweltvorschriften"* ist von erheblicher Bedeutung. Im Bereich des produktbezogenen Qualitätsmanagements hat die Mißachtung von Rechtsvorschriften nur im Rahmen des Haftungsrechts, also im Haftungsfalle, mittelbare Folgen. Der Verstoß gegen Rechtsvorschriften bezüglich des Betreibens von Anlagen führt im Rahmen des Qualitätsmanagements daher nicht unbedingt zum Verlust des QM-System-Zertifikats. Die anlagenbezogenen Umweltvorschriften dagegen treffen den Betreiber unmittelbar. So ist es verboten, eine Anlage ohne Genehmigung zu betreiben oder wassergefährdende Stoffe (z. B. Altöl) in Lageranlagen ohne erforderliche Eignungsfeststellungen oder Bauartzulassungen zu lagern. Nach Art. 8, Absatz 4 der VO kann ein von der Vollzugsbehörde festgestellter Umweltverstoß zu Löschung im Standortregister führen.

Völlig zu Recht wird in der Literatur festgestellt: Die Einhaltung des geltenden Umweltrechts ist keine Selbstverständlichkeit [8]. Umfragen unter Qualitäts- und Umweltschutzbeauftragten in Umweltlehrgängen der DGQ (Deutsche Gesellschaft für Qualität e.V.) ergaben: Die überwiegende Mehrzahl der Befragten geht davon aus, daß die Einhaltung aller Umweltvorschriften in ihren Unternehmen höchstens 70% betragen. Diese Angaben scheinen realistisch zu sein, da vielfach selbst das Unternehmen betreffende Umweltvorschriften unbekannt sind. Dem widersprechen auch nicht die häufig zu hörenden Bekundungen von Unternehmen, in ihren Betrieben „gehen die Umweltbehörden ein und aus" oder „Wir halten sämtliche Umweltvorschriften ein". Beim genaueren Hinsehen entpuppen sich diese Behauptungen nicht selten als marketingorientiert oder stellen lediglich ein Bekenntnis zur Einhaltung aller bußgeldbewehrten Umweltvorschriften dar. In der juristischen Literatur überwiegt die Meinung: Die Berechtigung zur Führung der Teilnahmeerklärung nach der EU-Verordnung fehlt bei Nichteinhaltung aller einschlägigen Umweltvorschriften. Die VO fordere gerade die Einhaltung aller Umweltvorschriften und die Verankerung einer entsprechenden Aussage in der Umweltpolitik des Unternehmens.

Unternehmerische Freiräume

Die gesetzlichen Forderungen (z.B. Abfallvermeidung, Einhaltung des Standes der Technik etc.) gehen weiter als Bußgeldvorschriften. In Bezug auf die Einhaltung sämtlicher Umweltvorschriften sind die Unternehmen in der Ausgestaltung des kontinuierlichen Verbesserungsprozesses frei. Ihnen müssen im Sinne eines dynamischen Prozesses unternehmerische Freiräume überlassen bleiben, ob und wie weit sie z.B. den Stand der Technik vorantreiben wollen. Abzulehnen sind Bestrebungen, Verwaltungsvorschriften (wie z.B. die TA Luft), die lediglich als Richtschnur dienen, im Hinblick auf technische Entwicklungen mit dynamisierten Forderungen zu verbinden.

5 Die „Freiwilligkeit" der EU-Verordnung

Eine Beteiligung am Umwelt-Audit-System ist *„freiwillig"*. Nimmt ein Unternehmen an diesem System teil, so unterwirft es sich automatisch den Regeln der Verordnung. Allein die Pflicht zur Einhaltung aller einschlägigen Umweltvorschriften stellt, wie oben dargestellt, für viele Unternehmen eine sehr hohe Hürde dar (Bild 2).

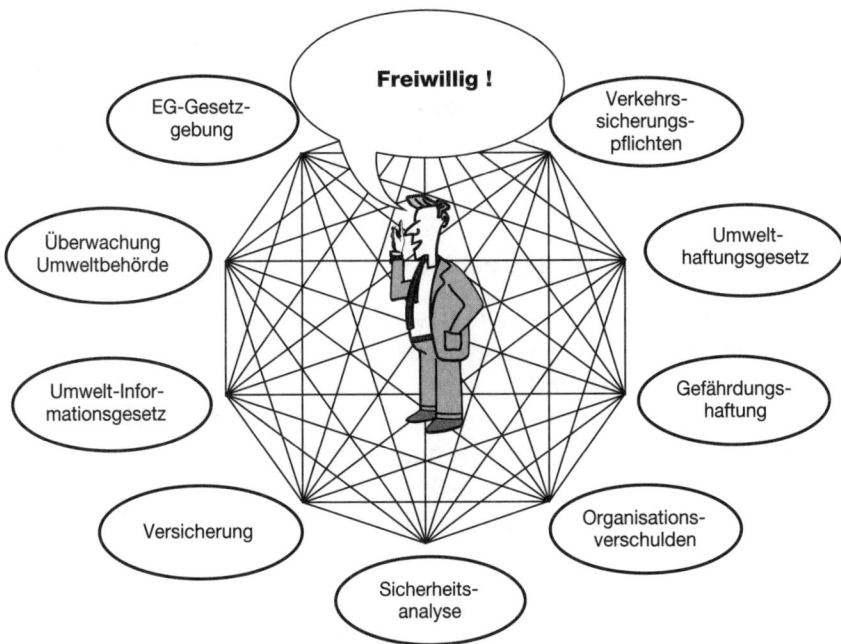

Bild 2: Die „Freiwilligkeit" der EU Verordnung

Fraglich ist jedoch, wie lange die Freiwilligkeit der EU-Verordnung bestehen bleibt. Bei Betrachtung der Entwicklung des Umweltrechts der vergangenen 10 Jahre ist der Schluß zulässig, daß die Elemente der EU-Verordnung bereits in vielen deutschen Umweltgesetzen zumindest fragmentarisch vorhanden sind.

Hierher gehören beispielsweise

- die Rechtsprechung zu den Verkehrssicherungspflichten (insbesondere Organisationspflichten),
- das Umwelthaftungsgesetz (1991),

- die Rechtsprechung zur Gefährdungshaftung,

- der Umweltschutzverantwortliche der Unternehmensleitung, § 52a BImSchG (1990),

- die Pflicht zur Erstellung von Sicherheitsanalysen (1988),

- Privatisierung staatlicher Überwachung,

- das Umwelt-Informationsgesetz (1994).

Hinzu kommt das – die Produktverantwortung regelnde – Kreislaufwirtschaftsgesetz (1994), sowie zahlreiche EU-Verordnungen, insbesondere zum Abfallrecht. Das Netz der Umweltgesetze wurde in den letzten Jahren so engmaschig, daß die Einhaltung gesetzlicher Vorschriften zur unternehmerischen Existenzsicherung wurde. Die Altlastenproblematik mag dies verdeutlichen.

5.1   Verkehrssicherungspflichten

Wesentlichen Anteil an der Haftungsverschärfung hat die Ausweitung der allgemeinen Verkehrssicherungspflichten. Deren Mißachtung kann zu zivilrechtlichen und strafrechtlichen Konsequenzen führen. Unter zivilrechtlicher Haftung versteht man des Einstehen für entstandene Schäden. Die allgemeine Verkehrssicherungspflicht beruht auf dem Gedanken, daß derjenige, der Gefahrenquellen schafft, die notwendigen Vorkehrungen zum Schutze Dritter zu treffen hat. Zentrale Vorschrift der zivilrechtlichen Haftung (§ 823 Abs. 1 BGB) ist:

„Wer vorsätzlich oder fahrlässig das Leben, den Körper, die Gesundheit, die Freiheit, das Eigentum oder ein sonstiges Recht eines anderen widerrechtlich verletzt, ist dem anderen zum Ersatz des daraus entstandenen Schadens verpflichtet."

§ 823 BGB setzt Verschulden (Vorsatz oder Fahrlässigkeit) voraus. In der Vergangenheit mußten Geschädigte dem Schädiger das „Verschulden" nachweisen, wobei dem Geschädigten die innerbetrieblichen Vorgänge eines umweltgefährdenden Betriebs verborgen blieben. Die verschuldensabhängige Haftung wurde in den letzten Jahren durch – von der Rechtsprechung vorgenommene – Beweiserleichterungen verschärft. Nunmehr hat im Schadensfall im Zweifel der Anlagenbetreiber zu beweisen, daß ihn kein Verschulden an einer Betriebsstörung trifft. Kann der Anlagenbetreiber diesen Nachweis nicht führen, wird das Vorliegen eines sogenannten „Organisationsverschuldens" vermutet, d. h. der Anlagenbetreiber hat es im Rahmen seiner Verkehrssicherungspflicht versäumt, durch ausreichende innerbetriebliche Organisation Betriebsstörungen entgegenzuwirken.

Hinsichtlich der Verkehrssicherungspflichten sind in Umwelthaftungsfällen somit zwei Fragen zu beantworten:

1. Bestand eine betriebsbezogene Verkehrssicherungs- bzw. Sorgfaltspflicht?
2. Wenn ja, wer trägt die innerbetriebliche Verantwortung für die Erfüllung dieser Pflicht?

5.1.1 Technische Verkehrssicherungs- bzw. Sorgfaltspflichten

Da eine Verkehrssicherung, die jeden Unfall ausschließt, nicht erreichbar ist, muß ein Anlagenbetreiber nicht für alle denkbaren Schadenseintritte Vorsorge treffen. *„Ein Betriebsinhaber ist jedoch verpflichtet, seinen Betrieb entsprechend den Erfahrungen der Technik so einzurichten, daß voraussehbare Schädigungen Dritter im Rahmen des Möglichen und Zumutbaren ausgeschlossen sind"* (so bereits das Reichsgericht RGZ 105, 213 (218). Er muß hinsichtlich gefährlicher Emissionen zur ihrer Vermeidung oder doch Verminderung alles tun, was nach den Regeln der Technik möglich und mit einem umweltgerechten Betrieb vereinbar ist. U.a. hat er die erforderliche Überwachung im Hinblick auf die Erfüllung von Emissionsforderungen einzurichten. Die Emissionen müssen in dem Sicherheitsbereich bleiben, den Dritte erwarten dürfen. Hierfür ist immer eine Einzelfallprüfung erforderlich. Bewertungskriterien für das, was technisch „möglich und zumutbar" ist, stellen regelmäßig die technischen Regelungen wie DIN-Normen, VDI-Richtlinien etc. dar.

5.1.2 Organisationspflichten

Über technische Sicherheitsmaßnahmen hinaus hat der Inhaber eines Betriebes durch eine ausreichende Arbeitsorganisation dafür zu sorgen, daß durch Arbeitsabläufe Dritte nicht geschädigt werden. Die betriebliche Organisation muß in der Lage sein, entweder Betriebsstörungen zu vermeiden oder eingetretene Störungen zu entdecken, bevor sie einen Schaden verursachen. Sie beinhaltet die Schaffung einer Aufsichtsorganisation und den Erlaß allgemeiner Aufsichtsanordnungen, betrifft aber nicht die Aufsicht im einzelnen und der nach diesen Anordnungen Handelnden. Deshalb sind Organisationsfehler auch keine gelegentlichen Fehler, die jedem einmal unterlaufen können, sondern strukturelle Schwächen des Betriebes. Die Organisationspflicht ist also Teil der Leitungsfunktion der Unternehmensführung und darf nicht unbeschränkt delegiert werden.

Nachweispflicht

Die Umweltschutzverantwortlichen der Unternehmensleitung müssen im Zweifel nachweisen können, daß die Organisation des Betriebs umweltrelevantes Fehlverhalten nach normalen, vernünftigen Maßstäben ausschließt. Wer diesen Nachweis als Geschäftsführer nicht führen kann, den trifft das Organisationsverschulden. Das kann zur straf- und zivilrechtlichen Verantwortung selbst dann führen, wenn die Handlung von einem Mitarbeiter begangen wurde, von dem der Geschäftsführer gar nichts wußte. Begründet wird diese Konsequenz in der Begriffsbildung der Fahrlässigkeit, für deren Vorliegen die vorwerfbare Unkenntnis von Sachverhalten ausreicht.

In diesem Zusammenhang kommt den Normen für Managementsysteme eine besondere Rolle zu. Hat ein Unternehmen ein Managementsystem eingeführt und normgerecht umgesetzt, so dürfte die Vermutung naheliegen, die Unternehmensleitung habe hinsichtlich ihrer Organisationsverpflichtung alles Zumutbare getan. Vor allzu großen Erwartungen muß jedoch gewarnt werden: Die Vermutung für Einhaltung der Organisationspflichten kann jederzeit durch richterliches Urteil widerlegt werden. Dies gilt insbesondere für schlechte bzw. ungeeigneten Betriebsorganisationen. In diesen Fällen hilft leider auch kein noch so glänzendes Zertifikat.

5.2   Produkt- und Anlagenhaftung

Im Bereich der Produkt- und Anlagenhaftung kommt es vornehmlich darauf an, Schadensfälle bereits im Vorfeld durch eine geeignete Betriebsorganisation präventiv zu verhüten. In Extremfällen führt eine mangelhafte Betriebsorganisation sogar zum Verlust der versicherungstechnischen Deckungsvorsorge.

Das Produkt- und Anlagenhaftungsrecht unterscheidet klassische, ein Verschulden voraussetzende Haftung von der verschuldungsunabhängigen, der sogenannten Gefährdungshaftung. Während die verschuldensabhängige Produkt- und Anlagenhaftung in § 823 BGB geregelt ist (siehe oben), ist die Haftung nach dem Produkt- und Umwelthaftungsgesetz als Gefährdungshaftung einzuordnen. Die Gefährdungshaftung knüpft nicht an ein bestimmtes Verhalten einer Person, sondern an den Zustand einer Sache (Anlage oder Produkt) an. Dies bedeutet rein rechtlich für den Anlagenbetreiber – unabhängig von dem möglichen Verschulden – eine Haftungsverschärfung gegenüber der früher geltenden Verschuldenshaftung.

§ 1 Abs. 1 Satz 1 Produkthaftungsgesetz bestimmt:

„Wird durch den Fehler eines Produkt jemand getötet, sein Körper oder seine Gesundheit verletzt oder eine Sache beschädigt, so ist der Hersteller des Produkts verpflichtet, dem Geschädigten den daraus entstandenen Schaden zu ersetzen."

Ganz ähnlich ist § 1 Umwelthaftungsgesetz (UmweltHG) formuliert:

„Wird durch eine Umwelteinwirkung, die von einer der im Anhang 1 genannten Anlagen ausgeht, jemand getötet, sein Körper oder seine Gesundheit verletzt oder eine Sache beschädigt, so ist der Inhaber dieser Anlage verpflichtet, dem Geschädigten den daraus entstandenen Schaden zu ersetzen."

Diese strenge Umwelthaftung soll mit dazu beitragen, alternative, umweltverträgliche Produkte und Produktionsprozesse zu entwickeln, um so über den Markt- und Preismechanismus zu einem möglichst schonenden Umgang mit knappen ökologischen Ressourcen zu gelangen. Die Haftung nach dem UmweltHG greift selbst dann ein, wenn die technisch vollkommensten Verfahren und Techniken angewendet worden sind. Das Risiko künftiger Schadensersatzleistungen soll so zu einem vorsichtigen, schadensersatzvermeidenden Verhalten veranlassen. Die Organisation des Betriebes soll Umwelteinwirkungen auf Wasser, Boden oder Luft so gering wie möglich halten.

Verlust des Versicherungsschutzes

Die Verabschiedung des Umwelthaftungsgesetzes führte zu weitreichenden Konsequenzen im Bereich der Umwelthaftungsversicherung. Dies gilt auch für Anlagen, die nicht unmittelbar vom Umwelthaftungsgesetz erfaßt sind. Derzeit stellen fast alle Versicherungen ihre Haftungsversicherungspolicen um, indem sie die Umweltrisiken gesondert nach dem sogenannten HUK-Modell, Hamburg, versichern.

UM-Systeme helfen beim Schutz vor Verlust der Deckungsvorsorge. Sie können darüber hinaus zu geringeren Versicherungsprämien führen.

Die Konsequenzen der neuen Haftpflichtbedingungen sind offensichtlich weitgehend unbekannt. Gemäß Ziff. 6.2 Abs. 1 der Umwelthaftungsbedingungen (UmwHB) sind betriebsbedingt unvermeidbare Umwelteinwirkungen nicht versichert. Betriebsbedingt unvermeidbar sind Umwelteinwirkungen, die bei dem Betrieb der konkreten, als schadenursächlich in Betracht kommenden Anlage – aufgrund ihres individuellen Betriebszustandes – nicht vermieden werden können. Bindet z. B. eine Entstaubungsanlage, die bei ordnungsgemäßem Betrieb 98% eines Schadstoffes herausfiltern könnte, aufgrund mangelhafter Wartung lediglich 60% des anfallenden Schadstoffes im Filter und emitieren deshalb 40 %, so sind diese Emissionen nach dem konkreten Betriebs- und Wartungszustand betriebsbedingt vermeidbare Umweltwirkungen [12]. Damit führen nachlässige Wartungen oder ungenügende Schutzvorkehrungen zum Verlust der Deckungsvorsorge, mit möglicherweise weitreichenden haftungsrechtlichen Konsequenzen.

In Kauf genommene Umwelteinwirkungen führen ebenfalls zum Verlust der Deckungsvorsorge. In Kauf genommen wird eine Umwelteinwirkung dann, wenn der Anlagenbetreiber eine tatsächliche oder potentielle Emissionsquelle kennt, ohne diese zu verhindern [13]. Dabei genügt bereits z. B. die Kenntnis des Werksleiters oder anderer Personen, die die Pflichten des Anlageninhabers als Versicherungsnehmer wahrnehmen. Hier kann und muß eine – die Überwachungsfunktion sicherstellende – Betriebsorganisation den Verlust einer Deckungsvorsorge verhindern.

Die Teilnahme am Umwelt-Audit-System bzw. der Implementierung eines UM-Systems nutzt der Sicherung und Beherrschung von betrieblichen Umweltrisiken durch Implementierung eines funktionierenden UM-Systems.

5.3   Privatisierung staatlicher Überwachung

In Zeiten der „Verschlankung" von Behördenstrukturen werden Stimmen lauter, die sich für eine Privatisierung staatlicher Überwachungsaufgaben einsetzen [9]. Zur Beschleunigung von Genehmigungsverfahren wurden bereits konkrete Gesetzesänderungsvorschläge eingebracht [10]. Insgesamt ist zu beobachten, daß der Staat – wenn er sich nicht zurückzieht – die Pflicht der Eigenüberwachung der Unternehmen zugunsten einer Verminderung der staatlichen Überwachung ausweitet.

6   Personenbezogene straf-, zivil- und ordnungsrechtliche Verantwortung

Die persönliche Verantwortung der für das Unternehmen handelnden Personen orientiert sich am Straf-, Ordnungs- und Zivilrecht. Die zivilrechtliche Haftung der für das Unternehmen handelnden Personen ist im Umweltrecht nur von nachrangiger Bedeutung, da die Unternehmen selbst gegen Umweltschäden versichert sind. Von erheblicher praktischer Bedeutung ist jedoch das Straf- und Ordnungswidrigkeitenrecht.

Straf- und zivilrechtliche Verantwortung

Als „Täter" im strafrechtlichen Sinne können nur natürliche Personen bestraft werden, nicht das Unternehmen in seiner Gesamtheit. Das kommt dadurch zum Ausdruck, daß es in gesetzlichen Straftatbeständen immer heißt: „wer" dies oder jenes tut, wird bestraft. Aufgabe der Strafverfolgungsbehörden ist herauszufinden, „wer" z. B. ein Gewässer verunreinigt hat (d. h. wer die Verunreinigung durch „Tun" oder „pflichtwidriges Unterlassen" verursacht hat). Das Strafrecht knüpft somit immer an ein Tun oder Unterlassen einer bestimmten Person an. Im Zivilrecht dagegen werden die Unternehmen regelmäßig allein haftbar gemacht. Im Zivilrecht spielt die Mitarbeiterhaftung nur eine untergeordnete Rolle, da regelmäßig die Unternehmen und nicht die einzelnen Mitarbeiter gegenüber Dritten versichert sind.

Da somit juristische Personen (z. B. GmbH, Aktiengesellschaft etc.) strafrechtlich nicht belangt werden können, erfaßt das Straf- und Ordnungswidrigkeitenrecht die gesetzlichen Vertreter, sogenannte „gewillkürte Vertreter" und Beauftragte in Betrieben. Dies bedeutet, daß

- Betriebsinhaber, Geschäftsführer,
- Betriebsleiter und Amtsträger (z. B. Bürgermeister),
- ausdrücklich Beauftragte

im straf- und ordnungsrechtlichem Sinne persönlich zur Verantwortung gezogen werden können. Das gilt auch für das für die Betriebsorganisation zuständige Management.

Straftat und Ordnungswidrigkeit

Hat das Strafrecht im eigentlichen Wortsinne Strafcharakter, dient das Ordnungsrecht der Aufrechterhaltung der öffentlichen Sicherheit und Ordnung durch Abwehr drohender Gefahren. Zur Sicherheit und Ordnung zählt auch der Schutz der Umwelt.

Abwehrmaßnahmen zum Schutz der Umwelt sind z. B.

- die Pflicht zur Einholung von Genehmigungen vor (!) Inbetriebnahme gefährlicher Anlagen,
- die Einhaltung von Nachweispflichten für zu entsorgende Abfälle,
- die Ergreifung von Lärmminderungsmaßnahmen etc..

Ein Verstoß gegen das umweltschützende Ordnungsrecht kann u. a. zu Ordnungswidrigkeiten führen [14]. Das Ordnungswidrigkeitenrecht gehört im weiteren Sinne zum Strafrecht. Strafe und Geldbuße sind staatliche Sanktionen bei Zuwiderhandlung gegen öffentlich-rechtliche Gebote oder Verbote. Für die Unterscheidung zwischen Straftat und Ordnungswidrigkeit kommt es allein darauf an, ob das Gesetz für eine bestimmte Verhaltensweise eine Strafe oder Geldbuße androht. Ist vom Gesetz eine Strafe angedroht, so handelt es sich um eine Straftat; ist das mißbilligte Verhalten mit einer Geldbuße belegt, liegt eine Ordnungswidrigkeit vor. Geldstrafe und Geldbuße

unterscheiden sich dadurch, daß mit der „Verhängung einer Kriminalstrafe"
ein ehrenrühriges, autoritatives Unwerturteil über eine Verhaltensweise des
Täters, nämlich der Vorwurf einer „Auflehnung gegen die Rechtsord-
nung"(BVerfGE 27, 18, 33), verbunden ist. Wird im Strafrecht damit„krimi-
nelle Energie" vorausgesetzt, ist die an eine Ordnungswidrigkeit geknüpfte
Geldbuße lediglich eine nachdrückliche Pflichtenmahnung [15].

6.1   Aktives Tun oder Unterlassen

Die Verantwortlichkeit eines Handelnden kann sich nicht nur aus einem
aktiven Tun, sondern insbesondere aus Unterlassen ergeben.

6.1.1   Verantwortung für „aktives Tun"

Selbstverständlich ist jemand, der durch zielgerichtetes Handeln einen (Um-
welt-)Schaden verursacht, für Schaden bzw. die Rechtsgutverletzung an der
Umwelt zivil- und strafrechtlich verantwortlich. Dies ist z. B. der Fall, wenn
ein Anlagenbetreiber oder Mitarbeiter schuldhaft durch Einbringen oder Ein-
leiten von wassergefährdenden Stoffen die Wasserbeschaffenheit eines
Gewässers nachteilig verändert hat und dadurch ein Schaden verursacht
worden ist. Für die strafrechtliche Verantwortlichkeit genügt bereits die nachteilige Veränderung eines Gewässers.

6.1.2   Verantwortung für „Unterlassen"

Zu beachten ist, daß eine Rechtsgutverletzung oder ein Schaden meist nicht
als unmittelbare Folge eines aktiven Tuns eintritt. Ein Straf- oder Haftungsbe-
stand kann grundsätzlich – und dies dürfte in der Praxis bei mangelhafter
Betriebsorganisation der häufigste Fall sein – durch Unterlassen erfüllt sein.
Für die Gleichstellung des Unterlassens mit dem aktiven Tun ist Voraussetzung, daß der Täter eine Garantenstellung für die Abwendung des Erfolgs
hat, also aufgrund einer besonderen Pflichtenstellung *rechtlich dafür einzustehen hat, daß der tatbestandliche Erfolg nicht eintritt".* Die „Garantenstellung" ist
z. B. eine besonders nahe Beziehung des Täters zu der Gefahrenlage, aus der
sich eine – im Vergleich zu anderen Personen – besonders dringliche Pflicht
ergibt, eine Gefahr (hier für die Umwelt) abzuwenden. Die Garantenstellung
ergibt sich für den Bereich des Umweltstrafrechts insbesondere aus der Verantwortlichkeit für bestimmte Gefahrenquellen.

Für die ordnungsgemäße Betriebsorganisation folgt, daß sämtliche Gefahren-
potentiale erkannt und zur Abwehr der Gefahren verantwortliche Personen
abgestellt sind. Dazu gehört zunächst die Verantwortung für vorangegangenes
gefährdendes Tun (sog. Ingerenz). Die Pflicht zum Handeln aus Ingerenz
besteht in der Vornahme entsprechender Rettungsmaßnahmen. Hat z. B. ein
Mitarbeiter (versehentlich) einen Ölsperrhahn geöffnet, so ist er verpflichtet,
zum Schutz der Gewässer diese vor nachteiliger Veränderung zu schützen
und entsprechende Gegenmaßnahmen einzuleiten (Abdrehen des Hahns,
Schließen von Abflußrohren, Unfallmeldung etc.).

6.2   Generalverantwortung der Geschäftsleitung

Nach der Rechtsprechung ist die Geschäftsleitung als oberste Hierarchie-
ebene verpflichtet, Mißstände in der Aufbau- und Ablauforganisation zu
vermeiden. Kommt es aufgrund von Mißständen zu Umweltschäden, ist
zunächst die Geschäftsleitung in ihrer Allzuständigkeit dafür verantwortlich.
Dies bedeutet jedoch nicht notwendigerweise eine „Kollektivschuld" der
gesamten Geschäftsleitung. Hat sie eine Ressortaufteilung für verschiedene
Zuständigkeitsbereiche vorgenommen, so endet hiermit grundsätzlich die
Allzuständigkeit für sämtliche Geschehnisse innerhalb des Unternehmens.
Die Geschäftsleitung muß sich – im Rahmen ihrer Arbeitsteilung – grundsätzlich darauf verlassen dürfen, daß der zuständige Ressortinhaber seine Pflichten wahrnimmt. Kommt es dennoch zur Verwirklichung eines Strafrechtstat-
bestandes, so wird in diesem Fall vom Strafgericht die Mitverantwortung
jeden einzelnen Ressortinhaber unter den konkreten Gegebenheiten des Fal-
les ermittelt. Mitverantwortung kann sich aber schon aus Anhaltspunkten für
Zweifel an der Qualifikation und Zuverlässigkeit des Ressortinhabers
ergeben.

6.3   Betriebsbeauftragte für Umweltschutz

Der Betriebsbeauftragte für Umweltschutz ist bereits strafrechtlich verantwortlich, wenn ihm vertraglich Entscheidungsbefugnisse eingeräumt worden
sind. Dies ist grundsätzlich möglich, unterliegt jedoch strengen Maßstäben.
Keinesfalls genügt lediglich ein eindeutiger Hinweis im Arbeitsvertrag. Die
Geschäftsleitung kann sich der strafrechtlichen Verantwortung nicht entledigen, sondern nur in Form von Arbeitsteilung Aufgaben delegieren. Es kommt
damit zu einer Ausweitung der strafrechtlichen Verantwortung auch auf den
Betriebsbeauftragten.

Hinweispflicht

In besondere Konflikte können Betriebsbeauftragte geraten, wenn die Unternehmensleitung Hinweise auf Mißstände mißachtet oder dem Betriebsbeauftragten (Umwelt-)Straftaten im Unternehmen bekannt werden. Die Pflicht des Betriebsbeauftragten besteht jedoch lediglich darin, auf Mißstände unmittelbar und im jährlich zu verfassenden Jahresbericht hinzuweisen: Betriebsbeauftragte haben nicht die Pflicht und regelmäßig auch nicht das Recht, das Unternehmen hinsichtlich erfolgter Umweltstraftaten anzuzeigen: Insoweit haften sie strafrechtlich wie „normale" Arbeitnehmer.

Überwachungsgarant

Nach der gesetzlichen Konzeption sind Betriebsbeauftragte für Umweltschutz in beratender und überwachender Funktion, also in Stabsfunktion, tätig (Überwachungsgaranten). Nicht die Betriebsbeauftragten sind für den Schutz der Umwelt verantwortlich, sondern die Unternehmensleitung (Schutzgaranten). Das bedeutet, daß die Betriebsbeauftragten strafrechtlich lediglich als Gehilfen (Unterstützung strafbaren Handelns) bestraft werden können. Ein Gewässerschutzbeauftragter eines privatwirtschaftlichen Unternehmens, der seinen Betriebsleiter nicht (rechtzeitig) unterrichtet, gilt nur als (Unterlassungs-)Gehilfe an einer fremden Haupttat des jeweils strafrechtlich Verantwortlichen. Mangels eigener Entscheidungsbefugnis fungiert der Gewässerschutzbeauftragte nicht als Beschützergarant, sondern als Überwachungsgarant in Bezug auf eine Gefahrenquelle (das von ihm zu überwachende Unternehmen).

6.4 Delegation von Unternehmerpflichten

Delegation bedeutet:

- Zuständigkeitsbereiche zu schaffen,
- verantwortliche Führungskräfte einzusetzen,
- Aufgaben und Kompetenzen zuzuteilen und für eine
- klare Abgrenzung zu sorgen.

Aufgaben müssen ausdrücklich (nicht unbedingt schriftlich, aber empfehlenswert) delegiert sein. Eine stillschweigende Delegation von Aufgaben genügt nicht. Wesentlich ist, daß der Umfang der Kompetenz hinreichend klar umrissen ist. Nur so kann der Delegierte erkennen, in welchem Umfang er für den Betriebsinhaber eigenverantwortlich tätig werden soll. Der Delegierte muß

- eine gewisse Selbständigkeit und Bewegungsfreiheit in seinem Handeln haben, da eigene Verantwortung die Befugnis zur selbständigen Entscheidung voraussetzt,
- in der Lage sein, von sich aus (also ohne die Weisung des Anlagenbetreibers oder eines dazu Befugten) Maßnahmen zu ergreifen, die zur Erfüllung der Aufgaben notwendig sind.

Fehlt dem Delegierten diese Selbständigkeit, nimmt er die Aufgaben nicht in eigener Verantwortung wahr. Der Übertragung von Verantwortung sind jedoch Grenzen gesetzt. So ist mittlerweile anerkannt, daß der obersten Geschäftsführung Organisations-, Aufsichts- und Kontrollpflichten für ihr Unternehmen obliegen, die nicht unbegrenzt auf untere Hierarchieebenen delegiert werden können [16]. Es obliegt der Unternehmensleitung, die Unternehmensorganisation laufend dahingehend zu korrigieren, daß Mitarbeiter den ihnen gestellten Forderungen jederzeit gewachsen sind [17]. Das bedeutet die Verpflichtung zur ständigen Prüfung, ob delegierte Aufgaben und Arbeitsinhalte adäquat bewältigt werden können.

7   Dokumentation

Aus der erweiterten verschuldensunabhängigen (Umwelt-)Haftung folgt die Notwendigkeit weitreichender Dokumentation des Anlagenbetriebs, um im Zweifel den Nachweis bestimmungsgemäßen Normalbetriebes führen zu können. Hier bietet sich die Anwendung der von der EU-Verordnung gemäß Anhang I, Teil B Abs. 4 geforderten Dokumentationspflicht an. Diese beinhaltet in erster Linie für jede Tätigkeit und jeden Bereich die Dokumentation

- der für die Überwachung erforderlichen Informationen,
- der für die Überwachung anzuwendenden Verfahren,
- von Akzeptanzkriterien (Grenzwerte der TA Luft etc.) und Maßnahmen, die im Fall unbefriedigender Ereignisse zu ergreifen sind.

Die Dokumentation dient aus rechtlicher Sicht der Beweissicherung, damit im Zweifelsfall der Entlastungsbeweis angetreten werden kann. In einem innerbetrieblichen Dokumentationssystem muß geregelt werden:

- **Wer** dokumentiert,
- **Was** dokumentiert werden muß,
- **Wann** dokumentiert werden muß,

- **Wie** dokumentiert werden muß,
- **Wo** die Dokumentation aufbewahrt werden muß,
- **Wie lange** sie aufbewahrt werden muß,
- **Welche** Dokumentationstechniken anzuwenden sind.

Die notwendigen Inhalte, der Aufbau und die Struktur eines UM-Systems sind in Bild 3 dargestellt.

Das Dokumentationssystem ist für jede Betriebseinheit individuell festzulegen, wenngleich einige Formalien generalisiert werden sollten. Für Umfang und Art der zu sammelnden Unterlagen gibt es ebensowenig eine allgemeingültige Auflistung, wie es eine Liste der zu erfüllenden Betreiberpflichten gibt. Weitergehende generelle Aussagen sind hier kaum möglich.

Es empfiehlt sich jedenfalls

- den Normalbetrieb,
- den möglichen Störungsbetrieb,
- Vorfälle, Unfälle und mögliche Notfälle,
- frühere Ereignisse sowie die laufenden und geplanten Tätigkeiten zu ermitteln und entsprechend zu dokumentieren.

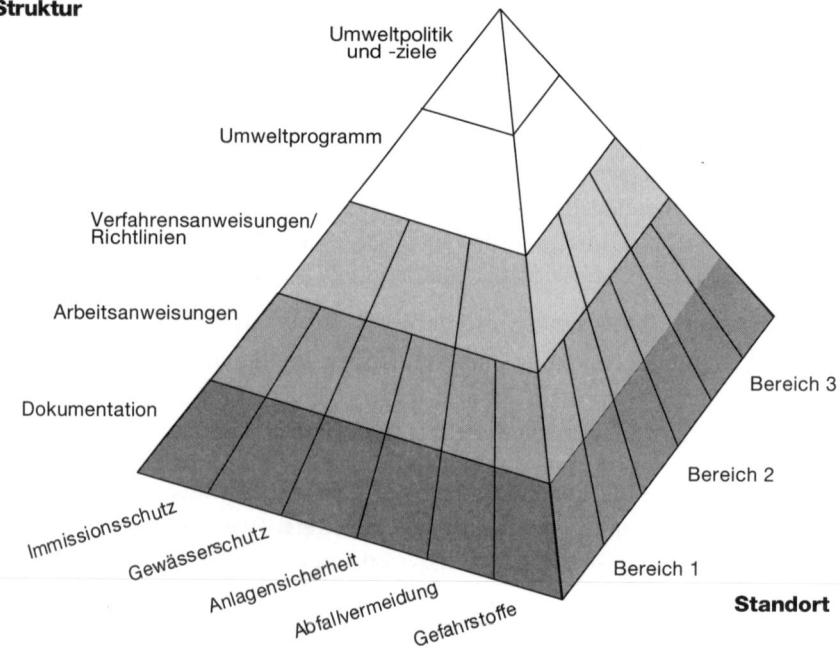

Bild 3:   Auswirkungen auf die Umwelt

Dies trifft insbesondere im Rahmen des Umwelthaftungsgesetzes zu, das den nachgewiesenen Normalbetrieb von Anlagen privilegiert. Zum bestimmungsgemäßen Betrieb gehört der Betrieb im Rahmen der gesetzlich geregelten Betreiberpflichten, der Genehmigungen und der darin enthaltenen Nebenbestimmungen (Auflagen und Befristungen).

Die Dokumentation der Genehmigungsunterlagen gestaltet sich häufig als sehr schwierig. Dies liegt zum Teil daran, daß die Genehmigungsunterlagen durch den Erlaß nachträglicher Anordnungen überholt sind. Es ist jedoch festzuhalten, daß ein Betrieb, dessen Mitarbeiter diese Bestimmungen nicht einmal kennen, weder den Normalbetrieb nachweisen noch die Forderungen der EU-Verordnung erfüllen können. In der oft nachlässigen Behandlung von Auflagen liegt ein erhebliches Risiko, wenn beim Anlagenbetrieb Auflagen mißachtet werden, denn der ungenehmigte Betrieb einer Anlage ist strafbar (Bild 4).

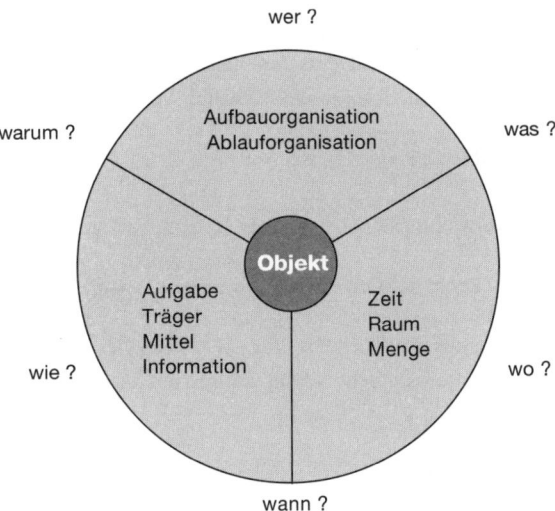

Bild 4:   Inhalte der Betriebsorganisation

Ein bisher nicht gelöstes Problem wird darin gesehen, daß mit einer detaillierten Dokumentation ebenso Belastungsmaterial – z. B. für den Staatsanwalt – angefertigt wird. Hierauf kann an dieser Stelle nicht näher eingegangen werden.

Literatur zu Kapitel A3

[1] *Schmidt-Salzer/Schramm:* Kommentar zur Umwelthaftpflichtversichung. Verlag Recht und Wirtschaft, Heidelberg 1993, S. VII

[2] *Wittlage, H.:* Methoden und Techniken praktischer Organisationsarbeit. 2. Aufl. NWB Verlag, Herne 1986, S. 21

[3] *Kloepfer, M.:* Umweltrecht § 2 Rn 51. C. H. Beck Verlag, München 1989

[4] *Töpfer, K.:* Qualität im Interesse der Umwelt. Umwelt 11 (1992) S. 423

[5] DGQ-Schrift Nr. 19-30: Qualität und Recht. Beuth Verlag, Berlin 1988, S. 13

[6] *Prof. Semer* auf dem Siebten Trierer Kolloquium zum Umwelt- und Technikrecht. Vgl. *Brandtner:* Deutsches Verwaltungsblatt (1991), S. 1192

[7] *Masing, W. (Hrsg.):* Handbuch Qualitätsmanagement. 3. Aufl. Carl Hanser Verlag, München, Wien 1994, S. 6

[8] *Lübbe-Wolff:* Die EU-Verordnung zum Umwelt-Audit. In: Deutsches Verwaltungsblatt (1994) H. 7, S. 363

[9] Genehmigungsverfahren. FAZ 10. 12. 1994
Staatliche Überwachungsaufgaben im Bau- und Anlagenrecht. Hamburger Abendblatt 6. 1. 1995

[10] *Bohne:* Versicherungsmodelle zur Beschleunigung und zum Abbau von Vollzugsdefiziten im Anlagenzulassungsrecht. Deutsches Verwaltungsblatt (1994), S. 195 ff.

[11] *Landsberg/Lülling,* in: Umwelthaftungsrecht. Schäffer Verlag, Köln 1991, Deliktr. Rn 18

[12] Beispiel aus *Schmidt-Salzer/Schramm* [1], Rn 6.39

[13] siehe [12]

[14] *Maurer:* Allgemeines Verwaltungsrecht. 8. Aufl. C. H. Beck Verlag, München 1994, § 1 RN 15

[15] *Rosenkötter, G.,* in: Das Recht der Ordnungswidrigkeiten. 3. Aufl. Stuttgart 1991, § 1 Rn 2

[16] *Schmidt-Salzer:* Neue Juristische Wochenschrift (1990), S. 2966

[17] *Kassebohm/Malorny:* Die strafrechtliche Verantwortung des Managements. Betriebsberater (1994), S. 1365

Qualitätstechniken – Einsatzmöglich-keiten im Umweltmanagement

Dipl.-Ing. Detlef Butterbrodt
Dipl.-Ing. Alexander Gogoll
Dipl.-Ing. Ulrich Tammler

1 Einführung

1.1 Qualitätstechniken als Bestandteil des Qualitätsmanagements

Die hier zusammengestellten Qualitätstechniken sind in den 80er Jahren in Deutschland populär geworden. Seit den 60er Jahren werden diese Methoden und Instrumente mit großem Erfolg in japanischen und amerikanischen Unternehmen eingesetzt. Die Verbreitung in deutschen Industrieunternehmen ist recht unterschiedlich. Die Fehlermöglichkeits- und -einflußanalyse und die Statistische Prozeßregelung sind in verschiedenen Branchen wie dem Fahrzeugbau inzwischen Stand der Technik, während die statistische Versuchsplanung mit den Verfahren von Taguchi und Shainin verhältnismäßig selten eingesetzt wird.

Der Weg von der traditionellen nachsorgenden Qualitätskontrolle, die sich vorwiegend auf die Fertigungsmeßtechnik stützt, hin zum strategischen und planerischen Qualitätsmanagement erfordert die verstärkte und formalisierte Anwendung bekannter und die Entwicklung neuer Techniken. Diese zielen nicht mehr nur auf den fertigungs- und meßtechnischen Bereich ab, sondern vor allem auf Kommunikation, Ideenfindung und Problemlösung in allen Unternehmensbereichen. Von entscheidender Bedeutung sind Fehlervermeidung und -verhinderung. Sie müssen bereits in der Planungs- und Erprobungsphase von Fertigungs-, Entwicklungs-, Konstruktions- und Dienstleistungsprozessen ansetzen.

Qualitätstechniken fördern die ständige Verbesserung, das japanische Kaizen. Arbeitsabläufe werden nicht mehr als starr festgelegt, sondern als dynamisch und veränderlich angesehen. Auch mit hohem Aufwand entwickelte und eingerichtete, scheinbar optimal funktionierende Prozesse können verbessert werden. Jede Abweichung vom geforderten Zustand wird als Fehler und gleichzeitig als Herausforderung angesehen. Die Ursache jeder Abweichung ist systematisch zu ermitteln und zwecks Vermeidung einer Fehlerwiederholung zu beseitigen.

Diese Sichtweise drückt eine starke Prozeßorientierung aus. Einwandfrei funktionierende, der ständigen Suche nach Verbesserung unterliegende Prozesse werden als Voraussetzung für hervorragende Produkte einschließlich Dienstleistungen angesehen. Ausschuß und Nacharbeit bedeuten Verlust und Verschwendung, die durch den vorbeugenden Einsatz von Qualitätstechniken vermieden werden können.

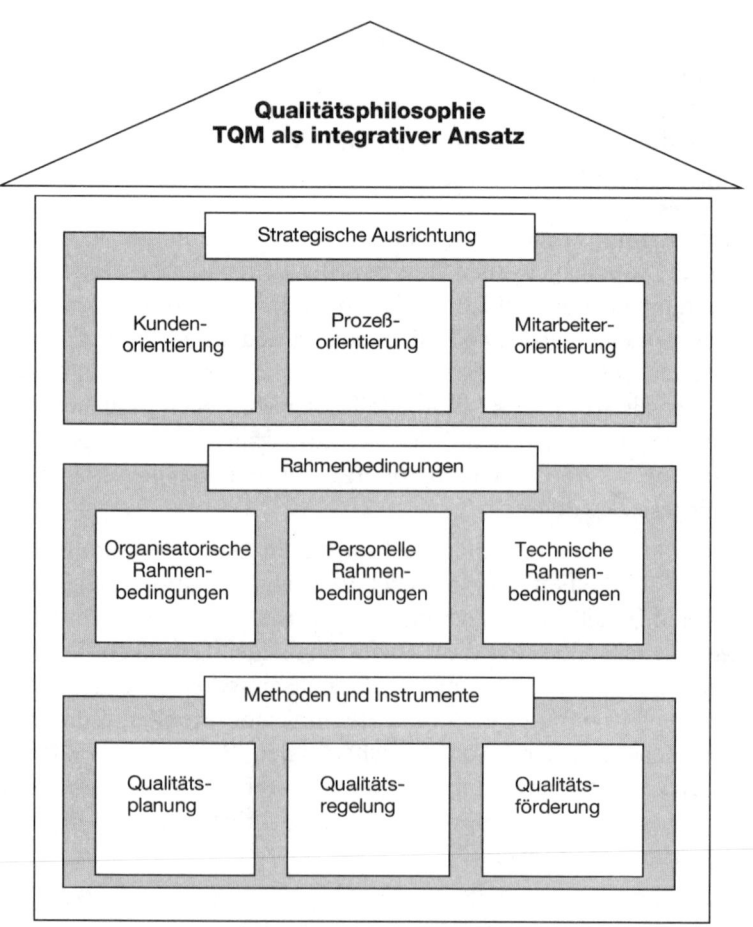

Bild 1:   Struktur und Elemente des TQM-Systems in Anlehnung an Schildknecht

Zur Anwendung von Qualitätstechniken sind weiterreichende Qualifikationen als früher für die traditionelle Qualitätskontrolle nötig. Statt technisch ausgerichteten Spezialistentums werden Fähigkeiten zur Kommunikation und zu bereichsübergreifendem Denken gefordert, wichtige Eigenschaften der Mitarbeiter eines qualitätsorientierten Unternehmens. Voraussetzung für die umfassende Qualitätsorientierung im Sinne des Total Quality Management (TQM) ist eine ausgeprägte Mitarbeiterorientierung. Personelle, organisatorische und technische Rahmenbedingungen müssen geschaffen werden, so daß Mitarbeiter motiviert und qualifiziert tätig sein können (Bild 1).

Im Mittelpunkt des TQM-Konzeptes steht die Erfüllung der Kundenwünsche. Die Forderungen des Kunden an Produkte einschließlich Dienstleistungen müssen allen Mitarbeitern zum Maßstab ihrer Tätigkeit werden. Auch intern gilt das Primat der Kundenorientierung zur Steigerung des Qualitätsbewußtseins. Der nächste Arbeitsschritt in der Prozeßkette wird als interner Kunde verstanden, dem nur einwandfreie Produkte weitergegeben werden dürfen.

1.2 Begriffsbestimmung

Qualitätstechniken zeichnen sich durch strukturiertes, systematisches Vorgehen zur Verringerung der Komplexität von Problemen aus und unterstützen das Qualitätsmanagement auf der operativen Ebene. Allen Techniken gemeinsam ist der analytische Charakter und die Förderung der Kreativität. Die Definition des Begriffes Qualitätstechnik nach DIN 55 350 Teil 11 „Anwendung wissenschaftlicher und technischer Kenntnisse sowie von Führungstechniken für das Qualitätsmanagement" umschreibt die Instrumente und Methoden, die auf dem Gebiet des Qualitätsmanagements auf verschiedenen Ebenen zum Lösen von spezifischen Problemen eingesetzt werden.

Folgende Techniken werden hier betrachtet:
- Management-Werkzeuge (M7),
- Quality Function Deployment (QFD) mit dem House of Quality (HoQ),
- Fehlermöglichkeits- und -einflußanalyse (FMEA),
- Statistische Versuchsplanung (SVP),
- Statistische Qualitätsregelung (SPR),
- Qualitätszirkel (QZ),
- Elementare Werkzeuge (Q7).

1.3   Qualitätstechniken als Bestandteil des Umweltmanagements – Einordnung in den Produktlebenszyklus

Umweltschutztätigkeiten wurden ähnlich wie die frühere Qualitätskontrolle zunächst nachsorgend, d. h. am Ende eines Prozesses durchgeführt. Ziel des nachsorgenden Umweltschutzes war und ist es, die Emission bereits entstandener Belastungen durch technische Maßnahmen zu verhindern oder deren Wirkungen abzuschwächen (z. B. die Umwandlung von Schadstoffen in der Abluft von Kraftwerken in ungefährlichere Stoffe mit Hilfe von Rauchgasentschwefelungsanlagen).

Heute wird Umweltschutz als Managementaufgabe verstanden. Durch strategische Planung wird die Entstehung von Belastungen von vornherein vermieden. Prozesse und Produkte werden so umweltverträglich wie möglich gestaltet. Mit präventiven und integrierten Umwelttechniken wird die Prozeßqualität verbessert und der Aufwand für nachgeschaltete Techniken verringert.

Diese Forderungen sind nur zu bewältigen, wenn das kreative Potential der Mitarbeiter genutzt wird. Kommunikation über Abteilungsgrenzen hinweg und die strukturierte Suche nach ständiger Verbesserung der Entwicklungs-, Fertigungs- und Dienstleistungsprozesse sind erforderlich. Der Mitarbeiter als Prozeßverantwortlicher verfügt über fundiertes Wissen über seinen Prozeß und muß in die Planung und Durchführung von Verbesserungsmaßnahmen einbezogen werden. Die Prinzipien für die Entwicklung und erfolgreiche Durchführung Umweltschutzmaßnahmen sind dieselben wie im TQM-Konzept: Prozeßorientierung, Mitarbeiterorientierung und unter Einbeziehung der Gesellschaft und des Gesetzgebers als Kunden auch die Kundenorientierung.

Für eine Anwendung der Qualitätstechniken im Umweltmanagement bieten sich viele Einsatzgebiete. Eine gebräuchliche Systematik für Qualitätstechniken ist die Gliederung nach Phasen im betrieblichen Leistungserstellungsprozeß, der einen wesentlichen Abschnitt des Produktlebenszyklus ausmacht. Der Produktlebenszyklus ist die Basis für die Beurteilung des Umweltverhaltens von Produkten einschließlich Dienstleistungen, Prozessen und des gesamten Unternehmens. Spezifische Verbesserungsmaßnahmen haben häufig phasenübergreifende Auswirkungen.

Bild 2 zeigt beispielhafte Einsatzfelder der Qualitätstechniken im Umweltmanagement. Die Anwendung der Techniken innerhalb des Unternehmens wirkt sich auch auf Produktlebenszyklusphasen außerhalb des Unternehmens aus (z. B. Veränderungen der Konstruktion aufgrund von Erkenntnissen aus einer Risikoanalyse mittels einer FMEA beeinflussen das Emissionsverhalten und die Recyclingeigenschaften des Produktes beim bzw. nach dem Gebrauch).

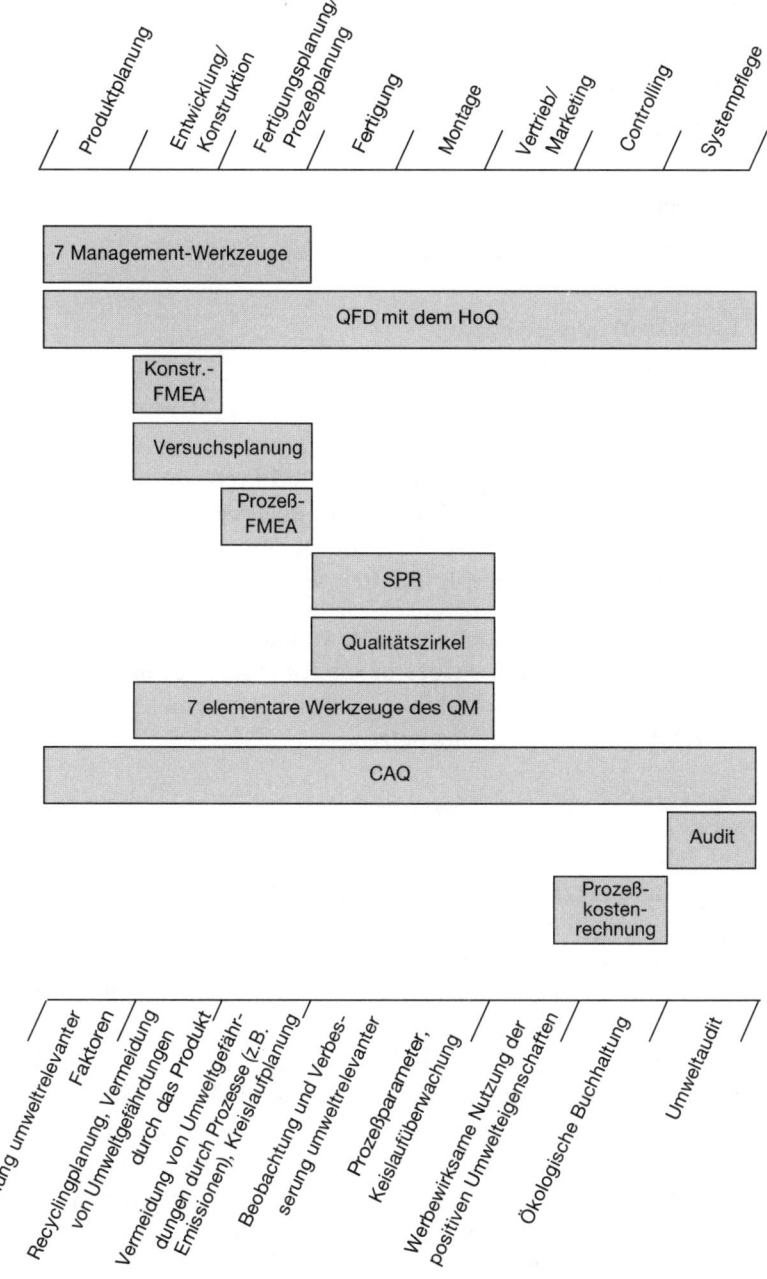

Bild 2: Qualitätstechniken und ihre Einsatzmöglichkeiten im Umweltmanagement

Auch im Umweltmanagement wurden systematische Techniken entwickelt und eingeführt:

- Umweltspezifische Checklisten,
- Umweltspezifische ABC/XYZ-Analyse,
- Ökobilanz,
- Ökologische Buchhaltung,
- Bewertung der ökologischen Qualität von Produkten,
- Produktlinienanalyse,
- Technikwirkungsanalyse,
- Umweltkennzahlen,
- Umwelt-Audit.

Mit diesen Techniken werden Prozesse und Produkte hinsichtlich der von ihnen ausgehenden Umwelteinwirkungen analysiert und bewertet. Auf diese Weise können Problemfelder, deren Behandlung aufgrund ihrer Bedeutung für die Umwelt vorrangig ist, ermittelt werden.

Bei kombinierter Anwendung von Umweltmanagement- und Qualitätstechniken werden zunächst die zu bearbeitenden Probleme mit Hilfe der Umweltmanagementtechniken ermittelt. Die Qualitätstechniken werden anschließend zur Problemlösung eingesetzt.

1.4   Voraussetzungen für die erfolgreiche Anwendung

Die Mitarbeiterorientierung ist ein wesentlicher Erfolgsfaktor für TQM und Umweltmanagement. Zentrale Ziele der Mitarbeiterorientierung sind die Motivation und Qualifikation der Mitarbeiter. Dazu sind einerseits die technischen Arbeitsbedingungen wie die Gestaltung und Auslegung der Produktionsanlagen und -verfahren sowie die ergonomische Gestaltung der Arbeitsplätze zu beachten. Andererseits sind durch die Arbeitsorganisation, die Vorbereitung auf die Arbeitsaufgabe und die Einbindung der Mitarbeiter in Entscheidungsprozesse bzw. die Erweiterung ihrer Verantwortung weitere Voraussetzungen zu schaffen. Maßnahmen innerhalb des Qualitätsmanagements sind z. B. die Erstellung und Durchführung eines Schulungsprogramms, die Stärkung des betrieblichen Vorschlagswesens, die Organisation der Arbeit in Gruppen und die Institutionalisierung von Qualitätszirkeln.

Innerhalb eines Schulungsprogramms sind Umweltthemen einzubeziehen. Grundlegende ökologische Zusammenhänge, die betrieblichen Umwelteinwirkungen und die Problembearbeitungsmöglichkeiten sind Schwerpunkte eines solchen Programms.

Die Inhalte von Vorschlagswesen, Gruppenarbeit und Qualitätszirkel sollten ebenfalls um umweltrelevante Fragestellungen erweitert werden. Vorschläge zum Umweltschutz sind anzuregen und gesondert zu behandeln; in Qualitätszirkeln wird das Aufgreifen von arbeitsbezogenen Themen mit Umweltrelevanz gefördert.

2   Qualitätstechniken im Umweltmanagement

2.1   Management-Werkzeuge (M7)

2.1.1   Beschreibung

Mit den M7 werden in der Qualitätsplanung insbesondere nichtnumerische Daten visualisiert und analysiert, um den Problemlösungsprozeß im Team zu unterstützen. In den Teilschritten Problemidentifikation und -analyse, Erarbeitung, Strukturierung und Bewertung von Lösungsmöglichkeiten sowie der Festlegung der Reihenfolge für die Umsetzung werden Maßnahmen entwickelt. Einzelne und kombinierte Anwendungen sind möglich.

2.1.2   Einsatzgebiete und Einordnung im Umweltmanagement

Die strategisch ausgerichteten M7 können bei der Ermittlung von Umweltzielen und -programmen auf Unternehmensleitungsebene eingesetzt werden. Die komplexen inner- und überbetrieblichen Zusammenhänge der Umweltproblematik sind übersichtlich darstellbar. Dadurch wird die Problemlösung erleichtert.

2.1.3   Vorgehen beim Einsatz im Umweltmanagement

Die Vorgehensweise ist identisch mit der im Qualitätsmanagement. Die Bilder 3 bis 9 zeigen einfache Beispiele organisatorischer Fragestellungen.

Affinitäts-Diagamm

Mit dem Affinitäts-Diagramm werden Ideen und Meinungen, die z. B. in einem Brainstorming ermittelt wurden, durch Zusammenfassung und Zuordnung zu einem Oberbegriff strukturiert und, falls erforderlich, bewertet. Hilfsmittel sind Karten, auf denen die einzelnen Stichpunkte notiert werden, und Pinnwände zur Sammlung der Karten (Bild 3).

Relationen-Diagramm (Interrelationship-Diagramm)

Ausgehend von einem Kernproblem werden mit dem Relationen-Diagramm komplexe Zusammenhänge strukturiert dargestellt. Auch hier werden Karten und Pinnwände eingesetzt (Bild 4).

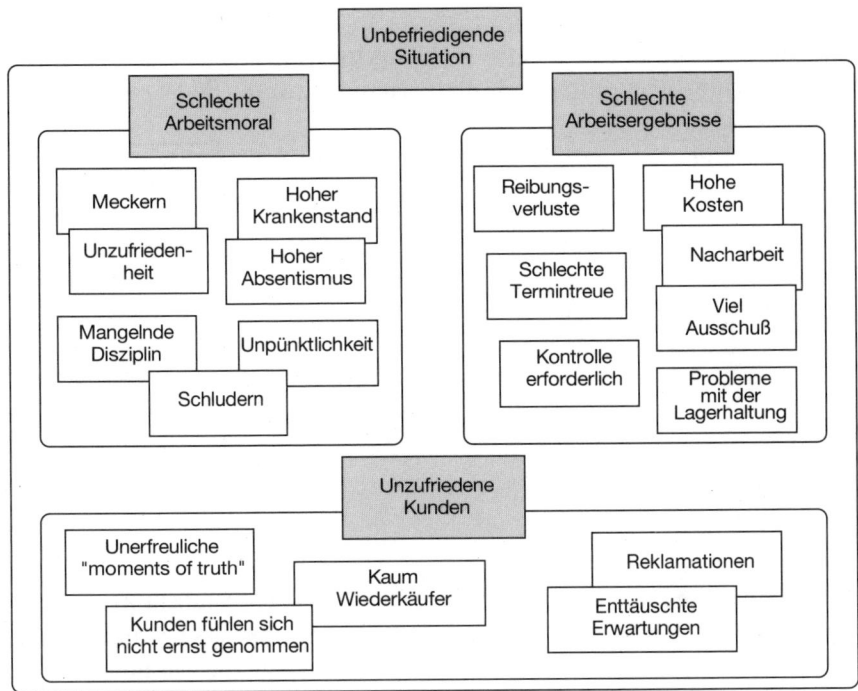

Bild 3: Affinitäts-Diagramm

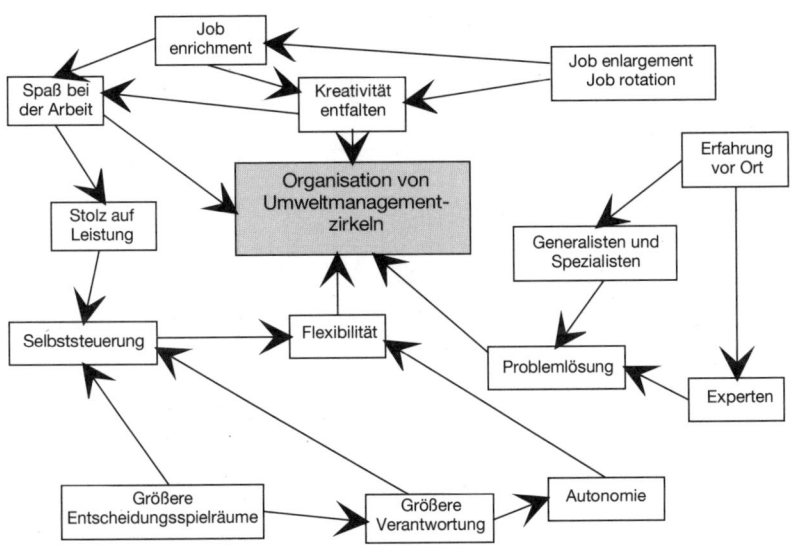

Bild 4: Relationen-Diagramm

Baumdiagramm

Die schrittweise Zerlegung eines Problems und strukturierte Ableitung von Lösungsmaßnahmen erfolgt mit dem Baumdiagramm (Bild 5).

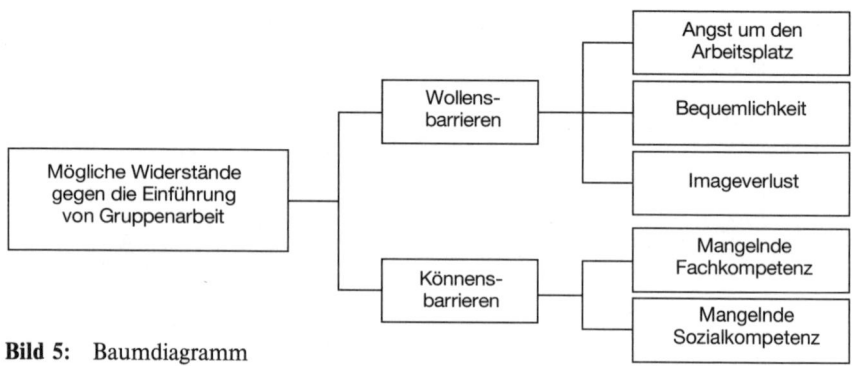

Bild 5:   Baumdiagramm

Matrixdiagramm

Das Matrixdiagramm (z. B. das House of Quality) veranschaulicht Wechselwirkungen unterschiedlicher Aspekte eines Problems oder einer Struktur. Dazu werden die Aspekte in Spalten und Zeilen notiert und die Zusammenhänge durch Symbole in den jeweiligen Schnittfeldern gekennzeichnet (Bild 6).

Zuständigkeiten \ Phasen	Bewußtseins-bildung	Pilotzirkel	Einteilung von Gruppen	Fragebogen-aktion	Training/ Coaching	Präsentation	...
Geschäftsleitung	▓			▓			
QM-Stelle	◎	∿	◎	∿	∿		
UM-Stelle		▓		◎	∿	∿	
Personalwesen	∿			∿	∿	∿	
Fertigung				◎			
Einkauf/Vertrieb				◎			
Arbeitsvorbereit.	◎			◎			
....							

Zeichenerklärung:

▓ : Verantwortung

◎ : Beteiligung

∿ : Durchführung

Bild 6:   Matrixdiagramm

Matrix-Daten-Analyse

Die Matrix-Daten-Analyse ermöglicht die weitere Auswertung der im Matrixdiagramm festgehaltenen Daten durch statistische Methoden und die Darstellung in einem Koordinatenkreuz (Bild 7).

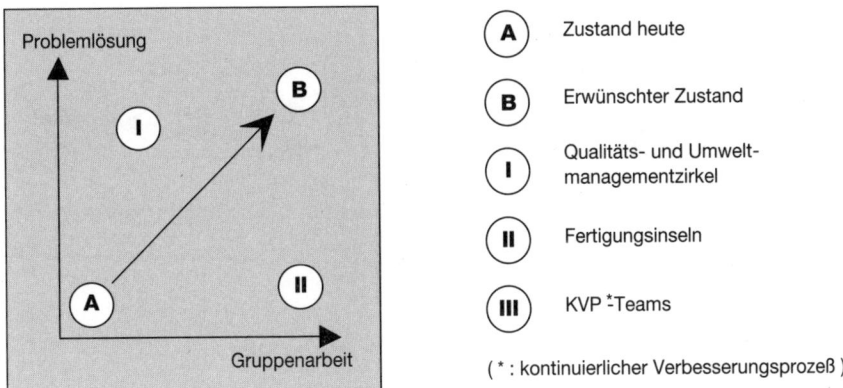

Bild 7: Matrix-Daten-Analyse

Problem-Entscheidungs-Plan

Durch systematische Untersuchung der einzelnen Teilschritte einer Lösung auf Hindernisse und Schwierigkeiten bei der Verwirklichung werden im Vorfeld der Umsetzung vorbeugend Gegenmaßnahmen und Alternativen abgeleitet (Bild 8).

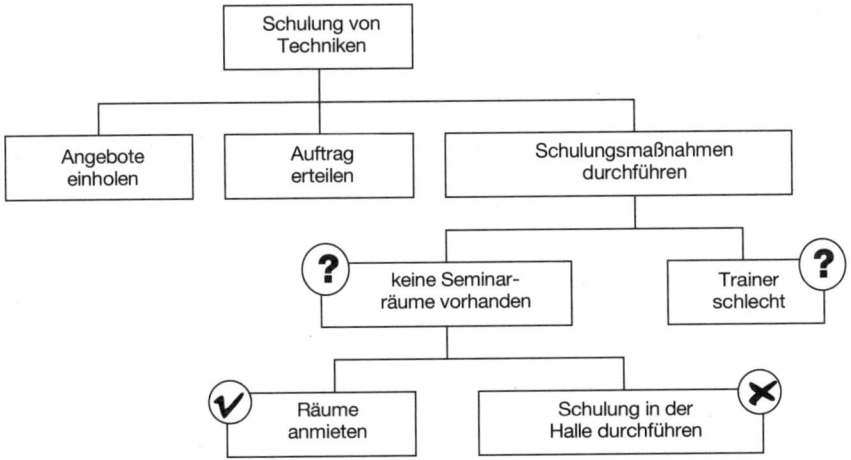

Bild 8: Problem-Entscheidungs-Plan

Netzplan

Insbesondere für größere und unübersichtliche Projekte können Zusammenhänge graphisch anschaulich dargestellt und zeitliche Abhängigkeiten deutlich gemacht werden (Bild 9).

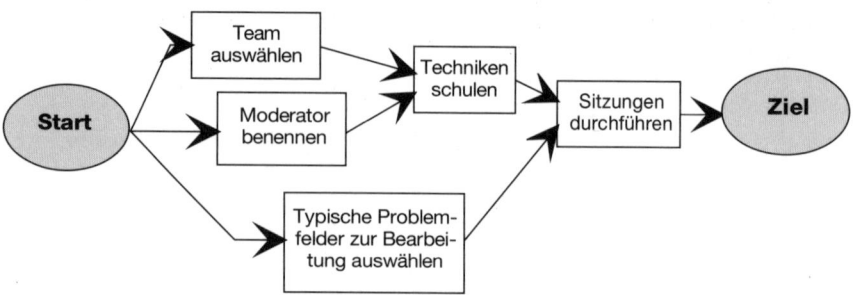

Bild 9:   Netzplan

2.2   Quality Function Deployment (QFD) mit dem House of Quality (HoQ)

2.2.1 Beschreibung

Quality Function Deployment (QFD) ist eine methodische Qualitätstechnik, mit der Kundenwünsche in einem mehrstufigen Planungsprozeß in Qualitätsmerkmale transformiert werden. In der ersten Stufe werden Kundenforderungen in kritische Produktmerkmale umgesetzt. Im folgenden werden daraus kritische Konstruktions-, Prozeß- und Fertigungsmerkmale abgeleitet. Hilfsmittel ist jeweils das House of Quality (HoQ), in das die kritischen Merkmale des vorangegangenen Schrittes als Eingangsgrößen einfließen. Vorteile von QFD sind die systematische Beseitigung von Schnittstellenproblemen und die Objektivierung des gesamten Planungsprozesses (Bild 10).

Anhand des ersten Schrittes soll das HoQ erläutert werden. Diese Übersetzungsmatrix wird von einem bereichsübergreifenden Team ausgefüllt. Kundenforderungen werden aus Erkenntnissen der Marktforschung abgeleitet. Sie gehen strukturiert und gewichtet als Eingangsgrößen in die waagerechten, kundenspezifischen Zeilen des HoQ ein. Ein Wettbewerbsvergleich führt zu einem Stärken-Schwächen-Profil des eigenen Produktes.

In die vertikale, technikspezifische Achse werden technische Produkteigenschaften und -merkmale (Designforderungen) eingetragen und Wechselwir-

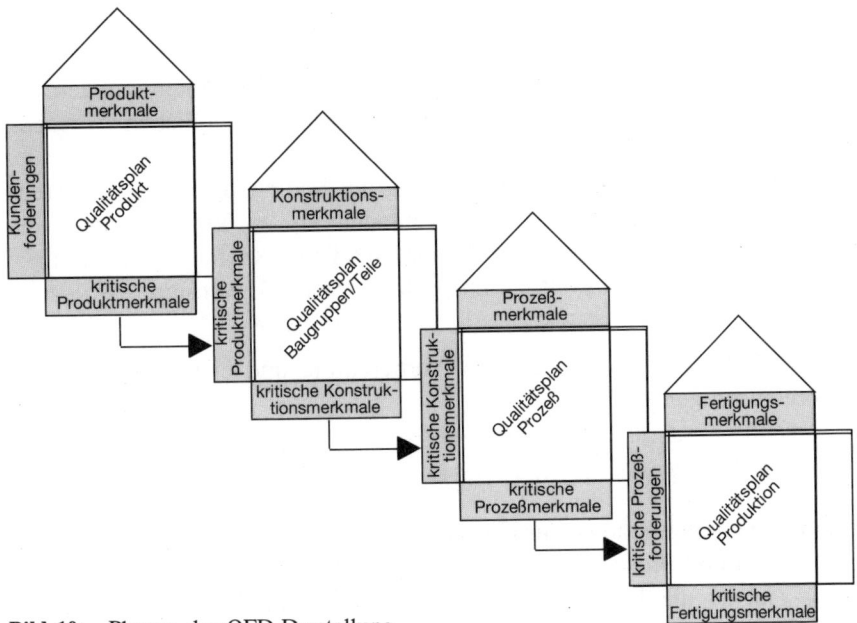

Bild 10: Phasen der QFD-Darstellung

kungen zwischen ihnen ermittelt. Der wichtigste Schritt ist die anschließende Darstellung der Beziehungen der Design- zu den Kundenforderungen. Im folgenden werden Schwierigkeiten der Umsetzung der Forderungen bewertet und objektive Zielwerte vorgegeben. Ein einfaches Rechenschema ermöglicht die Ermittlung der kritischen Designforderungen, die in weiteren Planungsschritten näher untersucht werden.

2.2.2 Einsatzgebiete und Einordnung im Umweltmanagement

Berücksichtigung umweltrelevanter Kundenforderungen und ökologische Verbesserung der Produkte und Produktionsprozesse

Die öffentliche Umweltdiskussion hat zu einer herausragenden Rolle der Umweltverträglichkeit von Produkten bei Kaufentscheidungen geführt (z. B. bei lösemittelfreien Wandfarben). Die entsprechenden Kundenforderungen können mit Hilfe von QFD bei der Erarbeitung der kritischen Designforderungen systematisch berücksichtigt werden. Beim vollständigen Durchlauf aller Stufen des QFD werden sie in ganzheitlicher Betrachtungsweise nicht nur in Konstruktions-, sondern auch in Prozeß- und Fertigungsmerkmale überführt.

Wie Umweltforderungen, die nicht ausdrücklich vom Kunden formuliert werden, in QFD einbezogen werden können, wird gegenwärtig untersucht. Hierzu gehören Forderungen, die sich aus den Umweltzielsetzungen des Unternehmens und aus gesetzlichen und ordnungsrechtlichen Vorgaben ergeben. Deren Einbeziehung kann zu einem besonderen Umweltimage des Unternehmens (z. B. durch die Erfüllung der Bedingungen für den blauen Umweltengel) führen bzw. der Dokumentation von Verbesserungen der Umweltverträglichkeit gegenüber Behörden oder im Rahmen der freiwilligen Teilnahme an der Umweltbetriebsprüfung nach EU-Verordnung 1836/93 dienen.

Die QFD-Daten können auch als Vorbereitung und erste Basis z. B. für Ökobilanzen genutzt werden.

Erstellung von Studien über ökologische Produkt- und Prozeßoptimierung

Mit QFD können Studien zur Umsetzbarkeit umweltrelevanter Forderungen in Produkt und Prozeßmerkmale durch vorrangige Gewichtung erstellt werden. Ziel ist die Entwicklung von Produkten und Prozessen mit einem Höchstmaß an Umweltverträglichkeit. Als Basis für die Ermittlung kritischer Merkmale können der Stand von Wissenschaft und Technik oder die bestehenden Möglichkeiten des Unternehmens herangezogen werden. Die Ergebnisse sind im Marketing und zur Aufdeckung umweltbezogener Schwachstellen sowie der Offenlegung des Verbesserungspotentials verwendbar.

2.2.3 Vorgehen beim Einsatz im Umweltmanagement

Die QFD-Methode kann vollständig für die genannten Einsatzzwecke im Umweltmanagement übernommen werden. Umweltrelevante Kundenforderungen werden wie die weiteren qualitätsrelevanten Kundenforderungen behandelt. Inwieweit die Gewichtung von Umweltforderungen für die besondere Beachtung umweltkritischer Designmerkmale erhöht werden kann, muß untersucht werden. Vor allem hinsichtlich gesetzlicher Bestimmungen oder unternehmensinterner Zielsetzungen, die nicht kundenrelevant sind, ist dies wichtig.

Das in Bild 11 gezeigte Beispiel wurde bewußt einfach gestaltet. Die vorgenommene Gewichtung und Aufstellung der Wechselbeziehungen soll Anregung für weitere Diskussionen sein und zeigen, daß auch sensible Themen wie Lebensmittelverpackungen mit QFD rein sachlich erörtert werden können.

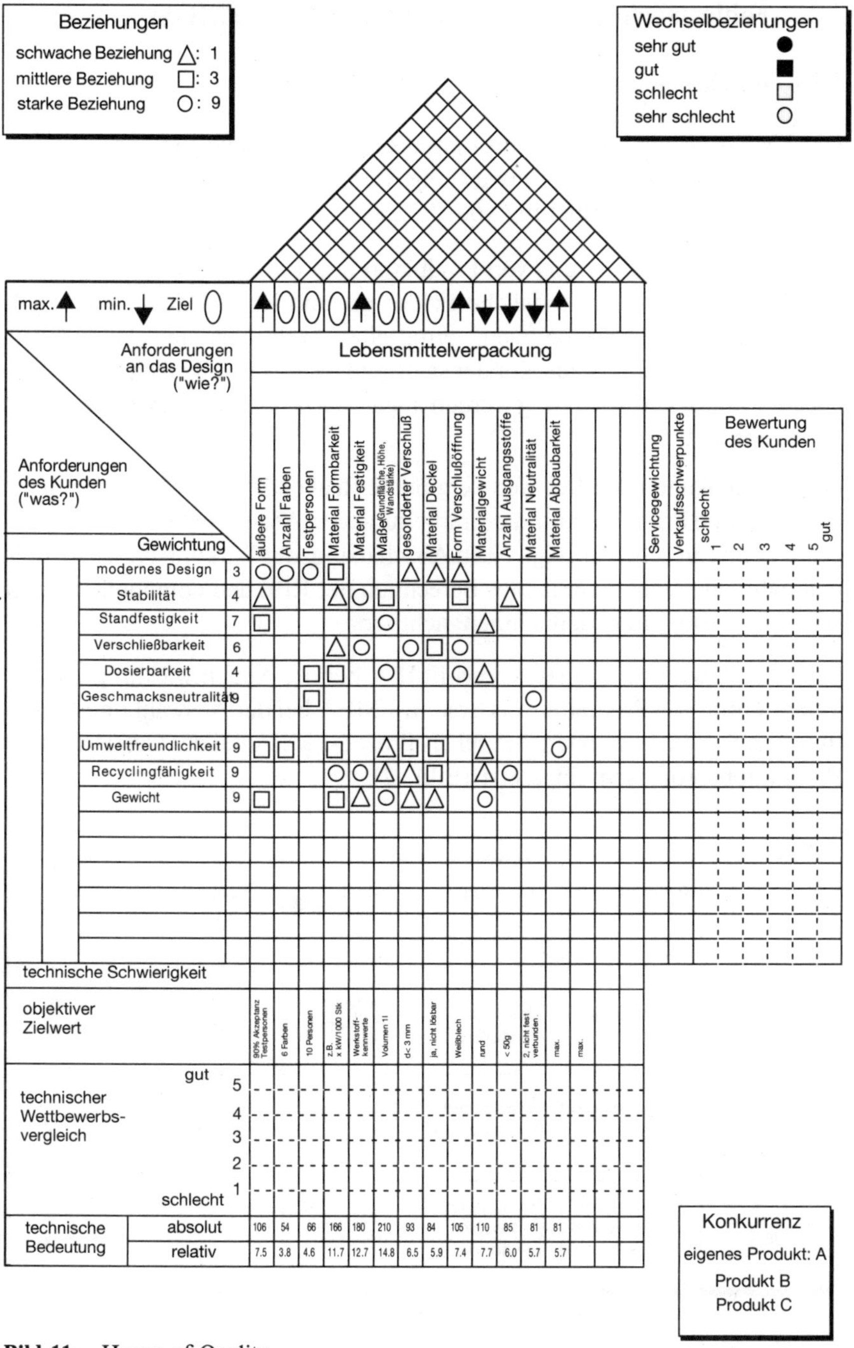

Beziehungen

schwache Beziehung	△ : 1
mittlere Beziehung	□ : 3
starke Beziehung	○ : 9

Wechselbeziehungen

sehr gut	●
gut	■
schlecht	□
sehr schlecht	○

max.↑   min.↓   Ziel ○   ↑○○○↑○○○↑↓▼↓▼↑

Anforderungen an das Design ("wie?") — Lebensmittelverpackung

Anforderungen des Kunden ("was?")

Anforderungen des Kunden ("was?")	Gewichtung	äußere Form	Anzahl Farben	Testpersonen	Material Formbarkeit	Material Festigkeit	Maße (Grundfläche, Höhe, Wandstärke)	gesonderter Verschluß	Material Deckel	Form Verschlußöffnung	Materialgewicht	Anzahl Ausgangsstoffe	Material Neutralität	Material Abbaubarkeit	Servicegewichtung	Verkaufsschwerpunkte	Bewertung des Kunden (schlecht 1–5 gut)
modernes Design	3	○	○	○	□			△	△	△							
Stabilität	4	△			△	○	□		□		△						
Standfestigkeit	7	□					○			△							
Verschließbarkeit	6				△	○		○	□	○							
Dosierbarkeit	4			□	□		○			○	△						
Geschmacksneutralität	9				□								○				
Umweltfreundlichkeit	9	□	□		□			△	□	□		△		○			
Recyclingfähigkeit	9				○	○	△	△	□		△	○					
Gewicht	9	□			□	△	○	△	△		○						

technische Schwierigkeit

objektiver Zielwert	äußere Form	Anzahl Farben	Testpersonen	Material Formbarkeit	Material Festigkeit	Maße	gesonderter Verschluß	Material Deckel	Form Verschlußöffnung	Materialgewicht	Anzahl Ausgangsstoffe	Material Neutralität	Material Abbaubarkeit
	90% Akzeptanz Testpersonen	6 Farben	10 Personen	z.B. x kW/1000 Stk	Werkstoffkennwerte	Volumen 1l	d<3 mm	ja, nicht lösbar	Weißblech	rund	<50g	2, nicht fest verbunden	max.

technischer Wettbewerbsvergleich

gut	5
	4
	3
	2
schlecht	1

technische Bedeutung													
absolut	106	54	66	166	180	210	93	84	105	110	85	81	81
relativ	7.5	3.8	4.6	11.7	12.7	14.8	6.5	5.9	7.4	7.7	6.0	5.7	5.7

Konkurrenz

eigenes Produkt: A
Produkt B
Produkt C

Bild 11: House of Quality

2.3   Fehlermöglichkeits- und -einflußanalyse (FMEA)

2.3.1 Beschreibung

Die FMEA ist eine weitgehend formalisierte analytische Methode, mit der potentielle Fehler bei der Entwicklung, Fertigung und Montage neuer Produkte und bei der Gestaltung von Prozessen aufgedeckt werden können.

Im Vorfeld der Realisierung von Produkten und Prozessen werden in einem interdisziplinären Team mögliche Fehler gesammelt und deren potentielle Ursachen und Auswirkungen ermittelt. Auftretenswahrscheinlichkeit, Bedeutung des Fehlers aus Kundensicht und Wahrscheinlichkeit seiner Entdeckung vor der Auslieferung werden abgeschätzt und Werte zwischen 1 und 10 zugeordnet.

Die Multiplikation der drei Werte ergibt die Risikoprioritätszahl (RPZ), deren relative Höhe Prioritäten für die Erarbeitung von Abstellmaßnahmen für einzelne Fehlerursachen anzeigt. Nach Abschätzung der Wirkung dieser Abstellmaßnahmen macht ein erneutes Berechnen der RPZ den potentiellen Erfolg oder Nichterfolg der Maßnahmen sichtbar.

Die FMEA wird als Konstruktions-FMEA bei der Neuentwicklung und der Veränderung von Produkten, als System-FMEA bei der Auswahl und Gestaltung von Systemkomponenten und als Prozeß-FMEA bei der Gestaltung von Produktionsprozessen eingesetzt (Bild 12).

	Komponente/ Prozeß	Funktion/ Zweck	Fehler- auswirkung	Fehler- art	Fehler- ursache
System- FMEA	Zündverteiler	Spannungs- impulse verteilen	Kfz- Stillstand	Zündungs- ausfall	Schaft gerissen
Konstruktions- FMEA	Zündverteiler- läufer	Preßsitz auf Nockenwelle	Zündungs- ausfall	Schaft gerissen	Lunker
Prozeß- FMEA	Spritzgießen Zündverteiler- läufer	homogenes Gefüge gewährleisten	Schaft gerissen	Lunker	Nachdruck zu gering

Bild 12: Methodischer Zusammenhang der FMEA-Arten nach Kersten

2.3.2 Einsatzgebiete und Einordnung im Umweltmanagement

Konstruktions- und System-FMEA beziehen sich auf das Produkt. Umweltschädigende Wirkungen eines Produktes können als Folge eines Fehlers betrachtet werden (z. B. erhöhter Treibstoffverbrauch und Emissionen eines Kraftfahrzeuges infolge falscher Einstellung des Zündzeitpunktes und des Gemisches), auch wenn damit keine Funktionsbeeinträchtigungen (Qualitätseinbußen im herkömmlichen Sinne) verbunden sind. Mit Konstruktions- und System-FMEA können Risiken von Umwelteinwirkungen durch Produkte ermittelt und durch Gegenmaßnahmen vermindert werden.

Die Prozeß-FMEA wird zur Verringerung übermäßiger Umwelteinwirkungen des Produktionsprozesses (bei Energie-, Wasser-, Material- und Hilfsstoffverbrauch und Emissionen) genutzt. Unabhängig von der Vermeidung umweltrelevanter Störfälle fördert sie die Verbesserung des normalen Betriebszustandes unter Umweltaspekten.

Die FMEA ist ein Instrument, welches in allen Unternehmensbereichen durch vorbeugende Einschätzung des Risikos von Umwelteinwirkungen und Erarbeitung von Gegenmaßnahmen Fehler bereits vor der Aufnahme der Produktion verhindern kann. Da quantitative Daten nur für gezielte Fragestellungen und in begrenztem Umfang benötigt werden, ist die FMEA im Vergleich zu den Analyse-Instrumenten des Umweltmanagements wie der Ökobilanz, der Bewertung der ökologischen Qualität von Produkten, der Ökologischen Buchhaltung oder der Produktlinienanalyse weniger umfangreich. Diese Techniken werden vorwiegend im strategischen Bereich eingesetzt. Mit der FMEA werden durch das Auffinden kritischer, risikoreicher Produkt- und Prozeßmerkmale im operativen Bereich Richtungen und Schwerpunkte für umfangreichere Analysen vorgegeben.

2.3.3 Vorgehen beim Einsatz im Umweltmanagement

Während Konstruktions- und System-FMEA unverändert genutzt werden können (Einbeziehung der umweltrelevanten Fehler in den normalen Ablauf der FMEA), ist die Prozeß-FMEA für ein erweitertes Aufgabengebiet anzupassen. Die Umwelt-Prozeß-FMEA wird als Ergänzung der üblichen Prozeß-FMEA durchgeführt; die Kriterien lassen sich nicht ohne weiteres in den normalen FMEA-Plan einarbeiten.

Wesentliches Merkmal der Umwelt-Prozeß-FMEA ist die veränderte Ausrichtung der Bewertungskriterien. Fehlerauswirkungen sind hier vor allem die Umwelteinwirkungen, d. h. Belastungen durch den Energie-, Material- und Hilfsstoffeinsatz, Emissionen in Luft, Boden und Wasser oder als Lärm und Strahlung z. B. radioaktiver Art.

Fehlermöglichkeits- und -einflußanalyse

Teil-Benennung	Teil-Nummer
Schmierung Drehautomat	XXII - A 00001

Konstruktions-FMEA □   Umwelt-Prozeß-FMEA ☒   System-FMEA □

Modell / System / Fertigung	Datum
Name / Abteilung / Lieferant / Telefon	Erstellt durch (Name/Abt.)	Überarbeitet / Datum

Bestätigung durch betroffene Anwendungen und/oder Lieferant

Konstruktionskomponente — Prozeßablauf — Systemkomponente

Fehler-Nr.	Mögliche Fehler (Art)	umweltbezogene Auswirkung	Ursache	Derzeitiger Zustand: Kontroll-Maßnahmen	Auftreten	Bedeutung	Entdeckung	RPZ	Empfohlene Abstellmaßnahmen	Aktivität	Verantwortlichkeit / Zuständigkeit	Verbesserter Zustand: Getroffene Maßnahmen	Auftreten	Bedeutung	Entdeckung	RPZ
1	Schmiermittel-verschleiß ist zu hoch	erhöhte Umweltbelastung	Temperatur ist zu hoch	Temperatur-messung					Anpassung der Durchflußmenge an die Maschinenparameter		Fertigung / Fert.pl.	ge optimiert	4	4	1	16
	erhöhter Ressourcenverbrauch		wegen: * Drehzahlvorwahl * Geschwindigkeiten * Durchflußmengen		6	4	1	24								
			wegen: * Filterverstopfung	Anzeige u. Wartung	4	4	2	32	regelmäßige Wartung und Prüfung		Fert.pl. / Instandh.	Filteranzeige gut sichtbar	4	4	1	16
			* Düse verstopft													
			Verschmutzungen durch: * Spähne * Staub * andere Zusätze * defekten Filter	visuelle Kontrolle, Probenentnahme und Wartung	9	6	1	54	regelmäßige Reinigung durch den Bediener. (evt.Probenentnahme)		Fertigung / Instandh.	Reinigungsstandards	4	6	1	24
			Zersetzung durch: * Strahlung * andere Zusätze * Umgebungsstoffe	Messung u. Probenentnahme / Isolierung	1	3	6	18	Reduzierung der Strahlung bzw. Isolierung		Fert. pl. / Instandh.	regelmäßige Messung	1	3	4	12

Wahrscheinlichkeit des Auftretens des Fehlers (Fehler kann vorkommen)

unwahrscheinlich = 1
sehr gering = 2 - 3
gering = 4 - 6
mäßig = 7 - 8
hoch = 9 -10

Bedeutung des Fehlers (Auswirkungen auf den Kunden)

kaum wahrnehmbare Auswirkungen = 1
unbedeutender Fehler, geringe Belästigung des Kunden = 2 - 3
mäßig schwerer Fehler = 4 - 6
schwerer Fehler, Verärgerung des Kunden = 7 - 8
äußerst schwerwiegender Fehler = 9 - 10

Wahrscheinlichkeit der Entdeckung des Fehlers (vor Auslieferung an den Kunden)

hoch = 1
mäßig = 2 - 5
gering = 6 - 8
sehr gering = 9
unwahrscheinlich = 10

Bild 13:   Beispiel für eine umweltmanagementbezogene Prozeß-FMEA nach VDA

Die Meß- und Quantifizierbarkeit der Umwelteinwirkung entspricht der Wahrscheinlichkeit der Fehlerentdeckung. Die Wahrscheinlichkeit einer Belastung durch radioaktive Strahlen ist i. a. gering, die Intensität jedoch groß. Im Umweltbereich haben absolute Zahlen oftmals begrenzte Aussagekraft, z. B. beim Vergleich verschiedenartiger Einwirkungen wie CO-Emissionen und Wasserverbrauch (Frage der Relativierbarkeit der Daten). Hier sind daher Summen und Durchschnittswerte (z. B. der Energieverbrauch einer Anlage im Verhältnis zum Gesamtverbrauch eines Werkes oder zum Durchschnitt der gleichartigen Anlagen eines Werkes) mögliche Bezugsbasen.

Wird ein Wirkungsgrad analog zu Ökofaktor und Äquivalenzkoeffizient im Rahmen der Ökologischen Buchhaltung nach Müller-Wenk definiert, kann die Intensität der Einwirkung bewertet werden. Auf diese Weise können die Ergebnisse einer FMEA in den genannten Umweltmanagementtechniken weiterverarbeitet werden.

Für die vergleichende Einschätzung der Bedeutung von verschiedenartigen Umwelteinwirkungen fehlt ein gesellschaftlicher Konsens, so daß hier unternehmensinterne Vorgaben gemacht werden müssen. Meßlatte sollte dabei nicht die Einhaltung ordnungsrechtlich geforderter Grenzwerte sein, sondern der Gedanke der ständigen Verbesserung. Bild 13 zeigt ein einfaches Beispiel für eine Umwelt-Prozeß-FMEA.

2.4 Statistische Versuchsplanung (SVP) nach *Taguchi* und *Shainin*

2.4.1 Beschreibung

Mit Hilfe der Versuchsplanung wird bei der Gestaltung von Prozessen diejenige Kombination von Einstellungen der Prozeßparameter gefunden, die im Ergebnis die geringste Abweichung vom Sollwert bei den gefertigten Produkten aufweist. Insbesondere wird hiermit der Einfluß der sonst nur mit großem Aufwand veränderbaren Störgrößen (z. B. klimatische Fertigungsbedingungen) reduziert (robuster Prozeß).

Durch die von Taguchi und Shainin entwickelten Methoden kann die große Zahl von Versuchen der klassischen Versuchsplanung nach Fisher stark verringert werden.

Nach Taguchi werden zunächst entscheidende Qualitätsmerkmale sowie Steuer- und Störgrößen des Prozesses im Team ermittelt. Das Signal-Rausch-Verhältnis wird als Verhältnis von Steuergrößen (Signal) zu Störgrößen (Rauschen) bestimmt. Je größer dieses Verhältnis, desto robuster ist der Prozeß gegenüber den Störgrößen. Anschließend wird ein Versuchsplan festgelegt, der auf sogenannten orthogonalen Feldern beruht. Mit einer verhältnismäßig kleinen Anzahl von Versuchen (unvollständiges Matrixexperiment) kann eine optimale Parameterkonstellation gefunden werden, die mit einem Bestätigungsexperiment auf die vorhergesagte Qualitätsverbesserung überprüft wird.

Bei Shainin werden die wichtigsten Einflußgrößen auf den Wert des Qualitätsmerkmals entweder mit einem paarweisen Vergleich, bei zerlegbaren Produkten mit einem Komponententausch oder einer Multi-Variations-Karte ermittelt. Durch Variation der Einstellungen der verbliebenen Einflußfaktoren wird deren Zahl weiter reduziert, bis höchstens vier übrigbleiben. Im anschließenden vollständigen Versuch werden die optimalen Einstellungen ermittelt und ebenfalls mit einem Bestätigungsexperiment verifiziert.

2.4.2 Einsatzgebiete und Einordnung im Umweltmanagement

Robustheit der Prozesse bzgl. Umweltverträglichkeit bedeutet, daß die Einstellung der Prozeßparameter geringstmögliche Umwelteinwirkungen durch den Prozeß zur Folge hat. Diese Robustheit soll ohne Einbußen der Produktqualität erreicht werden. Beispielsweise sind Druck und Temperatur eines Spritzgießvorganges so einzustellen, daß sowohl die Gußqualität stabil und hoch als auch der Energieverbrauch niedrig sind.

Die Versuchsplanung kann bei der umweltverträglichen Neugestaltung von Prozessen und für die Verbesserung von Prozessen mit unverhältnismäßig hohen Umwelteinwirkungen (z. B. Energieverbrauch oder Emissionen) eingesetzt werden.

Verbesserungsmaßnahmen können gegenüber Behörden oder im Rahmen der Teilnahme an der EU-Verordnung 1836/93 zur Umweltbetriebsprüfung durch die Dokumentation der Versuche dargelegt werden. Die Versuchsergebnisse ergänzen die Datenbasis von Umweltanalysen mit den Umweltmanagementtechniken wie Ökobilanz und Produktlinienanalyse. Die mit Hilfe der Umweltmanagementtechniken aufgezeigten Prozeßschwachstellen können erneut mit der Versuchsplanung bearbeitet werden. Die Durchführung der Versuchsplanung nach Shainin ermöglicht die Ermittlung der wesentlichen, das Umweltverhalten beeinflussenden Einstellgrößen.

2.4.3 Vorgehen beim Einsatz im Umweltmanagement

Der Verfahrensablauf der Methoden nach Taguchi und Shainin wird unverändert übernommen; Umweltverträglichkeit des Prozesses kann als Qualitätsmerkmal des Prozesses und des Produktes aufgefaßt werden.

2.5 Statistische Prozeßregelung (SPR)

2.5.1 Beschreibung

Produktionsprozesse erzeugen Produkte mit einer Merkmalsstreuung, die auf zufällige Einflüsse zurückzuführen ist. Diese Einflüsse wirken sich auf die Streubreite aus. Für einen fähigen Prozeß muß das Verhältnis der Toleranz zur Standardabweichung einen Mindestwert überschreiten. Der Mittelwert der Fertigung kann durch systematische Einflüsse vom konstruktiv vorgegebenen Nennwert abweichen. In einem beherrschten Prozeß werden systematische Einflüsse abgestellt, so daß Mittelwert und Nennwert übereinstimmen.

Während die Prozeßfähigkeit das Langzeitverhalten eines Prozesses beschreibt, kennzeichnet die Maschinenfähigkeit die Wiederholgenauigkeit einer Anlage und damit das Kurzzeitverhalten. Ergebnisse der Untersuchungen von Maschinen- und Prozeßfähigkeit sind Maschinen- und Prozeßfähigkeitsindizes.

Mit Statistischer Prozeßregelung (SPR) werden mit Hilfe von Qualitätsregelkarten fähige Prozesse (Prozeßfähigkeitsindex größer 1,67) überwacht. Der laufenden Fertigung werden in regelmäßigen Intervallen Stichproben entnommen, die Merkmale geprüft und die Werte in die Regelkarte eingetragen. Warn- und Eingriffsgrenzen zeigen Eingriffsnotwendigkeiten an. Verschiedene Kurvenverläufe verdeutlichen für die Prozeß- und Produktqualität nachteilige Prozeßveränderungen. Bei diesen Anzeichen muß zur Vermeidung von Ausschußteilen im weiteren Verlauf der Produktion die Ursache der Veränderungen ermittelt und beseitigt werden.

2.5.2 Einsatzgebiete und Einordnung im Umweltmanagement

Fähige und beherrschte, mit SPR überwachte Prozesse zeichnen sich durch geringere Ausschuß- und Nacharbeitsmengen im Vergleich zu nicht fähigen und unbeherrschten Prozessen aus. Sie tragen damit zur Ressourcenschonung durch Einsparung von Material für den Ersatz fehlerhafter Teile bei. Ebenso werden Energie und Betriebsstoffe eingespart sowie Emissionen vermieden, die durch erneute Bearbeitung anfallen würden.

Eine weitergehende Anwendung von SPR im Umweltmanagement erfordert eine prozeßbezogene im Gegensatz zur üblichen produktbezogenen Sichtweise. Im Umweltschutz ist die Lage des Mittelwertes einer Umwelteinwirkung eines Prozesses (z. B. des Energieverbrauchs oder der Emissionen) von entscheidender Bedeutung für die Umweltverträglichkeit. Die Senkung dieses Mittelwertes ist das Ziel.

Im Qualitätsbereich wird der Mittelwert konstruktiv durch den Nennwert vorgegeben. Der Nennwert ist ein vorgegebener Produktmerkmalswert. Die Streubreite der Verteilung soll verringert werden. Die Streubreite eines Prozeßmerkmals wie des Energieverbrauchs erscheint im Umweltbereich unbedeutend. Eine Betrachtung ist nur sinnvoll, wenn eine geringe Streubreite Voraussetzung für die angestrebte Absenkung des Mittelwertes ist. Erkenntnisse über derartige Zusammenhänge liegen noch nicht vor, so daß die Prozeßfähigkeit für das Umweltmanagement untergeordnete Bedeutung hat. Daher ist die Trendbeobachtung als einziges Aufgabengebiet der SPR im Umweltmanagement zu sehen.

2.5.3 Vorgehen beim Einsatz im Umweltmanagement

Ein Eingriff in die Prozesse ist vorzunehmen, wenn durch ansteigende Werte oder sogenannte Runs auf der Regelkarte der Trend zu einer steigenden Intensität der Umwelteinwirkung erkennbar wird. Die Definition einer Eingriffsgrenze ist nur für die Markierung eines Wertes sinnvoll, der direkte und massive Gefährdungen der Mitarbeiter und der Umwelt anzeigt. Für diese Zwecke ist die Berechnung der Prozeßfähigkeitsindizes nicht erforderlich.

Die qualitätsbezogene Betrachtung beider Seiten um den Mittelwert ist im Umweltmanagement nicht notwendig. Wichtig ist hier nur die Beobachtung der Seite, die eine Erhöhung der Umwelteinwirkung anzeigt. Sollte sich für einzelne Prozesse die Beobachtung der Streuung der Einwirkungen als sinnvoll erweisen, kann der Prozeßfähigkeitsindex cpk berechnet werden. Es ist zu beachten, daß dies nur gegen die obere Grenze erfolgen kann. Diese Grenze stellt den erlaubten Maximalwert der Einwirkung dar.

2.6 Qualitätszirkel (QZ)

2.6.1 Beschreibung

Der Qualitätszirkel ist keine Qualitätstechnik im engeren Sinne. Eine kurze Darstellung erfolgt unter dem Gesichtspunkt, daß hier Qualitätstechniken wie die 7 elementaren Werkzeuge (Q7) besonders wirkungsvoll zur Verbesserung der Qualität der Prozesse, Produkte und der Arbeitsabläufe eingesetzt und der Teamgedanke als Grundlage ihrer Anwendung verwirklicht werden.

Qualitätszirkel sind Problemlösungsgruppen, denen die Erkenntnis zugrunde liegt, daß Probleme und Schwachstellen am besten am Ort ihres Auftretens erkannt und gelöst werden können. Der prozeßverantwortliche Mitarbeiter verfügt über die umfangreichsten Kenntnisse über den von ihm geführten

Prozeß und ist somit zur Problemlösung am besten geeignet. Ziele von Qualitätszirkeln sind die Verbesserung der betrieblichen Leistungsfähigkeit durch die Steigerung von Produktivität und Qualität, die Senkung der Produktionskosten sowie die Verbesserung der Arbeitszufriedenheit und Motivation. In Qualitätszirkeln kommen bis zu 10 Mitarbeiter eines Arbeitsbereichs innerhalb ihrer Arbeitszeit regelmäßig zusammen, um Probleme aufzugreifen und zu bearbeiten.

Die Problemlösung wird durch den Einsatz der elementaren Werkzeuge und in vielen Fällen der Management-Werkzeuge gefördert, das kreative Potential der Mitarbeiter besser genutzt. In Einzelfällen können Experten anderer Fachbereiche herangezogen oder die Problemlösung an interdisziplinäre Gruppen weitergegeben werden. Die Themen werden von den Teilnehmern vorgeschlagen und ausgewählt. Neben diesen können zusätzliche Anregungen von den Umweltspezialisten der Unternehmen, z. B. den Betriebsbeauftragten für Immissionsschutz, Abfall und Gewässerschutz eingebracht werden.

Die Teilnahme an Qualitätszirkeln ist freiwillig; nur unter dieser Voraussetzung wird im Qualitätszirkel motiviert gearbeitet. Ein weiterer wichtiger Erfolgsfaktor ist die Unterstützung durch die Vorgesetzten und insbesondere durch die Unternehmensleitung bei der Initiierung, Organisation und der Umsetzung von Ergebnissen. Effektive Qualitätszirkelarbeit ist nur möglich, wenn die Problemlösungs-, Ideenfindungs- und Kreativitätstechniken sowie die anzuwendenden Qualitätstechniken beherrscht werden. Durch Schulung sind diese Grundlagen zu schaffen. Ursprünglich für den güterproduzierenden Bereich entwickelt, werden Qualitätszirkel inzwischen auch im Dienstleistungsbereich eingesetzt.

2.6.2 Einsatzgebiete und Einordnung im Umweltmanagement

Qualitätszirkel können zur Lösung von Umweltproblemen und damit verbundenen Fragestellungen der Arbeitssicherheit und des Gesundheitsschutzes der Mitarbeiter eingesetzt werden. Insbesondere die Bestätigung des im privaten Bereich des Mitarbeiters entwickelten Umweltbewußtseins trägt zu einer Motivationssteigerung im Unternehmen bei.

Im Qualitätszirkel werden Probleme wie z. B. die Substitution gesundheits- und umweltgefährdender Stoffe durch Verfahrensumstellungen, die Senkung des Energie-, Wasser-, Material- und Hilfsstoffverbrauchs und der Emissionen durch verbesserte Einstellung der Prozeßparameter, die Reduzierung des Abfalls sowie die Einrichtung von Stoffkreisläufen bearbeitet.

2.6.3   Vorgehen beim Einsatz im Umweltmanagement

Wichtige Voraussetzung bei der Erweiterung des Qualitätszirkelkonzeptes um Umweltthemen ist die Unterstützung und Bereitschaft des Managements zur Unterstützung der im Zirkel entwickelten Maßnahmen. Diese Bereitschaft kann gesteigert werden, wenn umweltbezogene Maßnahmen auch betriebswirtschaftlich und arbeitstechnisch positive Folgen haben (z. B. Material-, Hilfsstoff- und Energieeinsparung, die Senkung des Krankenstandes durch den Ersatz gesundheitsschädlicher Betriebsstoffe).

Die Unternehmensleitung muß darauf achten, daß die Bearbeitung umweltrelevanter Themen angeregt wird (z. B. durch den Umweltschutzbeauftragten). Ein Grundwissen der Qualitätszirkelteilnehmer über Zusammenhänge der betrieblichen Tätigkeit mit ihren Auswirkungen auf die Umwelt ist erforderlich. Die Unternehmensleitung ist für die Erstellung und Durchführung eines entsprechenden Schulungsprogramms verantwortlich.

2.7   Elementare Werkzeuge (Q7)

2.7.1   Beschreibung

Mit den Q7 werden vorwiegend Daten quantitativer Merkmale systematisch erfaßt und Ermittlungsergebnisse visualisiert und analysiert. Sie können unabhängig voneinander benutzt werden, sind aber kombiniert am wirksamsten. Sie unterstützen die Anwendung anderer Qualitätstechniken durch strukturierte Erhebung und Aufbereitung von Daten.

2.7.2   Einsatzgebiete und Einordnung im Umweltmanagement

Die Q7 unterstützen auch im Umweltmanagement die Datensammlung und -auswertung, den Ideenfindungsprozeß und die Förderung der Kreativität bei der Suche nach Problemlösungen. Insbesondere bei der Anwendung der Umweltmanagementtechniken muß mit einer Fülle von Daten umgegangen werden.

2.7.3   Vorgehen beim Einsatz im Umweltmanagement

Veränderungen der Techniken sind nicht erforderlich. Die Bilder 14 bis 16 zeigen einfache Beispiele für die Anwendung im Umweltmanagement.

Vorgehensmodell

Voraussetzung für die strukturierte Problemlösung ist ein systematisches Vorgehen. Kennzeichen sind die sequentielle Vorgehensweise und die Rückkopplung der einzelnen Schritte. Ein beispielhaftes Vorgehensmodell ist:

- Problem erkennen,
- Ziel setzen,
- Problem-Analyse,
- Erarbeiten von Lösungsalternativen,
- Bewerten und Auswählen einer Lösung,
- Realisieren der Lösung,
- Laufendes Überprüfen und Verbessern der Lösung.

Aufnahmebögen

Mit Aufnahmebögen werden strukturiert Daten erfaßt. In Fehlersammelkarten werden z. B. Fehler gesammelt und mit Hilfe einer Strichliste in Fehlerklassen eingeordnet, mit Checklisten vorgegebene Merkmale auf Vorhandensein und Wert geprüft (Bild 14).

Histogramm

Im Histogramm werden Häufigkeitsverteilungen als Ergebnisse der Aufnahmebögen graphisch in Form von Säulendiagrammen über den Merkmalsklassen dargestellt.

Korrelationsdiagramm

Mit dem Korrelationsdiagramm werden vermutete Zusammenhänge zwischen zwei Variablen untersucht (Bild 15).

Paretodiagramm

Im Paretodiagramm werden einzelne Klassen des Histogramms nach ihrer relativen Bedeutung geordnet. Für die Bearbeitung von Problemen und Fehlern entstehen so Prioritätenlisten. Die Kategorisierung in drei Klassen führt zur Erweiterung der Paretoanalyse zur ABC-Analyse. Grundlage der Paretoanalyse im Qualitätsmanagement ist die Erkenntnis, daß rund 80% der tatsächlich auftretenden Fehler nur etwa 20% aller Fehlerarten zuzuordnen ist (Bild 14).

Nr.	Belastung	Prozesse n		n in %
1	Wasser	JJHT JHT IIII	14	28
2	Luft	II	2	4
3	Papierabfall	JHT JHT JHT JHT JHT I	26	52
4	Sonderabfall	III	3	6
5	Boden	JHT	5	10

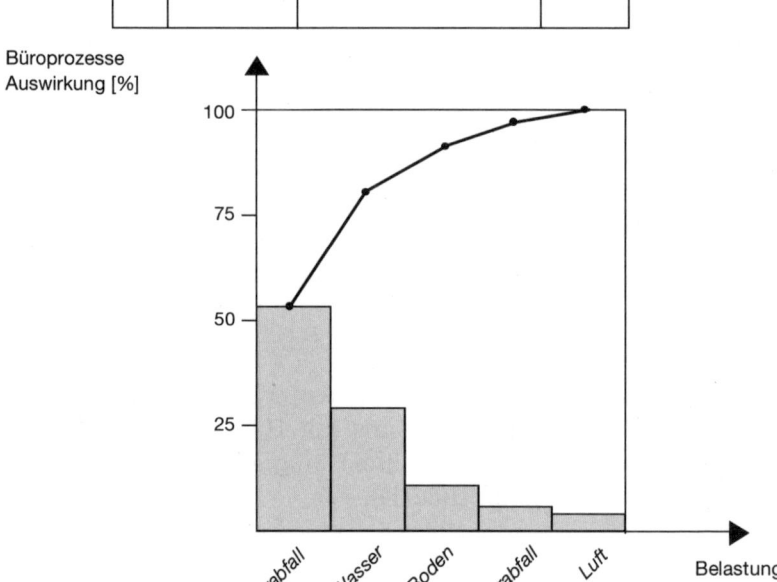

Büroprozesse
Auswirkung [%]

Bild 14: Fehlersammelkarte und Paretodiagramm für Umwelteinwirkungen durch Büroprozesse

Ursache-Wirkungs-Diagramm (Ishikawa-, Fischgrätendiagramm)

Mit dem Ursache-Wirkungs-Diagramm werden mögliche Problem- und Fehlerursachen gesammelt und strukturiert den Oberbegriffen Mensch, Maschine, Material und Methode zugeordnet (Bild 16).

Qualitätsregelkarte

Qualitätsregelkarten werden zur Statistischen Prozeßlenkung benutzt. Verschiedene Varianten beziehen sich auf quantitative und qualitative Merkmale bzw. Standardabweichung und Streubreite. Ihr Einsatz wird im Kapitel SPR beschrieben.

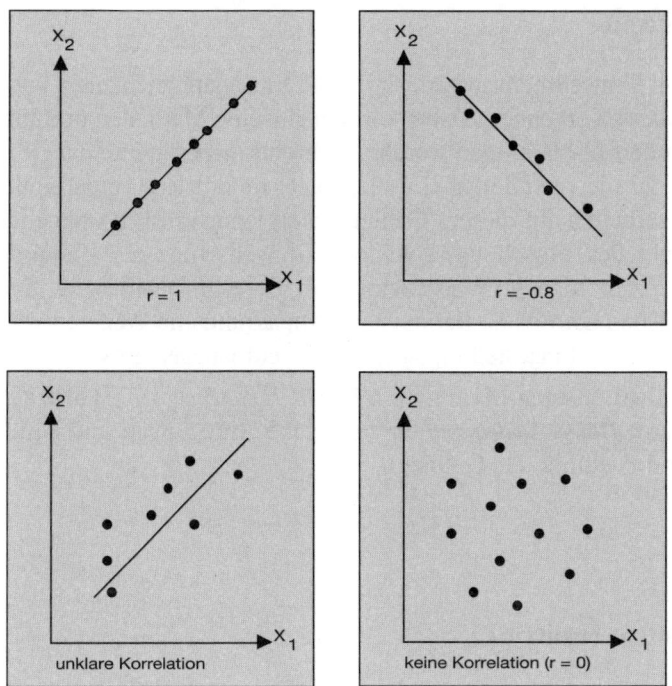

Bild 15:   Korrelationsdiagramme

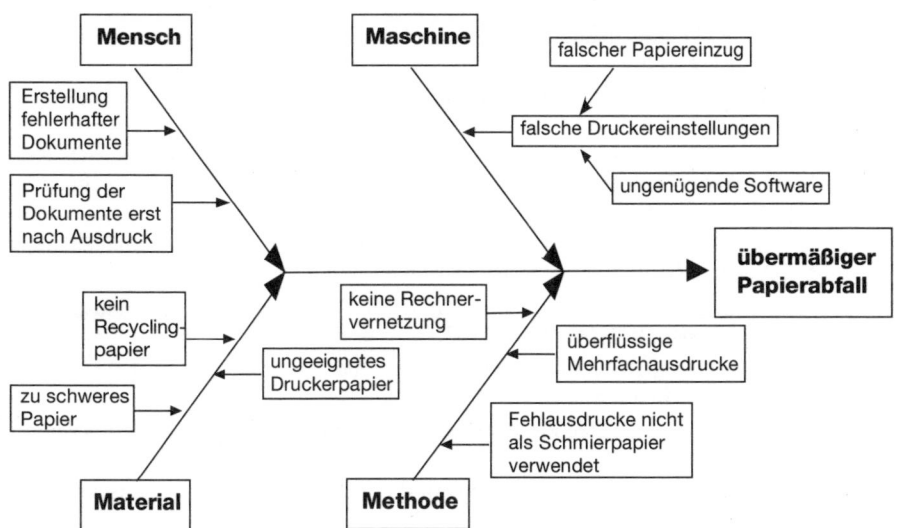

Bild 16:   Ursache-Wirkungs-Diagramm

3   Fazit

Auch im Umweltmanagement sind viele Einsatzmöglichkeiten von Qualitätstechniken zu erkennen. Dabei können einzelne Methoden und Instrumente unverändert übernommen werden, während insbesondere die QFD und die FMEA für die veränderten Einsatzgebiete modifiziert werden müßten. Forschungsarbeiten auf diesem Gebiet fehlen jedoch bisher weitgehend. Eines der Ziele des Forschungsprojektes „Umweltschutz als Bestandteil eines umfassenden Managementsystems" am Bereich Qualitätswissenschaft der Technischen Universität Berlin ist die Anpassung und Weiterentwicklung der Techniken für Fragestellungen des Umweltmanagements.

Wir danken unseren Mitarbeitern Herrn *Haye Jacobsen*, Herrn *Volker Piwek* und Herrn *Holger Seidemann* für zahlreiche Anregungen und Unterstützung bei der Erstellung der Grafiken.

Literatur zu Kapitel B 1

[1] *Akao, Y.:* Quality Function Deployment. Wie die Japaner Kundenwünsche in Qualitätsprodukte umsetzen, Verlag moderne industrie, Landsberg/Lech 1992

[2] *Bläsing, J.P.:* QFD – Quality Function Deployment. Tagungsband der Hohen Schule der Qualitätstechnik, Berlin 1989

[3] *Brunner, F.J.:* Produktplanung mit Quality Function Deployment. Managementzeitschrift 61 (1992) 6

[4] *Brunner, F.J.:* Die Taguchi-Optimierungsmethoden. Qualität und Zuverlässigkeit 34 (1989) 7

[5] *Butterbrodt, D., Tammler, U.:* Umweltmanagement im Rahmen von Total Quality Management. Tagungsband zum Fachsymposium Umwelt und Qualität. Technische Universität Cottbus, Fakultät Umweltwissenschaften, Cottbus 1994

[6] Deutsche Gesellschaft für Qualität (Hrsg.): SPC 1 – Statistische Prozeßlenkung, DGQ-Schrift Nr.16-31, 1. Aufl. Beuth Verlag, Berlin 1990

[7] Deutsche Gesellschaft für Qualität (Hrsg.): SPC 3 – Anleitung zur Statistischen Prozeßlenkung. DGQ-Schrift Nr.16-33, 1. Aufl. Beuth Verlag, Berlin 1990

[8] Deutsche Gesellschaft für Qualität (Hrsg.): Qualitätszirkel. 2. Aufl. DGQ-Schrift 14-11, 2. Aufl. Beuth Verlag, Berlin 1990

[9] DIN 55 350 Teil 11: Begriffe der Qualitätssicherung und Statistik, Beuth-Verlag, Berlin 1987

[10] *Ebeling, J.:* Die sieben elementaren Werkzeuge der Qualität. Firmenschrift der BMW-AG, 2. Aufl. München 1988

[11] Ford AG (Hrsg.): Fehlermöglichkeits und -Einflußanalyse (FMEA). Ein Instruktionsleitfaden. Ford AG, Köln 1988

[12] *Gogoll, A.:* Die sieben Management-Werkzeuge - einfache Techniken helfen, Probleme zu lösen. Qualität und Zuverlässigkeit 39 (1994) 5

[13] *Imai, M.:* Kaizen, der Schlüssel zum Erfolg der Japaner im Wettbewerb. Ullstein Verlag, Berlin 1986

[14] *Ishikawa, K.:* What is Total Quality Control?, Prentice Hall, Eagle Wood Cliffs, N.Y. 1985

[15] *Kamiske, G. F.; Brauer, J.-P.:* Qualitätsmanagement von A-Z, Carl Hanser Verlag, München, Wien 1993

[16] *Kersten, G.:* FMEA - eine wirksame Methode zur präventiven Qualitätssicherung. VDI-Z. 132 (1990) 10

[17] *Mittmann, B.:* Qualitätsplanung mit den Methoden von Shainin. Qualität und- Zuverlässigkeit 35 (1990) 4

[18] *Mizuno, S.:* Management for Quality Improvement: The 7 New QC Tools. Productivity Press, Cambridge, Mass. 1990

[19] *Müller-Wenk, R.:* Ökologische Buchhaltung. Informations- und Steuerungsinstrument für umweltkonforme Unternehmenspolitik. Campus Verlag, Frankfurt 1978

[20] *Ozeki, K.; Asaka, T.:* Handbook of Quality Tools. The Japanese Approach. Productivity Press, Cambridge, Mass. 1990

[21] *Schildknecht, R.:* Total Quality Management. Campus-Verlag, Frankfurt New York 1992

[22] *Taguchi, G.:* Introduction to Quality Engineering. Designing Quality into Products and Processes. American Supplier Institute (ASI), ASI-Press, Dearborn 1986

[23] VDA (Hrsg.): VDA-Schriftenreihe Qualitätskontrolle in der Automobilindustrie, Band 4: Sicherung der Qualität vor Serieneinsatz. VDA, Frankfurt 1986

[24] Volkswagen AG: Fehler-Möglichkeits- und Einfluß-Analyse. Notwendigkeit - Chance - Voraussetzung. Firmenschrift der Volkswagen AG, Wolfsburg 1988

[25] *Winter, G.:* Das Umweltbewußte Unternehmen - Handbuch der Betriebsökologie mit 28 Checklisten für die Praxis. 5. Aufl. C.H. Beck Verlag, München 1993

[26] *Zink, K. J.; Schick, G.:* Quality Circles. Carl Hanser Verlag, München, Wien 1984

Untersuchungsmethoden im betrieblichen Umweltschutz

Ulrich Nissen, Andreas Friedel

1 Grundlagen umweltmanagementorientierter Untersuchungen

Ein Umweltmanagementsystem läßt sich beschreiben als das Zusammenspiel verschiedener umweltorientierter Zielvorgaben, Pläne, Verhaltensweisen, Maßnahmen, Entscheidungen und Verfahren, die in ihrer Gesamtheit eine stetige Verbesserung des betrieblichen Umweltschutzes bewirken sollen.

Aufgabe des Umweltmanagements ist, dieses System kontinuierlich zu gestalten und zu steuern derart, daß sowohl aus ökologischer als auch aus ökonomischer Sicht eine möglichst hohe Effektivität erreicht wird oder mit anderen Worten, daß mit minimalem (finanziellen) Aufwand ein maximaler ökologisch/ökonomischer Nutzen erzielt werden kann.

Diese Gestaltungsaufgabe ist nur dann effektiv auszuführen, wenn vollständige und handhabbare, für das Umweltmanagement relevante Informationen bereitgestellt werden. Hierzu sind Daten zu ermitteln, die durch zweckmäßige Methoden (Untersuchungsmethoden im betrieblichen Umweltschutz) möglichst handlungsorientiert aufgearbeitet und bereitgestellt werden müssen.

Bevor im folgenden auf die Untersuchungsmethoden näher eingegangen wird, ist zunächst zu klären, welche Umweltinformationen (= Ergebnisse der Untersuchungsmethoden) bereitgestellt werden sollten bzw. für welche Zwecke sie verwandt werden.

Übliche Einsatzzwecke der Umweltinformationen (UI) sind etwa:

- UI zum Aufzeigen von Schwachstellen der unternehmensinternen Aktivitäten,

- UI zum Aufzeigen von Schwachstellen der hergestellten Produkte (über den gesamten Lebenszyklus hinweg),

- UI für umweltorientierte Prozeß- und Produktvergleiche,

- UI als Vorgaben für die Erarbeitung von umweltorientierten Strategien und Zielvorgaben,

- UI als Anhaltspunkte für das Ergreifen und Lenken betrieblicher umweltorientierter Maßnahmen,

- UI als Grundlage für die Vorbereitung umweltorientierter Entscheidungen,

- UI als Basis für Umweltprüfungen und -betriebsprüfungen (hinsichtlich der Teilnahme am EG-Öko-Audit-System),

- UI als Anhaltspunkte für eine umweltorientierte Öffentlichkeitsarbeit (Umwelterklärung, Umweltberichte, umweltorientierte Produktwerbung etc.),

- UI zur Vorlage bei Behörden, Banken, Versicherungen, Institutionen für die Vergabe von Gütezeichen (Blauer Umweltengel u.ä.) etc.

Aus diesen Einsatzzwecken lassen sich unmittelbar die benötigten Umweltinformationen ableiten:

- UI über unmittelbare Umweltbelastungen und -auswirkungen, die von Produkten, Prozessen und Anlagen ausgehen,

- UI über gesetzliche (zu erwartende) Vorschriften,

- Informationen über umweltorientierte Marktbedürfnisse und -bedarfe,

- Informationen über Umwelttechnologien und wissenschaftliche Erkenntnisse,

- umweltorientierte Kosteninformationen,

- Effektivitätsbewertungen der Umweltmanagementorganisation,

- Informationen über öffentliche Fördermöglichkeiten,

- Informationen über das potentielle Störfallrisiko.

In welchem Umfang und mit welchen Schwerpunkten Umweltinformationen ermittelt werden, bleibt zunächst den Unternehmen selbst überlassen. Eine Verpflichtung hierzu kann sich allerdings für solche Unternehmen ergeben, die planen, am EG-Öko-Audit-System teilzunehmen. Für diese ist ein umfangreicher Forderungskatalog hinsichtlich zu erarbeitender Umweltinformationen zu erfüllen.

Hierauf wird im folgenden näher eingegangen.

Umweltinformationen vor dem Hintergrund der EG-Öko-Audit-Verordnung 1836 01

Für Unternehmen, die planen, an dem Öko-Audit-System teilzunehmen, werden hinsichtlich bereitzustellender Umweltinformationen verschiedene Forderungen aufgestellt:

So verlangt generalklauselmäßig Artikel 1, Abs. 2 der EG-Öko-Audit-Verordnung eine systematische, objektive und regelmäßige Leistungsbewertung der Umweltpolitik, -programme und -managementsysteme sowie auch die Bereitstellung von Informationen über den betrieblichen Umweltschutz für die Öffentlichkeit.

Ferner wird im Rahmen der Umweltprüfung und -betriebsprüfung die Untersuchung bzw. Bewertung umweltbezogener Fragestellungen, der Auswirkungen der Standorttätigkeiten, der Leistung der Organisation, des Managements und der Abläufe zum Schutz der Umwelt verlangt (Art. 2, Buchstabe b und f). Konkretisiert wird dies durch die in Anhang I, Teil C aufgeführten „zu behandelnden Gesichtspunkte".

Außerdem sind für die zu erstellende Umwelterklärung Zahlenangaben über Schadstoffemissionen, Abfallaufkommen, Rohstoff-, Energie- und Wasserverbräuche und ggf. über Lärm und andere bedeutsame umweltrelevante Aspekte zu erheben und offenzulegen (Art. 5, Abs. 3, Buchstabe c).

Auch an das Umweltmanagementsystem i.e.S. werden mit Blick auf ein betriebliches Umweltinformationssystem Forderungen gestellt dergestalt, daß bedeutende Umweltauswirkungen der Tätigkeit des Unternehmens geprüft und bewertet sowie in einem Verzeichnis registriert werden müssen. Dies betrifft insbesondere Luftemissionen, Abwasserbelastungen, Abfälle, Kontaminierungen des Erdreiches, Nutzung von Naturressourcen, Freisetzung von Wärme, Lärm, etc. Darüber hinaus ist über relevante Umwelt- und Verwaltungsvorschriften ebenfalls ein Verzeichnis zu erstellen (Anhang I, Teil B, Abs. 3).

Und schließlich ist in der Umweltpolitik zu erklären, daß die Umweltauswirkungen jeder neuen Tätigkeit, jedes neuen Produkts und jedes neuen Verfahrens im voraus beurteilt werden (Anhang I, Teil D, Abs. 2).

In Anlehnung an die EG-Öko-Audit-Verordnung sollte das umweltpolitische Oberziel eines Unternehmens die kontinuierliche Verbesserung des betrieblichen Umweltschutzes sein. Der Begriff „Verbesserung" impliziert, daß Schwachstellen vorliegen, die es zu beseitigen gilt. Hierbei handelt es sich üblicherweise entweder um umweltorientierte Schwachstellen der Produkte, Prozesse und Anlagen oder um organisatorische Schwachstellen des Umwelt- bzw. Risikomanagementsystems. Vor diesem Hintergrund sind die Umweltinformationen zu erheben, aufzuarbeiten und bereitzustellen. Der Informationsbeschaffungsaufwand sollte dabei immer in Relation zum Nutzen der Information betrachtet werden. Ferner sollte die Informationserarbeitung zielorientiert erfolgen. Es macht beispielsweise wenig Sinn, einen bis ins Detail gehenden, wissenschaftlich exakten Ökobilanz-Vergleich zweier Produkte zu erarbeiten, dessen Erstellungsaufwand einen sehr hohen personellen und finanziellen Aufwand erfordert und Ergebnisse liefert, aus denen Produktmodifikationen nicht ohne weiteres abgeleitet werden können.

2   Übersicht über Untersuchungsmethoden für den betrieblichen Umweltschutz

Die Darstellung einer umfassenden Übersicht über die Untersuchungsmethoden im betrieblichen Umweltschutz würde den Umfang dieses Kapitels sprengen. Stellvertretend für die mittlerweile hohe Anzahl dieser Methoden werden daher im folgenden die wesentlichsten kurz vorgestellt. Im Anschluß daran wird auf die betriebliche Stoff- und Energieflußanalyse, die für viele Untersuchungsmethoden die Grundlage darstellt, sowie auf die Produkt-Ökobilanz-Systematik vertieft eingegangen.

Literaturhinweis für Methodenübersichten: [9], [10], [12] insbes. S.21, [15] insbes. S.108-110, [22] insbes. S.103, [26] insbes. S.22, [39] insbes. S.147ff., [45] insbes. S. 538-584

Öko-Controlling

Das Öko-Controlling ist ein Prozeß zur Beschaffung und Analyse ökologieorientierter Informationen und umfaßt sowohl die Lenkung als auch die Überwachung von betrieblichen (strategischen wie operativen) Umweltschutzmaßnahmen. Darüber hinaus hat es die Aufgabe, durch Informationsvermittlung die Kommunikation zu unterstützen. Das Öko-Controlling ist daher gewissermaßen als Überbau oder „Schaltstelle" umweltorientierter Untersuchungen anzusehen.

Literatur: [9], [11], [13], [15] insbes. S.108-110, [17], [39]

Umweltorientierte Portfolioanalyse

Die umweltorientierte Portfolioanalyse dient dazu, die ökologische Strategieposition des Unternehmens zu bestimmen, für einen Risikoausgleich zu sorgen sowie strategische „Stoßrichtungen" abzuleiten. Dies geschieht, indem umweltorientierte Produkt-Markt-Kombinationen in einem Beurteilungsraum positioniert werden. Voraussetzung hierzu ist eine vorangestellte Situationsanalyse, in deren Rahmen die Chancen, Risiken, Stärken und Schwächen des Unternehmens aus umweltorientierter Sicht zu ermitteln sind.

Literatur: [9] insbes. S.71, [16] insbes. S.121ff., [21], [22] insbes. S. 108ff., [24], [41], [42] insbes. S.55ff.

Betriebliche Stoff- und Energieflußanalyse

Im Rahmen der betrieblichen Stoff- und Energieflußanalyse werden alle (zu betrachtenden) Stoffe und Energien, die durch ein Betrachtungsobjekt (z.B. Standort, Werkshalle etc.) hindurchfließen, erfaßt und gegebenenfalls bewertet sowie Schwachstellen hieraus abgeleitet. Sie ist in vielen Fällen die Grundlage für weitere Untersuchungen des betrieblichen Umweltmanagements. Auf die Stoff- und Energieflußananlyse wird im folgenden Abschnitt näher eingegangen.

Risikoanalyse

Die Risikoanalyse dient der Identifizierung unternehmensinterner (z.B. potentielle Störfälle) und unternehmensexterner (z.B. Verschärfung relevanter Gesetze) Risiken und der Festlegung geeigneter Strategien zu deren Vermeidung. Sie ist zumeist standortbezogen. Indem aus der Risikoanalyse Strategien und Maßnahmen zur Risikoverminderung abgeleitet werden, stellt sie die Basis für den Aufbau eines Risikomanagementsystems dar.

Literatur: [5], [7], [14], [18] insbes. S. 59-84, [22] insbes. S. 153-168, [35] insbes. S.179-189, [40]

Umweltkostenrechnung

Im Rahmen der Umweltkostenrechnung wird versucht, die durch Umweltschutzmaßnahmen entstandenen Kosten (und Erlöse) verursachungsgerecht zuzuordnen. Die Bewertung der Maßnahmen findet einheitlich in monetären Größen statt. Die Umweltkostenrechnung ist üblicherweise entsprechend der traditionellen Kostenrechnung gegliedert in die Kostenarten-, Kostenstellen- und Kostenträgerrechnung.

Literatur: [19], [28], [29], [33], [34], [45] insbes. S. 247-255

Produktlinienanalyse

Die Produktlinienanalyse ist eine Beurteilungsmethode, in deren Rahmen Produkte entlang ihres gesamten Lebensweges betrachtet werden. Über eine ökologische Bewertung hinaus wird auch untersucht, inwieweit Produkte Bedürfnisse befriedigen können. Sie erfaßt daher sowohl die ökologischen, gesellschaftlichen als auch die wirtschaftlichen Folgen eines Produktes. Literatur: [8], [26], [30], [45] insbes. S.558-562

Umweltorientierte Kennzahlensysteme

Umweltorientierte Kennzahlensysteme zielen darauf ab, durch Darstellung einheitlicher und stark aggregierter Kennwerte rasch einen Überblick über die betriebliche Umweltsituation zu vermitteln. Sie sind insbesondere geeignet, die Effektivität durchgeführter Umweltmanagementmaßnahmen aufzuzeigen und dienen darüber hinaus dazu, Vergleiche zwischen verschiedenen Produkten, Betriebsstätten, Anlagen etc. sowie über Perioden hinweg anzustellen. Literatur: [13] insbes. S. 148-156, [20] insbes. S. 79-82, [38] insbes. S. 141-144

Ökobilanzen

Die Ökobilanz (engl.: Life-Cycle-Assessment (LCA)) ist eine Methode, mit der die Umweltbelastungen und -auswirkungen, die von Produkten, Prozessen, Systemen oder Tätigkeiten ausgehen, ermittelt und bewertet werden können. Dies erfolgt durch Identifizierung und Quantifizierung des Energie- und Materialflusses und anschließender Bewertung der Umweltbeeinflussung. Wird von einer betrieblichen Ökobilanz gesprochen, so steht der Unternehmensstandort im Mittelpunkt der Betrachtung. Demgegenüber bezieht sich die Prozeß-Ökobilanz auf einzelne betriebliche Prozesse. Und schließlich ist im Rahmen der Produkt-Ökobilanz der gesamten Lebensweg eines Produktes (von der Rohstoffgewinnung über die Rohstoffverarbeitung, die Produktion, den Gebrauch, den Wiedergebrauch, die Wartung, das Materialrecycling bis hin zur endgültigen Entsorgung samt aller anfallenden Transporte) einer genauen Untersuchung zu unterziehen.

Nach einer Konvention der „Society of Environmental Toxicology and Chemistry"(SETAC) [36], die die Grundlage für die internationale Normungsarbeit für Ökobilanzen darstellt, haben Ökobilanzen folgenden Aufbau:

1. Festlegung der Zielsetzung und des Untersuchungsrahmens (etwa geographische Begrenzung, Detaillierungsgrad etc.)
2. Erstellung einer Sachbilanz (= Ermittlung sämtlicher Energie- und Materialströme)

3. Erarbeitung einer Wirkungsbilanz (= Ermittlung der Umweltwirkungen der eingesetzten Energien und Materialien)

4. Gesamtbewertung der Energie- und Materialflüsse sowie Ableitung von Schwachstellen und Verbesserungsmöglichkeiten

Durch Ökobilanzen kann (im Idealfall) der momentane Stand der Umweltbelastungen, die von einem Standort, von den Prozessen und Produkten ausgehen, erfaßt und bewertet werden. Sie sind daher ein wichtiges Instrument der Informationsbeschaffung für das Umweltmanagement. Da allerdings die Leistungsfähigkeit der Umweltmanagementorganisation und des Risikomanagements sowie auch marktorientierte Gegebenheiten und rechtliche Tendenzen nicht von Ökobilanzen erfaßt werden, sollten sie nicht als ausschließliche Steuerungsgrößen des Umweltmanagements eingesetzt werden.

Auf die produktorientierte Ökobilanz (Produkt-Ökobilanz) wird in Abschnitt 4 näher eingegangen.

Bemerkung: Nach der internationalen Norm über Forderungen an Umweltmanagementsysteme, ISO 14001 (z. Z. Entwurf), ist die Durchführung einer vollständigen Ökobilanz nicht vorgeschrieben für Unternehmen, die sich nach dieser Norm zertifizieren lassen wollen..

Literatur: [4], [25], [30], [31], [36], [37], [43], [44]

3   Betriebliche Stoff- und Energieflußanalysen (SEFA)

Grundlage oder wesentlicher Bestandteil der meisten Untersuchungsmethoden im betrieblichen Umweltschutz ist die betriebliche „Stoff- und Energieflußanalyse" (SEFA). Sie verschafft dem Unternehmen einen genauen Überblick über die aktuellen Umweltbelastungsfaktoren, die von den Anlagen und Verfahren bzw. vom Gesamtbetrieb ausgehen. Darüber hinaus liefert sie wesentliche Informationen für die Erarbeitung einer ökologischen Produktbewertung, etwa für eine Produkt-Ökobilanz (vgl. Abschnitt 8.4).

Im Rahmen der SEFA werden (möglichst) alle In- und Outputstoffe (chemische Verbindungen oder Materialien) sowie Energieflüsse erfaßt und, soweit möglich, den Verbrauchern bzw. Verursachern von Umweltbelastungen zugeordnet. Die Ergebnisse der betrieblichen Stoff- und Energieflußanalysen dienen dazu,

- Kennzahlen für die Umweltmanagementsteuerung abzuleiten (beispielsweise zur Prioritätensetzung),
- die Resultate von durchgeführten Umweltmanagementmaßnahmen aufzuzeigen,
- eine Rechtssicherheit zu erzeugen dahingehend, daß gesetzliche Vorschriften erkennbar eingehalten werden,
- Informationen für die Erarbeitung von Umwelterklärungen, Umweltberichten etc. bereitzustellen und ganz wesentlich:
- Schwachstellen aufzudecken, für die Lösungsmöglichkeiten zu erarbeiten sind.

Ablauf einer Stoff- und Energieflußanalyse

Die Vorgehensweise einer Stoff- und Energieflußanalyse sollte schwerpunktorientiert gestaltet sein. Das bedeutet, daß zuerst die besonders gravierenden Umweltbelastungen identifiziert und den Verursachern zugeordnet werden, dann die weniger bedeutsamen und zuletzt die kaum bedeutsamen. Auf diese Weise können in einem frühen Stadium der Untersuchung bereits wesentliche Schwachstellen aufgedeckt und Maßnahmen eingeleitet werden.

(1) *Scoping*

Im ersten Schritt werden die Ziele, die mit der Stoff- und Energieflußanalyse verfolgt werden, festgelegt. Ein Ziel könnte beispielsweise sein, einen genauen Überblick über alle In- und Outputströme zu erhalten mit der Intention, sämtliche umweltorientierten Schwachstellen aufzudecken und zu beseitigen.

Folgende Vorgehensweise wird vorgeschlagen.

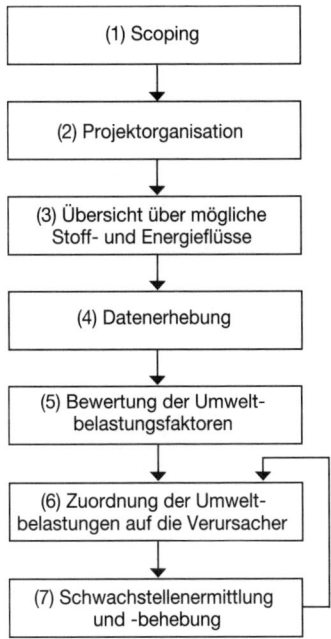

Bild 1: Ablauf einer Stoff- und Energieflußanalyse

Im Anschluß daran werden die örtlichen und zeitlichen Untersuchungsgrenzen bestimmt. So ist zu klären, ob sich die Untersuchung auf einen spezifischen Prozeß, eine Werkshalle, einen Standort[1] oder auf das gesamte Unternehmen bezieht. Ferner ist das Referenzzeitintervall, auf das sich die Stoff- und Energieströme beziehen, festzulegen (z. B. ein Jahr). Darauf sollten vor dem Hintergrund eines „gesunden" Aufwand-Nutzen-Verhältnisses[2] Überlegungen hinsichtlich der Untersuchungstiefe (Detailliertheit der Untersuchung) angestellt werden. Ist beispielsweise „nur" die Ermittlung und Rückverfolgung hausmüllähnlicher Gewerbeabfälle vorgesehen, so ist der Detaillierungsgrad sicherlich nicht so hoch einzustellen wie für eine Untersuchung der Schadstoffflüsse im Betrieb.

[1] In den folgenden Ausführungen wird als Bezugsobjekt der Stoff- und Energieflußanalyse stellvertretend für Teile von Standorten (z. B. Werkshallen) oder Prozesse ein gesamter Unternehmensstandort angenommen.

[2] Eine übertrieben detaillierte Untersuchung stellt insoweit eine (nicht-reale) Umweltbelastung dar, als daß die hierdurch gebundenen finanziellen und personellen Mittel an anderer Stelle „öko-effektiver" eingesetzt werden und so zu Umweltentlastungen führen könnten.

(2) *Projektorganisation*

Sofern ein umfangreiches Monitoringsystem, mit dem kontinuierlich sämtliche Stoff- und Energieflüsse ermittelt werden, im Unternehmen nicht vorliegt, ist die SEFA ein diskontinuierlicher Prozeß. Sie ist deshalb als Projekt aufzufassen und sollte durch Hilfsmittel des Projektmanagements unterstützt werden.

In Schritt 2 wird daher zunächst die Organisation des Projektes „Stoff- und Energieflußanalyse" geplant. Hierzu sind aus den Zielen (Schritt 1) und aus einer Abschätzung des Untersuchungsumfanges die erforderlichen Projektaufgaben abzuleiten. Diese Aufgaben sind dann geeigneten Aufgabenträgern (Projektteam) zuzuordnen. Sofern ein Mangel an geeignetem einsetzbarem Fachpersonal besteht, sollte in Erwägung gezogen werden, externe Berater hinzuzuziehen.

Ist die Aufgabenermittlung und Verteilung soweit abgeschlossen, sollte der Zeitrahmen und schließlich auch das Budget, das für die Untersuchung veranschlagt werden soll, festgelegt werden.

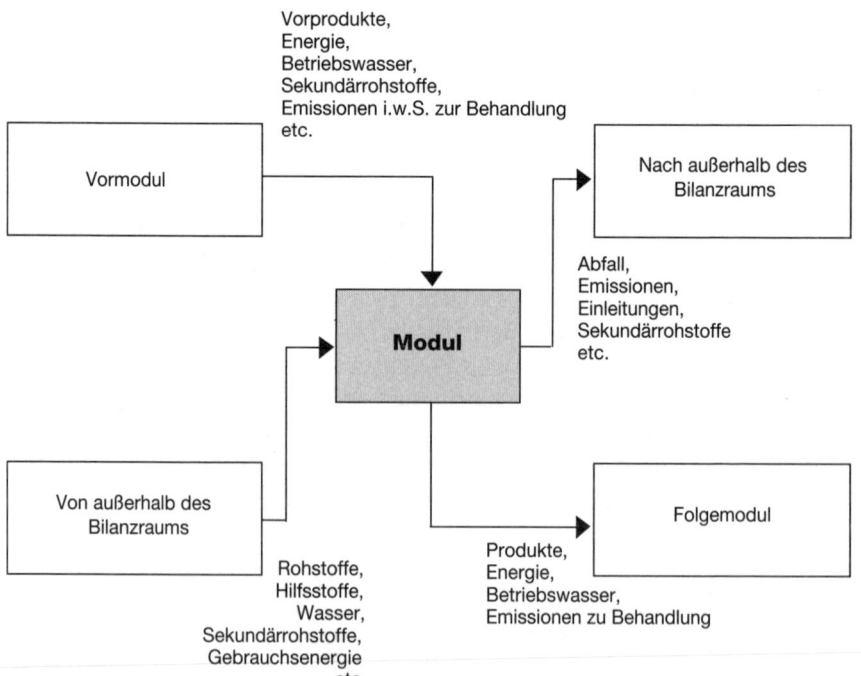

Bild 2:   Modulorientierte Vorgehensweise einer SEFA, in Anlehnung an [27]

(3) *Übersicht über mögliche Stoff- und Energieflüsse*

Nachdem sich das Projektteam gebildet hat, sollte es sich einen Überblick über die möglichen Stoff- und Energieflüsse verschaffen. Hierzu können im Betrieb verfügbare Pläne und Aufzeichnungen (z. B. Generalbebauungsplan, Materialflußpläne, Werks-/Hallenlayout, Arbeitspläne, Arbeitsablaufschemas, etc.) genutzt und ergänzt werden durch selbsterstellte Skizzen. Ferner sollten mehrere Betriebsbegehungen eingeplant werden. Hilfreich ist darüber hinaus, das Betrachtungsobjekt (hier: gesamter Standort) in ein System einzelner Module zu zerlegen, die jeweils In- und Outputströme aufweisen, vgl. Bild 2.

Ein Modul repräsentiert hierbei üblicherweise eine Anlage. Bei umweltrelevanten Aggregaten, die in höherer Anzahl vorkommen und nicht unmittelbar

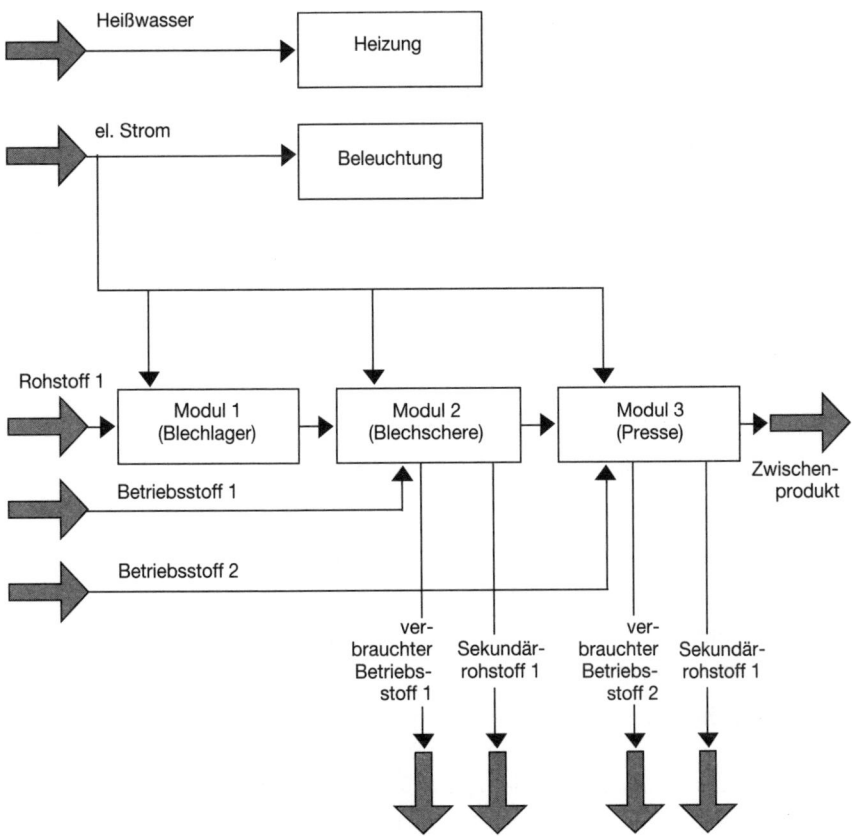

Bild 3: Beispielhaftes Grundfließbild einer Werkshalle (Prinzipskizze)

einer Anlage zugeordnet werden können (etwa Beleuchtung, Heizung, Lüftung, etc.), sollten Aggregationen zu jeweils einem Modul vorgenommen werden. Eine Vernetzung der Module kann sodann in Anlehnung an das aus der Verfahrenstechnik bekannte Grundfließbild (entspr. DIN 28004) erfolgen, vgl. Bild 3. Diese Darstellung liefert dann eine noch nicht mit Zahlenangaben versehene Übersicht über die ein- und ausgehenden Stoff- und Energieflüsse innerhalb des Standortes.

(4) *Datenerhebung*

Im nun folgenden Schritt sind Daten über Stoffin- und -output sowie Energieeinsatz und evtl. -bereitstellung zu erheben. Dieser Schritt einer SEFA stellt üblicherweise den größten Aufwand der Untersuchung dar, da die erforderlichen Informationen i.d.R. nicht in geordneter Form oder auch gar nicht vorliegen. Aus diesem Grund werden zunächst die möglichen Quellen identifiziert, die Angaben über die Stoff- und Energieflüsse abgeben könnten. Hierbei handelt es sich beispielsweise um:

- Stoffdatenblätter,
- Materialtransportblätter,
- Materialflußbögen,
- Stücklisten,
- Arbeitspläne,
- Materialverwendungspläne,
- Einkaufslisten,
- Abfallbilanzen/Abfallwirtschaftspläne,
- Entsorgungsnachweise (Abfallbegleitscheine),
- Wassereigenkontrollaufzeichnungen,
- Emissions- und Abfallkataster,
- Energieverbrauchsübersichten,
- Aufzeichnugen des Betriebsbeauftragten für Umweltschutz,
- Wärmemengenzähler,
- Verbrauchszähler für elektrische. Energie.

Probleme entstehen insbesondere bei Zulieferbauteilen oder -baugruppen, deren stoffliche Zusammensetzung nicht bekannt ist. Die entsprechenden Vertragspartner sollten daher gebeten werden, entsprechende Informationen bereitzustellen bzw. zu erheben.

Die ermittelten Daten (Umweltbelastungsfaktoren) sollten in einem nächsten Teilschritt ihrer Stoffbezeichnung bzw. ihrer Energieart nach geordnet und in folgende Kategorien eingeteilt werden:

Kategorien	Einheit	Gesamtmenge p.a.
Rohstoffeinsatz bedenklicher Stoffe	kg	...
Rohstoffeinsatz unbedenklicher Stoffe	kg	...
Energieverbrauch	MWh	...
Energiebereitstellung	...	...
Luftemissionen	...	...
Wasserverbrauch	m^3	...
Wasserverunreinigungen	...	...
Abfallanfall	...	...
Sekundärrohstoffe	...	...
Sonderabfallanfall (nach TA Abfall)	...	...
Lärmemissionen (A-Schalleistungspegel)	...	...

Hinsichtlich der Betriebsstoffe, also jener Stoffe, die für die betrieblichen Prozesse erforderlich sind, jedoch nicht in Produkte einfließen, sollten Input-Output-Übersichten erstellt werden, aus denen hervorgeht, inwieweit bzw. bei welchen Stoffen Stoffverluste vorliegen. Da es sich hierbei beispielsweise um schädlich Einträge in die Luft oder Bodenversickerungen handeln kann, ist dem Verbleib jener Stoffe nachzugehen.

Am Ende der Datenerhebung liegen (soweit ermittelbar) sämtliche in den Standort ein- und ausfließenden Stoffe und Energien (Umweltbelastungsfaktoren) in geordneter und mit Mengenangaben versehener Form vor.

(5) Bewertung der Umweltbelastungsfaktoren

Eine Bewertung der Umweltbelastungsfaktoren ist erforderlich. Dies ergibt sich aus der Tatsache, daß die Vielfalt dieser – zum Teil sehr unterschiedlichen – Faktoren es notwendig macht, Prioritäten zu deren Vermeidung bzw. Verminderung zu setzen.

Sowohl die umweltorientierte Bewertung als auch ein ökologischer Vergleich insbesondere der Stoffflüsse ist allerdings (zumindest) zum gegenwärtigen Zeitpunkt wissenschaftlich exakt nicht durchführbar, da die hierfür erforderlichen Untersuchungen recht umfangreich sind und daher erst für wenige Stoffe (in geordneter und handhabbarer Form) vorliegen. Besondere Probleme bereitet vor allem die vergleichende Bewertung unterschiedlicher Umweltbelastungsfaktoren. Hierzu ein Beispiel:

Die beim Betrieb einer Anlage unvermeidlich hervorgebrachten Produktionsreststoffe (z. B. Kupferspäne) sind versetzt mit toxischen Schadstoffen und daher insgesamt als Sonderabfall anzusehen und entsprechend zu entsorgen. Eine mögliche Aufbereitungsanlage für die kontaminierten Kupferspäne (Auswaschung der Schadstoffe mit anschließender mikrobiologischer Behandlung) würde einen hohen Energieeinsatz erfordern und zu einem zusätzlichen Wasserverbrauch führen. Zu vergleichen ist also:

ohne Aufbereitungsanlage	mit Aufbereitungsanlage
Umweltbelastung durch die Entsorgung schadstoffhaltiger Späne	Umweltbelastung durch zusätzlichen Energieverbrauch (insb. CO_2) + Umweltbelastung durch zusätzlichen Wasserverbrauch – Umweltentlastung durch Rückführung der dekontaminierten Kupferspäne in den Produktionsprozeß

Da objektive und wissenschaftlich fundierte Vergleichsmaßstäbe unterschiedlicher Umweltbelastungsfaktoren zumindest in naher Zukunft nicht erwartet werden können, sollten daher vom Unternehmen selbst Kriterien, nach denen die betrieblichen Stoff- und Energieflüsse beurteilt werden können, festgelegt sowie Methoden bereitgestellt werden, die mögliche Handlungsbedarfe aufzeigen (etwa Beurteilungsmatrizen, vgl. Tab. 1).In der betrieblichen Praxis werden je nach Zielsetzung der Stoff- und Energieflußanalyse (Schritt 1) unterschiedliche Beurteilungsmaßstäbe herangezogen, so etwa Beurteilungen anhand:

- ökologischer Kriterien;
- rechtlicher Kriterien;
- technischer/wirtschaftlicher Kriterien.

Beurteilung anhand ökologischer Kriterien

Die Beurteilung der Umweltbelastungsfaktoren anhand ökologischer Kriterien erfolgt üblicherweise durch Auswertung verfügbaren Datenmaterials durch die Stoffhersteller, Datenbanken, veröffentlichte Stoffberichte, Stoffdatenblätter etc. Folgende Kriterien sollten berücksichtigt werden (in Anlehnung an [3]):

- Exposition
  - Allgemeine Bevölkerung
  - Anliegende Bevölkerung
  - Arbeitsplätze

- Verhalten in der Umwelt
  - Ozonzerstörungspotential
  - Treibhauspotential
  - Biotische und abiotische Abbaubarkeit
  - Mobilisierbarkeit
  - Akkumulierbarkeit
  - Bioverfügbarkeit

- Humantoxizität
  - Allgemeine toxische Wirkungen
  - Verhalten im Organismus
  - Kanzerogenität
  - Risiko/unbestimmbares Risiko

- Ökotoxizität
  - Terrestrische Systeme
  - Hydrosphäre
  - Kombinationswirkungen
  - Risiko/unbestimmbares Risiko

Beurteilung anhand rechtlicher Kriterien

An die ökologische Beurteilung der im Unternehmen vorkommenden Stoffe schließt sich eine rechtliche Beurteilung an. Untersucht wird, ob und inwieweit bestimmte Stoffe vom Gesetzgeber als besonders beachtenswert eingestuft werden. Ein Unternehmen sollte daher alle relevanten Rechtsnormen dahingehend prüfen, ob Vorschriften vorliegen, die den Stoff- und Energiefluß betreffen, und diese zusammentragen.

Insbesondere sollten berücksichtigt werden:
- Gefahrstoff-VO
- Chemikalienverbots-VO
- TA Luft
- TA Abfall
- Abwasser-Rahmenverwaltungs-VO
sowie auch:
- MAK-, TRK- und BAT-Werte

Beurteilung anhand technischer/wirtschaftlicher Kriterien

Im nächsten Teilschritt werden die ermittelten Stoffe technischen und wirt-schaftlichen Kriterien gegenübergestellt. Eine solche Übersicht ist insbeson-dere für bedenkliche oder höchst-bedenkliche Stoffe, die dringend reduziert oder durch unbedenkliche substituiert werden sollten, wichtig und hilfreich. Folgende Kriterien kommen in Betracht:
- Vermeidungskosten
- Verminderungskosten (durch Aufbereitung, andere Technik etc.)
- Substituierbarkeit
- Recyclingfähigkeit
- Entsorgungskosten

Diese öko-relevanten Kriterien dienen nun als Beurteilungsmaßstab und sind den ermittelten Stoffen gegenüberzustellen, etwa nach folgendem Schema[3]:

Tabelle 1:   Beurteilungsmatrix für Stoffe

Kriteriengruppe: Ökologische Wirkung Kriterium.: „Allgemeine toxische Wirkung" Gewichtung (G) : 1					
Stoff	Menge p. a.	verbale Beurteilung	quantitative Beurteilung (B)	Bewertung (B*G)	Handlungsbedarf
Stoff 1	100 t	hoch-toxisch,...	4	4	dringend
Stoff 2	...	...	...	...	...
etc.					

---

[3] Eine ähnliche Methode zur Ermittlung des Handlungsbedarfes hat Stahlmann ent-wickelt in [37].4 Society of Environmental Toxicology and Chemistry[2]

Eine Gewichtung (G; G = 0...1) kann etwa durch paarweisen Vergleich aller Kriterien erfolgen. Für die quantitative Beurteilung (B) ist z. B. folgender Maßstab denkbar: 4 = besonders bedrohlich; 3 = bedrohlich; 2 = gering-bedrohlich; 1 = nicht bedrohlich. Hieraus ergibt sich eine Stufung des Handlungsbedarfes in die Kategorien: dringend, nicht-dringend und gegenwärtig kein Handlungsbedarf.

Derartige Beurteilungsmatrizen sollen dazu dienen, einen raschen Überblick über das Gefährdungspotential der Stoffe zu ermöglichen und besonders bedenkliche Stoffe (Handlungsbedarf: dringend) aufzuzeigen, so daß Maßnahmen frühzeitig eingeleitet werden können. Darüber hinaus helfen sie, Prioritäten für nachfolgende Untersuchungsschritte festzulegen.

Neben den Beurteilungen sollten auch zeitliche Veränderungen der Stoff- und Energieflüsse ermittelt und veranschaulicht werden. Aus ihnen lassen sich vergleichsweise einfach Entwicklungen ablesen, denen ggf. entgegenzusteuern ist (vgl. Bild 4).

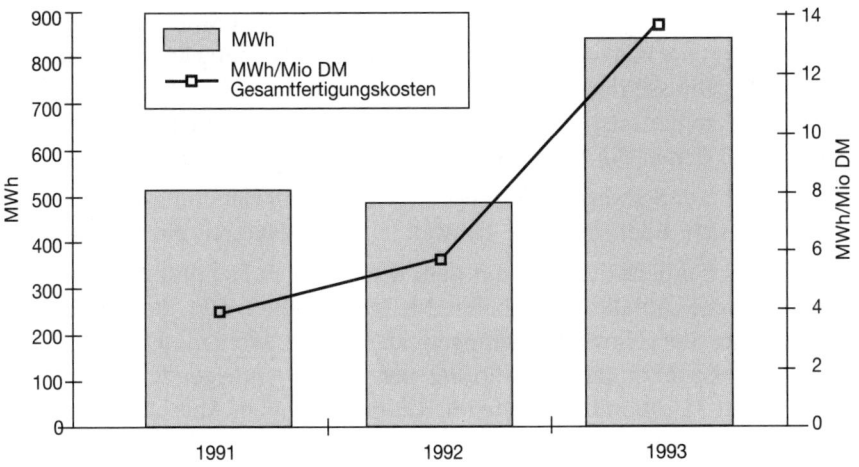

Bild 4: Zeitliche Entwicklung des Energieverbrauchs eines Standortes

(6) Zuordnung der Umweltbelastungen auf die Verursacher

In Schritt 6 wird versucht, die ermittelten Stoff- und Energieflüsse des gesamten Standortes auf die einzelnen Verbraucher bzw. Verursacher der Umweltbelastung zu verteilen. Hinsichtlich des Output-Stoffflusses ist dabei zu berücksichtigen, daß üblicherweise ein großer Teil hiervon erwünscht ist; es handelt sich um die erzeugten Produkte. Ihre ökologische Wirkung wird im Rahmen von Produkt-Ökobilanzen näher untersucht (vgl. Abschnitt 8.4).

Von größerem Interesse ist daher der unerwünschte Output-Stofffluß (Emissionen, Abwasser, Abfallstoffe etc. aber auch zu verwertende Reststoffe, (vgl. Bild 5).

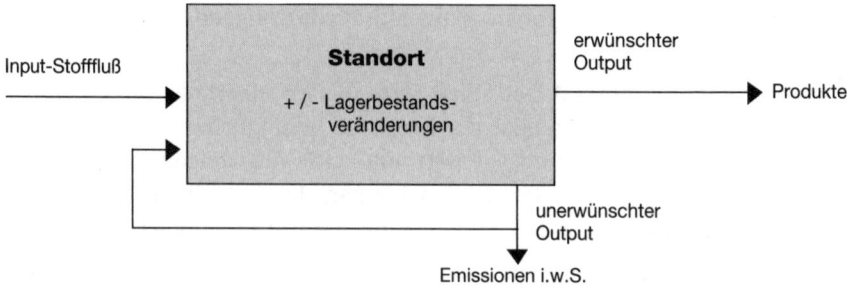

Bild 5:   Stofffluß eines Standortes (Prinzipdarstellung)

Die Reihenfolge der Zuordnung sollte sich nach der Umweltbelastung und dem Mengenstrom der durch den Standort fließenden Stoffe und Energien richten. Für eine hierzu erforderliche Rangfolgefestsetzung können unmittelbar die Ergebnisse der Beurteilungsmatrix (Tab. 1) dienen. Hinsichtlich der Stoffflüsse sollten also zunächst jene Stoffe im Zentrum der Betrachtung stehen, bei denen ein dringender Handlungsbedarf geboten ist.

Ergebnis dieser Schwerpunktfestlegung ist eine nach Handlungsbedarf geordnete Übersicht über sämtliche Umweltbelastungsfaktoren eines Standortes.

Beginnend bei dem Stofffluß mit dem dringendsten Handlungsbedarf (z. B. hoch-toxische Abfälle in größeren Mengen) sollten nun die potentiellen Verursacher der Umweltbelastungen identifiziert werden. Dies geschieht üblicherweise über die Auswertung der bereits vorliegenden Unterlagen (vgl. Schritt 3), durch Gespräche mit Verantwortlichen, Abschätzungen oder Messungen vor Ort.

Den auf diese Weise identifizierten Verursachern von Umweltbelastungen (die als Modul beschrieben sind – vgl. Schritt 3) wird dann durch „Zurechnungsbögen" der jeweilige Stoff- bzw. Energiefluß zugeordnet (vgl. Tab. 2).

Die Spalte „Sonstige" ist gewissermaßen die „Auffangstelle" für nicht zurechenbare Umweltbelastungen. Diese Kategorie ist daher ein Indikator für die Genauigkeit der Untersuchung.

Sobald wesentliche Umweltbelastungsfaktoren (Stoff- bzw. Energieflüsse) verursachungsgerecht zugewiesen worden sind, sollte unmittelbar – also schon während dieser Untersuchungsphase – eine Schwachstellenermittlung und -behebung (Schritt 7) erfolgen.

Tabelle 2:   Beispiel eines Zurechnungsbogens für bestimmte Abfallstoffarten

| | | Verursacher der Umweltbelastung | | | |
Abfallart	Gesamtanfall p.a.	Modul 1	Modul 5	Modul 12	Sonstige
kupferhaltiger Galvanikschlamm	18,1 t	0%	30%	50%	20%
Lösemittelgemische	2,0 t	0%	90%	5%	5%
Tetrachlorethen	1,7 t	80%	0%	0%	20%
etc.	...	...	...	...	...

Der Grund ist, möglichst frühzeitig Maßnahmen zur Verbesserung des betrieblichen Umweltschutzes einzuleiten, also vor Abschluß der Stoff- und Energieflußuntersuchung. Nachdem die ermittelten Teilergebnisse eine Schwachstellenanalyse durchlaufen haben, wird dann mit der Zuordnung der verbliebenen Stoff- und Energieflüsse fortgesetzt. Es handelt sich also um einen iterativen Untersuchungsprozeß.

Im Anschluß an die Zuordnung der Stoff- und Energieflüsse auf ihre Verursacher werden die in Schritt 3 angefertigten Grundfließbilder komplettiert, indem die ermittelten Flußdaten den Modulen zugewiesen und eingetragen werden. Sind alle Module einer größeren Einheit (z. B. Werkshalle) hinsichtlich ihres Stoff- und Energiedurchsatzes vollständig beschrieben, so können zusätzlich (insbesondere für die Energieflüsse) Sankey-Diagramme erstellt werden, die in besonders anschaulicher Weise den Fluß darstellen (vgl. Bild 6).

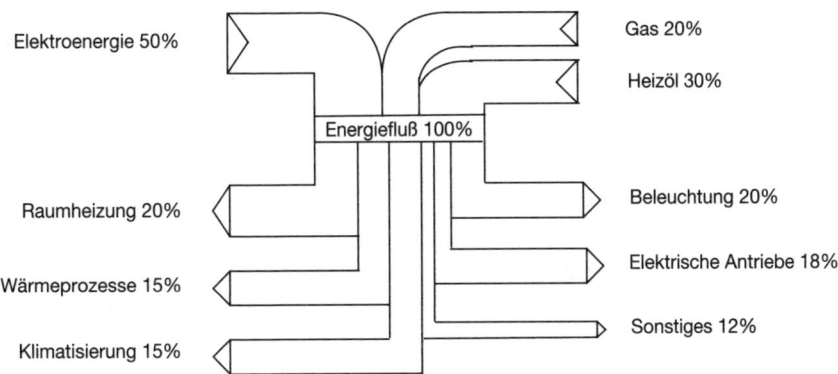

Bild 6:   Energiefluß-Sankey-Diagramm einer Werkshalle

(7) *Schwachstellenermittlung und -behebung*

Sämtliche Umweltbelastungen, die von den Modulen ausgehen, sind zunächst als Schwachstellen zu werten und sind daher entsprechenden Analysen zu unterziehen. Da alle (unerwünschten) Stoff- und auch alle Energieflüsse Umweltbelastungen darstellen, würde daher die Schwachstellenanalyse sehr umfangreiche Ausmaße annehmen. Aus diesem Grund sind – in Abhängigkeit vom gesetzten Untersuchungsziel (Schritt 1) – vor allem jene Stoff- und Energieflüsse näher zu betrachten, die aus umweltorientierter Sicht aufgrund ihres Umweltbelastungspotentials oder ihres Mengenstromes bedrohlich erscheinen. Darüber hinaus sollten ebenfalls Module analysiert werden, bei denen – aus dem Erfahrungsschatz der Projektteams heraus – voraussichtlich Schwachstellen (auch organisatorische Schwachstellen) vorliegen, die sich auf unproblematische Weise beseitigen lassen.

Zunächst werden alle Module, die einer Schwachstellenuntersuchung unterzogen werden sollen, bestimmt und in einer Untersuchungsliste zusammengefaßt, jeweils mit dem Hinweis, um was für eine Schwachstellenart es sich handelt:

- Energieverbrauch,
- Wasserverbrauch,
- Wasserbelastung,
- Luftemission,
- Abfallanfall oder
- Einsatz umweltgefährdender Stoffe.

Beginnend mit dem Modul, das die höchste Belastung/den höchsten Mengenstrom aufweist, wird sodann mit gezielten Kriterien geprüft, ob und inwieweit sich die jeweilige Schwachstelle beseitigen oder vermindern läßt. Beispielhaft seien an dieser Stelle mögliche Prüfkriterien bzw. Prüffragen für den Energieverbrauch und den Abfallanfall aufgeführt:

Energieverbrauch

- Ist das Modul (der Prozeß) an sich die Schwachstelle? Durch welche Maßnahmen läßt sich der Wirkungsgrad (Output/Input) erhöhen? Welche Alternativprozesse sind denkbar?
- Läßt sich die durch den Prozeß entstehende freiwerdende (Wärme-)Energie als Sekundärenergie für andere Prozesse (Module) nutzen?
- Sind hinsichtlich der Wahl der Energieträger effizientere Alternativen denkbar?
- Sind die Verlustenergien (oder Teile davon) auf Verhaltensfehler zurückzuführen und wie lassen sie sich beseitigen?

Abfallanfall

● Ist das Modul (der Prozeß) an sich die Schwachstelle? Durch welche Maßnahmen läßt sich die Stoffausnutzung erhöhen? Welche Alternativprozesse sind denkbar?

● Läßt sich der Abfallstoff (in aufbereiteter Form) erneut nutzen und so in denselben (oder einen anderen) Produktionskreislauf zurückführen?

● Ist der Abfallanfall zurückzuführen auf die Inputstoffe des Prozesses? Sind alternative Inputstoffe denkbar?

● Bedingen vorgelagerte Module den Abfallanfall? Welche Möglichkeiten bestehen, auf vorgelagerte Module einzuwirken?

● Ist der Abfallanfall (oder Teile davon) auf Verhaltensfehler zurückzuführen, und wie lassen sie sich beseitigen?

Aus der Prüfung der Kriterien heraus ergeben sich Lösungsvorschläge, die zur (teilweisen) Beseitigung der jeweiligen Schwachstellen führen. Sie sind sodann einer Kosten-/Nutzen-Beurteilung zu unterziehen, aus der hervorgeht, welche finanziellen Wirkungen eine Schwachstellenbehebung nach sich zieht (vgl. in Abschnitt 2: Umweltkostenrechnung).

Am Ende der Untersuchung liegen in anschaulich aufbereiteter Form Übersichten über die Stoff- und Energieflüsse eines Standortes sowie über vorliegende Schwachstellen vor, die unmittelbar genutzt werden können, Verbesserungsmaßnahmen einzuleiten.

Weiterführende Literatur zur Stoff- und Energieflußanalyse: [3], [13], [32], [45] insbes. S. 555-558

4   Produktbezogene Ökobilanzen

4.1   Einführung

Ökobilanzen wurden mit dem Ziel entwickelt, die Umweltauswirkungen industrieller Produktion und des Warenverbrauchs zu ermitteln. Dabei hat sich das Produkt als Betrachtungsgegenstand, auf den Umweltbelastungen bezogen werden, schwerpunktmäßig herauskristallisiert. Verbunden mit einer wachsenden ökologischen Werteorientierung der Bevölkerung rückten produktbezogene Ökobilanzen damit in den Mittelpunkt des allgemeinen gesellschaftlichen Interesses.

Mit dem Auftreten plakativer und zweifelhafter Ökobilanzresultate in den Medien Anfang der neunziger Jahre kam erste Kritik am Konzept auf. Zunehmend wurde deutlich, daß Ökobilanzen kein umweltpolitisches Allheilmittel sind und sowohl das Konzept als auch seine methodische Umsetzung Grenzen, Schwachpunkte und Lücken aufweisen. Die Weiterentwicklung paralleler Instrumente sowie internationale und nationale Normungsaktivitäten wirken mittlerweile dem entgegen. Die an Ökobilanzen gestellten Erwartungen nehmen ein zunehmend realistisches Maß an, was ihre gezielte Ausreifung unterstützt.

Unternehmen haben bis heute die Mehrzahl von produktbezogenen Ökobilanzstudien in Auftrag gegeben [31]. Ihre Bedeutung als produktpolitisches Instrument für den betrieblichen Umweltschutz im Sinne der EG-Öko-Audit-Verordnung ist dennoch abhängig von bestimmten Faktoren, vor allem dem Produkt selbst und seiner stofflich-energetischen Verknüpfung mit dem Standort. Unabhängig davon weist die Verordnung im Anhang I, Teil C unter den zu behandelnden Gesichtspunkten in Umweltpolitik und -programme sowie der Umweltbetriebsprüfung explizit auf die Produktplanung hin. Ökobilanzen können dafür unterstützend Informationen liefern.

4.2   Was ist eine produktbezogene Ökobilanz?

Durch produktbezogene Ökobilanzen sollen die mit Produkten (Waren oder Dienstleistungen) oder Prozessen verbundenen Umweltbeeinflussungen möglichst umfassend ermittelt werden, indem

- Energiebedarf und Materialverbräuche sowie Stoffströme in die Umwelt identifiziert und zahlenmäßig erfaßt werden,
- die dadurch verursachten Wirkungen untersucht werden,
- eine Bewertung der Umweltbeeinflussung stattfindet und Möglichkeiten aufgezeigt werden, um negative Auswirkungen zu reduzieren.

Dabei wird der gesamte Lebensweg des Produktes in die Betrachtung eingeschlossen von der Gewinnung und Aufbereitung der Rohstoffe über die Herstellung, Logistik, Gebrauchszyklen, Instandhaltung, Recycling bis zu seiner
Beseitigung [36].

In erster Linie sollen produktbezogene Ökobilanzen helfen, die physischen
Wechselwirkungen (andere werden ausgeklammert) zwischen Produkten und
der Umwelt abzubilden und deren Wirkungen zu verdeutlichen. Sie liefern
somit Informationen zur Entscheidungsvorbereitung, wenn es beispielsweise
gilt, zwischen Materialien umweltbezogen hinsichtlich ihres gesamten
Lebensweges auszuwählen. Das Interesse vieler gesellschaftlichen Gruppen
an ihren Ergebnissen gibt der Ökobilanz zugleich die Bedeutung als Kommu-
nikationsgrundlage im produktbezogenen Umweltschutz.

4.3 Konzept und Methoden produktbezogener Ökobilanzen im Überblick

Konzept

Folgende allgemeine Vorgehensweise sollte bei der Erstellung produktbezogener Ökobilanzen eingehalten werden:

● Definition von Zielsetzung und Untersuchungsrahmen,

● Ermittlung und Berechnung des für den Untersuchungsgegenstand erforderlichen Material- und Energieeinsatzes,

● Ermittlung der dadurch verursachten

- Ressourcenbeanspruchung (Rohstoffe, Energie, Deponieraum),
- ökologischen Wirkungen,
- gesundheitlichen Beeinträchtigungen,

● Gesamtbewertung der Umweltauswirkungen,

● Aufzeigen von Möglichkeiten zur Verringerung nachteiliger Auswirkungen.

Entsprechend dieser Vorgehensweise haben sich feststehende Prozeßschritte
zum Erstellen produktbezogener Ökobilanzen herauskristallisiert (Bild 7).

1) Zieldefinition und Rahmensetzung

Den Anfang einer Ökobilanz bilden Angaben zum Gegenstand und Zweck
ihrer Durchführung und dem damit verbundenen Erkenntnisinteresse. Die
Rahmensetzung beginnt zunächst mit der Beschreibung der betrachteten Produktlebenswege und der Festlegung des Bilanzraums mit örtlichen und

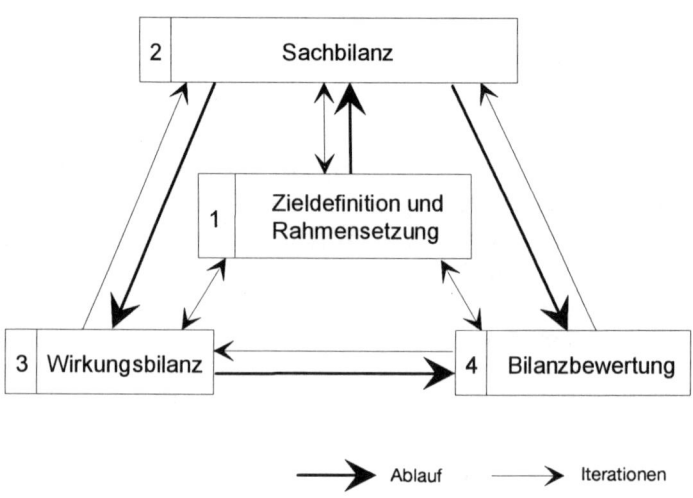

Bild 7:   Verfahrenskonvention für produktbezogene Ökobilanzen, nach [25]

zeitlichen Grenzen (Bilanzgrenzen). Damit der Aufwand in einem angemessenen Verhältnis zum Nutzen steht, werden vernachlässigbare Vorgänge und Datenkategorien ausgeklammert (Systemgrenzen). Werden Produktvergleiche angestrebt, so sind diese mittels Ökobilanzen nur dann sinnvoll, wenn die betrachteten Produkte ein und dieselbe Funktion ausüben können. Daraus ergibt sich die functional unit, auf die sich alle Angaben der Ökobilanz beziehen sollen. Bei einem Vergleich z. B. von PC-Druckern würde sie lauten „Anzahl Seiten pro Minute" oder bei Waschmitteln „für einen Standard-Waschgang notwendige Waschmittelmenge".

2) Sachbilanz

Bei der Sachbilanz werden die mit dem Produktlebensweg verbundenen Umweltbeeinflussungen quantitativ bestimmt. Zum Beginn wird der Lebensweg des Produktes als Kette von Prozessen „von der Wiege bis zur Bahre" ermittelt (Bild 2). Seine Darstellung erfolgt zumeist grafisch mittels Fließschaubildern. Das in Bild 2 gezeigte allgemeine Fließschaubild muß für das betrachtete Produkt spezifiziert werden. Dabei ist zu klären, wie mit Stofffluß-verzweigungen umzugehen ist. Betroffen davon sind Kuppelprodukte, vor allem in abfallwirtschaftlichen Prozessen, und Kreisläufe durch Recycling-aktivitäten. Für die einzelnen Prozeßmodule werden in einem nächsten Schritt Stoffbilanzen und der Energieinput entsprechend der festgelegten Datenkategorien bezogen auf z. B. 1 kg Prozeßprodukt ermittelt.

Die grundlegend zu berücksichtigenden Kategorien sind:

- Natürliche Ressourcen (Roh- und Brennstoffe, Wasser)
- Emissionen und Abfälle (Emissionen in Luft und Wasser, Abfallart und -volumen).

Bei der Aufstellung der Energieinputs ist zu beachten, daß der Energiegehalt stofflich genutzter Materialien (z. B. Kunststoffe) ebenfalls mit eingerechnet wird.

Die Beschaffung dieser Daten ist der aufwendigste Teil der Ökobilanz. Je nach Ziel der Untersuchung werden unternehmensspezifische, zumeist nicht öffentlich verfügbare, oder verallgemeinerte Daten verwendet. Unabhängig davon sollte der zeitliche und geographische Bezug der Daten transparent gemacht werden. Um den Aufwand zu begrenzen, werden Prozesse ohne größere Einflüsse „abgeschnitten". Ein Beispiel dazu ist die Herstellung der Transportmittel, mit denen das betrachtete Produkt in den Handel gelangt. Das erfordert, wiederum aus Gründen der Nachvollziehbarkeit, die Festlegung von Abschneidekriterien.

Die prozeßbezogen ermittelten Daten werden nun für den gesamten Lebensweg unter Einrechnung der für das Produkt notwendigen Menge an Prozeßprodukten addiert. Die Zusammenstellung der Daten erfolgt in aller Regel tabellarisch.

Die Sachbilanz ist Kernpunkt bisher angefertigter Ökobilanzen und ihre Erstellung methodisch weitgehend ausgereift.

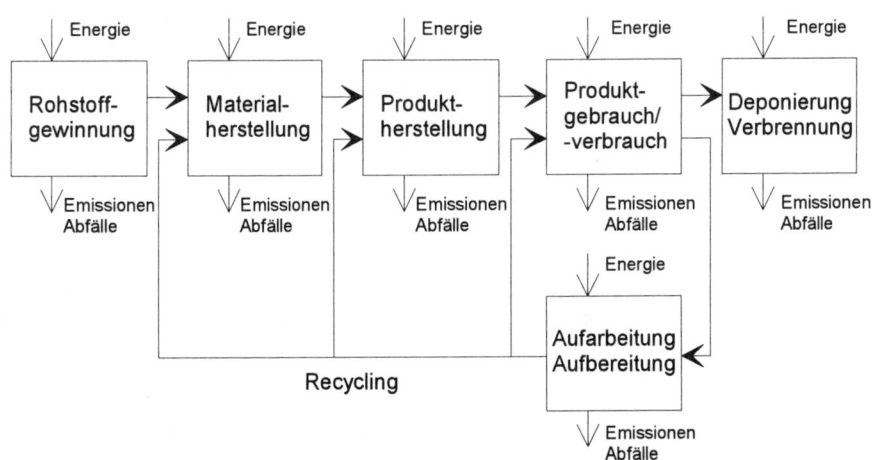

Bild 8: Stationen und Stoffflüsse des allgemeinen Produktlebensweges

3) Wirkungsbilanz

Mittels der Wirkungsbilanz sollen von den in der Sachbilanz ermittelten Umweltbeeinflussungen ausgehende Beeinträchtigungen der Umwelt festgestellt werden. Ein wesentlicher Schritt dabei ist die Ermittlung möglicher Wirkungen auf die Umwelt. Dabei soll zwischen lokalen, regionalen und globalen ökologischen Wirkungen unterschieden werden [25].

4) Bilanzbewertung

Die Bilanzbewertung dient der Bewertung der Ergebnisse der Sach- und Wirkungsbilanz mit dem Ziel, Schwachstellen und Optimierungspotentiale auszuarbeiten und so Entscheidungen vorzubereiten. Dabei verwendete und noch zu entwickelnde Methoden sollen entsprechend dem Umstand, daß die Beurteilungsmaßstäbe nicht objektiver Natur sein können, nachvollziehbar gestaltet und dargelegt werden [25].

Verwendete Methoden

Die Wirkungsbilanzierung und Bilanzbewertung werden heute nach unterschiedlichen Ansätzen durchgeführt. Bekannt und eher pragmatisch orientiert sind die Schweizer Methoden der Ökopunkte und Ökoprofile, die nicht zwischen den beiden letzten Schritten der Ökobilanz unterscheiden. In Deutschland wird eher für deren Trennung plädiert, da in der Bilanzbewertung gesellschaftliche Aspekte bewußt integriert werden sollen [44].

International führend in der methodischen Diskussion ist die SETAC[4]. Im konzeptionellen Ablauf der Wirkungsbilanz (Impact Assessment) werden die Umweltbelastungen nach Wirkungsbereichen (Ressourcenabbau, ökotoxisch, ...) klassifiziert, die man wiederum Schutzgütern (Ressourcen, gesunde Umwelt, ...) zuordnet. Im Anschluß daran erfolgt die Ermittlung des Wirkungspotentials, wobei die zu verfolgende Methode noch nicht festliegt. In einem weiteren Schritt soll die Bewertung der ermittelten Wirkungen durchgeführt werden, um eine erste Verdichtung der Daten vorzunehmen. Die SETAC schlägt als letzten Teil der Ökobilanz eine Schwachstellenanalyse vor (Improvement assessment), die über eine Bilanzbewertung hinausgehen soll und Handlungsoptionen vorsieht. Bereits heute kann eingeschätzt werden, daß sich das SETAC-Modell international durchsetzen wird.

Bei der Methode der *Ökoprofile* werden zur Bewertung der Emissionen in Luft und Wasser gesetzliche Immissionsgrenzwerte herangezogen, indem die in der Sachbilanz ermittelte Belastung durch ihren Grenzwert dividiert wird [2].

[4] Society of Environmental Toxicology and Chemistry

Die so entstehenden „kritischen Luft- und Wassermengen" werden jeweils zu einer Kennzahl addiert. Der kumulierte Energieverbrauch und das Abfallvolumen werden ebenfalls betrachtet. Diese vier Kennzahlen, bezogen auf die functional unit, sind das Ökoprofil des Produkts. Vorteile dieser Methode sind dessen gute Handhabbarkeit unter Erhalt wasser-, luft- und bodenspezifischer Aussagen. Nachteile sind der konsensuale Charakter von Grenzwerten, und daß diese bei einigen Belastungen fehlen. Die vier nebeneinanderstehenden Kennzahlen lassen kein eindeutiges Ergebnis zu.

Die Methode der *Ökopunkte* geht von der Knappheit ökologischer Ressourcen aus. Dazu wird ein Ökofaktor aufgestellt, der den maximal zulässigen und den tatsächlichen Wert einer bestimmten Umweltbelastung für eine Region zueinander in Beziehung setzt [1]. Die Ökopunkte werden errechnet, indem die Umweltbelastung durch das Produkt mit dem Ökofaktor multipliziert und so die bereits vorhandene Umweltbelastung berücksichtigt. Vorteile dieser Methode sind deren gute Handhabbarkeit, eine eindeutige Endbewertung und die Berücksichtigung der bereits bestehenden Belastungssituation. Die Ergebnisaufbereitung erfolgt somit handlungsorientiert. Nachteile sind die Orientierung an mehr oder weniger objektiv festgelegten und zeitbezogenen Belastungswerten für eine Region sowie bisher die Verwendung einer linearen Schadensfunktion (Zusammenhang zwischen Umweltbelastung und deren Wirkung). Das eindeutige Endergebnis geht entsprechend dem Dilemma scheinobjektiver Bewertungsmethoden zu Lasten von Informationsverlusten und fehlender Transparenz der Aussagen.

Für eine, wenn überhaupt, *verbale Beschreibung* von Umweltwirkungen und Bewertung der Sachbilanzergebnisse spricht die Tatsache, daß bisher keine umsetzbare Methode den konzeptionellen Anforderungen an diese beiden Schritte entspricht [25]. Vorteilhaft ist die Konzentration auf einzelne Aspekte der Bilanz sowie ein differenziertes und möglichst gesichertes Abwägen zwischen den Alternativen. Gleichzeitig werden alle Informationen offengelegt. Nachteilig ist vor allem der geringe Verdichtungsgrad der Informationen und die damit verbundene fehlende Praktikabilität der Ökobilanz als produktpolitisches Instrument.

Für die Bilanzbewertung sind aus ähnlichen Anwendungsbereichen (z. B. Umweltverträglichkeitsprüfung, Stiftung Warentest oder Öko-Controlling) Verfahren in Anlehnung an die *Nutzwertanalyse* bekannt. Einem gewichteten Zielsystem werden Alternativen gegenübergestellt und die Erfüllungsgrade ermittelt. Diese werden mit Hilfe der Gewichtungen zu einer Kennzahl zusammengefaßt. Vorteile dieser Methode sind Flexibilität und eine gute Handhabbarkeit. Dabei besteht aber die Gefahr, daß die Objektivität des

Ergebnisses sich eher auf die Methode als auf den Gegenstand begründen kann. Annahmen und Werturteile müssen also auch hier offengelegt werden. Mit der Erstellung von Produkt-Ökobilanzen sind methodischen Schwachstellen und Lücken verbunden; einige wurden bereits genannt. Erkennbar ist, daß die Einbeziehung aller mit der Produktherstellung verbundenen Prozesse unmöglich ist und sich auch nicht als notwendig erweist. Teilweise daraus resultierende Festlegungen in der Zieldefinition und Sachbilanzierung bedürfen noch einer Regelung. Dasselbe gilt für die Wahl zwischen spezifischen Daten, z. B. aus Unternehmen, und verallgemeinerten Daten. Die wahlweise Einbeziehung dieser Daten sollte idealerweise davon abhängen, ob konkrete Firmenprodukte zu deren Optimierung oder Produktgruppen zur Information von Staat, Verbrauchern und Verbänden untersucht werden [25]. Diese Entscheidung wird bisher von der Datenverfügbarkeit stark beeinflußt. Ein weiteres Problem ist die Ausblendung von Umweltbeeinflussungen, die nicht in Form von Stoff- und Energieflüssen einbezogen werden können. Vereinzelt wird der Flächenverbrauch aufgenommen, doch beispielsweise Lärmbelastungen, Gesundheitsgefährdungen am Arbeitsplatz oder Wirkungen auf die Artenvielfalt in der Natur werden bisher nicht berücksichtigt.

Offenkundig sind die methodischen Lücken der Erstellung von Wirkungsbilanzen und der Bilanzbewertung, die zum beschriebenen Methodenpluralismus geführt haben. Beide Schritte sind jedoch essentiell, um die Ergebnisse der Sachbilanz sinnvoll zusammenzufassen und unter Einbeziehung von Gewichtungen beurteilen zu können.

International sowie national wurde auf die methodischen Probleme durch Normungsaktivitäten reagiert [23]. So richtete die ISO 1993 einen Unterausschuß „Life-Cycle-Assessment" im Rahmen des ISO-TC 207 Environmental Management zur Standardisierung von produktbezogenen Ökobilanzen ein. National wurde dazu ein DIN-Arbeitsausschuß ins Leben gerufen, dessen erstes Ergebnis „Grundsätze produktbezogener Ökobilanzen" im März 1994 veröffentlicht wurde. Die Normungsarbeit hat Mindestanforderungen und Regeln zur Ökobilanzerstellung zum Inhalt. Dabei wird angestrebt, neben Begriffen, Konzept und methodischen Ausprägungen aufgrund der Kommunikationsfunktion produktbezogener Ökobilanzen organisatorische und formale Randbedingungen zu klären. Gleichzeitig soll das Instrument entsprechend der Produktvielfalt flexibel einsetzbar belassen werden.

4.4 Produktbezogene Ökobilanzen im Unternehmen

Produktbezogene Ökobilanzen als Instrument des Umweltmanagements

Betriebliches Umweltmanagement schließt nach der EU-Öko-Audit-Verordnung und der Norm ISO 14001 bzw. 14004 (z. Z. Entwürfe) die Betrachtung der Produkte mit ein. Neben direkten Wirkungen am Standort, die durch unternehmerische Aktivitäten verursacht werden, sind auch die indirekten Effekte im Produktlebensweg zu berücksichtigen. Diese entstehen, wenn z. B. bei der Produktentwicklung Entscheidungen über den Einsatz von Stoffen getroffen werden, deren Herstellung nicht am Standort, vielleicht nicht einmal im Inland erfolgt. Gleichzeitig sollen nicht nur die betrieblichen Abfälle, sondern auch die Produkte als potentieller Abfall in den Verantwortungskreis mit einbezogen werden. Im Unternehmen werden dazu Informationen

- zum Produktlebensweg bis zum eigenen Standort,
- zu den eigenen Prozessen,
- darüber, was mit den Produkten weiterhin geschieht,

benötigt. Diese Informationen sollten so aufbereitet sein, daß auf deren Basis wirksame Maßnahmen zur Produktoptimierung in den beteiligten Unternehmensbereichen durchgeführt werden können. Der Nutzen, der sich daraus ergeben soll, muß den Zeit- und Mittelaufwand rechtfertigen.

Produktbezogene Ökobilanzen sind konzeptionell für diese Aufgaben prädestiniert. Im Gegensatz zu standortorientierten Analyseinstrumenten, wie betriebliche Stoff- und Energieflußanalysen und Risikoanalysen, zeigen sie strukturenübergreifend ökologische Zusammenhänge wirtschaftlicher Tätigkeit anhand von Produkten quantitativ auf mit dem Ziel, Schwachstellen und Verbesserungspotentiale ableiten zu können. Ihr Ansatz birgt allerdings den Nachteil, daß Orts- und Zeitbezüge der Umweltbelastungen nicht oder nur nachträglich in die Bilanz eingehen. So werden z. B. die Umweltbelastungen der Erzförderung in Brasilien von vor einem halben Jahr und die der Stahlverarbeitung an einem europäischen Standort zum jetzigen Zeitpunkt auf ein und dasselbe Produkt zusammengefaßt bezogen. Zur Untersuchung vor allem lokaler Umweltwirkungen müssen daher ergänzend andere Instrumente zum Einsatz kommen.

Besonderheiten der Erstellung im Unternehmen

Schwerpunkt bei der Erstellung produktbezogener Ökobilanzen im Unternehmen ist die Beschaffung der Daten. Sie überdeckt sich hinsichtlich interner Daten mit den Aufgaben der betrieblichen Umweltinformationsbeschaffung, z. B. mittels betrieblicher Ökobilanzen oder Stoff- und Energiefluß-analysen (siehe Kap. 3). Dabei sind nur die Prozesse einzubeziehen, die im Lebensweg des betrachteten Produktes liegen.

Der Aufwand der Erhebung richtet sich zunächst danach, welche Stoffvielfalt das untersuchte Produkt aufweist. Eine Ökobilanz für Babywindeln kann sich auf wenige Stoffe konzentrieren. Komplexe technische Produkte bestehen nicht selten aus über 50 Werkstoffen, deren Ökobilanzdaten nur teilweise (bei Grundwerkstoffen) und dann verallgemeinert verfügbar sind. Hier spielt die Definition des Untersuchungsrahmens eine wesentliche Rolle. Die Beschaffung außerbetrieblicher Informationen gestaltet sich zumeist schwierig. Soll auf spezifische Daten der Vorproduktion zurückgegriffen werden, setzt das die Bereitschaft der entsprechenden Unternehmen voraus, interne Daten nach außen weiterzugeben.

Die Daten der nachgelagerten Kette umfassen im wesentlichen den Ge- bzw. Verbrauch und die Entsorgung. Bei Produkten, die während der Funktionser-füllung Umweltbeeinflussungen hervorrufen, bestimmt der Benutzer die tat-sächliche Ökobilanz. Beispiele dazu sind Kraftfahrzeuge, Kühlschränke und Elektroartikel. Die Festlegung der *functional unit* muß in diesen Fällen norma-tiv erfolgen. Ähnliche Annahmen müssen bei abfallwirtschaftlichen Prozes-sen getroffen werden, da der Entsorgungsweg je nach Benutzer und Region differiert. Als Ausweg kann die Wahrscheinlichkeit des Eintretens bestimm-ter Entsorgungsalternativen angenommen werden. Auch hier gilt wieder, daß die Komplexität des betrachteten Produktes die Vielfalt dieser Alternativen entscheidend mitbestimmt.

Für die Energiebereitstellung, Transport und Entsorgung, gegebenenfalls auch für ganze Produktlebenswege (z. B. Werkstoffe), ist die Verwendung ver-allgemeinerter Daten sinnvoll. Auf sie sind vor allem Unternehmen angewie-sen, deren Anteil an den gesamten Umweltbelastungen des Lebensweges gering ist. Betroffen davon sind verarbeitende Unternehmen, die zudem oft-mals kleine und mittlere Größe aufweisen. An der Bereitstellung allgemein verfügbarer Daten besteht noch erheblicher Bedarf.

Die Erstellung von Wirkungsbilanz und Bilanzbewertung wird auch in naher Zukunft für kleine und mittlere Unternehmen nur mit Unterstützung wissen-schaftlicher oder beratender Institutionen, die damit beschäftigt sind, möglich sein. Alternativen dazu bieten pragmatische Methoden (ABC-Analyse) oder das Zurückgreifen auf Grenzwerte und Stoffbeschreibungen, um aus den erhaltenen Daten der Sachbilanz handlungsorientierte Informationen zu gewinnen.

Für die Erstellung produktbezogener Ökobilanzen wird EDV-Software angeboten. Neuere Produkte enthalten bereits Standard-Datensätze zu Energiebereitstellung und Transport. Mit der Wahl für eine bestimmte Software geht in aller Regel die Wahl für eine der schon erläuterten Methoden zur Datenaufbereitung einher.

Einsatzfelder im Unternehmen

Ergebnisse produktbezogener Ökobilanzen finden im Unternehmen Verwendung hinsichtlich

- der ökologischen Darstellung eigener Produkte in der Öffentlichkeit,
- zu treffender Entscheidungen über Entwicklungsvarianten,
- Auswahl von Vorprodukten bzw. deren Lieferanten und
- Entscheidungen im Einkauf von Produkten, die nicht unmittelbar ins Produkt eingehen.

Sie werden somit zur Produktoptimierung, Variantenauswahl und Kommunikation nicht nur in den an der Produktplanung beteiligten Bereichen eingesetzt.

Die meisten produktbezogenen Ökobilanzen der vergangenen Jahre sind im Konsumgüterbereich, und hier vor allem bei umweltrelevanten Produkten wie z. B.Verpackungen durchgeführt worden (Bild 9). Es kann davon ausgegangen werden, daß das Marketing der Produkte ein Hauptgrund für die Erstellung dieser Studien gewesen sein dürfte und noch ist. Kriterien dabei sind allerdings die Glaubwürdigkeit der Ergebnisse durch ihre transparente Darstellung sowie die Offenlegung gesetzter Randbedingungen und getroffener Annahmen. Eine weitere Aufgabe des Marketing wird in Zukunft auch darin bestehen, die Verwendung von Ökobilanzen bei der Produktentwicklung nach außen darzustellen, um deren kontinuierliche Einbindung in betriebliche Entscheidungsprozesse zu demonstrieren.

Ein bisher erst in den USA erschlossenes Feld für Ökobilanzergebnisse sind Produkt-Kennzeichnungen (Labeling). Unternehmen können hierbei die Ergebnisse z. B. in Form von Balkengrafiken auf die Verpackung drucken lassen. Ein andere Möglichkeit der Verwendung von Ökobilanzergebnissen besteht darin, sie als Kriterien in Umweltzeichen einfließen zu lassen. Diese Vorgehensweise wird beim europäischen Umweltzeichen verfolgt.

Für den Einkauf von Erzeugnissen, die nicht unmittelbar in die Unternehmensprodukte eingehen, sind ebenfalls Ökobilanzergebnisse interessant. Wie aus Bild 9 ersichtlich, liegen Ergebnisse zur Hygiene/ Reinigung und auch zu Geschirr vor. Viele ähnliche Produkte sind allerdings bereits mit ökologischen

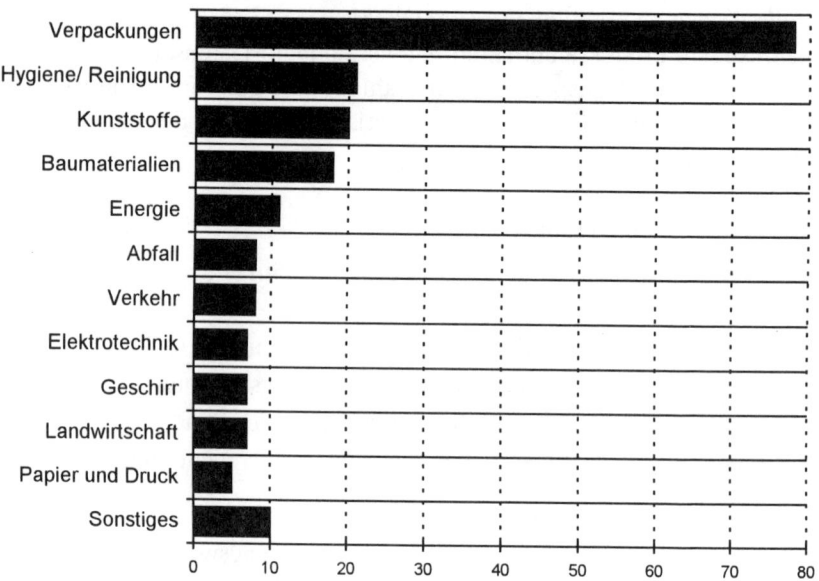

Bild 9: Anzahl von Ökobilanz-Untersuchungsobjekten in Studien für den Zeitraum von 1974 bis 1993 [31]

Kennzeichnungen (z. B. Blauer Engel) versehen, so daß bei deren Herstellern der Anreiz zur Erstellung einer Ökobilanz fehlt.

Der Nutzen von Ökobilanzergebnissen muß sich am Beitrag zur umweltorientierten Produktplanung messen lassen. Von Bedeutung ist dabei der handlungsorientierte Charakter dieser Ergebnisse, da aufbauend auf diesen Informationen nicht nur Entscheidungen, sondern auch Maßnahmen im Sinne der Produktoptimierung getroffen werden sollen. Angesichts der bestehenden methodischen Probleme ist vor allem für die Zukunft ein großes Einsatzfeld für Ökobilanzen zu erwarten.

Die ökologischen Optimierungspotentiale fallen für Produkte unterschiedlich aus. Ein wesentliches Kriterium dabei ist deren Komplexität. Einfach strukturierte Produkte, wie etwa Kosmetika und Verpackungen, lassen Optimierungen vor allem in bezug auf die Stoff- und Materialauswahl zu. Komplexe technische Produkte, Beispiele hierfür sind Fahrzeuge und Haushaltsgeräte, weisen darüber hinaus räumliche Gestaltungsmerkmale auf, die gerade im Hinblick auf abfallwirtschaftliche Gesichtspunkte optimierbar sind. Diese Merkmale, wie andere qualitative Aspekte auch, finden bei Ökobilanzen keine Berücksichtigung. Ihre Ergebnisse sind für die ökologische Optimierung des Werkstoffeinsatzes von grundlegender Bedeutung. Zur Bewertung des räumlichen Aufbaus komplexer technischer Produkte müssen zusätzlich Instrumente, ähnlich Konstruktionsregeln, eingesetzt werden [6].

Beim Ökobilanz-Vergleich von Produktalternativen wird deren Lebensweg „eingefroren" und ökologisch beurteilt. Änderungen an den Alternativen bedingen somit erneute Untersuchungen, um dadurch veränderte Auswirkungen zu erfassen. Ökobilanzen sind daher zur strategischen Planung nur insofern geeignet, daß zukünftige Produkte auf Basis vergangenheitsbezogener Daten szenarisch auf ihre Umweltbeeinflussungen untersucht werden können. Durch den statisch-bewertenden Charakter produktbezogener Ökobilanzen ist der Einsatz ergänzender Instrumente mit normativer bzw. strategischer Ausrichtung (z. B. Eco-Design-Checklisten, Potentialanalyse) als Planungs- und Entscheidungshilfen sinnvoll, auch wenn deren Systematik weniger wissenschaftlich objektiv erscheint.

Die Einbindung von Ökobilanzergebnissen in die Produktplanung und -entwicklung sollte aufgrund der Randbedingungen seiner Anwendung mit einem Seminar oder Workshop begonnen werden. Das Teilnehmerspektrum richtet sich nach Art und Anzahl der Unternehmensbereiche, die Einfluß auf die Produktgestaltung haben. Die Teilnehmer sollten, neben einer praktischen Anwendung, selbst einige Ökobilanzschritte in stark vereinfachter Form vornehmen, um den Kontext der Ergebnisse zu erfahren. Ziel wäre zudem die Motivierung der Teilnehmer zur Berücksichtigung dieser Ergebnisse in der täglichen Entwicklungsarbeit. Darüber hinaus eignen sich Ökobilanzen und deren Resultate aufgrund ihres produktbezogenen Informationsgehaltes für den Einsatz in Wertanalysen z. B. von Vorprodukten und Einsatzstoffen zusammen mit Zulieferern. Ihr Kommunikationsbereich zwischen Unternehmen und Öffentlichkeit wird damit – zum Zwecke ökologischer Produktoptimierung – um denjenigen zwischen Unternehmen erweitert.

4.5 Ausblick

Produktbezogene Ökobilanzen sind heute ein verbreitet diskutiertes und angewendetes Instrument. Es verdeutlicht die stofflich-energetischen Wechselwirkungen zwischen Produktlebenswegen und der Umwelt und soll objektive Informationen in die Produktpolitik einbringen. Bestehende methodische Schwächen sind Schwerpunkt von Normungsarbeiten, um zukünftig vergleichbare Ergebnisse zu gewährleisten. Zu hohe Erwartungen an Ökobilanzen sollten einer realistischen Einschätzung ihrer konzeptionellen Grenzen weichen, um effektive Anwendungen zu ermöglichen. Für einen breiten Einsatz des Instruments im Unternehmen, der über Marketinginteressen hinausgeht, bedarf es mehr Praktikabilität in der Durchführung sowie mehr allgemein verfügbarer Daten. Unter diesen Bedingungen sollten produktbezogene Ökobilanzen fester Bestandteil in der Produktplanung und -entwicklung werden.

Literatur zu Kapitel B 2

[1] Bundesamt für Umwelt, Wald und Landschaft (BUWAL) (Hrsg.): Methodik für Ökobilanzen auf der Basis ökologischer Optimierungen. Selbstverlag, Bern 1992

[2] Bundesamt für Umwelt, Wald und Landschaft (BUWAL) (Hrsg.): Ökobilanz von Packstoffen, Stand 1990. Selbstverlag, Bern 1991

[3] Enquete-Kommission „Schutz des Menschen und der Umwelt" (Hrsg.): Die Industriegesellschaft gestalten – Perspektiven für einen nachhaltigen Umgang mit Stoff- und Materialströmen. Economica Verlag, Bonn 1994

[4] Enquete-Kommission „Schutz des Menschen und der Umwelt" (Hrsg.): Verantwortung für die Zukunft – Wege zum nachhaltigen Umgang mit Stoff- und Materialströmen. Economica Verlag, Bonn 1993

[5] *Femers, S.; Jungermann, H.:* Risikoindikatoren: Eine Systematisierung und Diskussion von Risikomaßen. ZfU (1992) H. 1, S. 59-84

[6] *Friedel, A.; Nissen, U.:* Ökobilanzen – für komplexe Produkte ungeeignet? IO-Management 63 (1994) Nr. 9, 67-69

[7] *Gahrmann, A.; Hempfling, R.; Sietz, M.:* Bewertung betrieblicher Umweltschutzmaßnahmen. Erhard Blottner Verlag, Taunusstein 1993

[8] *Grießhammer, R. (Hrsg.):* Produktlinienanalyse und Ökobilanzen. Werkstattreihe des Öko-Instituts, Freiburg ohne Jahresangabe

[9] *Grundmann, M.:* Konzepte zur Implementierung eines Öko-Controllings in einem Industriebetrieb. Diplomarbeit an der Universität Stuttgart, 1993

[10] *Günther, E.; Wagner, B.:* Ökologieorientierung des Controlling (Öko-Controlling). DBW 53 (1993) S. 143-167

[11] *Günther, E.:* Ökologieorientiertes Controlling. Verlag Franz Vahlen, München 1994

[12] *Hallay, H.; Hildebrandt, E.; Pfriem, R.:* Die Ökobilanz – Ein betriebliches Informationssystem. Schriftenreihe des IÖW 27/89, Berlin 1990

[13] *Hallay, H.; Pfriem, R.:* Öko-Controlling. Campus Verlag, Frankfurt, New York 1992

[14] *Haller, M.:* Risiko-Management – zwischen Risikobeherrschung und Risiko-Dialog. In: Organisationsforum Wirtschaftskongreß (Hrsg.): Umweltmanagement. Gabler Verlag, Wiesbaden 1991, S. 167-189

[15] *Hopfenbeck, W.; Jasch, C.:* Öko-Controlling – Umdenken zahlt sich aus! Verlag Moderne Industrie, Landsberg/Lech 1993

[16] *Hopfenbeck, W.:* Umweltorientiertes Management und Marketing. Verlag Moderne Industrie, Landsberg/Lech 1990

[17] *Kals, J.:* Umweltorientiertes Produktions-Controlling. Gabler Verlag, Wiesbaden 1993

[18] *Keidel, T.:* Die Prüfung von Umweltrisiken in der Kreditwürdigkeitsprüfung. Band 16 des Verbandes öffentlicher Banken (Selbstverlag), Bonn 1993

[19] *Klook, J.:* Ökologieorientierte Kostenrechnung als Umweltkostenrechnung. Diskussionsbeiträge zum Rechnungswesen der Universität zu Köln, Beitrag Nr.2, Köln 1990

[20] Landesanstalt für Umweltschutz (Hrsg.): Umweltmanagement in der metallverarbeitenden Industrie. Selbstverlag, Karlsruhe 1994

[21] *Meffert, H.; Bruhn, M.; Schubert, F.; Walther, T.:* Marketing und Ökologie – Chancen und Risiken umweltorientierter Absatzstrategien der Unternehmungen. DBW (1986) Nr. 46, S. 140-159

[22] *Meffert, H; Kirchgeorg, M.:* Marktorientiertes Umweltmanagement. Verlag C.E. Poeschel, Stuttgart 1992

[23] *Neitzel, H.:* Standardisierung von Produkt-Ökobilanzen. IÖW/VÖW-Informationsdienst (1994) Nr. 1, 9, S. 9-11

[24] *Nissen, U.:* Entwicklung eines Strategiekonzeptes zur Integration von Umweltschutzaspekten in die Unternehmensplanung von Industrieunternehmen. Heft 25 der Werkstattreihe des Instituts für Umweltschutz der Universität Dortmund, 1991

[25] Grundsätze produktbezogener Ökobilanzen – German Memorandum of Understanding. DIN-Mitteilungen 73 (1994) H. 3, S. 208-212

[26] Öko-Institut – Projektgruppe Ökologische Wirtschaft (Hrsg.): Produktlinienanalyse, Kölner Volksblatt Verlag, Köln 1987

[27] Projektgemeinschaft Lebenswegbilanzen: Methode für Lebenswegbilanzen von Verpackungssystemen – Studie der Projektgemeinschaft Lebenswegbilanzen. Selbstverlag, München, Heidelberg, Wiesbaden 1992

[28] *Reitmayr, T.:* Erweiterung der Kostenrechnung um eine ökologische Rechnungslegung. krp (1994) H. 4, S. 260-265

[29] *Roth, U.:* Umweltkostenrechnung. Dissertation. Gabler Verlag, Wiesbaden 1992

[30] *Rubik, F.:* Bibliographie zum Thema Produktlinienanalyse und Ökobilanzen. Schriftenreihe des IÖW, Berlin 1994

[31] *Rubik, F.:* Die Anwendung von Ökobilanzen. IÖW/VÖW-Informationsdienst Nr.1 (1994), H. 9, S. 5-6

[32] *Schnitzer, H.:* Grundlagen der Stoff- und Energiebilanzierung. Vieweg Verlag, Braunschweig 1991

[33] *Schreiner, M.:* Betriebliches Rechnungswesen bei umweltorientierter Unternehmensführung. In: *Steger, U.* (Hrsg.): Handbuch des Umweltmanagement. C.H. Beck Verlag, München 1992, S. 469-485

[34] *Schreiner, M.:* Umweltmanagement in 22 Lektionen, Gabler-Verlag, Wiesbaden 1988

[35] *Schulz, E.; Schulz, W.:* Ökomanagement. DTV, München 1994

[36] SETAC (Hrsg.): Guidelines for Life-Cycle Assessment: A „Code of Practice". Selbstverlag, Pensacola, FL, USA, 1993

[37] *Stahlmann, V.:* Ökologisierung der Unternehmenspolitik durch eine umweltorientierte Materialwirtschaft. In: *Heigl, A.* (Hrsg.): Handbuch des Umweltschutzes, 46. Erg. Lfg. C. H. Beck Verlag, München 1989, III-3.2

[38] *Stahlmann, V.:* Umweltorientierte Materialwirtschaft. Gabler Verlag, Wiesbaden 1988

[39] *Stahlmann, V.:* Umweltverantwortliche Unternehmensführung – Aufbau und Nutzen eines Öko-Controllings. C.H. Beck Verlag, München 1994

[40] *Steger, U.; Antes, R.:* Unternehmensrisiko und Risiko-Management. In: *Steger, U.* (Hrsg.): Umwelt-Auditing – Ein neues Instrument der Risikovorsorge. FAZ-Verlag, Frankfurt/Main 1991

[41] *Steger, U.:* Umweltmanagement. FAZ-Verlag, Wiesbaden 1988

[42] *Steven, M.:* Integration des Umweltschutzes in die Betriebswirtschaft. WISU (1991), H. 1, S. 38-42

[43] *Stölting, P.; Rubik, F.:* Übersicht über ökologische Produktbilanzen. Selbstverlag des Bundesverbandes für Umweltberatung, Heidelberg 1992

[44] Umweltbundesamt (Hrsg.): Ökobilanzen für Produkte. Selbstverlag, Berlin 1992

[45] *Wicke, L.; Haasis, H.-D.;Schafhausen, F.; Schulz, W.:* Betriebliche Umweltökonomie – Eine praxisorientierte Einführung. Verlag Franz Vahlen, München 1992

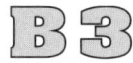

Die Öko-Bilanz der Firma Mohndruck: Einordnung in das Managementsystem – praktische Erfahrungen

Michael Jacobi

1 Einordnung des Umweltmanagementsystems in die bestehende Unternehmensorganisation

1.1 Grundsatz

Die ganzheitliche umweltschutzbezogene Betrachtungsweise von Stoffströmen und Materialflüssen sowie die Optimierung der Infrastruktur eines Unternehmens sind Voraussetzungen für eine langfristige Absicherung des Unternehmens, den Erhalt der Arbeitsplätze und des Standortes Deutschland.

Betriebswirtschaftliche Methoden zu den Themen Kostenmanagement, Produktivitätsentwicklung, günstiger Einkauf etc. müssen deswegen um Maßnahmen zur Erhöhung der Effizienz des Handelns eines Unternehmens im Hinblick auf die Umweltverträglichkeit seiner Aktivitäten ergänzt werden. Die neue gesellschaftspolitische Verantwortung kann ein Unternehmen tragen, wenn es besonders die Elemente

- Organisation,
- Führung,
- Integration eines Umweltmanagementsystems (UM-Systems) in betriebswirtschaftliche Vorgehensweisen,
- offensive, zukunftsausgerichtete Grundeinstellung beim Handeln

beachtet. Betriebe jeder Größe können bei erreichter ökonomischer und ökologischer Effizienz durch umweltverträglichere Produkte, Materialien/Stoffe sowie Prozesse und durch gesellschaftspolitisch hochmotivierte Mitarbeiter und Führung höhere Marktakzeptanz erreichen und den langfristigen Bestand des Unternehmens sichern.

1.2 Zielsetzung

Zunächst muß das Unternehmen transparent gemacht werden. Es müssen

- die unternehmensspezifischen Zielsetzungen erarbeitet werden,
- eine umfassende Ist-Analyse durchgeführt und Probleme erkannt werden,
- problemorientierte Konzeptionen erarbeitet und verwirklicht werden und
- durch konsequenten Soll-Ist-Vergleich geprüft werden, inwieweit die Ziele erreicht wurden.

Unabhängig vom Führungsstil eines Unternehmens – zentral oder dezentral – sind Aufbau und Ablauforganisation zweckmäßig zu gestalten. Der Aufbau eines UM-Systems ist das Fundament für effizientes, umweltbezogenes Agieren. Wichtige Schritte sind

- die Erstellung einer Öko-Bilanz,
- die Einführung des Öko-Controllings und
- die Einrichtung des Öko-Audits.

Alles zusammen bietet die Basis zur Erstellung von Wert- bzw. Risikoanalysen.

1.2.1 Voraussetzungen

Zunächst müssen jedoch die Voraussetzungen für diesen strategischen Ansatz geschaffen werden. Der erste Schritt ist die Festlegung von Unternehmensgrundsätzen (s. Bild 1) zum Umweltschutz. Diese müssen als verbindlich für alle Unternehmensebenen erstellt werden. Es ist z. B. auch festzulegen, welchen Wert das Unternehmen der Sauberkeit von Böden, Luft, Wasser etc. beimißt. Fragen zur Materialbeschaffung, des Produktionsprozesses, der Produktgestaltung, des Energieeinsatzes, Marketingstrategie, Infrastruktur müssen von der Führung gestellt, beantwortet und mit den Mitarbeitern gemeinsam umgesetzt werden.

1.2.2 Strukturierung Umweltmanagementsystem

Öko-Bilanz

Für die Öko-Bilanz besonders wichtig ist die Festlegung der Systemgrenzen des eigenen Unternehmens im Hinblick auf Input/Output der Material-, Stoffströme (s. Bild 2).

Öko-Controlling

Für die Einführung eines Öko-Controllings sind zwei Stufen zu berücksichtigen:

- Kostenzuordnung sowie
- Bewertung und Gewichtung der Emissionen mit Öko-Portfolio für Produkte und Prozesse.

Wir haben uns erfolgreich zu einer europaweit tätigen Firmengruppe in der graphischen Industrie entwickelt. Innerhalb des international operierenden Medien-Hauses Bertelsmann arbeiten wir mit engagierten Mitarbeitern an mehreren technisch spezialisierten Standorten. Die Bertelsmann-Unternehmensverfassung bildet die Grundlage unserer Arbeit. Darauf aufbauend formulieren wir unser Selbstverständnis in folgenden Kernaussagen:

Qualität
Wir wollen den hohen Qualitätsanforderungen unserer Kunden durch unsere Handlungen an jedem Arbeitsplatz gerecht werden.

Kunden
Wir verpflichten uns gegenüber unseren Kunden zu anspruchsvollen Problemlösungen, höchster Termintreue, hervorragenden Service-Leistungen, größter Flexibilität und Spitzenqualität.

Partnerschaft
Wir bekennen uns zu einem offenen, fairen und partnerschaftlichen Umgang miteinander. Unser Handeln ist in hohem Maße unternehmerisch und eigenverantwortlich.

Sicherung der Kontinuität
Durch unseren Einsatz und unsere Leistungen wollen wir zum dauerhaften wirtschaftlichen Erfolg des Unternehmens beitragen und damit unsere Arbeitsplätze langfristig sichern.

Umwelt
Wir arbeiten gemeinsam mit unseren Kunden und Lieferanten in einem stetigen Prozeß an Lösungen, die zur Schonung und zum Schutz der Umwelt beitragen.

Innovation
Durch die frühzeitige Nutzung von innovativen Technologien streben wir danach, für unsere Kunden maßgeschneiderte Lösungen im Bereich der Informations-Vervielfältigung umzusetzen. Hierzu ist die ständige umfassende Weiterbildung unserer Mitarbeiter unerläßlich.

Mit einem umfassenden Leistungsangebot für unsere Kunden sind wir die führende Offset-Druckerei Europas.

≋ HEICHLINGER DRUCKEREI
Ein Mohndruck-Betrieb

≋ MOHNDRUCK
Graphische Betriebe GmbH

≋ ELSNERDRUCK
Ein Mohndruck-Betrieb

≋ GÜTERSLOHER DRUCKSERVICE
Ein Mohndruck-Betrieb

≋ GRAPHISCHER
GROSSBETRIEB POSSNECK
Ein Mohndruck-Betrieb

Bild 1:   Unternehmensgrundsätze

Öko-Audit

Das UM-System ist dann erst vollständig realisiert, wenn auch das interne Audit des UM-Systems (Öko-Audit) im Unternehmen transparent und strukturiert festgelegt ist. Hier bestehen die meisten Parallelen zum internen Audit des Qualitätsmanagementsystems (QM-Systems) z. B. nach ISO 9001.

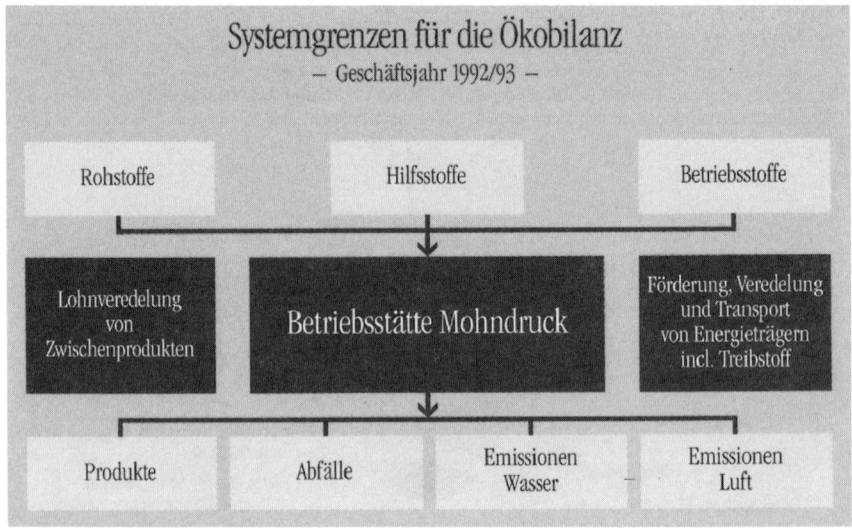

Bild 2

Das Umwelt-Handbuch dokumentiert, wie die Thematik „Umweltschutz" im Unternehmen organisiert ist. Von der hierarchischen Zuordnung bis zur Gefahrstoffregelung und den einzelnen Beauftragten ist zu belegen, wie im Normal- und Katastrophenfall das Unternehmen gerüstet ist, seinen notwendigen Verpflichtungen nachzukommen und zwar nicht nur bezüglich der gesetzlichen Vorschriften, sondern auch in bezug auf die unternehmensspezifischen Umweltphilosophien, -Ziele und -Forderungen. Externe Audits und die Zertifizierung des UM-Systems z. B. nach ISO 14001 (z. Z. Entwurf) durch eine unabhängige Stelle können genutzt werden in Analogie zur QM-System-Zertifizierung, z. B. nach ISO 9001.

Schwachstellenanalyse

Aufgrund von Schwachstellenanalysen können zielorientierte Aufgabenstellungen entwickelt werden, die in Zusammenarbeit mit Lieferanten und Technologen/Technikern unter Berücksichtigung der Markterfordernisse zu ökologischen Verbesserungen führen können, wenn dabei gesamtheitliche Verantwortungen wahrgenommen werden. Gesellschaftspolitische Verantwortung zwingt zum gemeinsamen Handeln.

Zunächst sind Ziele festzulegen wie Reduzierung von Ausschuß, Minimierung von Gefahrstoffen sowie Erfüllung der Qualitätsforderungen an eingesetzte Materialien. Für die Projekte zur Verfolgung der Ziele werden Verantwortliche ernannt, die Ist-Aufnahmen erstellen, Soll-Konzepte entwickeln, die Ein- und Durchführung überwachen und kontinuierlich darüber berichten.

Wertanalyse

Die Zielsetzung besteht darin, die Kosten für Waren, Prozesse und Dienstleistungen zu reduzieren. Bezogen auf den Umweltschutz heißt das: Verfahrensvergleiche durchführen, Emissionsmengen feststellen, die Inputstoffe auf spätere Recyclingmöglichkeiten überprüfen. Dazu gehören auch das Eliminieren von umweltschädlichen Produkten und vorbeugende technologische Maßnahmen. Hierzu sind strategische Planung und Umsetzung anhand überprüfbarer, abgrenzbarer Schritte nötig. Checklisten sind dabei ein anerkanntes Werkzeug. Nach der qualitativen Bestandsaufnahme sollen quantifizierbare Entscheidungsfaktoren gefunden werden. Die Wertanalyse läßt sich insbesondere auf die bereits angeführten Betriebsbilanzen anwenden, da hier aufgrund der Ist-Datenerfassung klare Informationen vorhanden sind. Sobald fundierte Ergebnisse vorliegen, können sowohl Prozeß- als auch Produktbilanzen der Wertanalyse unterzogen werden. Durch kontinuierliche Ermittlung von Ergebnissen können Tendenzen erfaßt und die Notwendigkeit für Eingriffe beurteilt und Werte für die ökologischen „Kenngrößen" ermittelt werden wie

- Umweltqualitätsindex,
- Umweltproduktivität

  = Verhältnis von Produktionsergebnis und Ressourcenverbrauch zu Arbeits- und Kapitalproduktivität,
- Umweltindikatoren
  = Schadstoffe zu MAK-Werten.

1.2.3 Umwelt-Haftungsrecht

Emissionskataster, Festlegungen und Daten über den Einsatz von Gefahrstoffen (Gefahrstoffdatei), zur Entsorgung (Abfallbilanz, Kreislaufwirtschaft), über Recyclingverfahren usw. dienen als Grundlage für klare Umwelthaftpflicht-Versicherungsvereinbarungen. Im Rahmen des Öko-Controllings getroffene Aussagen bezüglich der Emissionen können die Basis für die Ermittlung von evtl. zu erwartenden Öko-Steuern (z. B. CO_2-Abgabesteuer) sein.

2 Öko-Bilanz Mohndruck

2.1 Aufgabenstellung

Die Öko-Bilanz bzw. Lebenszyklusdarstellung liefert eine In-/Output-Darstellung aller ein- und ausgehenden Material- und Stoffflüsse:

Zunächst ist es absolut erforderlich, daß das Unternehmen sich selbst analysiert und die Systemgrenzen nach außen festlegt (s. Bild 2). Erst wenn in die In-/Output-Analyse der genaue Wissensstand über die ökologisch/ökonomischen Verhältnisse einbezogen wird und Bewertungen erfolgen, kann man über die Unternehmensgrenzen hinaus mit Kunden, Lieferanten, Energieerzeugern usw. weitere ökologische Analysen und Optimierungsprozesse veranlassen.

Als Beispiel sei hier angeführt, daß für eine Lebenszyklusbewertung eines Druckproduktes aus Papier detailliertes Wissen über

• Forstwirtschaft,

• Holzgewinnung,

• Zellulosegewinnung,

• Papierherstellung,

• Druckerei,

• Verbraucher

vorhanden sein muß. Es gibt aber neben dem Papier auch Farben, Einbandstoffe usw. Hieraus ist ersichtlich, daß ein Unternehmen dieses gesamte Wissen gar nicht besitzen kann.

Anhand der Öko-Bilanz Mohndruck läßt sich erkennen, mit welchen Grunddaten (In-/Output) eine Öko-Bilanz erstellt werden kann (s. Bild 3).

Die notwendige EDV-Unterstützung ist heute für fast jedes Unternehmen vorhanden. Sinnvoll für eine optimale betriebsinterne Nutzung ist der modulare Aufbau einer Öko-Bilanz (s. Bild 4). Durch Ansprechen der Elemente der betriebsinternen Aufbauorganisation können kostenstellen-, abteilungs- und gesamtunternehmensorientierte Schwachstellenanalysen erstellt werden. Hieraus leiten sich Maßnahmen zur Verbesserung des Ist-Zustandes ab. Durch die Verbesserung der Technologie der Prozesse und Produkte lassen sich der Einsatz von Gefahrstoffen, die Entsorgungskosten, Abfallbilanzen, Rest-/Wertstoffmengen senken.

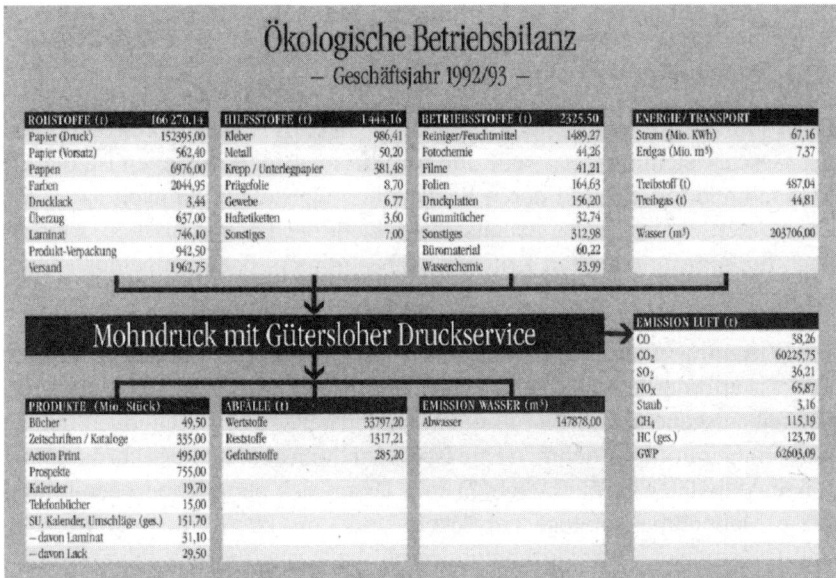

Bild 3

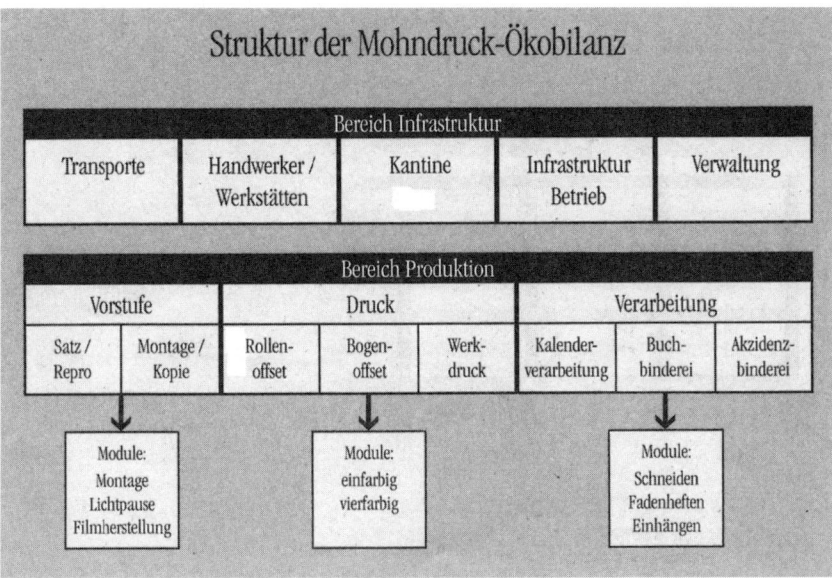

Bild 4

2.2   Vorgehensweise zur Erstellung einer Öko-Bilanz

2.2.1 Projektorganisation/Personalplanung

Es ist sinnvoll, im Unternehmen einen Initiativkreis zu installieren, der direkt der Geschäftsleitung unterstellt und mit Weisungsrecht versehen ist, der die Maßnahmen festlegt und deren Realisierung überwacht. Sinnvoll ist es, die Zusammensetzung dieses Arbeitskreises nicht nach hierarchischen, sondern nach funktionsorientierten Kriterien zu bestimmen. Fachkompetenz ist hier erforderlich.

Die Zusammenarbeit von Mitarbeitern aus Einkauf, Produktion, Vertrieb usw. ist erforderlich. Die bereits erwähnte Modulartechnik bietet die Möglichkeit, ausgehend von der einzelnen Kostenstelle über Abteilungen hinweg bis zum Gesamtunternehmen eine Ist-Darstellung aller ökologisch/ökonomischen Aktivitäten zu erarbeiten. Daraus lassen sich periodenbezogen budgetierte Maßnahmenkataloge entwickeln und umsetzen. Über die erfolgten Soll-Ist-Vergleiche werden kontinuierlich Aufzeichnungen geführt.

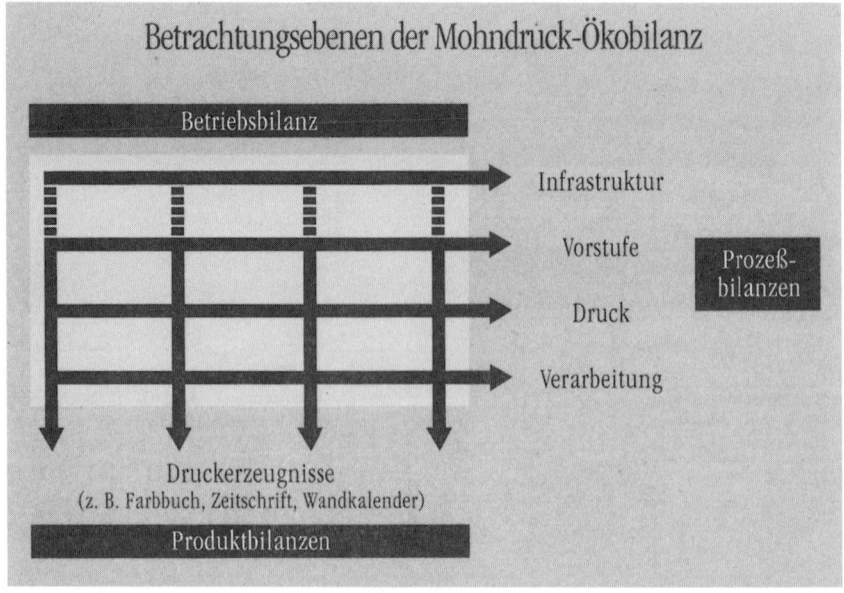

Bild 5

Der nächste Schritt ist dann,

- Betriebs-,
- Produkt- und
- Prozeßbilanzen

zu erstellen (s. Bilder 5 und 6).

Verwendete Begriffsdefinitionen

Ökobilanz

Ökobilanz ist der Oberbegriff
für Bilanzen der stofflichen
und energetischen Einflüsse
eines Unternehmens auf die
Umwelt.

Prozeßbilanz

In einer Prozeßbilanz ist der
Untersuchungsgegenstand
jeweils ein Teilbereich des
Produktionsprozesses, also z. B.
die Vorstufe, der Druck oder
die Verarbeitung.

Betriebsbilanz

Als Betriebsbilanz wird
die Ökobilanz verstanden,
deren Untersuchungsgegen-
stand die gesamte Betriebs-
stätte von Mohndruck in
Gütersloh ist.

Produktbilanz

Eine Produktbilanz betrachtet
die Input-/Outputströme von
ausgewählten Druckerzeug-
nissen in den für Mohndruck
relevanten Ausschnitten ihres
»Lebensweges«.

Bild 6

Der modulare Aufbau der Öko-Bilanz von Mohndruck bietet folgende Vorteile:

- Die gesamte Betriebsstruktur ist übersichtlich darstellbar.
- Die Datenerhebung kann auf den bestehenden Strukturen des betriebli-
chen Rechnungswesens aufbauen.
- Das Modell kann bei Bedarf ohne Veränderungen in seiner Grundstruktur
erweitert werden.
- Die einzelnen Prozesse und Produkte können getrennt voneinander
beschrieben und untersucht werden. Das macht schnelles Auffinden öko-
logischer Schwachstellen möglich. Beliebige Module können für die
Betriebsbilanz im Rahmen einer Lebensweganalyse in eine Vielzahl von
Detailmodulen aufgespalten werden, ohne daß die Schnittstellen für die
Gesamtbilanz verändert werden.

• Diese von Mohndruck erarbeitete Methodik ist im übrigen ohne Anpassungsprobleme auf andere Druckunternehmen/Produktionsunternehmen übertragbar – unabhängig von der Größe eines Betriebes und seiner Produktionsprogramme.

2.2.2 Kostenbudget

Die Kosten für die einzelnen Schritte müssen erfaßt werden, um die Wirtschaftlichkeit beweisen zu können. Der Kostenrahmen dient praktisch als Leitfaden, um das festgelegte Ziel zu erreichen. Sind während des geplanten Ablaufs Änderungen notwendig, so müssen deren Kosten in das Budget eingearbeitet werden.

Entsprechend der in der Öko-Bilanz festgehaltenen Stoffströme/Fakten sind die Kosten für alle Aktivitäten verursachungsgerecht zuzuordnen. Das betrifft den Verbrauch von Putzlappen genauso wie die Aufwendungen für Entsorgung. Durch die Zuordnung in die Kostenstellenrechnung ist die Möglichkeit gegeben, den jeweiligen Entscheidungsträgern Einfluß zur Kostenminimierung zu geben, denn die Ergebnisse der Kostenstellenrechnung sind eine wesentliche Voraussetzung für die Ermittlung der Produktivität. Somit wird die direkte Ergebnisverantwortung noch erhöht.

Parallel dazu müssen die gesamten Emissionen eines Unternehmens für überregionale Betrachtungsweisen im Hinblick auf ihre Wirkung auf Ozon, auf CO_2-Emission usw. gewichtet werden. Durch die ökologische Bewertung und Gewichtung der Emissionen sind danach für die Technologien der Prozesse und Produkte Schlußfolgerungen zu ziehen. So wird die Position des Unternehmens in seiner Region erkennbar. So kann Energieeinsatz z. B. durch Mehrfachnutzung betriebs- und standortbezogen aufgrund entsprechender Wirtschaftlichkeitsrechnungen für Investitionen kostenmäßig reduziert gestaltet werden.

Portfolio-Bewertung

Ist dies geschehen, können die Prozesse und Produkte in Form einer Portfolio-Bewertung dargestellt werden, was wiederum wichtige Informationen und Entscheidungshilfen für die langfristige Unternehmensstrategie bringt. Innovative Weiterentwicklungen von Prozessen und Produkten ergeben sich auf diese Weise auf der Basis gesicherter Daten. Somit stehen auch einwandfreie Unterlagen für Gespräche außerhalb des Unternehmens zur Verfügung.

Die Stoff- und Energieflüsse müssen quantitativ und qualitativ erfaßt und die Umweltkosten entsprechend zugeordnet werden. Anschließend erfolgt die Ermittlung der „Öko-Effizienz". Sie beschreibt das Verhältnis zwischen

Umweltbelastung (= Schadschöpfung) und einer ökonomischen Wertgröße, wie z. B. Deckungsbeitrag. Aufgrund dieser Systematisierung können jetzt Prozesse, Produkte, Materialien usw. gewichtet und ökologisch bewertet werden. Die Darstellung des Öko-Portfolios entspricht der Vorgehensweise bei der betriebswirtschaftlichen Portfolio-Strategie. Ermittelt man die Schadschöpfung in Summe von Werten für Ozon-Belastung/Treibhauseffekt/saurer Regen usw., so kann mit ihnen die regionale Belastung durch Emissionen des Unternehmens ermittelt werden (s. Abbildung).

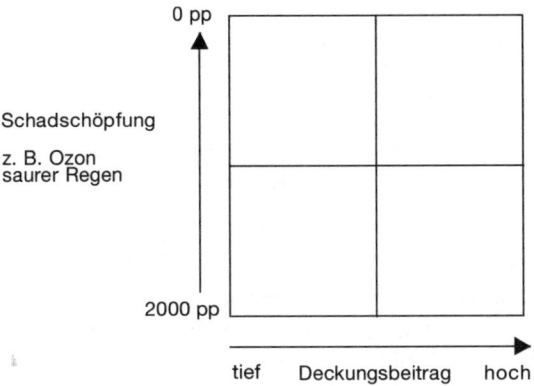

Anhand dieser Analyse können Produktgestaltung, Einkauf, Technologie eines Unternehmens auf ihre Ökologische Effizienz überprüft werden.

2.2.3 Zeitplanung

Als Beobachtungszeitraum für die Öko-Bilanz muß das jeweilige Geschäftsjahr gelten, damit in die Geschäfts- und Öko-Bilanz die gleichen Daten eingehen können. Der Zeitplan für das Erstellen einer Öko-Bilanz wird bestimmt von folgenden Faktoren:

● Das bestehende Berichtswesen muß die für die Öko-Bilanz relevanten Informationen sofort bei Routine-Bearbeitung parallel dazu erzeugen und aktuell den Umweltverantwortlichen mitteilen.

● Daneben ist es vorteilhaft, sich von spezialisierten Instituten (z. B. ifeu, Darmstadt) hinsichtlich der Nutzung von EDV-Programmen zur Erstellung von Öko-Bilanzen beraten zu lassen. Im Anschluß ist eine betriebsindividuelle Anpassung erforderlich. Die Investition hierfür amortisiert sich gewöhnlich durch die schnelle Erfassung der Daten bis zum fertigen Ausdruck kurzfristig.

- Pro Berichtszeitraum müssen die Zielsetzungen festgelegt sein, die sich aus der Schwachstellenanalyse zu Schwerpunktthemen ableiten (s. Bilder 7 und 8).

- Die für die Erstellung der Bilanzen notwendige Zeit hängt auch davon ab, ob man sowohl Betriebs-, als auch Prozeß- und Produktbilanz erstellen will oder nur Teile davon. Wichtig ist, Mitarbeiter hierfür zu benennen und ihnen die erforderliche Zeit zu geben.

Zielsetzung
- Infrastruktur -

- Weitere Reduzierung des LKW-Anteils beim Material- und Produkttransport durch das Konzept "City-Logistik

- Produktionsbeginn Energiezentrum mit erheblicher Reduzierung der Emissionen und Realisierung des Konzeptes "Fernwärme"

- Aufbau eines Öko-Controllings mit dem Ziel einer Bewertung und Gewichtung der eingesetzten Stoffe und der Entwicklung eines "Öko-Portfolios" für Prozesse und Produkte

Bild 7

Zielsetzung
- Produktion -

- Weiterentwicklung der Lösemittelbilanz

- Reduzierung des Isopropanol-Einsatzes mit konstanter Konzentrationsüberwachung

- Verstärkter Einsatz "vegetabiler Öle" statt kohlenwasserstoffhaltiger Lösemittel

- Vollständige Einführung Restfarben-Recycling

- Ausbau Produktions-Know-how bei Recyclingpapieren

- Einsatz von Dispersionsklebern, die nach Verarbeitung und Aushärtung keine redispergierbaren Anteile enthalten → Optimierung Recycling

Bild 8

2.2.4 Veröffentlichung der Öko-Bilanz

Da eine Öko-Bilanz das Unternehmen ganzheitlich darstellt und somit von
allen Ebenen im Unternehmen getragen und verantwortet werden muß, sind
zur „Vermarktung" folgende Punkte zu bedenken:

- Wie soll die Information der Mitarbeiter erfolgen?
- Soll die Bilanzdarstellung rein sachlich erfolgen oder auch als Werbemittel
  genutzt werden?
- Entscheidung darüber, welche Informationen über das Unternehmen zu
  geben sind und wie über Schwerpunkte berichtet werden soll.
- Soll die Öko-Bilanz auch in überbetrieblichen Seminaren, Veranstaltungen
  etc. vorgestellt werden, um z. B. die eigene Branche mit dem Thema zu
  konfrontieren?
- Um für die eigene Vorgehensweise den richtigen Weg für die Gestaltung
  der Öko-Bilanz zu finden, sollten Öko-Bilanzen anderer Unternehmen
  angefordert und bearbeitet werden.

Ein wesentlicher Grundsatz ist jedoch zu befolgen:

- Jede Aussage muß überprüfbar und für Außenstehende nachvollziehbar
  sein. Nur auf diesem Wege ist Glaubwürdigkeit für die einzelne Aussage zu
  erzielen. Das heißt aber auch, daß nach dem ersten Schritt mit der Entscheidung, eine Öko-Bilanz erstellen zu wollen, die nächsten Schritte
  folgen müssen, nämlich jedes Jahr eine Fortschreibung über die Zielsetzung mit Soll-Ist-Vergleich aller Umweltaktivitäten des Unternehmens zu
  veröffentlichen.

3   Zusammenfassung

- Zur Absicherung von Arbeitsplätzen und Standort müssen Unternehmen die vorhandenen, betriebswirtschaftlichen Systeme um den Grundwert „Umwelt" ergänzen. Das heißt, daß sich Unternehmen hinwenden zu einer ganzheitlichen Betrachtungsweise der In-/Output-Ströme einschließlich des internen Ablaufes.

- Das einzelne Unternehmen muß seine Umweltphilosophie festlegen, um für Führung und Mitarbeiter klare erkennbare Richtlinien zu besitzen.

- Ein funktionierendes UM-System muß bei Nutzung der internen Datenerfassung und -verarbeitung ständig eine „umweltrelevante Berichterstattung" ermöglichen.

- Öko-Bilanzierung, Öko-Controlling und Öko-Audit sind Teilschritte, die objektive Aussagen gewährleisten und unabhängig von der jeweiligen Betriebsgröße möglich sind.

- Schwachstellenanalysen aufgrund von „Wert-" oder „Risikoanalysen" bieten die Möglichkeit, Materialien, Prozesse und Produkte in ihrer Gesamtheit so zu bewerten, daß die Verantwortung zur Ressourcenschonung wahrgenommen werden kann.

- Die wissenschaftliche, d. h. theoretische Ausarbeitung und Strukturierung des Themas „Öko-Bilanz", ist so weit fortgeschritten, daß es für jede Betriebsgröße und jede Branche möglich ist, Öko-Bilanzen zu erstellen. Die Wirtschaft im allgemeinen muß sich dieser Aufgabe stellen, sonst wird die Politik Rahmenbedingungen vorgeben, die im Wirtschaftsleben auf Nichtrealisierbarkeit stoßen, auch wenn sie in vielen Fällen nur theoretischer Natur sind.

Ermittlung der Umweltkosten –
Die Chance für effizientes ökologisches
Wirtschaften

Dipl.-Ing. Dr. Karl Niederl

1 Neuorientierung der Wirtschaft durch Umweltvorsorge

Wer heute produziert, hat eine Reihe von Gesetzen, Verordnungen und Richtlinien zu beachten – ein ebenso aufwendiges wie kostspieliges Muß. Leider setzen viele Umweltprojekte ziemlich spät im Produktionsablauf ein: nämlich erst an den Stellen, an denen Abfälle und Emissionen entstehen. In Zukunft wird nicht das Entsorgen von Abfällen bzw. Beseitigen von Schadstoffemissionen durch nachgeschaltete Umwelttechniken Priorität haben, sondern die abfallarme und emissionsarme Produktion. Man spricht von produktionsintegriertem Umweltschutz, von präventiven Umweltmaßnahmen.

Durch den verstärkten Einsatz unternehmensindividueller Management-Ansätze und innovativer Technologien im Produktionsprozeß stellte sich bei einschlägigen Projekten heraus, daß Ökonomie und Ökologie nicht im Widerspruch stehen. Dabei ist es besonders wichtig, daß die geplanten Maßnahmen nicht nur effektiv, sondern vor allem effizient und damit bezahlbar sind.

Dies alles ist aber nur dann durchführbar, wenn dem Unternehmen ein Meß- und Kontrollinstrument in die Hand gegeben wird, mit dessen Hilfe die Veränderungen verfolgt und bewertet werden können. Als wichtigstes Prüfinstrument zum „Öko-Check" für Betriebe wurde von der EU das „Öko-Audit" ins Leben gerufen. Ein Ansatz zur innerbetrieblichen Umsetzung der EU-Verordnung ist das Projekt ÖKOPROFIT (Ökologisches Projekt Für Integrierte UmweltTechnik). Es bietet eine systematische Vorgehensweise an, Methoden zur effizienten Abfall- und Emissionsvermeidung zu entwickeln. Um den Zusammenhang zu betrieblichen Umweltkosten herzustellen, müssen DV-unterstützte Verfahren angewendet werden. AUDIT ist ein umfassendes dynamisches DV-System und dient dazu, dem Manager einen Überblick über die Entwicklung des Unternehmens in Hinblick auf die Material- und Energienutzung, die Umweltkosten und die Umweltleistungen zu geben, und ermöglicht ihm, verschiedene Entwicklungsszenarien miteinander zu vergleichen. Stoffe, Energie sowie Produkte und Emissionen werden erfaßt, die Kosten werden in einem Produktionsmodell auf dem Computer variierbar gemacht. Durch Simulation können Veränderungen beobachtet werden, um Verbesserungen im Produktionsablauf zu erreichen. Mit AUDIT soll das Management unterstützt werden, die jeweils technisch und betriebswirtschaftlich optimale Lösung zu finden.

Ähnliche Beschreibungen und Analysen können aber auch in der kommunalen und regionalen Abfallwirtschaft durchgeführt werden. Die Darstellung und Bewertung von Stoffströmen in einem lokalen oder nationalen Bilanzgebiet kann grundsätzlich in derselben Weise erfolgen.

2   Produktionsintegrierter Umweltschutz statt Reparaturtechnologien

Als eine der anerkannten Prinzipien der Abfallwirtschaft gilt: *VVV – Vermeiden vor Vermindern vor Verwerten*. Die praktische Umsetzung im Rahmen des betrieblichen Umweltschutzes scheitert aber meist am Nichtvorhandensein einer geeigneten und erprobten Methode.

Umweltschutz hat sich in seinem Charakter gewandelt. Nach dem Auftreten der ersten negativen Effekte durch Emissionen in der Umgebung von Industrieanlagen und Kraftwerken reagierte man mit „End of Pipe – Technologien". Kläranlagen und Filter reduzierten die Emissionen auf ein erträgliches Maß und halfen mit, Umweltschäden in Grenzen zu halten. Als eine nächste Stufe, besonders als Klein- und Mittelbetriebe auch mit Umweltauflagen konfrontiert wurden und die Anforderungen auch auf feste Abfälle erweitert wurden, entwickelten sich strukturelle Entsorgungseinrichtungen. Eigens dafür spezialisierte Unternehmungen übernahmen die Abfälle und „entsorgten" die Betriebe.

Erst in den letzten Jahren zeigten sich bei beiden Ansätzen deutliche Grenzen und Unzulänglichkeiten. Die vermeintliche Entsorgung weist nur vordergründig Vorteile auf. Abfälle und Emissionen werden hierdurch nicht weniger, den Betrieben fallen zusätzliche Kosten an. Auch lassen sich einige der wesentlichen Umweltbelastungen der heutigen Zeit – Treibhauseffekt, Ozonloch, Trinkwasserverschmutzung – nur zu einem geringen Teil und vor allem nicht wirklich effektiv durch nachgeschaltete Umwelttechniken reduzieren.

Als Antwort auf diese Erkenntnisse wurden in den 70er Jahren in den USA innerhalb großer Firmen (z. B. 3M, Monsanto, Du Pont, IBM) Strategien entwickelt, die die Abfall- und Emissionsvermeidung in den Produktionsprozessen umsetzen sollten. Der allgemein anerkannte Grundsatz, die Vermeidung vor die Verwertung und die Entsorgung zu stellen, wurde hierbei in den Unternehmen operationalisiert und umgesetzt. Zur Umsetzung des produktionsspezifischen Umweltschutzes entstanden in den letzten Jahren zahlreiche Publikationen [1-6]. Speziell für österreichische Verhältnisse wurde im Rahmen eines Auftrages der Bundesministerien für Wissenschaft und für Umwelt das österreichische PREPARE-Handbuch entwickelt [7].

Die produktionsintegrierte Umweltvorsorge weist gegenüber der Entsorgung durch Fremdunternehmen und gegenüber „End of Pipe – Technologien" zahlreiche Vorteile auf:

die Verantwortung kann für den gesamten Prozeß übernommen werden; es besteht kein Risiko bei Einschaltung eines unverläßlichen Partners oder für eine Haftung, wenn Abfälle den Betrieb verlassen;

Vermeidung im Sinne des Einsatzes geringerer Mengen an Materialien und Energien hat grundsätzlich das Potential zu wirtschaftlichen Lösungen;

Abfall- und Emissionsvermeidung führen durch die intensive Beschäftigung mit dem Produktionsprozeß zu einem allgemeinen Innovationsprozeß im Betrieb;

Abfall- und Emissionsvermeidung stellen einen Weg in Richtung einer nachhaltigen Wirtschaftsentwicklung dar.

Abfall- und Emissionsvermeidung kann nicht von außen in den Betrieb getragen werden, sondern muß als unternehmensspezifische Lösung erarbeitet werden. Die unternehmerische Strategie zur Abfall- und Emissionsvermeidung muß auf mehreren Ebenen zugleich ansetzen:

a) bei organisatorischen Maßnahmen wie Festlegen der Verantwortlichkeiten, Schulungen, Ermittlung von Kennzahlen sowie Meß- und Regeltechniken,

b) bei Änderungen der Angebotsprodukte, Roh-, Hilfs- und Betriebsstoffe,

c) bei Änderungen in der Produktion,

d) bei technologischen Änderungen an Einrichtungen, Anlagen und bei Verfahren,

e) bei internem Recycling (Rückgewinnung von Substanzen, unternehmensinterne Kreislaufschließungen),

f) bei externem Recycling (Einbringen von Stoffen in Wirtschaftskreisläufe zur Wieder- und Weiterverwendung),

g) beim Einbringen von Stoffen in biogene Kreisläufe (z. B. Kompostieren).

Abfall- und Emissionsvermeidung im angesprochenen Sinn ist nicht nur eine Angelegenheit der Technik. Entsprechend den oben angeführten Punkten sind alle Bereiche eines Betriebes in Programme zur Einführung von „Cleaner Production" einzubinden. Ein innerbetriebliches Programm berücksichtigt daher das Wissen in all diesen Gruppen in der Ablauforganisation und gewinnt aus dem Vergleich der Unterlagen aus Technik und Kostenrechnung besonders wertvolle Information.

3   Ermittlung der Umwelt-Gesamtkosten

In vielen Unternehmen sind die Umweltkosten und Erlöse nicht vollständig bekannt, da diese in den Produktions-, bzw. Gemeinkosten enthalten sind oder im herkömmlichen Rechnungswesen nicht auftauchen. Für eine Umwelt-Gesamtkosten-Analyse (Total Cost Assessment, TCA) eines Produktionsprozesses sind mehrere Arten von Kosten, Aufwendungen bzw. Erlöse zu berücksichtigen:

A. Primäre Umweltkosten

I. Dienstleistungskosten für Entsorgung und Behandlung (Fremdleistungen):
   - Entsorgungskosten
   - Verwertungskosten für Altstoffe
   - Altstofferlöse
   - Abfalltransporte usw.

II. Kapitalkosten für Umweltanlagen:
   - Abfallbehandlung (Sammelplätze, Pressen, ...)
   - Emissionsminderung
   - Lärmschutz
   - Abwasserbehandlung

III. Inanspruchnahme von Fremdleistungen; Entgeltzahlungen z. B. für:
   - Schulungen
   - Beratungen
   - Laboranalysen
   - Versicherungsprämien
   - Rechtsbeistand
   - Genehmigungen

IV. Personalkosten; Wert der aufgewandten Arbeitszeit für:

- Schulungen, Kurse
- Beratungen in den Gremien des Betriebes
- Analysen, Erhebungen in den eigenen Labors
- innerbetriebliche Transporte und Handhabungen
- Erfüllung der gesetzlichen Vorschriften (Chemikaliengesetz, Begleit-
  scheine, ARA, ...)
- Betrieb und Instandhaltung der Umweltanlagen

V. Gebühren, Abgaben:

- Altlastensanierungsbeiträge
- Einleitgebühren
- bezahlte ARA-Lizenzgebühren
  - für in Verkehr gebrachte Verpackungen
  - als Teil der Kosten bezogener Waren

VI. Versteckte Umweltkosten:

- Mitarbeiter(de)motivation
- vermehrte/verminderte Krankenstände
- erhöhte PR-Kosten für Image
- verlängerte Behördenverfahren

B. Sekundäre = produktionsbezogene Umweltkosten

I. Wertstoffkosten der nicht genutzten Roh- und Hilfsstoffe, d. h. Aufwände
für Materialien wie:

- Abfälle
- Emissionen
- Abwärme
- Abwässer

II. Produktionskosten der nicht genutzten Roh- und Hilfsstoffe, wie anteilige
Kosten für:

- Personal
- Kapital und Abschreibung
- Betriebsmittel
- Energiekosten, etc.

- Zur Durchführung einer Gesamt-Umweltkostenrechnung ist die Bilanzierung und die damit verbundene anlagenbezogene Zuordnung der nicht genutzten Stoffkategorien (Roh-, Hilfsstoffe, etc.) zu den Emissionen unbedingte Voraussetzung. Dies gilt insbesonders für die sekundären, d. h. produktionsbezogenen Umweltkosten.

- Die Umweltkostenanalyse ist für die Beurteilung von betrieblichen Maßnahmen zur Umweltentlastung besonders wichtig. Während i. a. die Meinung besteht, daß Umweltschutz Geld kostet („muß man sich leisten können"), bietet produktionsintegrierter, vorsorgender Umweltschutz die Möglichkeit, wirtschaftlich sinnvoll Innovationen umzusetzen („Pollution Prevention Pays", Umweltschutz aus Eigennutz).

- Eine vollständige Analyse der Umweltgesamtkosten zeigt in vielen Fällen, daß es wesentlich teurer ist, Abfälle und Emissionen herzustellen, als sie zu entsorgen. Vorbeugender Umweltschutz zahlt sich also doppelt aus: Vermeidung teurer Produktion und teurer Entsorgung. Dies erfordert aber eine möglichst vollständige Verfolgung aller Aufwendungen und Kosten, die mit der Produktion des Abfallstoffes verbunden sind.

Zahlreiche Fallstudien in Österreich stellen den Beweis für die Erfolgsaussichten der Methode. In 12 Firmen im Rahmen des PREPARE-Projektes, welches von den Bundesministerien für Wissenschaft bzw. Umwelt beauftragt wurde, konnten durchwegs wirtschaftliche Emissions- und Abfallvermeidungsoptionen realisiert werden [8-10]. Speziell für Klein- und Mittelbetriebe wurde das Programm ÖKOPROFIT GRAZ entwickelt, in dessen Verlauf in Graz und seit 1994 auch in Klagenfurt die Idee „Umweltschutz aus Eigennutz" in die Praxis umgesetzt wird. Das Ablaufschema entspricht im wesentlichen der des Öko-Audits wie es die EU-Verordnung vorsieht und hat folgende inhaltliche Schwerpunkte:

1. Beschreibung des betrieblichen Ist-Zustandes
   - Strukturelle, organisatorische Rahmenbedingungen
   - Rechtliche Rahmenbedingungen
   - Technische Rahmenbedingungen

2. Beschreibung der gesetzten Maßnahmen

3. Beschreibung des Umweltprogrammes für das kommende Jahr

Eine Zusammenfassung über Ablauf und Inhalt der Auszeichnung „Grazer Ökoprofit-Betrieb" ist in der folgenden Graphik gegeben.

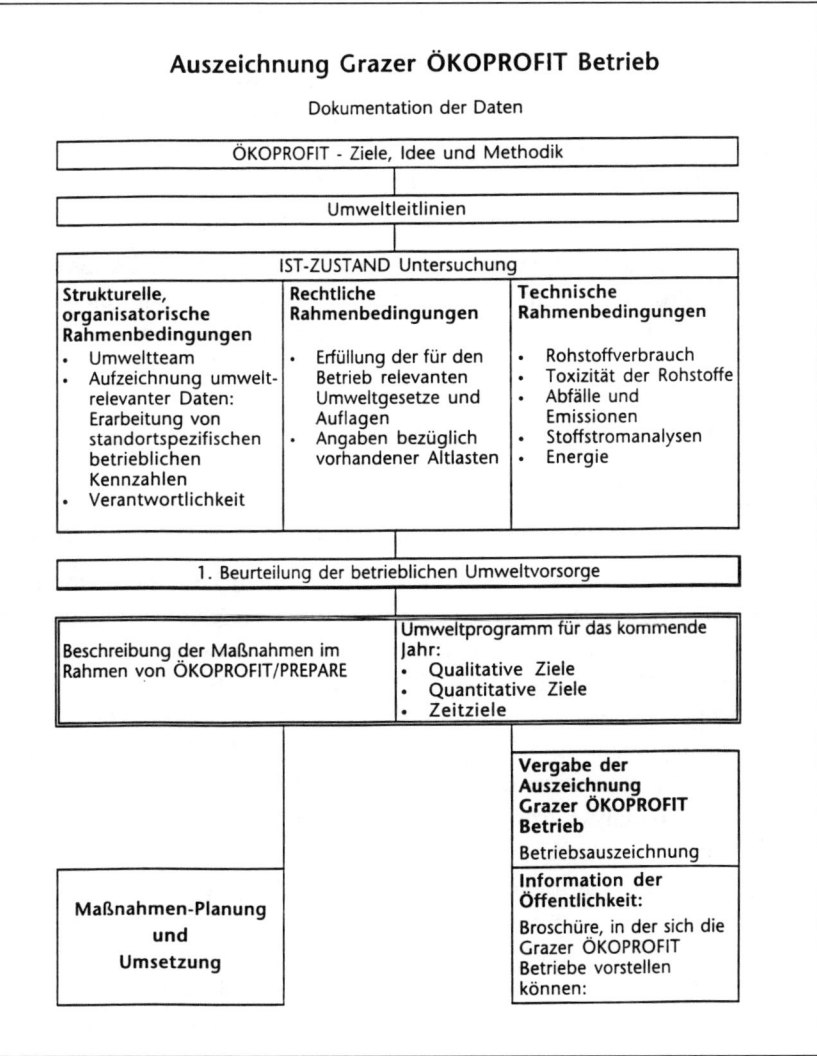

Bild 1

ÖKOPROFIT Graz läuft seit 1992 und schließt derzeit fast 40 Betriebe ein. Für die Durchführung einer erfolgreichen Abfall- und Emissionsvermeidung erhalten die Teilnehmer die ÖKOPROFIT-Betriebsauszeichnung [11]. Die Richtlinien zur Vergabe der Betriebsauszeichnung sind in Anlehnung an die EU-Verordnung zum Öko-Audit erstellt und bieten somit den teilnehmenden Unternehmen eine Vorbereitung zur Begutachtung/Zertifizierung gemäß Verordnung.

In einigen österreichischen Bundesländern gibt es regionale Ökoprofit- und PREPARE-Projekte, so in der Steiermark [12], in Oberösterreich und in Kärnten. Andere Länder bereiten gerade solche Projekte vor.

4 DV-unterstützte Verfahren

Ist man gewillt, die Umweltkosten eines Unternehmens zu ermitteln, kann auf eine DV-gestützte Verarbeitung der Daten nicht verzichtet werden.

Durch die komplexen Verknüpfungen, die in einem Unternehmen oder in einer Kommune gegeben sind, ist es meist unmöglich, globale Betrachtungen durchzuführen. Das heißt, es ist oft problematisch, Auswirkungen einer Maßnahme ohne EDV-Modell auf das Gesamtsystem abzuschätzen. Ein Beispiel eines besonders geeigneten Programmsystems ist AUDIT, ein DV-gestütztes Umweltmanagement- und Controllingsystem unter Windows. Es dient dazu, Abläufe im Unternehmen transparent zu machen und gestattet somit eine Schwachstellenanalyse, bzw. durch das Hilfsmittel „Variantenvergleich" auch eine globale Abschätzung von innerbetrieblichen Maßnahmen. Es zeigt dem Management in dynamischer Betrachtung, wie das Unternehmen mit Material und Energie umgeht und welche Umweltkosten entstehen. Mit AUDIT lassen sich die verschiedensten Szenarien durchspielen. Das zeigt die Schwachstellen auf, und der Erfolg von Gegenmaßnahmen läßt sich am PC simulieren. Die erfaßten Stoff- und Energiedaten werden bilanziert, um die Auswirkungen immer ganzheitlich erkennen zu können. Stoffbilanzen ermöglichen verschiedene toxikologische und ökologische Bewertungsmodelle [13].

Die Berechnungen werden dynamisch über eine Zeitspanne geführt, Einzelelemente einer Variante (=Apparate, Systemelemente, Transportwege) können über die Zeit ein- und ausgeblendet werden, Indizes helfen zeitliche Verläufe darzustellen.

Der Vergleich von Verfahrens- und Systemalternativen ist über die Bildung von Kennzahlen (z. B.: Einkauf/Produktauftrag, ökologische/naturwissen-

schaftliche Parameter) sowohl tabellarisch als auch graphisch, über Balken-
und Tortendiagramme, ABC-Analyse und Sankey-Diagramme möglich.
Die Erstellung von Varianten ist so allgemein gehalten, daß nicht nur betriebliche, sondern auch kommunale Systeme dargestellt werden können. Ferner
wird der Benutzer zu intuitivem Arbeiten angeregt; dies wird durch die Ein-
gabe des Fließschemas mit Hilfe eines integrierten Graphikprogramms (ähnlich einem CAD-Programm wie PROCEDE) ermöglicht [14]. Die Berechnung
der Bilanzen wird durch statistische Methoden unterstützt.

Literatur zu Kapitel B4

[1] Bundesamt für Umwelt, Wald und Landschaft (BUWAL) (Hrsg.): Verminderung von
Sonderabfällen durch Vermeiden und Verwerten. BUWAL Schriftenreihe Nr. 161,
Bern, Dez. 1991

[2] UNEP, UNIDO (Ed.): Audit and Reduction Manual for Industrial Emissions and
Wastes. Technical Report Series N7, Paris 1991

[3] Office of Technical Assistance (Edt.): A Practical Guide to Toxic Use Reduction.
Commonwealth of Massachusetts, undated

[4] *Hoo, S. de; Brezet, H.; Crul, M.; Dieleman, H.* (Edt.): Handleiding voor preventie van
afval en emissies. NOTA, Den Haag 1990

[5] EPA: Facility Pollution Prevention Guide. EPA/600/R-92/088, Washington, May
1992

[6] Educational Design Team (Edt.): Waste Minimization Module; University of Michi-
gan, Ann Arbor, 1991

[7] *Schnitzer, H.; Jasch, Ch.:* Österreichisches PREPARE-Handbuch, Bundesministerium
für Wissenschaft und Forschung, Wien, 1994

[8] BMWF, BuJUF: PREPARE, Projektdokumentation, Wien, 1994

[9] *N.N.:* Intime Schmuckstücke. Umweltschutz (1994) 12,36

[10] *N.N.:* Möbel aus dem Sack. Umweltschutz (1994) 11, 46

[11] *Niederl, K.:* Hrsg., Grazer Ökoprofit-Betriebe-Auszeichnungsbroschüre 1994.
Umweltamt Graz, 1994

[12] *Fresner, J.:* Abfallvermeidung in der Praxis. Österr. Chem. Zeitschrift 95 (1994) 1,4

[13] *Altenburger, H. J.; Stadlober, E.:* EDV-gestützte Materialwirtschafts- und Umweltinformationen als produktionsintegriertes Management-Tool. Ökoinforma, Sept. 1994,
Wien

[14] *Schnitzer, H.; Altenburger, H. J.:* Ermittlung von Umweltgesamtkosten und deren
EDV-gestützte Verarbeitung. ÖWAV, 1994, Wien

EG-Verordnung
über das Umweltmanagement und die
Umweltbetriebsprüfung

Dr. rer. nat. Renate Eggert

1 Einleitung

Die Verordnung (EWG) Nr. 1836/93 des Rates vom 29. Juni 1993 „über die freiwillige Beteiligung gewerblicher Unternehmen an einem Gemeinschafts-system für das Umweltmanagement und die Umweltbetriebsprüfung", kurz „Öko-Audit-Verordnung" oder auch EMAS („eco-management and audit scheme") genannt, trat am 13. Juli 1993 in Kraft und gilt unmittelbar in jedem Mitgliedsstaat[1]. Danach können Unternehmen freiwillig prüfen lassen, inwie-weit sie sich umweltgerecht verhalten. Als zentralen Bestandteil sieht die Ver-ordnung vor, daß Unternehmen eine Reihe von Maßnahmen zur Einrichtung eines Umweltmanagementsystems (UM-Systems) treffen, dieses von einer externen zugelassenen Umweltgutachter/Umweltgutachterorganisation be-gutachten lassen und ihr Umweltverhalten auch gegenüber der Öffentlichkeit darlegen.

In Anwendung des Subsidaritätsprinzips werden administrative Regelungen über die Umweltgutachterzulassung und die Standortregistrierung von den einzelnen Mitgliedsstaaten festgelegt. Die nationalen Regierungen hatten bis April 1995 die Voraussetzungen für die Umsetzung der Verordnung zu schaf-fen und entsprechende Ausführungsgesetze zu erlassen. In Deutschland regelt das „Umwelt-Audit Gesetz" das Zulassungsverfahren und die Aufsicht über zugelassene Umweltgutachter und Umweltgutachterorganisationen sowie die Registrierung geprüfter Betriebsstandorte. Danach ist die „Deutsche Akkreditierungs- und Zulassungsgesellschaft für Umweltgutach-ter mbH" (DAU) mit den Aufgaben der Zulassungsstelle betraut. Die Regi-strierung geprüfter Standorte erfolgt über die Industrie- und Handelskam-

---

[1] ABl. EG Nr. L 168/1 vom 10.7.1993

mern bzw. die Handwerkskammern. Die EU-Kommission wacht darüber, daß die Regeln, Verfahren und die wesentlichen Forderungen in allen Mitgliedsstaaten dieselben sein werden[2].

Technische Normen, bestehende Umweltvorschriften, weder auf nationaler noch auf europäischer Ebene, sowie Verpflichtungen der Unternehmen aus diesen Rechtsvorschriften bleiben von dem System unberührt[3]. Dies bedeutet, daß für Unternehmen in Deutschland das deutsche Ordnungsrecht im Umweltschutz die Ausgangsbasis für eine Beteiligung am Gemeinschaftssystem ist. Über die einschlägigen nationalen Vorschriften und Rechtsbestimmungen hinaus sollen Unternehmen ermutigt werden, freiwillig und bewußt den betrieblichen Umweltschutz zu verbessern. Im Gegensatz zu den im Ordnungsrecht üblichen Reglementierungen setzt die Verordnung ausdrücklich auf eine freiwillige Teilnahme und unterstreicht damit die Eigenverantwortung der Industrie für die Bewältigung der Umweltfolgen ihrer Tätigkeiten.

Um dieser Verantwortung gerecht werden zu können, müssen die Unternehmen eine Umweltpolitik, Umweltziele und -programme festlegen und umsetzen. Dies wird durch den Aufbau und die Aufrechterhaltung eines UM-Systems im Unternehmen sichergestellt. Entsprechend der Präambel der EG-Verordnung soll die Industrie zu einem „aktiven Konzept" kommen, das auf der Verhütung, Verringerung und, soweit möglich, der Beseitigung von Umweltbelastungen auf der Grundlage des Verursacherprinzips beruht. All diese Maßnahmen sollen dem Unternehmen ermöglichen, im Sinne einer dauerhaften und umweltgerechten Entwicklung („sustainable development"[4]) die unternehmerische Tätigkeit auch in Zukunft sicherzustellen. Dabei wird insbesondere unterstrichen, daß der betriebliche Umweltschutz unter wirtschaftlicher Anwendung der „besten verfügbaren Technik" erfolgen soll[5].

Als Anreiz, sich am Gemeinschaftssystem für das Umweltmanagement zu beteiligen, können die Unternehmen nach erfolgreicher Prüfung eine Teilnahmeerklärung verwenden. Diese besagt, daß der betreffende Standort über ein UM-System verfügt und die Öffentlichkeit im Einklang mit dem Gemeinschaftssystem anhand einer Umwelterklärung über den betrieblichen Umweltschutz unterrichtet wird. Die Teilnahmeerklärung darf zu Werbe-

---

2 Präambel EG-Verordnung
3 Art.1 Abs.3 EG-Verordnung
4 Commission of the European Communities, DG III „Elements of a Community quality policy", Senior Officials Group for Standardization Policy Doc. 5/94-EN
5 Art.3 Abs. a) EG-Verordnung

zwecken, z. B. auf Briefbögen oder Unternehmensbroschüren, verwendet werden, nicht jedoch in der Produktwerbung, auf den Erzeugnissen selbst oder auf deren Verpackungen[6].

2 Ziele des Umweltmanagements und Umweltbetriebsprüfungssystems

Ziel des Gemeinschaftssystems für das Umweltmanagement und die Umweltbetriebsprüfung ist, ein System zur Bewertung und kontinuierlichen Verbesserung des betrieblichen Umweltschutzes zu schaffen[7]. Unternehmen, die an dem Gemeinschaftssystem teilnehmen, müssen eine Umweltpolitik entwickeln, sie schriftlich festlegen und sich darin auch zu einer kontinuierlichen Verbesserung des betrieblichen Umweltschutzes verpflichten, wobei die kontinuierliche Verbesserung nicht notwendigerweise in allen Tätigkeitsbereichen gleichzeitig erfolgen muß.

Abgesehen von grundlegenden Forderungen sind Unternehmen in der Gestaltung ihrer Umweltpolitik relativ frei. Dies bedeutet, daß sich Unternehmen über den gesetzlichen Rahmen hinaus selbst ökologische Handlungsgrundsätze vorgeben. Die betrieblichen Maßnahmen und die Bewertung der Umweltleistung werden in selbst formulierten Umweltzielen und -programmen aus der Umweltpolitik abgeleitet und festgelegt. Für die Umsetzung der Umweltpolitik, -ziele und -programme soll ein UM-System eingerichtet werden, das sicherstellt, daß die selbst festgelegten Forderungen auch erfüllt werden. Das UM-System ist somit ein Instrument, mit dem Unternehmen ihre Umwelterklärung beurteilen und auch verbessern können. Die Verordnung sieht dazu vor, daß Unternehmen interne Prüfungen (z. B. Umweltbetriebsprüfungen, UM-Bewertungen durch die oberste Leitung) durchführen, um durch systematische und regelmäßige Bewertungen zu kontinuierlichen Verbesserungen zu kommen[8].

Mit der EG-Verordnung verfolgten die EU-Mitgliedsländer neben dem betrieblichen „Öko-Check" noch ein Ziel anderer Art: Als Antwort auf das zunehmende Interesse der Öffentlichkeit an Umweltfragen sieht die Verordnung vor, daß Unternehmen Informationen über den betrieblichen Umweltschutz für die Öffentlichkeit bereitstellen[9]. Im Rahmen einer Umwelt-

---

[6] Art. 10 Abs. 3 EG-Verordnung
[7] Art. 1 Abs. 1 EG-Verordnung
[8] Art. 1 Abs. 2b EG Verordnung
[9] Art. 1 Abs. 2c EG-Verordnung

erklärung, eine Art „ökologischer Rechnungslegung", sollen alle wichtigen Umweltfragen angesprochen werden und, soweit angemessen, auch quantitative Angaben bezüglich besonders umweltrelevanter Produkte, Anlagen oder Prozesse und deren Ergebnisse gemacht werden. Die Offenlegung der Tätigkeiten eines Unternehmens ist nicht neu. Für besonders umweltrelevante Anlagen nach dem BImSchG sind Genehmigungsverfahren mit Öffentlichkeitsbeteiligung zwingend vorgeschrieben. Gemäß §11a Störfallverordnung ist die Öffentlichkeit sogar in geeigneter Weise und unaufgefordert über die betrieblichen Strukturmaßnahmen zu unterrichten. Gegenüber den Überwachungsbehörden existieren auch gemäß § 16 BImSchG (Mitteilungs- und Anzeigepflicht) und § 52a BImSchG (Mitteilungspflichten zur Betriebsorganisation) gewisse Berichtspflichten, jedoch sind diese im Gegensatz zur Umwelterklärung gemäß EG-Verordnung auf den Betrieb genehmigungspflichtiger Produktionsanlagen beschränkt. Eine freiwillige Verpflichtung zur Offenlegung als „wesentlicher Bestandteil guten Umweltmanagements"[10], unterstreicht die Rolle und gesellschaftliche Verantwortung der Unternehmen für ein umweltbewußtes und umweltgerechtes Wirtschaften.

Gemäß § 52 Abs.2 BImSchG ist der Betreiber genehmigungsbedürftiger Anlagen im übrigen verpflichtet darzulegen, auf welche Weise anzuwendende Vorschriften und Anordnungen im Unternehmen beachtet und umgesetzt werden, was die Einrichtung eines UM-Systems unterstützt.

---

[10]   Präambel EG-Verordnung

3   Wer kann teilnehmen?

An dem EU-Gemeinschaftssystem können sich alle Unternehmen beteiligen, insbesondere kleine und mittlere, die an einem oder an mehreren Standorten innerhalb der Europäischen Union eine gewerbliche Tätigkeit ausüben. Angesprochen sind Unternehmen des produzierenden und verarbeitenden Gewerbes, der Energieversorgung sowie der Abfallverwertung und -entsorgung. Was eine gewerbliche Tätigkeit ist, wird unter Abschnitt C und D der statistischen Systematik der Wirtschaftszweige in der Europäischen Gemeinschaft (NACE Rev. 1) gemäß der Verordnung (EWG) Nr. 3037/90 wie folgt definiert[11]:

- Bergbau und Gewinnung von Steinen und Erden
- Verarbeitendes Gewerbe, darunter fallen
  - Ernährungsgewerbe und Tabakverarbeitung
  - Textil- und Bekleidungsgewerbe
  - Ledergewerbe Holzgewerbe
  - Papier-, Verlags- und Druckgewerbe
  - Kokerei, Mineralölverarbeitung, Herstellung und Verarbeitung von Spalt- und Brutstoffen
  - Chemische Industrie
  - Gummi- und Kunststoffwaren
  - Glasgewerbe, Keramik, Verarbeitung von Steinen und Erden
  - Metallerzeugung und -bearbeitung, Metallerzeugnisse
  - Maschinenbau
  - Büromaschinen, Datenverarbeitungsgeräte und -einrichtungen; Elektrotechnik; Feinmechanik und Optik
  - Fahrzeugbau
  - Herstellung von Möbeln, Schmuck, Musikinstrumenten, Sportgeräten; Spielwaren und sonstigen Erzeugnissen

Darüber hinaus können Unternehmen teilnehmen, die Strom, Gas, Dampf und Heißwasser erzeugen oder feste oder flüssige Abfälle recyceln, vernichten oder endlagern[12].

Die Beteiligung nichtgewerblicher Sektoren wie Handel oder öffentliche Dienstleistungsbereiche ist zunächst nicht vorgesehen, entsprechende Bestimmungen sollen aber versuchsweise erlassen werden[13].

[11]   ABl. Nr. L 293 vom 24.10.1990, S. 1
[12]   Art.2 Abs.i) EG-Verordnung
[13]   Präambel EG-Verordnung

4   Inhalt der Verordnung und Begriffe

Die Verordnung ist in 21 Artikel und 5 Anhänge gegliedert. Die 21 Artikel beschreiben den Aufbau und Ablauf des Gemeinschaftsystems, die Beziehungen zu einzelstaatlichen, europäischen und internationalen Normen und die administrativen Regelungen. In den 5 Anhängen werden die grundlegenden Vorschriften und Forderungen in bezug auf die Zulassung und Aufgaben der Umweltgutachter und die Elemente des Gemeinschaftssystems (Umweltpolitik, -ziele, -programm, UM-System, Umweltprüfung und Umweltbetriebsprüfung) spezifiziert.

Liest man den Verordnungstext das erste Mal, so wird dem Leser der Einstieg in das EU-Umweltmanagement nicht leicht gemacht. Der relativ große Interpretationsspielraum mag zu der anfangs zögerlichen Haltung vieler Unternehmen beigetragen haben. Daß es sich in jedem Fall lohnt, den englischen Originaltext zu Rate zu ziehen, zeigt bereits der Titel der englischsprachigen Fassung: „Council regulation (EEC) allowing voluntary participation by companies in the industrial sector in a Community eco-management and audit scheme". Obwohl sich im deutschsprachigen Raum der Begriff „Öko-Audit-Verordnung" vielfach durchgesetzt hat, fällt auf, daß der englische Begriff „audit" in der deutschen Fassung als „Umweltbetriebsprüfung" bezeichnet wird. Die folgenden Anmerkungen sollen dazu beitragen, wesentliche Begriffe besser zu verstehen.

Der Begriff „Umweltmanagement" ist in der EG-Verordnung nicht definiert. Wenn auch das „Managen" im Rahmen von QM- und UM-Systemen teilweise unterschiedliche Ansatzpunkte hat, so lassen sich Grundsätze und Methoden durchaus übertragen. Die Norm DIN EN ISO 8402 „Qualitätsmanagement – Begriffe" kann leicht bezüglich spezifischer Umweltschutzaspekte interpretiert und als Grundlage zur Begriffsinterpretation herangezogen werden. Analog dem Qualitätsmanagement („alle Tätigkeiten des Gesamtmanagements, die im Rahmen des QM-Systems die Qualitätspolitik, Ziele und Verantwortungen festlegen sowie diese durch Mittel wie Qualitätsplanung, Qualitätslenkung, Qualitätssicherung/QM-Darlegung und Qualitätsverbesserung verwirklichen"[14]) umfaßt dann Umweltmanagement alle Tätigkeiten des Gesamtmanagements, die im Rahmen des UM-Systems die Umweltpolitik, Ziele und Verantwortungen festlegen sowie diese durch Mittel wie umweltschutzbezogene Planung, Lenkung, Sicherung/UM-Darlegung und Verbesserung verwirklichen.

[14] DIN EN ISO 8402: 1994 Qualitätsmanagement-Begriffe

Auf die Parallelen zwischen Qualitätsmanagement und Umweltmanagement weist die EG-Verordnung selbst hin[15]:

- „Qualitätssicherungssystem bezeichnet das Umweltmanagementsystem";
- „Qualitätssicherungsnorm bezeichnet die Umweltnorm";
- „Qualitätssicherungshandbuch bezeichnet das Umweltmanagementhandbuch";
- „Qualitätsaudit bezeichnet die Umweltbetriebsprüfung".

Auch die Normen der Reihe 14000 ff zum Thema Umweltmanagement (derzeit Entwürfe) enthalten diesbezügliche Begriffsdefinitionen: Im Normentwurf ISO/DIS 14001 „Umweltmanagementsysteme; Spezifikationen und Leitlinien zur Anwendung" ist Umweltmanagesystem definiert als „Jener Teil des übergeordneten Managementsystems, der die Organisationsstruktur, Planungstätigkeiten, Verantwortlichkeiten, Methoden, Verfahren, Prozesse und Ressourcen zur Entwicklung, Umsetzung, Erfüllung, Bewertung und Aufrechterhaltung der Umweltpolitik umfaßt."

Weiterhin verweist die EG-Verordnung auf die Normen DIN ISO 10 011 „Leitfaden für das Audit von Qualitätssicherungssystemen" und DIN EN 45 012 „Allgemeine Kriterien für Stellen, die Qualitätssicherungssysteme zertifizieren". Ganz im Sinne einer konsistenten Terminologie ist eine Umweltbetriebsprüfung bzw. ein Umweltaudit eine systematische, unabhängige und dokumentierte Untersuchung, ob Tätigkeiten und Ergebnisse bestimmten umweltschutzbezogenen Forderungen entsprechen. Ob diese Forderungen geeignet sind, interne und externe Ziele zu erreichen, soll durch eine Bewertung der Leistung der Organisation und der Abläufe sichergestellt werden. Zweck eines Audits ist das Aufdecken von Schwachstellen am QM- bzw. UM-System und die Beurteilung der Notwendigkeit von Verbesserungen oder Korrektur- bzw. Vorbeugungsmaßnahmen. Es stellt daher weniger eine Überwachung, sondern vielmehr eine wichtige Hilfestellung bei der Führung eines Unternehmens dar.

Auch wenn sich der „wirre Gemüsegarten", so der Kommentar eines Unternehmens zum Verordnungsentwurf, mit der nun vorliegenden Fassung gelichtet hat, sollen im folgenden einige Begriffe näher erläutert werden:

Umweltpolitik

„Die Umweltpolitik bezeichnet die umweltbezogenen Gesamtziele und Handlungsgrundsätze eines Unternehmens einschließlich der Einhaltung

---

[15] Anhang II EG-Verordnung

aller einschlägigen Umweltvorschriften"[16]. Sie kann sowohl für einen Standort
als auch umfassender für mehrere Standorte eines Unternehmens formuliert
sein. Elf solcher Handlungsgrundsätze gibt die Verordnung als „Gute
Managementpraktiken" vor, die im Anhang I Teil D dargelegt sind. In der
Umweltpolitik muß sich die Unternehmensleitung verpflichten, den betrieblichen Umweltschutz kontinuierlich zu verbessern , d. h. über die Einhaltung
aller einschlägigen Umweltvorschriften hinauszugehen. Die Darstellung der
Umweltpolitik ist zudem als Bestandteil der Umwelterklärung öffentlich
zugänglich zu machen.

Umweltziele

Die Verordnung definiert den Begriff „Umweltziele" als „die Ziele, die sich
ein Unternehmen im einzelnen für seinen betrieblichen Umweltschutz
gesetzt hat"[17]. Sie werden aufgrund der Ergebnisse der Umweltprüfung und
-betriebsprüfungen auf der höchsten dafür geeigneten Leitungsebene für alle
betroffenen Unternehmensebenen festgelegt und müssen in Einklang mit der
Umweltpolitik stehen. Sie sollten möglichst konkret mit quantitativen Angaben und Terminvorgaben für die Durchführung formuliert werden. Während
Umweltziele eher das „was" und „wieviel" beschreiben, ist im Umweltprogramm festzulegen, wie, wann und von wem, welche Maßnahmen umgesetzt
werden.

Umweltprogramm

„Ein Umweltprogramm ist eine Beschreibung der konkreten Ziele und Tätigkeiten des Unternehmens, die einen größeren Schutz der Umwelt an einem
bestimmten Standort gewährleisten sollen, einschließlich einer Beschreibung
der zur Erreichung dieser Ziele getroffenen oder in Betracht gezogenen Maßnahmen und der gegebenenfalls festgelegten Fristen für die Durchführung
dieser Maßnahmen"[18]. Das Umweltprogramm als Summe der Einzelpro-
gramme soll somit den Weg vom Ist-Zustand zu dem in der Umweltpolitik
festgelegten Soll-Zustand des Unternehmens aufzeigen. Es stellt praktisch die
Konkretisierung der unternehmerischen Umweltpolitik und -ziele für den
betreffenden Standort dar.

Umweltmanagementsystem (UM-System)

Gemäß der Verordnung ist ein UM-System der „Teil des gesamten übergreifenden Managementsystems, der die Organisationsstruktur, Zuständigkeiten,

---

[16] Art. 2 Abs. a EG-Verordnung
[17] Art. 2 Abs. d EG-Verordnung
[18] Art. 2 Abs. c EG-Verordnung

Verhaltensweisen, förmliche Verfahren, Abläufe und Mittel für die Festlegung und Durchführung der Umweltpolitik einschließt"[19]. Ein UM-System
muß so eingerichtet sein, daß die Forderungen aus Umweltpolitik, -zielen und
-programmen erfüllt werden können. Verantwortlich für die Anwendung und
Aufrechterhaltung des UM-Systems ist der Beauftragte der obersten Leitung
(„Managementvertreter"[20]).

Umweltprüfung, Umweltbetriebsprüfung und Begutachtung

Die EG-Verordnung unterscheidet zwischen einer sogenannten „Umweltprüfung", der „Umweltbetriebsprüfung" und der „Begutachtung". Der Unterschied ergibt sich aus dem förmlichen Verfahren bei der Beteiligung eines
Unternehmens am EU-System. Während die Umweltprüfung im Sinne einer
Bestandsaufnahme „eine erste umfassende Untersuchung aller umweltbezogenen Fragestellungen, Auswirkungen und des betrieblichen Umweltschutzes im Zusammenhang mit der Tätigkeit an einem Standort" ist[21], bauen
die Umweltbetriebsprüfungen und die externen Begutachtungen auf den
Ergebnissen der Umweltprüfung bzw. Betriebsprüfung auf und sind fortan
regelmäßig durchzuführen.

Eine der Grundlagen der Umweltbetriebsprüfung ist die internationale Norm
DIN ISO 10011:1990 „Leitfaden für das Audit von Qualitätssicherungssystemen", Teil 1: „Auditdurchführung" unter besonderer Berücksichtigung der
Abschnitte 4.2 „Aufgaben und Verantwortlichkeiten", 5.1 „Einleitung des
Audits", 5.3 „Ausführung des Audits", 5.4.1 „Erstellung des Auditberichts"
und 5.4.2 „Inhalt des Auditberichts"[22]. Eine Umweltprüfung, die immer intern
durchgeführt wird, und auch eine interne Umweltbetriebsprüfung gehen
insofern über die externe, systembezogene Begutachtung hinaus, als daß sie
explizit die technischen Prüfungen auf Einhaltung von gesetzlichen Vorschriften beinhalten. Alle Prüfungen sind standortbezogen durchzuführen, d. h., sie
beziehen sich nicht auf ein Unternehmen als wirtschaftliche oder rechtliche
Einheit, sondern auf den räumlich abgrenzbaren Unternehmensstandort. Für
ihre Durchführung gelten gemeinsame Mindestforderungen, die als
„zu behandelnde Gesichtspunkte" in Anhang I Teil C der Verordnung
beschrieben sind.

---

[19] Art. 2 Abs. e EG-Verordnung
[20] Anhang I Teil B Abs. 2 EG-Verordnung
[21] Art. 2 Abs. b EG-Verordnung
[22] Anhang II EG-Verordnung

Umwelterklärung

Eine Umwelterklärung ist eine „von dem Unternehmen gemäß dieser Verordnung, (...), abgefaßte Erklärung"[23]. Die Umwelterklärung umfaßt die Beschreibung der an einem Standort ausgeübten Tätigkeiten sowie die Beurteilung aller wichtigen Umweltfragen[24]. Mit der Umwelterklärung wendet sich das Unternehmen an die Öffentlichkeit und unterrichtet sie über die eigene Umweltpolitik, das Umweltprogramm, den Stand des UM-Systems und über konkrete Ergebnisse. Sie muß zwingend nach der ersten Umweltprüfung bzw. nach jeder Umweltbetriebsprüfung, spätestens jedoch nach jeweils drei Jahren veröffentlicht werden. Zudem gibt es eine jährlich zu verfassende „vereinfachte Umwelterklärung", in der als Mindestforderung bedeutsame umweltrelevante Aspekte bezüglich Emissionen, Abfällen, Verbrauch von Ressourcen und gegebenenfalls Lärm in Form von Zahlenangaben zu quantifizieren sind und in der auf Veränderungen seit der letzten Erklärung hinzuweisen ist[25]. Die Umwelterklärung ist vom Umweltgutachter/Umweltgutachterorganisation für gültig zu erklären, wenn die Umweltpolitik, die Umweltprüfung, die Umweltbetriebsprüfung, das Umweltprogramm, das UM-System und die Umwelterklärung die Vorschriften der Verordnung erfüllen (der Entwurf der Umwelterklärung ist daher als Teil der Dokumentation vorzuprüfen).

5   Umweltbetriebsprüfer und Umweltgutachter/ Umweltgutachterorganisation

Die Verordnung unterscheidet drei Arten von Prüfern: „Interne Umweltbetriebsprüfer" („internal auditor"), „externe Umweltbetriebsprüfer" („external auditor") sowie „zugelassene Umweltgutachter" („accredited environmental verifier"). Interne als auch vom Unternehmen beauftragte und in dessen Namen handelnde externe Betriebsprüfer führen eine interne Umweltprüfung bzw. -betriebsprüfung durch. Bei der externen Begutachtung durch zugelassene Umweltgutachter/Umweltgutachterorganisation handelt es sich dagegen im wesentlichen um eine Prüfung zum Zwecke der externen Darlegung des UM-Systems. Wer als Umweltgutachter/Umweltgutachterorganisation tätig sein darf, ist von jedem Mitgliedsstaat selbst zu regeln. Dabei muß

---

[23]   Art. 2 Abs. h EG-Verordnung
[24]   Art. 5 Abs. 3 EG-Verordnung
[25]   Art. 5 Abs. 5 EG-Verordnung

gewährleistet sein, daß die Zulassung, Aufsicht und Registrierung der Umweltgutachter/Umweltgutachterorganisation auf unabhängige und unparteiische Weise erfolgt[26].

Eine Zulassung als Umweltgutachter/Umweltgutachterorganisation setzt voraus, daß entsprechende Personen über geeignete Qualifikationen, Ausbildung und Erfahrungen in bezug auf Methodik und Durchführung der Umweltbetriebsprüfung, betriebliches Management, betriebsbezogene Umweltangelegenheiten sowie über einschlägige Rechtsvorschriften und Normen und einschlägige technische Kenntnisse über die Tätigkeiten, auf die sich die Begutachtung erstreckt, verfügen[27]. Neben Kenntnissen des einschlägigen Umweltrechts und technischer Regelwerke sind somit auch Kenntnisse der Strukturen und Prinzipien von Managementsystemen wie z. B. der Normenreihen ISO 14000ff und ISO 9000ff erforderlich.

Anhand der folgenden Übersicht sollen Gemeinsamkeiten und Unterschiede der einzelnen Arten von Betriebsprüfern aufgezeigt werden:

a) Gemeinsamkeiten[28]

● Interne und externe Umweltbetriebsprüfer sowie Umweltgutachter
  - werden im Auftrag des Unternehmens tätig und handeln in dessen Namen;
  - sind objektiv, neutral und unabhängig von den geprüften Tätigkeiten;
  - haben Kenntnisse und Erfahrungen in bezug auf das Umweltmanagement, in technischen, umweltspezifischen und rechtlichen Fragen;
  - besitzen Ausbildung und Erfahrung für die spezifische Prüftätigkeit;
  - bewerten das UM-System durch Prüfung der Betriebs- und Ausrüstungsbedingungen, der Archive, der schriftlichen Verfahren (Verfahrensanweisungen) und anderer einschlägiger Dokumente sowie durch Befragung der am Standort beschäftigten Mitarbeiter;
  - erstellen einen Betriebsprüfungsbericht für die Unternehmensleitung.

b) Unterschiede

● Externe Betriebsprüfer und externe Umweltgutachter
  - gehören nicht zur Belegschaft des Unternehmens.

---

26   siehe Umwelt-Audit-Gesetz
27   Anhang III Teil A Ziff.1 Satz 1 EG-Verordnung
28   Anhang II Teil C und Anhang I Teil E Abs.1 EG-Verordnung

- Interne Betriebsprüfer
  - gehören zur Belegschaft des Unternehmens.

- Zugelassene Umweltgutachter/Umweltgutachterorganisationen[29]
  - sind vom zu begutachtenden Unternehmen unabhängig und dürfen auch in keinem Abhängigkeitsverhältnis zum Betriebsprüfer stehen;
  - verfügen über geeignete Fachkunde, Ausbildungen und Erfahrungen bezüglich „Methodik und Durchführung der Umweltbetriebsprüfung, betriebliches Management, betriebsbezogene Umweltangelegenheiten, technische Zusammenhänge zu Tätigkeiten, auf die sich die Begutachtung erstreckt, einschlägige Rechts- und veröffentlichte Verwaltungsvorschriften und Normen des betrieblichen Umweltschutzes";
  - verfügen über dokumentierte Prüfungsmethodologien und -verfahren, einschließlich der Qualitätslenkung („Qualitätskontrolle") und der Vorkehrungen zur Wahrung der Vertraulichkeit;
  - erfüllen als Umweltgutachterorganisation die Forderungen der europäischen Norm DIN EN 45012 „Allgemeine Kriterien für Stellen, die Qualitätssicherungssysteme zertifizieren", Artikel 4 „Verwaltungsstruktur" und Artikel 5 „Aufgabenbereich des Lenkungsgremiums";
  - prüfen die Umwelterklärung und erklären sie für gültig;
  - benötigen eine nationale Zulassung (mit Geltungsbereich), gegebenenfalls Notifizierung, sofern sie in einem Mitgliedsstaat der Europäischen Union tätig werden, in dem sie nicht zugelassen wurden (gutachterliche Tätigkeit muß der jeweiligen nationalen Zulassungsstelle angezeigt werden);
  - werden in einer Liste des jeweiligen nationalen Zulassungssystems geführt und unterliegen seiner Aufsicht;
  - können sowohl Einzelpersonen als auch Organisationen sein;
  - dürfen, sofern sie an einem Standort als Umweltbetriebsprüfer tätig waren, nicht am gleichen Standort eine gutachterliche Tätigkeit ausüben.

---

[29] Anhang III Teil A Abs. 1 und 2 sowie Art. 4 Abs. 4, Art. 6 Abs. 1 und 7 und Art. 7 EG-Verordnung

6 „EVABAT"

Als „EVABAT" bezeichnet man die „Economically Viable Application of Best Available Technology", also die wirtschaftlich vertretbare Anwendung der besten verfügbaren Technik. Die Forderung nach der besten verfügbaren Technik ist in Artikel 3 der Verordnung angesprochen und soll im Sinne der kontinuierlichen Verbesserung des betrieblichen Umweltschutzes sicherstellen, daß Umweltauswirkungen entsprechend den neuesten Stand der Entwicklung von Verfahren, Einrichtungen oder Betriebsmethoden verringert werden, d. h. die beste verfügbare Technik muß die praktische Eignung einer bestimmten Maßnahme zur Begrenzung von Ableitungen, Emissionen und Abfall anzeigen. Folgende Punkte sind dabei insbesondere zu berücksichtigen[30]:

a) vergleichbare Verfahren, Einrichtungen oder Betriebsmethoden, die in jüngster Zeit

b) erfolgreich getestet wurden,

c) technische Fortschritte und Erneuerungen in den wissenschaftlichen Erkenntnissen

d) und dem wissenschaftlichen Verständnis,

e) die wirtschaftliche Durchführbarkeit einer solchen Technologie,

f) Zeitbeschränkungen für die Installation dieser Technologie in neue und alte Anlagen,

g) Art und Umfang der betreffenden Ableitung und Abwässer,

h) wenig oder keinen Abfall verursachende Technologien.

Daraus folgt, daß sich für ein bestimmtes Verfahren angesichts technischer Fortschritte, wirtschaftlicher und sozialer Faktoren sowie wissenschaftlicher Erkenntnisse das Verständnis der „besten verfügbaren Technik" im Laufe der Zeit ändert. Bei Vorhaben im Zusammenhang mit der Entwicklung neuer Produkte oder Verfahren sollten Unternehmen dies berücksichtigen.

---

[30] Amtsblatt der Europäischen Gemeinschaft Nr. C 212/69 vom 5.8.93

7   Beteiligung am Gemeinschaftssystem – ein Wegweiser

Im folgenden soll beschrieben werden, wie ein Unternehmen praktisch vorgehen muß, um sich am EU-Gemeinschaftssystem zu beteiligen. Die Artikel 3 und 11 der Verordnung gliedern die Aktivitäten in 9 Teilschritte.

Bild 1 gibt einen Überblick über die Teilschritte zur Beteiligung am Gemeinschaftssystem, wobei zu beachten ist, daß bei Unternehmen bzw. Standorten, die sich erstmals am System beteiligen, das Einstiegsmodell zugrundegelegt werden kann (siehe „Das EG-Öko-Audit in der Praxis", Bayr. Staatsministerium für Landesentwicklung und Umwelt, 1995). Die Schritte im ersten Durchlauf sind die Festlegung einer Umweltpolitik, die Durchführung einer Umweltprüfung, die Erstellung eines Umweltprogramms, die Entwicklung eines UM-Systems sowie die Erstellung einer Umwelterklärung. Das Einstiegsmodell kommt ohne Umweltbetriebsprüfung aus.

1. Schritt: Festlegung der Umweltpolitik

Der erste Schritt ist die schriftliche Festlegung der Umweltpolitik des Unternehmens im Einklang mit den einschlägigen Forderungen der Verordnung. Dies bedeutet, daß sich Unternehmen verpflichten müssen, Rechts- und Verwaltungsvorschriften einzuhalten, den betrieblichen Umweltschutz kontinuierlich zu verbessern und durch externe Informationen über ökologische Fragestellungen den Dialog mit der Öffentlichkeit zu führen. Die Umweltpolitik ist Ausdruck der Verpflichtung der obersten Leitung für den Umweltschutz und muß daher auf der höchsten Leitungsebene festgelegt und allen Mitarbeitern bekannt gegeben werden. Weiterhin ist die oberste Leitung für ihre Umsetzung, Bewertung und Änderung direkt verantwortlich[31]. Um sicherzustellen, daß die Umweltpolitik alle wichtigen umweltbezogenen Aspekte beinhaltet, sollte die UM-Bewertung durch die oberste Leitung auf der Grundlage des Umweltprüfungs- bzw. der Umweltbetriebsprüfungsberichte durchgeführt werden.

Die Umweltpolitik muß darauf abzielen, negative Umweltauswirkungen zu vermeiden bzw. zu beseitigen oder sie auf ein Mindestmaß zu reduzieren, so wie es sich mit der wirtschaftlich vertretbaren Anwendung der besten verfügbaren Technik erreichen läßt. So sollen durch den Einsatz umweltfreundlicher Technologien die Verfahren zur Herstellung der Angebotsprodukte möglichst so gestaltet werden, daß zum einen Ressourcen (Rohstoffe, Energie,

---

[31] Anhang I Teil A Abs.2 EG-Verordnung

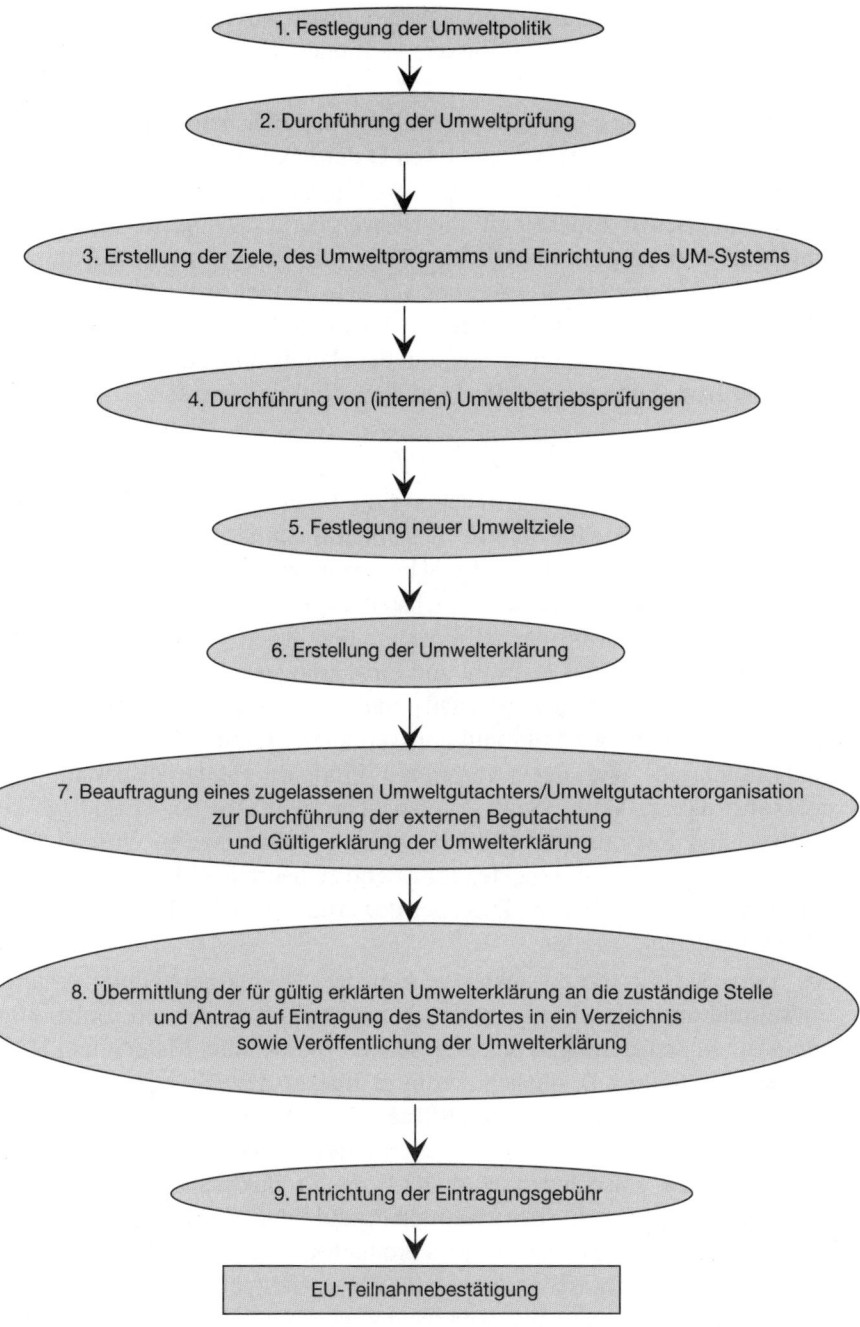

Bild 1:   Teilschritte zur Beteiligung am Gemeinschaftssystem

Wasser etc.) geschont und zum anderen unerwünschte Nebenergebnisse (Emissionen, Abfälle und Abwasser) verhindert bzw. soweit wie möglich verringert werden.

Neben den Umweltaspekten der eigentlichen betrieblichen Tätigkeiten sollen durch Umsetzung der im Anhang I Teil D der EG-Verordnung aufgelisteten „Guten Managementpraktiken" die weitergehenden Auswirkungen der unternehmerischen Tätigkeit auf die Umwelt berücksichtigt werden. In diesem Zusammenhang gilt es, auf allen Ebenen das Verantwortungsbewußtsein sowohl der Mitarbeiter als auch der auf dem Betriebsgelände arbeitenden Vertragspartner zu fördern. Darüber hinaus sollen auch Kunden über Umweltaspekte im Zusammenhang mit der Handhabung, den Gebrauch, die Lagerung bzw. Endlagerung der Produkte informiert werden.

2. Schritt   Durchführung der Umweltprüfung

Als zweiter Schritt ist eine Umweltprüfung (engl. „environmental review") durchzuführen, d. h. eine interne Bestandsaufnahme und Beurteilung des betrieblichen Umweltschutzes. Zunächst einmal müssen die umweltrelevanten Tätigkeiten, Stärken und Schwachstellen im Unternehmen, gegebenenfalls auch die standortbezogenen Risiken, identifiziert werden. Dabei sollen Prozesse hinsichtlich der Auswahl und Einsparung von Energie (Energiehaushaltung), Wasser (Wasserwirtschaft) und Rohstoffen (Materialwirtschaft) sowie der Gestaltung der Produktionsverfahren (Herstellungstechnik, Produktionsanlagen) und der (Angebots-) Produkte (Materialauswahl, Produktkonstruktion, Verpackung) untersucht werden. Auf der Grundlage der Analyse sind Ressourcen, Produkte, Anlagen und Prozesse einschließlich ihrer umweltbezogenen Aspekte, umfassend zu beurteilen. Im folgenden sollen einige Aspekte als Beispiele bei der Bewertung des betrieblichen Umweltschutzes dargelegt werden.

Als mögliche Bewertungsfaktoren bei der Produktherstellung können umweltrelevante Einzelstoffe in Prioritätenlisten erfaßt werden. Dabei können ABC-Klassifizierungen der eingesetzten Brennstoffe, Materialien, Hilfs- und Betriebsstoffe z. B. hinsichtlich ihres Risikopotentials oder bestimmter Schwellenwerte als nützliche Bewertungskriterien herangezogen werden. Da über die Umweltverträglichkeit eines Produkts bereits in der Produkt-Entwicklungsphase entschieden wird, muß die Produktplanung die umweltschutzbezogenen Aspekte des gesamten Produktlebenszyklus umfassen. Dieser beinhaltet sämtliche Phasen eines Produktes, angefangen bei der Entwicklung, Herstellung, Transport, Anwendung bzw. Gebrauch bis zur Entsorgung bzw. Endlagerung oder Wiederverwendung. Dabei sollen auch die Produktverpackungen berücksichtigt werden.

Bezüglich des Prozeßdesigns ist zu überprüfen, inwiefern Materialien, eingesetzte Ressourcen und bislang unerwünschte Produkte, die in Teilprozessen bei der Herstellung der Angebotsprodukte entstehen, wieder als Ausgangsstoffe für Folgeprozesse eingesetzt werden können (Bilanzierung der Material-, Energie- und Stoffströme). Die in der Verordnung genannten, innerhalb der Umweltprüfung zu behandelnden Gesichtspunkte[32] können unter den Stichworten „ökologische Effizienz" (Ressourcen und Abfälle effizient verwenden bzw. wiederverwenden) und „ökologische Effektivität" (Maßnahmen führen zu einer effektiven, d. h. tatsächlichen Verringerung der Umweltbelastungen)[33] betrachtet werden:

1. Beurteilung, Kontrolle und Verringerung der Auswirkungen der betreffenden Tätigkeit auf die verschiedenen Umweltbereiche;

2. Energiemanagement, Energieeinsparungen und Auswahl von Energiequellen;

3. Bewirtschaftung, Einsparung, Auswahl und Transport von Rohstoffen; Wasserbewirtschaftung und -einsparung;

4. Vermeidung, Recycling, Wiederverwendung, Transport und Endlagerung von Abfällen;

5. Bewertung, Kontrolle und Verringerung der Lärmbelästigungen innerhalb und außerhalb des Standorts;

6. Auswahl neuer und Änderung bei bestehenden Produktionsverfahren;

7. Produktplanung (Design, Verpackung, Transport, Verwendung und Endlagerung);

8. betrieblicher Umweltschutz und Praktiken bei Auftragnehmern, Unterauftragnehmern und Lieferanten;

9. Verhütung und Begrenzung umweltschädigender Unfälle;

10. besondere Verfahren bei umweltschädigenden Unfällen;

11. Information und Ausbildung des Personals in bezug auf ökologische Fragestellungen;

12 externe Information über ökologische Fragestellungen.

Weiterhin ist bei der Umweltprüfung der umweltschutzbezogene Schulungsbedarf aller Mitarbeiter zu ermitteln, sowohl hinsichtlich der durchzuführenden Tätigkeiten, der Bedeutung der Einhaltung der Umweltpolitik als auch in

[32] Anhang I Teil C EG-Verordnung

[33] Stephan Schmidheiny, Kurswechsel, Globale unternehmerische Perspektiven für Entwicklung und Umwelt, München 1992, S. 38

Bezug auf Vorkehrungen und Maßnahmen bei Betriebsstörungen, Notfällen oder möglichen Unfällen (Unterweisung in Notfallpläne und Frühwarnsystem). Durch Ausbildungs- und Schulungsprogramme soll sichergestellt werden, daß alle Mitarbeiter die Umweltpolitik und -ziele verstehen und ihre Aufgaben kompetent ausführen können.

Die EG-Verordnung sieht vor, daß Unternehmen ein Verfahren für die Aufzeichnung aller Rechts- und Verwaltungsvorschriften einrichten und die Vorschriften in einem Verzeichnis zusammenfassen[34]. Aus Gründen der Rechtssicherheit sollte deshalb im Rahmen der Umweltprüfung die Anwendung der für den Standort geltenden öffentlich-rechtlichen, strafrechtlichen und umwelthaftungsrechtlichen Vorschriften geprüft werden.

Die Ergebnisse der Umweltprüfung werden in einem Prüfungsbericht festgehalten. Er ist das grundlegende Dokument für die Erstellung des Umweltprogramms bzw. die Implementierung des UM-Systems und Ausgangspunkt für die kontinuierliche Verbesserung des betrieblichen Umweltschutzes. Nach der Umweltprüfung ist eine erste Umwelterklärung zu erstellen[35].

3. Schritt   Erstellung der Ziele des Umweltprogramms und Einrichtung des UM-Systems

Zunächst werden die umweltschutzbezogenen Ziele konkret festgelegt. Mit dem Umweltprogramm soll die für das Unternehmen geltende Umweltpolitik in standort-spezifische Ziele umgesetzt werden. Das Umweltprogramm muß in Einklang mit der Umweltpolitik stehen (z.B. hinsichtlich der kontinuierlichen Verbesserung) und auf jeder Ebene bzw. für jeden Aufgabenbereich Verantwortliche für das Erreichen dieser Ziele festlegen. Darüber hinaus ist zu spezifizieren, mit welchen Mitteln diese Ziele zu erreichen sind[36]. Bei Verfahrensänderungen oder Entwicklung neuer Produkte, werden „gesonderte Umweltmanagementprogramme" erstellt unter Angabe der angestrebten Umweltziele, Mittel für ihre Realisierung, anzuwendende förmliche Verfahren und gegebenenfalls durchzuführende Korrekturmaßnahmen[37].

Das Umweltprogramm wird durch das UM-System implementiert. Deshalb ist im Umweltprogramm festzulegen, wie einzelne umweltschutzbezogene Maßnahmen in jedem Aufgabenbereich auf das UM-System insgesamt bezogen sind. Das UM-System sollte den zum Erreichen der Umweltziele erfor-

---

34   Anhang I Teil B Abs.3 EG-Verordnung
35   Art.5 Abs.1 EG-Verordnung
36   Anhang I Teil A Abs.5a und 5b EG-Verordnung
37   Anhang I Teil A Abs.1 bis 4 EG-Verordnung

derlichen Umfang haben, d. h. Umweltpolitik, -ziele und -programme müssen innerhalb der Aufbau- und Ablauforganisation wirkungsvoll umgesetzt werden können. Innerhalb der Aufbauorganisation sind Verantwortungen und Befugnisse festzulegen und Schnittstellen klar zu regeln. Dazu gehört, daß ein Beauftragter der obersten Leitung (Managementvertreter) benannt ist, der koordinierend mit der Implementierung, Anwendung und Aufrechterhaltung des UM-Systems und dabei auch wesentlich mit seiner Dokumentation betraut ist. Die Ablauforganisation beschreibt die umweltbezogenen Tätigkeiten und Verfahren, eingeschlossen verfahrenstechnische Aspekte (Ableitung von Abwässer, Beseitigung von Abfällen etc.) und Verfahren betreffend die Beschaffung von Produkten oder in Unterauftrag vergebene Dienstleistungen. In diesem Zusammenhang sind Vertragspartner (Unterlieferanten und Unterauftragnehmer) miteinzubeziehen, um sicherzustellen, daß auch sie die festgelegten Forderungen erfüllen.

Das UM-System muß ermöglichen, daß bestehende Verfahren, umweltbezogene Tätigkeiten, Prozesse und Anlagen hinsichtlich der Auswirkungen auf die Umwelt bewertet werden können. Auswirkungen, deren besondere Bedeutung festgestellt worden ist, müssen in einem Verzeichnis dokumentiert werden[38]. Dieses Verzeichnis zeigt auf, in welchen Bereichen potentieller Handlungsbedarf besteht und worauf der Schwerpunkt der Umweltschutzaktivitäten zu legen ist. Folgende Punkte müssen bei der Bewertung und Registrierung der Auswirkungen auf die Umwelt berücksichtigt werden:[39]

a) kontrollierte und unkontrollierte Emissionen in die Atmosphäre;

b) kontrollierte und unkontrollierte Ableitungen in die Gewässer oder in die Kanalisation;

c) feste und andere Abfälle, insbesondere gefährliche Abfälle;

d) Kontaminierung von Erdreich;

e) Nutzung von Boden, Wasser, Brennstoffen und Energie sowie anderen natürlichen Ressourcen;

f) Freisetzung von Wärme, Lärm, Geruch, Staub, Erschütterungen und optische Einwirkungen;

g) Auswirkungen auf bestimmte Teilbereiche der Umwelt und auf Ökosysteme.

---

[38] Anhang I Teil B Abs.3 EG-Verordnung
[39] Anhang I Teil B Abs.3 EG-Verordnung

4. Schritt   Durchführung der internen Umweltbetriebsprüfung

Als nächsten Schritt schließt sich die Erstellung eines Umweltbetriebsprüfungsprogramms[40] und die Durchführung der Umweltbetriebsprüfung an. Sie kann durch Betriebsprüfer des Unternehmens oder durch externe Personen oder Organisationen durchgeführt werden. In jedem Fall müssen die prüfenden Personen bzw. Personengruppen über die erforderlichen technischen, umweltspezifischen und rechtlichen Kenntnisse sowie über Erfahrungen bei der Auditierung von Managementsystemen verfügen. Auditoren von Qualitätsmanagementsystemen, die über Systemkenntnisse verfügen und über Erfahrungen und Kenntnisse in umweltschutzbezogenen Fachdisziplinen mitbringen, erfüllen zum großen Teil diese Forderungen.

Die Umweltbetriebsprüfung dient in erster Linie dem Soll-Ist-Vergleich und ist zunächst intern auf der Grundlage der Ergebnisse der Umweltprüfung und des Umweltprogramms durchzuführen. In Betracht zu ziehen sind Auswirkungen aufgrund von normalen und abnormalen Betriebsbedingungen, Vorfällen, Unfällen und möglichen Notfällen sowie aus früheren, laufenden und geplanten Tätigkeiten[41]. Rahmenvorgaben für die Durchführung von Umweltbetriebsprüfungen betreffen die Planung und Vorbereitung, grundlegende Forderungen an Prüfungstätigkeiten, Prüfer, Prüfungsbericht und Korrekturmaßnahmen sowie Prüfungsumfang und -häufigkeit[42]. Die Häufigkeit der Betriebsprüfungen richtet sich nach der Art, Umfang, Komplexität und Bedeutung der umweltbezogenen Tätigkeiten und Risiken. Vorgegeben ist, daß der Betriebsprüfungszyklus, d. h. der Zeitraum innerhalb dessen alle Tätigkeiten in bezug auf umweltrelevante Aspekte einer Betriebsprüfung unterzogen wurden, innerhalb von drei Jahren abgeschlossen sein muß[43].

Eine Umweltbetriebsprüfung dient in erster Linie der Beurteilung, ob das UM-System wirksam ist und die Umweltleistung den (internen und externen) Vorgaben entspricht. Als Managementinstrument soll sie die Lenkung von Verhaltensweisen zum Schutz der Umwelt erleichtern[44]. Daher sind die Ergebnisse und Schlußfolgerungen der Umweltbetriebsführung der Unternehmensleitung mitzuteilen.

---

[40] Anhang II Teil A EG-Verordnung
[41] Anhang I Teil B Abs.3 EU-Verordnung
[42] Anhang II EU-Verordnung
[43] Anhang II Teil H EU-Verordnung
[44] Art.2 Abs.f EU-Verordnung

5. Schritt   Festlegung neuer Umweltziele

Anhand von Umweltbetriebsprüfungen können Schwachstellen ermittelt und Korrektur-, Vorbeugungs- und Verbesserungsmaßnahmen eingeleitet werden. Ergebnisse von Umweltbetriebsprüfungen müssen dokumentiert werden. Sie dienen auch als Grundlage für die Festlegung neuer Umweltziele und gegebenenfalls als Nachweis der Befolgung des Umweltprogramms. Damit schließt sich ein Regelkreis im Sinne einer kontinuierlichen Verbesserung des betrieblichen Umweltschutzes.

6. Schritt   Erstellung der Umwelterklärung

Anschließend ist vom Unternehmen eine Umwelterklärung zu erstellen. Ziel ist es, die breite Öffentlichkeit, Nachbarschaft und Mitarbeiter in kurzer und prägnanter Form über alle wichtigen Umweltfragen im Zusammenhang mit den Tätigkeiten des Unternehmens zu informieren. „Knapp" und „verständlich" soll sie sein, wobei „technische Unterlagen beigefügt werden können"[45]. In jedem Fall muß sie jedoch die Darlegung der Umweltpolitik, des Umweltprogramms, des UM-Systems sowie eine Beschreibung und Beurteilung der Tätigkeiten an dem Standort umfassen[46]. Die Darlegung des „ökologischen status quo" ist anhand von Zahlenangaben über Emissionen, Abfälle, Rohstoff-, Energie- und Wasserverbrauch, gegebenenfalls über Lärm oder andere umweltrelevante Aspekte zu belegen. Konzepte eines koordinierten Vorgehens zu Inhalt, Form und Verteilung der Umwelterklärung werden sowohl in der Normung als auch in begleitenden Leitfäden verschiedener Branchen entwickelt[47]. Im Gegensatz zu der ersten Umwelterklärung, die nach der Umweltprüfung verfaßt wird (und keiner Gültigkeitserklärung unterliegt), werden die folgenden Erklärungen regelmäßig nach jedem Betriebsprüfungszyklus erstellt. Auf der Basis der aktuellen Prüfungsberichte soll insbesondere auf Veränderungen im Umweltprogramm, UM-System wie auf erzielte Verbesserungen hingewiesen werden. In jedem Fall müssen Umwelterklärungen die Einhaltung aller anzuwendenden Umweltvorschriften bestätigen und, sofern vorgegebene Umweltziele nicht erfüllt wurden, auch darüber Auskunft geben.

---

[45] Art. 5 Abs. 2 EG-Verordnung

[46] Art. 5 Abs. 3 a) und e) der EG-Verordnung

[47] CEFIC (European Council for Chemical Industry) Leitfaden zur Umweltberichterstattung für die europäische chemische Industrie, 1993; Umweltberichte, Umwelterklärungen: Hinweise zur Erstellung und Verbreitung, Verfasser: Jens Clausen, Klaus Fichter, Förderkreis FUTURE e.V. (Hrsg.)

*7. Schritt   Beauftragung eines zugelassenen Umweltgutachters/Umweltgutachter-
organisation zur Durchführung der externen Begutachtung und
Gültigerklären der Umwelterklärung*

Die folgende externe Begutachtung wird von einem zugelassenen Umwelt-
gutachter/Umweltgutachterorganisation vorgenommen. Sie gliedert sich in
vier Teile:

I.   Prüfung der Grunddokumentation;

II. Durchführen der Begutachtung vor Ort;

III. Beurteilung und Erstellung des Begutachtungsberichtes für die Unternehmensleitung sowie

IV. Gültigkeitserklärung der Umwelterklärung.

I.   Die Prüfung der Grunddokumentation umfaßt die Prüfung der Umweltpolitik, des Umweltprogramms, der Beschreibung des UM-Systems (im
allgemeinen das UM-Handbuch), der Berichte der vorangegangenen
internen Umweltprüfung bzw. Umweltbetriebsprüfungen und deren
dokumentierte Korrekturmaßnahmen sowie des Entwurfs der Umwelterklärung[48]. Weiterhin können mitgeltende Unterlagen, beispielsweise
Verfahrensanweisungen oder Arbeitsanweisungen, herangezogen werden.

II. Die Begutachtung vor Ort sollte folgende Elemente beinhalten: Einfüh-
rungsgespräch, Betriebsbegehung vor Ort, Interviews der Mitarbeiter,
Dokumenteneinsicht und Abschlußgespräch. Es sei darauf hingewiesen,
daß mit der Begutachtung beabsichtigt ist, die technische Eigung der
Umweltprüfung bzw. Umweltbetriebsprüfung zu untersuchen. Dabei
soll „auf jede unnötige Doppelarbeit" verzichtet werden[49]. Die Begutachtung vor Ort umfaßt die stichprobenartige Prüfung der[50]

- Umweltpolitik, des Umweltprogramms, des UM-Systems, der
Umweltprüfungs- und Umweltbetriebsprüfungsverfahren sowie der
Umwelterklärung(en) auf Erfüllung der Forderungen der Verordnung;

- Anwendung des UM-Systems;

- Umweltmanagementtätigkeiten auf Befolgung des Umweltprogramms;

---

[48]   Anhang III Teil B Abs. 2 EG-Verordnung
[49]   Anhang III Teil B Abs. 1 EG-Verordnung
[50]   Anhang III Teil B Abs. 1 EG-Verordnung

- technischen Eignung der internen Prüfungsverfahren (Umweltprüfungs- bzw. Umweltbetriebsprüfungsprogramm, Prüfumfang, Mittel und Ressourcen, Prüftätigkeiten, Prüfbericht und Aktionsplan für Korrekturmaßnahmen);

- Zuverlässigkeit und Glaubwürdigkeit der Daten und Informationen der Umwelterklärung(en) (Vollständigkeit, Genauigkeit, Detaillierung usw.).

III. Auf der Basis der Dokumentenprüfung vorab und der Betriebsbegehung werden die Ergebnisse hinsichtlich Konformität mit der Verordnung beurteilt und in einem Begutachtungsbericht dokumentiert. Er wird für die Unternehmensleitung verfaßt und soll eventuelle Verstöße gegen die Verordnung, Schwachstellen und Verbesserunspotentiale aufzeigen, Empfehlungen zum UM-System oder zur Umwelterklärung enthalten und gegebenenfalls Vorschläge bezüglich des Betriebsprüfungszyklus machen. Sofern sich Abweichungen auf eine Verletzung der gesetzlichen Umweltvorschriften beziehen, ist es nicht Aufgabe des Umweltgutachters, die zuständige Behörde davon in Kenntnis zu setzen. Dies liegt allein in der Verantwortung des Unternehmens.

IV. Erfüllt der Standort alle Forderungen der Verordnung und erweist sich die Umwelterklärung als korrekt, hinreichend detailliert und mit den Forderungen des Systems vereinbar, erklärt der Umweltgutachter/die Umweltgutachterorganisation die Umwelterklärung für gültig[51]. Unabhängig davon, auf welchen Zeitraum sich die Daten der Umwelterklärung beziehen, muß nachgewiesen werden, daß die Umweltvorschriften und Forderungen der EG-Verordnung zum Zeitpunkt der Gültigkeitserklärung erfüllt wurden[52]. Sofern Abweichungen während der Begutachtung festgestellt wurden, müssen diese vor der Gültigkeitserklärung der Umwelterklärung beseitigt werden. Dies gilt auch für Abweichungen, die sich aus Rechts- und Verwaltungsvorschriften ergeben. Da in diesem Fall Korrekturmaßnahmen meistens erst mittel- oder langfristig umgesetzt werden können, müssen gegebenenfalls die Angaben zur Umwelterklärung auf der Grundlage einer weiteren internen Betriebsprüfung aktualisiert werden. Im Gegensatz dazu lassen sich Abweichungen, die sich auf das UM-System beziehen, meist kurzfristiger beseitigen.

---

[51] Anhang III Teil B Abs.4 EG-Verordnung

[52] EEC, DG XI UK Department of the Environment „Research into the development of codes of practice for accredited environmental verifiers within the framework of the proposed eco-management and audit regulation", June 1993, Part A – „A description of the verification process", Part B – „EMAS requirements and verification guidelines"

Eine Übersicht über den Ablauf der externen Begutachtung gibt Bild 2.

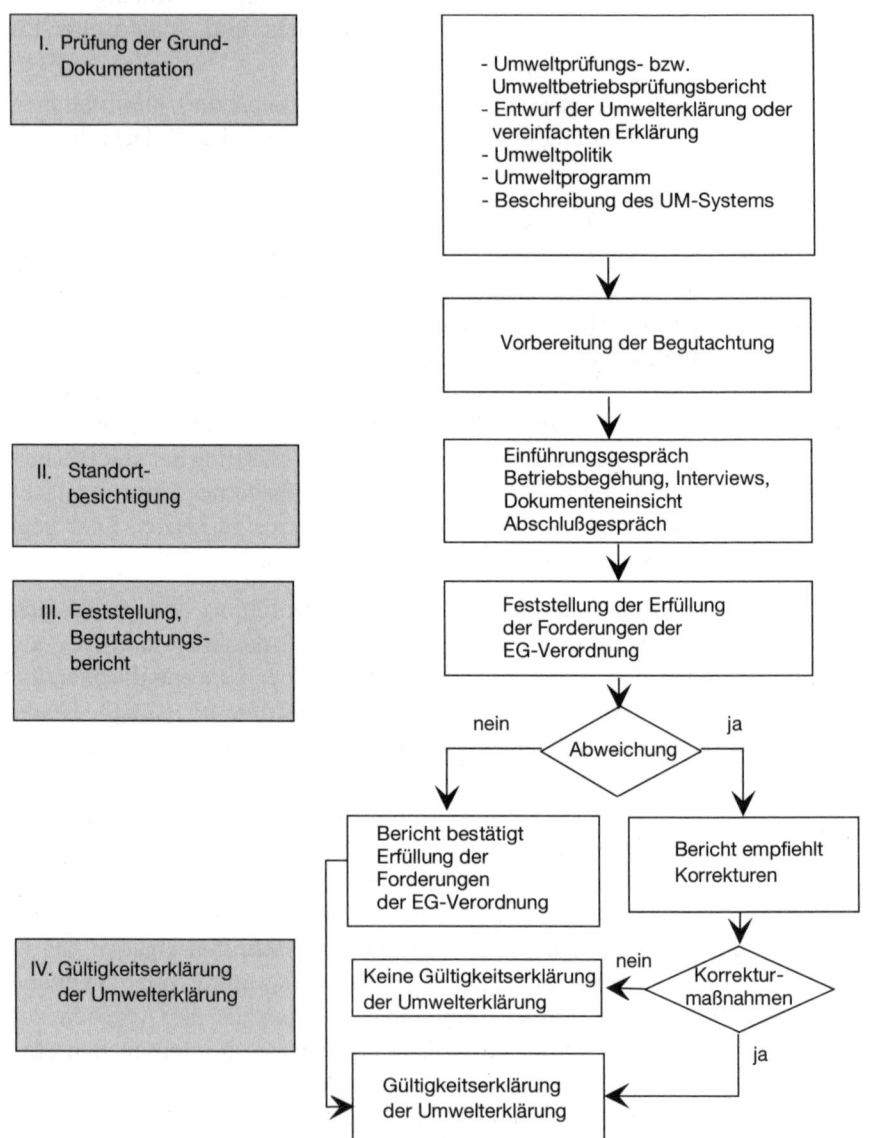

Bild 2:   Ablauf der externen Begutachtung

8. Schritt   *Übermittlung der für gültig erklärten Umwelterklärung an die zustän dige Stelle, Antrag auf Eintragung des Standortes in ein Verzeichnis und Verbreitung der Umwelterklärung in der Öffentlichkeit*[53]

Im letzten Schritt der Beteiligung am EU-Gemeinschaftssystem übermittelt das Unternehmen die für gültig erklärte Umwelterklärung an die „zuständige Stelle" (engl. „competent body"). Letztere wird von jedem Mitgliedsstaat benannt und muß so zusammengesetzt sein, daß ihre Unabhängigkeit und Objektivität gewährleistet ist. Aufgabe der zuständigen Stelle ist es, den Standort in ein Verzeichnis einzutragen und die Kommission jährlich über die registrierten Standorte zu informieren. Ebenso kann sie die Eintragung auch ablehnen bzw. vorübergehend aufheben, wenn die zuständige Vollzugsbehörde Verstöße des Unternehmens bzw. des Standortes gegen Umweltvorschriften feststellt. Alle von der Kommission registrierten Standorte werden im Amtsblatt der Europäischen Gemeinschaften veröffentlicht[54]. Als Nachweis für die erfolgreiche Teilnahme am Gemeinschaftssystem erhalten Unternehmen eine Teilnahmebestätigung.

9. Schritt   *Entrichtung der Eintragungsgebühr*

Für die Eintragung des Standortes ist der zuständigen Stelle eine Eintragungsgebühr zu entrichten. Für die Festlegung solch eines Gebührensystems sind die einzelnen Mitgliedsstaaten verantwortlich[55].

Eine Übersicht über den gesamten Aufbau und den Ablauf des Gemeinschaftssystems gibt Bild 3. Die grau schattierten Felder stellen die notwendigen Teilschritte und Aktivitäten dar, die von den Unternehmen selbst vollzogen werden müssen, ehe der Standort in ein Verzeichnis eingetragen werden kann und eine Teilnahmeerklärung verwendet werden darf. Dabei entspricht die Numerierung der Felder der chronologischen Vorgehensweise; sie korrespondiert mit der Schrittfolge 1 bis 9 gemäß Bild 1.

---

[53]   Art.8 EG-Verordnung
[54]   Art.9 EG-Verordnung
[55]   Art.11 EG-Verordnung

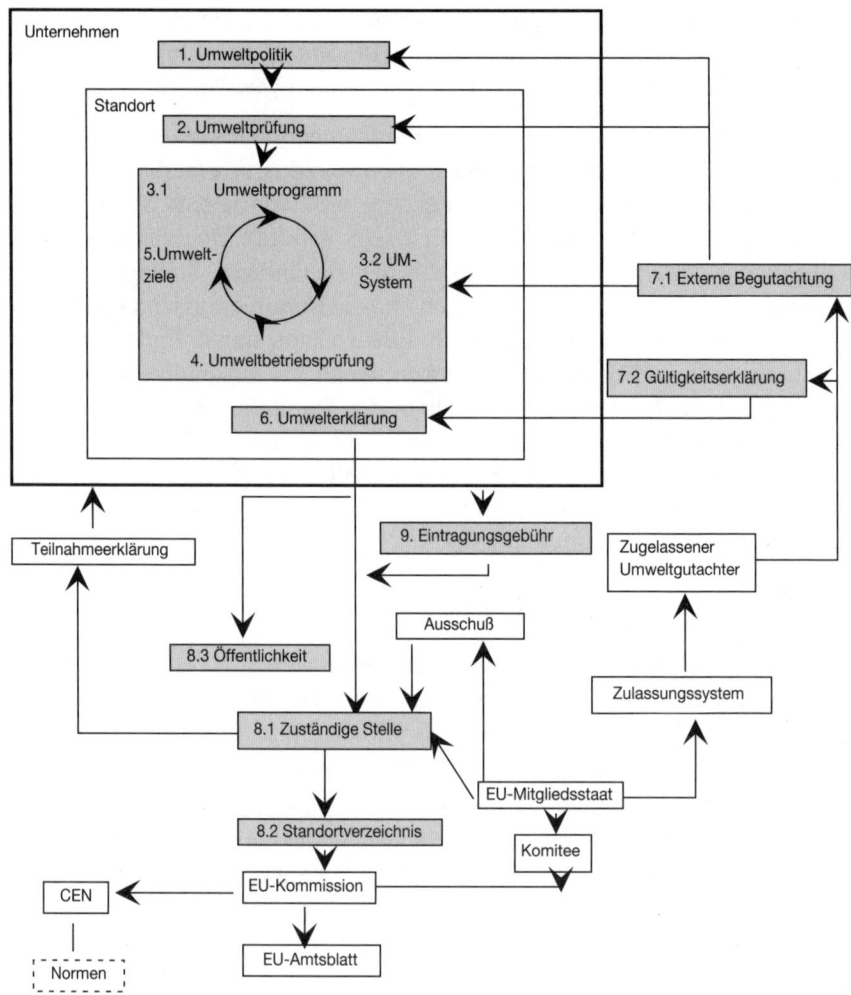

Bild 3: Aufbau und Ablauf des Gemeinschaftssystems

8 Förderung kleiner und mittlerer Unternehmen

Der Erfolg der Verordnung hängt maßgeblich von der Teilnahme kleiner und mittlerer Unternehmen ab (engl. „SME" „Small and medium-sized enterprises"). Damit ihnen nicht ungerechtfertigte Belastungen und Nachteile entstehen, sollen die Mitgliedsstaaten Maßnahmen und Strukturen zur technischen Hilfeleistung bereitstellen. Artikel 13 der Verordnung beinhaltet die „Förderung der Teilnahme von Unternehmen, insbesondere von kleinen und mittleren Unternehmen". Die Förderung zielt darauf ab, kleinen und mittleren Unternehmen den Einstieg in das Gemeinschaftssystem zu erleichtern, insbesondere durch Bereitstellung von Informationen in Bezug auf Vorschriften und förmliche Verfahren der Verordnung sowie durch entsprechende Schulungsprogramme. Damit soll jenen Unternehmen die Möglichkeit gegeben werden, die erforderliche Fachkenntnis zu erlangen, um die Umweltpolitik, -programme und -erklärungen erstellen, UM-Systeme implementieren und Umweltbetriebsprüfungen durchführen zu können. Im folgenden soll dargelegt werden, wie sich bestimmte Forderungen der EG-Verordnung auf kleine und mittlere Unternehmen anwenden lassen.

Natürlich gelten für kleine und mittlere Unternehmen die gleichen Forderungen der Verordnung wie für große Unternehmen. Abhängig von der Größe, Mitarbeiterzahl und Komplexität der betrieblichen Tätigkeiten gestalten sich einzelne Teile der Verordnung jedoch unterschiedlich tief. Zum Beispiel kann die Umweltpolitik bei größeren Unternehmen mit mehreren Standorten die Frage nach Festlegung standortübergreifender Handlungsgrundsätze aufwerfen. Sofern umweltschutzbezogene Leitlinien konzernweit gelten, müssen diese Vorgaben auf die jeweiligen Standorte individuell übertragen und angepaßt werden. In der Regel wird die Dokumentation bei kleinen Unternehmen, die auch eine vergleichsweise geringe Umweltrelevanz haben, weniger umfangreich sein. Unter Umständen können die Umweltpolitik, das Umweltprogramm und wesentliche Aspekte des UM-Systems direkt in die Umwelterklärung übernommen werden.

Die Verantwortung für den betrieblichen Umweltschutz obliegt der Geschäftsführung. Bei kleinen und mittleren Unternehmen findet man sehr häufig, daß die Geschäftsführung neben den Leitungsaufgaben auch Aufgaben im Zusammenhang mit den Betriebsbeauftragten oder Beauftragten der obersten Leitung (Managementvertreter) wahrnimmt. Solch eine Vorgehensweise hat den Vorteil, daß die Geschäftsführung die internen Betriebsabläufe sehr gut kennt und die Unterstützung für den Aufbau und die Weiterentwicklung des UM-Systems von vornherein gegeben ist. Beispielsweise wird die Umweltprüfung bzw. -betriebsprüfung eher von der obersten Leitung direkt initiiert und ggf. selbst durchgeführt werden, abgesehen davon, daß eine Beauftragung Externer meist aus finanziellen Gründen ausscheidet. Hinsichtlich der geforderten Unabhängigkeit sollte jedoch durch geeignete Verfahren sichergestellt sein, daß die Ergebnisse der Umweltprüfung bzw. -betriebsprüfungen neutral und objektiv bewertet werden.

Sicherlich hat die Größe eines Unternehmens Einfluß auf die Gestaltung des Umweltprogramms. Bei kleinen Unternehmen, in denen sich die Unternehmensziele in der Regel auf wenige Abteilungen oder Produktionslinien beziehen und auch die einzelnen Umweltaktivitäten stark ineinandergreifen, werden gesonderte Umweltprogramme nur bedingt notwendig sein.

Bezüglich der Organisationsstruktur hängen bei kleinen und mittleren Unternehmen die betrieblichen Aufgaben und Maßnahmen im Zusammenhang mit dem Umweltschutz eng miteinander zusammen und werden auch sehr häufig in Personalunion wahrgenommen. Sofern umweltschutzbezogene Verantwortungen und Befugnisse noch nicht festgelegt sind, können diese auf der Basis der bestehenden betrieblichen Regelungen relativ leicht integriert werden. Typischerweise werden auch die Verfahrens- und Arbeitsanweisungen nicht gesondert nach umweltschutzbezogenen Gesichtspunkten erstellt, sondern umfassend für die jeweiligen Verfahren und Tätigkeiten.

Bezüglich der Häufigkeit der durchzuführenden externen Begutachtung gibt die Verordnung einen Rahmen von maximal 3 Jahren vor. Von Ausnahmen abgesehen, kann davon ausgegangen werden, daß bei kleinen und mittleren Unternehmen ein dreijähriger Zyklus ausreichend ist, um zu beurteilen, ob die Tätigkeiten am Standort im Einklang mit den Vorschriften der Verordnung stehen. Die interne Umweltbetriebsprüfung ist dagegen ein wichtiges Managementinstrument; sie sollte nach Möglichkeit in verkürzten Zeiträumen durchgeführt werden. Entsprechend der Art und des Umfangs der betrieblichen Tätigkeiten kann je nach Auffassung des Umweltgutachters auf eine jährlich zu erstellende Umwelterklärung verzichtet werden, insbesondere im Fall kleiner und mittlerer Unternehmen, in denen es seit der letzten Umwelterklärung nur wenig bedeutsame Änderungen gegeben hat.

9 Zusammenfassung

Die EG-Verordnung setzt die staatlichen Rahmenbedingungen für die Darlegung kontinuierlicher Verbesserungen des betrieblichen Umweltschutzes durch Unternehmen, die freiwillig an dem EU-Gemeinschaftssystem teilnehmen. Unternehmen sollen ermutigt werden, durch Festlegung einer Umweltpolitik interne (und externe) Ziele im Rahmen des UM-Systems zu verwirklichen und sie regelmäßig auf ihre Wirksamkeit zu überprüfen. Dies liegt auch im Interesse der Unternehmen selbst, da nur eine dauerhaft umweltgerechte Entwicklung auch langfristig die unternehmerische Tätigkeit sichern kann. Als Nachweis der umweltschutzbezogenen Fähigkeit führt ein zugelassener Umweltgutachter / eine zugelassene Umweltgutachterorganisation eine externe Begutachtung durch und bestätigt auf der Grundlage dieser Prüfung die von dem Unternehmen an die Öffentlichkeit gerichtete Umwelterklärung. Durch geeignete interne und externe Informationsmechanismen wird die Öffentlichkeit über Ziele, Prinzipien und Maßnahmen zum Schutz der Umwelt unterrichtet. Dabei soll ein vorbeugendes und marktorientiertes UM-System zur Vertrauensbildung in der Öffentlichkeit beitragen und helfen, die Wettbewerbsfähigkeit von Unternehmen zu fördern.

Um eine wirksame Durchführung der EG-Verordnung in Deutschland sicherzustellen, ist das „Umwelt-Audit-Gesetz" (früher UZSG) im Entwurf verabschiedet worden. Es regelt die Zulassung und Aufsicht von Umweltgutachtern/Umweltgutachterorganisationen sowie die Registrierung der geprüften Standorte. Bei der Anwendung der EG-Verordnung kommt diesen Regelungen eine Schlüsselfunktion zu. So wird es insbesondere vom Verfahren der Zulassung der Umweltgutachtern/Umweltgutachterorganisationen abhängen, ob das EU-Gemeinschaftssystem von allen Beteiligten akzeptiert wird.

Zertifizierung von Umweltmanagementsystemen

Dr. rer. nat. Renate Eggert

1 Einleitung

Umweltschutzaspekte spielen eine immer größere Rolle bei der Beurteilung der Qualität von (Angebots-) Produkten. Umwelt- und Gesundheitsverträglichkeit, Demontagefreundlichkeit und Recyclefähigkeit sind nur einige der Forderungen, die teilweise vorausgesetzt und heutzutage fast selbstverständlich bei der Produktgestaltung berücksichtigt werden. Wenn Umweltschutzmerkmale als Teile der Qualitätsmerkmale betrachtet werden, die die Produktqualität mitbestimmen, ist die Qualitätsfähigkeit des Lieferanten insgesamt angesprochen. Nach nunmehr fast 10 Jahren, seit Bestehen internationaler Qualitätsmangementnormen, haben viele Unternehmen ihre Abläufe systematisch strukturiert und Qualität als festen Bestandteil der Unternehmenskultur etabliert. Solch ein Prozeß ist nun auch in puncto Umweltschutz in Gang gekommen. Viele Unternehmen entscheiden sich bewußt für eine ökologisch orientierte Unternehmensführung und suchen nach wirtschaftlichen Ansätzen, Produkte, Anlagen und Prozesse ökologisch zu optimieren. Ein UM-System ist dafür ein geeignetes Hilfsmittel. Es ermöglicht, umweltschutzbezogene Maßnahmen im gesamten Unternehmen nach sachlichen und logischen Zusammenhängen zu strukturieren. Von der Systematik und Methodik her gibt es große Überschneidungen zum Qualitätsmanagement, da ein Großteil der Elemente, ob qualitäts- oder umweltschutzbezogen, miteinander in enger Wechselwirkung stehen. Nur durch das Zusammenwirken der durch seine Einzelfunktionen beschriebenen Elemente eines Managementsystems können letzen Endes Synergien sinnvoll genutzt werden.

Eine steigende Zahl von Unternehmen aus dem In- und Ausland verlangt in jüngster Zeit als Vertrauensbeweis in die umweltschutzbezogene Leistungsfähigkeit ihrer Lieferanten den Nachweis eines funktionierenden Umweltmanagementsystems (UM-Systems). Beurteilt der Abnehmer von Produkten das UM-System seines Lieferanten selbst, spricht man häufig von einem „second party audit". Die Beurteilung durch eine unabhängige Stelle heißt

„third party audit" und kann zu einem Zertifikat für das UM-System führen. Bis zum Erscheinen international verabschiedeter Normentwürfe bezüglich UM-Systeme (siehe ISO/DIS 14001 und 14004) wurden in Deutschland als Auditgrundlage zum Teil ausländische nationale Normen oder individuelle, auf die jeweilige Branche ausgerichtete Forderungsdokumente und Checklisten verwendet.

In Deutschland und im europäischen Ausland hat das Thema Umweltmanagementsysteme besonders für jene Unternehmen an Aktualität gewonnen, die sich gemäß Verordnung (EWG) 1836/93 an dem „Gemeinschaftssystem für das Umweltmanagement und die Umweltbetriebsprüfung" beteiligen möchten (siehe auch Abschnitt C1). Als zentrale Voraussetzung für die Teilnahme müssen Unternehmen ihren betrieblichen Umweltschutz systematisieren, ein UM-System implementieren und dieses auch gegenüber einer neutralen unabhängigen Stelle, einem sogenannten zugelassenen Umweltgutachter, darlegen. Die Verordnung trat am 13.7.1993 in Kraft und war binnen 21 Monaten von den europäischen Mitgliedsstaaten umzusetzen. Einen Zwang zur Teilnahme gibt es nicht. Gewerbliche Unternehmen sind aufgefordert, sich freiwillig am Gemeinschaftssystem zu beteiligen.

Im Zusammenhang mit der Verordnung ist die Zertifizierung von UM-Systemen für Unternehmen eine Hilfestellung, sich auf die Teilnahme am Gemeinschaftssystem vorzubereiten. Zur Förderung der Anwendung der Verordnung auditieren und zertifizieren Gesellschaften wie die DQS auf der Grundlage von Normen UM-Systeme. Aufgrund einer Zulassung als „zugelassene Umweltgutachter" können sie die Begutachtung formal im Sinne der EU-Verordnung durchführen.

2   UM-System-Audits

In einem UM-System-Audit wird systematisch untersucht, ob die umweltschutzbezogenen Tätigkeiten und die damit zusammenhängenden Ergebnisse den festgelegten System-Forderungen nach ISO 14001 (z. Zt. Entwurf) entsprechen und ob Maßnahmen dazu dokumentiert sind. Durch UM-System-Audits soll die Wirksamkeit von UM-Systemen beurteilt werden.

Der Auftraggeber kann gegebenenfalls einen starken Einfluß auf das interne UM-System seines Lieferanten ausüben, nicht zuletzt, wenn er sich in regelmäßigen Abständen selbst von der Anwendung und Wirksamkeit des UM-Systems überzeugt und beispielsweise Lieferanten hinsichtlich der Umweltverträglichkeit der Produkte, Materialien und Verpackungen beurteilt. Solche Vorgehensweise setzt die Bereitschaft des Lieferanten zur aktiven Mitarbeit voraus und sollte beim Auftraggeber eine ständige Erweiterung des Vertrauens in die umweltschutzbezogene Fähigkeit des Lieferanten erzeugen. Das Lieferantenaudit führt in der Regel nicht zu einem schriftlichen Nachweis, der auch im Zusammenhang mit anderen Auftraggebern Anwendung finden kann. Eine Vielzahl von Audits, in denen immer wieder dasselbe System geprüft wird, wäre letzen Endes das unerfreuliche Ergebnis.

Um solch einem „Audittourismus" entgegenzuwirken, kann ein Unternehmen eine unabhängige Zertifizierungsstelle beauftragen. Mit der UM-System-Zertifizierung bzw. dem UM-System-Zertifikat wird aufgezeigt, daß aufgrund des Urteils eines unparteiischen Dritten Vertrauen gerechtfertigt ist, daß ein UM-System die dem Audit zugrundegelegten System-Forderungen erfüllt. Umweltschutzbezogene Forderungen an das System können sowohl extern (durch Auftraggeber, Verbraucher oder durch den Gesetzgeber) als auch intern, d. h. von der Organisation selbst, vorgegeben sein. Dabei sind die internen Ziele Ausdruck der Selbstverpflichtung zum Umweltschutz und dessen Verbesserung und spiegeln den Anspruch eines Unternehmens an seine eigene umweltschutzbezogene Fähigkeit wider.

3 UM-System-Zertifikate

Die Zertifizierung eines UM-Systems schließt keine irgendwie geartete direkte Produkt- bzw. Outputbeurteilung ein, also auch nicht den direkten Nachweis, daß technische Forderungen z. B. bezüglich Abfall und Emissionen immer erfüllt werden. Auch kann ein UM-System-Zertifikat kein Produktzertifikat oder Gütesiegel (z. B. „Blauer Engel") ersetzen. Deshalb gilt es, sehr deutlich zwischen einem Produkt-Zertifikat, Gütesiegel und einem Systemzertifikat zu unterscheiden.

Im Gegensatz zu einem Produktzertifikat, Gütesiegel oder produktbezogenen Prüfzeichen handelt es sich bei einem UM-System-Zertifikat um ein Zeugnis, mit dem eine unabhängige Stelle (third party) eine positive Aussage über das ordnungsgemäße Funktionieren eines UM-Systems macht. Bedingung für den Erhalt eines UM-System-Zertifikats ist der positive Abschluß eines UM-System-Audits, bei dem geprüft wird, ob das UM-System genormte Forderungen erfüllt. Beim Audit werden alle von den UM-System-Forderungen betroffenen Bereiche eines Unternehmens systematisch beurteilt, ob die notwendigen Umweltmanagementmaßnahmen festgelegt sind, ob sie wirksam sind und ob sie nachweislich durchgeführt werden. Dazu gehört, daß ein Unternehmen ein Umweltmanagement-Handbuch erstellt, in dem die Umweltpolitik, die daraus sich ableitenden Ziele, Maßnahmen, Zuständigkeiten und Abläufe beschrieben sind.

Bei einer Zertifizierung legt weder die Norm noch der Zertifizierer fest, wie die Forderungen erfüllt werden, sondern die Organisation stellt selbst entsprechende Maßnahmen vor, die ihren Möglichkeiten entsprechen. Um Mißverständnissen vorzubeugen, sollte deutlich gemacht werden, daß ein UM-System-Zertifikat nicht notwendigerweise ein hohes, sondern das durch die Umweltpolitik gesetzte Umweltschutzniveau der entsprechenden Organisation nachweist; gleichwohl kann das Vorliegen eines UM-System-Zertifikats durch den Produkthersteller zur Voraussetzung für eine Produktzertifizierung gemacht werden.

Im Gegensatz zu QM-System-Zertifikaten, die besonders im Lieferanten-Abnehmer-Bereich eine wichtige Rolle spielen, wirken UM-System-Zertifikate darüber hinaus. Ein UM-System-Zertifikat soll nicht nur gegenüber dem Produktabnehmer für Vertrauen sorgen, sondern auch gegenüber den eigenen Mitarbeitern, der vom Unternehmen direkt oder indirekt betroffenen Nachbarschaft, Bürgern, Vereinen, Behörden, Banken und sonstigen Organisationen. Vertrauen in die unternehmensinterne umweltschutzbezogene Leistung kann auch dadurch erzielt werden, daß ein Unternehmen die Öffentlichkeit über umweltrelevante Anlagen, Produktionsverfahren und Produkte sowie über Maßnahmen zum Schutz der Umwelt informiert, beispielsweise über die umweltfreundliche Herstellung, Verpackung und Transport der Produkte, mögliche Entsorgungs- und Abfallkonzepte oder Maßnahmen zum schonenden Umgang mit Ressourcen oder durch die Veröffentlichung von Umweltbilanzen. Als Instrument der Öffentlichkeitsarbeit und Umweltinformation ist für viele Unternehmen der „Tag der offenen Tür" zur festen Einrichtung geworden.

Die gezielte Einbeziehung der Öffentlichkeit ist auch in dem Gesetz über die Umweltverträglichkeitsprüfung UVPG und dem in Kraft getretenen Umweltinformationsgesetz UIG verwirklicht. Mit dem Umweltinformationsgesetz wurde die EU-Richtlinie „über den freien Zugang zu Informationen über die Umwelt" in nationales Recht umgesetzt. Danach sind Behörden prinzipiell über umweltrelevante Tätigkeiten von Unternehmen auskunftspflichtig, sofern nicht andere, vorrangige Interessen verletzt werden. Auch die bereits erwähnte EU-Verordnung über das Umweltmanagement und die Umweltbetriebsprüfung trägt der Informationspflicht durch die vom Unternehmen zu erstellende Umwelterklärung Rechnung.

4 Einführung eines UM-Systems

Umweltrelevante Qualitätsmerkmale der Angebotsprodukte und ihrer Herstellung spielen bei Kunden eine immer größere Rolle. Wenn man Meinungsforschungsinstituten glauben will, wirkt sich ein vorbeugendes marktorientiertes Umweltschutzkonzept außerordentlich positiv auf die Wettbewerbsfähigkeit aus. Es ist anzunehmen, daß langfristig die meisten Organisationen im Sinne einer nachhaltigen Wirtschaftsentwicklung und ihrer eigenen Lebensfähigkeit UM-Systeme einrichten. Aus Imagegründen kann es sich heutzutage eine Organisation kaum noch leisten, in Zusammenhang mit spektakulären Umweltschäden gebracht zu werden oder in die Negativschlagzeilen der Presse zu geraten. Dies erfordert von Organisationen anstelle von nachsorgenden, meist sehr kostenintensiven „end of pipe" Lösungen einen präventiven Umweltschutz, bei dem die Eigeninitiative und Eigenverantwortung für den Umweltschutz im Vordergrund steht. Eine Umweltpolitik, in der ein Unternehmen die Verpflichtung zum Umweltschutz dokumentiert, ist der Grundpfeiler für einen präventiven Umweltschutz. Die Umweltpolitik sollte jedoch nicht nur das Bekenntnis zur Einhaltung aller einschlägigen Rechts- und Verwaltungsvorschriften beinhalten, sondern umweltschutzbezogene Ziele für jede einzelne Ebene der Organisation vorsehen. Umweltmanagement bezieht sich auf alle Tätigkeiten einer Organisation: Von besonderer Wichtigkeit ist die Festlegung der Umweltpolitik, -ziele und Verantwortungen, die durch Mittel der umweltschutzbezogenen Planung, Lenkung, Sicherung und Verbesserung im Rahmen des UM-Systems verwirklicht werden. Eine ausschließliche Behandlung der klassischen Problembereiche des betrieblichen Umweltschutzes wie z. B. Materialeinkauf, Produktionstechnik oder Entsorgung greift hier zu kurz.

Ein UM-System bietet Unternehmen die Möglichkeit, den betrieblichen Umweltschutz in eigener Verantwortung und eigener Überwachung wirkungsvoll zu organisieren. Dazu bedarf es zunächst einer Ist-Analyse aller Prozesse und einer Beurteilung, welche Auswirkungen diese Prozesse auf die Umwelt haben. In einem Register der Auswirkungen auf die Umwelt werden die wichtigsten umweltrelevanten Prozesse erfaßt, wobei neben den Prozessen zur Herstellung der Angebotsprodukte auch Aspekte bezüglich unerwünschter Ergebnisse wie z. B. materieller oder immaterieller Nebenprodukte (Abfall, Emissionen, Lärm, Verbrauch von Ressourcen etc.) zu berücksichtigen sind.

Alle Ergebnisse, Angebotsprodukte und unerwünschte Nebenergebnisse, wirken auf die Umwelt ein, entweder direkt oder indirekt, günstig oder ungünstig, während oder nach der Anwendung der Produkte. Fast jedes noch so umweltverträglich erscheinende Produkt hat bei genauer Betrachtung Auswirkungen auf die Natur. Beispielsweise werden zur Herstellung eines Abgaskatalysators zwei bis drei Gramm Platin benötigt. Doch um diese kleine Menge des Edelmetalls zu gewinnen, muß die ungeheure Menge von rund einer Tonne Gestein bewegt und bearbeitet werden! Dieses Beispiel soll zeigen, daß eine ökologische Bewertung oft sehr schwierig ist und wesentlich von eindeutigen Bewertungskriterien abhängt. Eine Ist-Analyse aller Prozesse, Anlagen und Produkte sollte darauf abzielen, den eigenen „ökologischen Rucksack" zunächst einmal zu beurteilen und gegebenenfalls umweltverträgliche Alternativen bei Roh-, Hilfs- und Betriebsstoffen einzusetzen oder längerfristig in solche Verfahren zu investieren, die Ressourcen und Rohstoffe einsparen und Recyclingsmöglichkeiten eröffnen. Umweltbezogene Kostenrechnung, Ökobilanzen oder Öko-Controlling bieten hier eine gute Hilfestellung, Schwachstellen zu erkennen und Alternativlösungen zu entwickeln. Manche Unternehmen dürften sicherlich überrascht sein, wie sich ökologische Maßnahmen auch wirtschaftlich in die einzelnen Betriebsabläufe integrieren lassen.

Auf der Basis der Ist-Analyse werden programmatisch für jede Ebene der Organisation Maßnahmen festgelegt , die geeignet sein müssen, die Umweltpolitik innerhalb eines UM-Systems umzusetzen. Dabei sollte sichergestellt sein, daß diese Maßnahmen auch angemessen sind und wirksam durchgeführt werden. Regelmäßige und von der Unternehmensleitung veranlaßte interne Audits sind dafür eine wichtige Grundlage und ermöglichen eine Beurteilung der auditierten Bereiche. Interne Audits dienen auch zur Vorbereitung und Unterstützung des Management-Reviews, bei dem die Unternehmensleitung den Stand und die Angemessenheit des UM-Systems in bezug auf die Umweltpolitik, -ziele und -programme bewertet.

Als strategische Managemententscheidung sollte die Einführung eines UM-Systems auf die Zufriedenstellung aller Interessenpartner der Organisation, (Eigner, Mitarbeiter, Kunden, Lieferanten und Öffentlichkeit) abzielen und zwar erstens in bezug auf die Angebotsprodukte in allen Phasen vom Marketing über Design bis hin zur Wiederverwertung bzw. Entsorgung und zweitens in bezug auf die (unerwünschten) Nebenergebnisse von der Enstehung bis zu ihrer Abgabe. Bei alledem sollte ein UM-System als Instrument zur kontinuierlichen Verbesserung der betrieblichen Umweltleistung begriffen werden. Produzieren und Wirtschaften macht nur in einer regenerationsfähigen Natur längerfristig Sinn.

5 Motivation und Nutzen für die Organisation

Der eigentliche Zweck eines UM-Systems ist in der kontinuierlichen Verbesserung des betrieblichen Umweltschutzes zu sehen. Wird das UM-System nicht vordergründig zum Nutzen der eigenen Organisation implementiert und der Nachweis eines UM-Systems in Form eines Zertifikats lediglich auf externen Druck angestrebt, verkennt die Organisation zahlreiche Chancen und Vorteile, die sich aus einem wirkungsvollen UM-System ergeben:

- Wettbewerbsvorteile
- Imagegewinn
- Kosteneinsparung bei Energie, Wasser, Abfall und Versicherung
- Transparenz des betrieblichen Umweltschutzes, Vermeidung von Doppelarbeit
- Vorbeugende Schadensabwehr
- vereinfachte Bewilligungsverfahren
- Informationsbereitstellung
- Mitarbeiteridentifikation und Motivation
- Vertrauen und Akzeptanz
- Risikoreduktion
- Berücksichtigung bei Versicherungsverträgen

6 Rechts- und Nachweissicherheit

Umweltmanagementmaßnahmen wirken präventiv, d. h. sie sollen vorausschauend der Entstehung von Unfällen, Schadensfällen oder möglichen Notfällen vorbeugen. Fehler, bzw. die Nichterfüllung umweltschutzbezogener Forderungen können sich auch auf den Haftpflichtumfang auswirken, da bereits viele Versicherungsgesellschaften und Banken dazu übergegangen sind, Umweltaspekte bzw. typische Umweltrisikopotentiale bei Haftungsfragen oder bei der Kreditvergabe zu berücksichtigen. Die Einbeziehung betriebsökologischer Vorgaben in die Unternehmensplanung reduziert die haftungsrechtlichen Risiken.

„Gute Managementpraktiken", gefordert nach der EG-Verordnung, wirken vorbeugend gegen alle Arten der Haftung, d. h. der Haftung des Herstellers aus Nichterfüllung von umweltschutzbezogenen Forderungen wie beispielsweise aufgrund von gesetzlichen Forderungen, vertraglichen Forderungen oder Garantieerklärungen. Durch den Nachweis angemessener Umweltmanagementmaßnahmen kann sich ein Hersteller vom Vorwurf schuldhaften

Verhaltens eher entlasten als ein Hersteller, der einen solchen Nachweis nicht führen kann. Dabei geht es nach dem 1991 in Kraft getretenen Umwelthaftungsgesetz (UmweltHG) sowohl um Schäden, die sich aus einem „rechtswidrigen Betrieb" als auch aus dem sogenannten „Normalbetrieb" ergeben. Verschärfend kommt hinzu, daß mit der verschuldensunabhängigen Gefährdungshaftung im Schadensfall eine Ursachenvermutung angenommen wird, wenn die Anlage nach den Gegebenheiten des Einzelfalls geeignet ist, den entstandenen Schaden zu verursachen. So muß der Anlageninhaber im Einzelfall nachweisen, daß umweltschutzbezogene Sach- und Personenschäden nicht ursächlich durch ihn entstanden sind. Die Entlastung des Anlagenbetreibers ist nur noch dann möglich, wenn er nachweisen kann, daß alle umweltrelevanten Vorschriften eingehalten wurden. Beim Nachweis dieses Sachverhalts sind dokumentierte Maßnahmen zum betrieblichen Umweltschutz bei der Entwicklung, Produktion, Montage, Verpackung, Lagerung und Entsorgung der Produkte hilfreich.

7 Vorbereitung auf die Zertifizierung

Die Vorbereitung auf die Zertifizierung eines UM-Systems fordert von Organisationen teilweise einen erheblichen zeitlichen, personellen und finanziellen Aufwand, sofern die Organisation sich nicht bereits mit den wesentlichen umweltrelevanten Abläufen und Prozessen auseinandergesetzt hat. Dies betrifft im allgemeinen die gesetzlich geregelten Bereiche des Umweltschutzes, in denen allein durch die Anwendung und Einhaltung der teilweise sehr umfangreichen Umweltschutzvorschriften der Betreiber einer Anlage besonderen Betriebspflichten unterliegt. Um beispielsweise den störungsfreien Normalbetrieb nachweisen zu können, dürfte vielerorts bereits eine gewisse Systematisierung und Dokumentation aller umweltrelevanten Betriebsvorgänge erfolgt sein, auf die bei der Einrichtung eines UM-Systems aufgebaut werden kann.

Organisationen, die bereits ein Qualitätsmanagementsystem (QM-System) implementiert haben, können beim Aufbau ihres UM-Systems auf eine sich in der Praxis bewährte Aufbau- und Ablauforganisation zurückgreifen und diese ergänzen. Um unnötige Schnittstellen zu vermeiden und zum größtmöglichen Nutzen für das Unternehmen können umweltschutzbezogene Aspekte soweit wie möglich in die vorhandenen Regelungen integriert werden. Eine gemeinsame Behandlung beider Themen liegt nicht nur aus wirtschaftlichen Gründen auf der Hand, sondern stellt auch einen Schritt zu einem umfassenden Managementsystem dar, in dem qualitäts- und umweltschutzbezogene Gesichtspunkte ein und desselben Prozesses oder Produktes zusammengehören, sich gegenseitig beeinflussen und idealerweise ergänzen. Wohlgemerkt sind die allgemeinen Managementprinzipien, ob im QM- oder UM-Bereich die gleichen, weshalb auch die Herangehensweise beim Aufbau eines UM-Systems für Unternehmen mit QM-Erfahrung nichts prinzipiell Neues ist.

Für Unternehmen, die sich mit der Einführung von UM-Systemen beschäftigen, bietet die Normenreihe ISO 14000ff eine weitere Orientierungshilfe. Sie enthält bezüglich der Managementsysteme gemeinsame Grundsätze mit den Normen der ISO 9000er Reihe für Qualitätsmanagement.

Die Normenreihe ISO 14000ff besteht aus einer Reihe von Leitfäden zur Einführung von UM-Systemen und Durchführung von Umweltaudits. Die Norm ISO 14001 (z. Zt. Entwurf) enthält Forderungen, die Unternehmen erfüllen müssen, wenn sie ihr UM-System z. B. gegenüber einer Zertifizierungsstelle extern darlegen.

Bild 1 zeigt eine Übersicht über die zentralen Fragen, die sich ein Unternehmen in Vorbereitung auf die UM-Zertifizierung stellen sollte. Dabei ist es von Vorteil, wenn das Unternehmen im Vorfeld des Zertifizierungsverfahrens eine Analyse und Bewertung aller umweltrelevanten Prozesse durchgeführt und entsprechende Ergebnisse in einem Register der Auswirkungen auf die Umwelt zusammengefaßt hat.

**Fragen zur Vorbereitung
auf das UM-System-Audit**

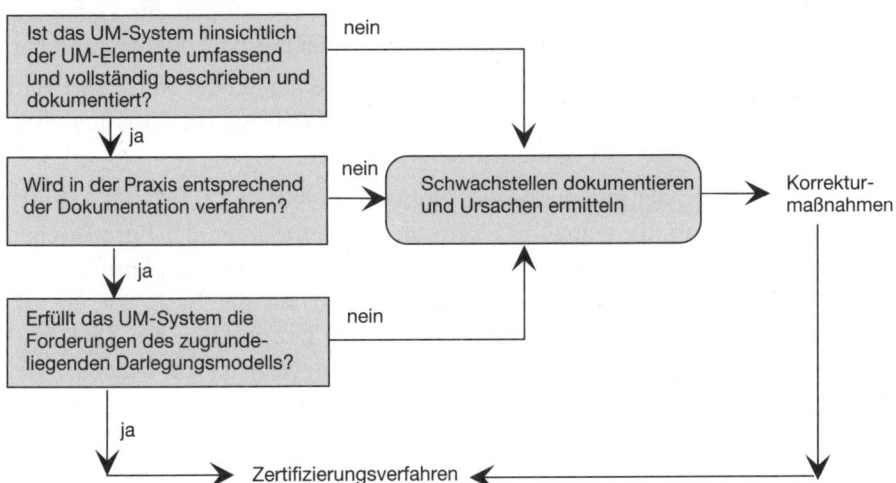

Bild 1:   Fragen zur Vorbereitung auf das UM-System-Audit

8   Zertifizierung von UM-Systemen durch die DQS

Am Beispiel der Vorgehensweise der DQS „Deutsche Gesellschaft zur Zertifizierung von Qualitätsmanagementsystemen mbH" soll im folgenden der Ablauf der Zertifizierung von Umweltmanagementsystemen dargestellt werden. Aufgrund der gemachten Erfahrungen können sich in der Zukunft Änderungen ergeben.

Ein UM-System-Audit dient der neutralen Beurteilung der Wirksamkeit des UM-Systems eines Unternehmens. Es kann in allen Organisationen jeder Branche durchgeführt werden. Dabei wird die DQS nur direkt für einen Auftraggeber tätig; eine Zertifizierung im Auftrag von Kunden oder anderen interessierten Gruppen ist nicht möglich. Umfang und Tiefe eines UM-System-Audits hängen von der Art und Bedeutung der umweltbezogenen Tätigkeiten des Unternehmens ab. Die Prüfung wird anhand von DQS-Auditfragen vorgenommen, die je nach Aufbau und Dokumentation des UM-Systems des Unternehmens nach ISO 14001, nach den (erweiterten) Elementen der ISO 9001 oder der Verordnung (EWG) 1836/93 strukturiert sind. Diese Auditfragen werden dem Unternehmen vor dem Audit zu seiner Vorbereitung zur Verfügung gestellt.

Es sei hier angemerkt, daß in der DQS-Pilotphase in Ermangelung einer internationalen, europäischen oder nationalen Norm die DQS UM-System-Zertifizierungen auf der Grundlage der Forderungen der um die umweltschutzbezogenen Managementaspekte erweiterten Norm DIN EN ISO 9001 (DGQ-Schrift 100-21 „Umweltmanagementsysteme, Modell zur Darlegung der umweltschutzbezogenen Fähigkeit einer Organisation") durchgeführt hat. Unternehmen, die ihr UM-System nach den Elementen der Norm ISO 9001 strukturiert haben, steht es frei, diese Schrift als Leitfäden zur Zusammenführung von QM-mit UM-Systemen heranzuziehen.

Nach Vorliegen der internationalen Norm ISO 14001 (z. Zt. ISO/DIS 14001), also einer Norm, die gemäß EG-Verordnung 1836/93 von der Europäischen Kommission anerkannt werden dürfte, bezieht die DQS ihr Zertifikat nun darauf. Für Unternehmen, die ihr UM-System auf der Basis der um die umweltschutzbezogenen Aspekte erweiterten Norm DIN EN ISO 9001 (DGQ-Schrift 100-21) aufgebaut und extern dargelegt haben, bedeutet dies keinen Mehraufwand, da in dieser Schrift alle relevanten UM-System-Forderungen der Verordnung und von ISO/DIS 14001 enthalten sind. Sofern erforderlich, werden Anpassungen im Rahmen der jährlichen Überwachungsaudits vorgenommen.

Das Audit wird im Team, bestehend aus UM-System-Auditoren und Umweltexperten durchgeführt, wobei der Auditleiter die Gesamtverantwortung für die Planung, Durchführung und Dokumentation des Audits hat. Bei den UM-System-Auditoren handelt es sich um erfahrene Managementfachleute mit praktischer Erfahrung im Aufbau von UM-Systemen, wobei UM-System-Auditoren üblicherweise auch die Qualifikation als QM-System-Auditoren haben. Ein Umweltexperte verfügt über umfassende branchen-, verfahrens- oder produktspezifische Sachkenntnisse, langjährige Praxis im betrieblichen Umweltschutz, insbesondere im Hinblick auf technische, juristische oder betriebsökologische Fragestellungen. Durch regelmäßige interne und externe Schulungen wird die kontinuierliche Weiterbildung sichergestellt. Auditoren und Umweltexperten sind durch ihre Berufung bzw. Registrierung zur Geheimhaltung verpflichtet.

Das Auditteam wird individuell für jedes Audit so zusammengestellt, daß der Umfang des Auditteams auf die Branchenzugehörigkeit, Größe und Umweltrelevanz des Unternehmens abgestimmt ist. Dabei muß durch Ausbildung, Schulung und Erfahrung der einzelnen Teammitglieder die Kompetenz des Auditteams insgesamt in folgenden Sachverhalten sichergestellt sein:

- Verständnis der EG-Verordnung

- Fähigkeit zur Beurteilung der wesentlichen Umweltauswirkungen des Unternehmens

- Umwelttechnische Kenntnisse

- Fähigkeit zur Leitung und Durchführung von Audits

- Beurteilung der umweltschutzbezogenen Dokumentation.

Die Qualifikation des Auditteams trägt den spezifischen Tätigkeitsbereichen und Umweltauswirkungen des Unternehmens Rechnung, da die einzelnen Teammitglieder im Hinblick auf die Umweltrelevanz der zu auditierenden Bereiche ausgewählt werden und durch sich interdisziplinär durch ihre jeweilige Fachkompetenz ergänzen.

Der Ablauf der DQS-Zertifizierung eines UM-Systems gliedert sich in mehrere Abschnitte: das Projektgespräch, die Beurteilung der Unterlagen, das Zertifizierungsaudit sowie die Zertifikaterteilung, wobei die Organisation nach jedem erfolgtem Abschnitt entscheiden kann, ob sie in den nächsten Abschnitt geht. Ein Voraudit oder die Auditplanung vor Ort sollte eigenständig oder in Verbindung mit dem Projektgespräch durchgeführt werden.

Der Ablauf des DQS-Zertifizierungsverfahrens ist in Bild 2 zusammengefaßt.

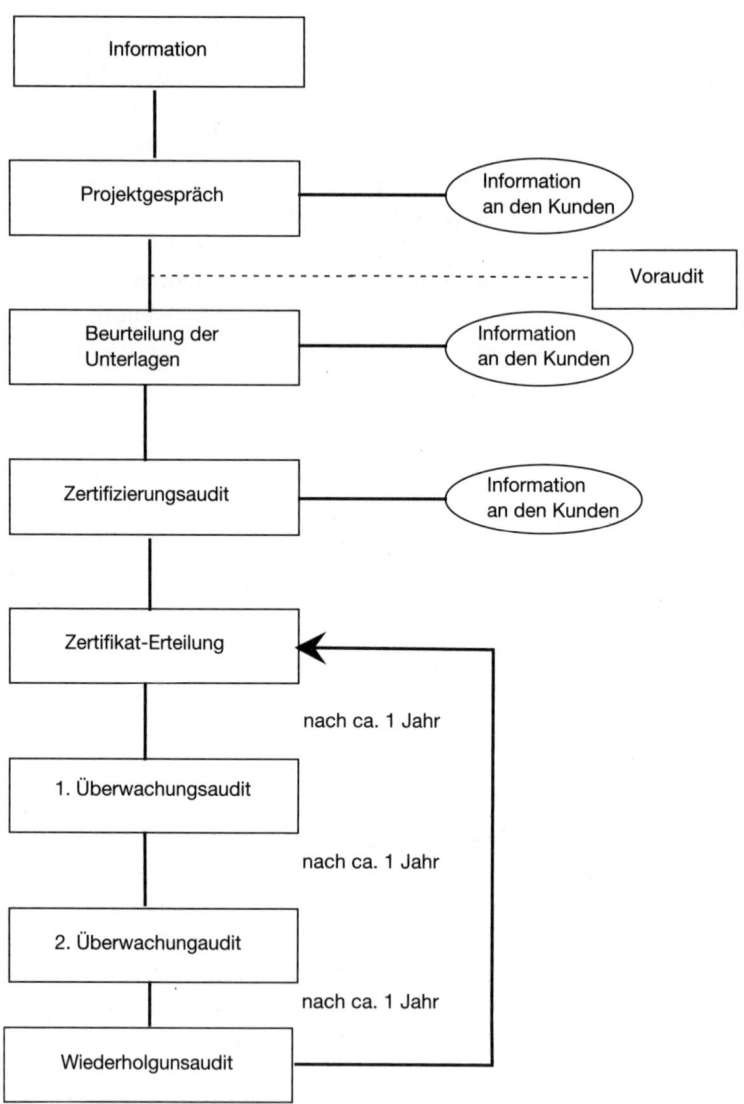

Bild 2:   DQS-Zertifizierungsverfahren

8.1 Projektgespräch

Das Projektgespräch ist ein organisatorisches Vorgespräch. Es dient dazu zu klären, welche Art der Zertifizierung der Kunde wünscht:

a) UM-System-Zertifizierung nach ISO 14001 (derzeit ISO/DIS 14001)
- gemeinsam mit der QM-System-Zertifizierung
- auf der Basis bereits vorliegender QM-System-Zertifizierung
- unabhängig von zertifiziertem QM-System

b) Umweltbegutachtung nach Verordnung (EWG) Nr. 1836/93
- aufbauend auf bereits vorliegendem UM-System-Zertifikat gemäß a)
- gemeinsam mit UM-System-Zertifizierung gemäß a)
- unabhängig von UM-System-Zertifizierung gemäß a)

Ein Projektgespräch soll sicherstellen, daß der Kunde den größtmöglichen Vorteil aus dem Aufbau und der Zertifizierung seines UM-Systems zieht. Das Einverständnis des Kunden zum Auditleiter ist Voraussetzung für die Durchführung des Projektgesprächs. Je nach Kenntnisstand und Vorbereitung des Kunden umfaßt das Projektgespräch den Einblick in existierende UM-Dokumente und/oder die Ortsbegehung zwecks Grobbeurteilung. Anhand der DQS-Fragenliste zur Vorbereitung auf ein UM-System-Audit, die Fragen zur Aufbauorganisation und zu den wichtigsten Forderungen des Darlegungsmodells enthält, werden eine grobe Bestandsaufnahme des UM-Systems durchgeführt und eventuelle größere Nichtkonformitäten mit den zugrundeliegenden Forderungen aufgezeigt. Auf Wunsch kann ein Projektgespräch mit einem Voraudit kombiniert werden. Ein Voraudit wird als systemorientiertes Audit durchgeführt und soll im Sinne der Fehlervermeidung als vorbeugende Maßnahme zur Früherkennung von vorhandenen und potentiellen Schwachstellen dienen, die sonst erst im Zertifizierungsaudit erkannt würden. Die DQS empfiehlt deshalb Unternehmen, Voraudits ggf. schon zu einem frühen Zeitpunkt zu beantragen. Das Voraudit bzw. das Projektgespräch wird in der Regel von dem Auditleiter durchgeführt, der auch das Zertifizierungsaudit durchführt. Gemeinsam mit der Organisation werden dann die weiteren Schritte im Zertifizierungsverfahren festgelegt.

8.2   Beurteilung der Unterlagen

Voraussetzung für die Beurteilung der Unterlagen ist die Auswertung der DQS-Fragenliste zur Vorbereitung auf ein UM-System-Audit mit positivem Ergebnis und/oder das positive Ergebnis aus dem Projektgespräch. Die Unterlagenprüfung bezieht sich in erster Linie auf das Umweltmanagement-Handbuch (UM-H), wenn nötig auch auf mitgeltende Dokumente wie Prozeßbeschreibungen oder Verfahrensanweisungen. Das UM-H wird in zweierlei Hinsicht geprüft: zum einen erfolgt eine formale Prüfung hinsichtlich Struktur, Gliederung, Geltungsbereich, Lenkung des Handbuchs und ob eine Verbindlichkeitserklärung der obersten Leitung vorhanden ist und der Umfang der mitgeltenden Unterlagen festgelegt ist. Zum anderen wird eine inhaltliche Prüfung des UM-H vorgenommen. Diese bezieht sich auf die Vollständigkeit und Erfüllung der Forderungen der UM-Elemente entsprechend den Normforderungen. In diesem Zusammenhang wird die

- Aussagekraft (Ist die Beschreibung organisationsspezifisch und überzeugend als oberste Ebene der Dokumentation des UM-Systems aufgebaut?),

- Verständlichkeit (Sind die Ausführungen praxisorientiert und geben sie einen zusammenfassenden Überblick über das UM-System der zu zertifizierenden Einheit?) und die

- Widerspruchsfreiheit (Ist die Beschreibung innerhalb des UM-H und im Zusammenhang mit ggf. hinzugezogenen mitgeltenden Dokumenten schlüssig und widerspruchsfrei?)

beurteilt.

Ein wichtiger Teil der umweltbezogenen Dokumentation ist die Beschreibung der Umweltpolitik. Sie wird z.Z. auf dem DQS-Zertifikat in komprimierter Form veröffentlicht und und unterliegt deshalb in besonderer Weise der Beurteilung. Dabei kommt es in erster Linie darauf an, daß die Umweltpolitik den eigenen Fähigkeiten entspricht und meßbare Kriterien für ihre Realisierung zugrunde gelegt werden. Eine Umweltpolitik ist um so überzeugender, je konkreter sie formuliert ist und sich an dem wirklich Machbaren orientiert.

Ergebnis der Unterlagenprüfung sowie Empfehlungen für Verbesserungen werden vom Auditleiter in einem Bericht festgehalten und dem Kunden übermittelt. Als ein zentraler Punkt stellt sich für jeden Auditor die Frage: Beschreibt das UM-H das gelebte UM-System oder ist es lediglich ein Wunschbild? Die Beantwortung dieser Frage und der Nachweis darüber obliegt der Organisation im Zertifizierungsaudit bzw. der Begutachtung.

8.3   Audit im Unternehmen

Das DQS-Zertifizierungsaudit dient der Feststellung der Konformität eines UM-Systems mit den Normforderungen durch UM-System-Auditoren und Umweltexperten der DQS. Dabei gilt es festzustellen, ob erstens Verfahren ausreichend dokumentiert sind (als Voraussetzung für die Erfüllung der Forderungen und als Voraussetzung für die sich aus der Umweltpolitik der Organisation ableitenden Umweltziele) und ob zweitens das UM-System die Forderungen erfüllt und die festgelegten Verfahren durch die Mitarbeiter auch befolgt und „gelebt" werden. Im Vorfeld des Zertifizierungsaudits wird ein Auditplan mit der Organisation abgestimmt, in dem der terminliche Ablauf, die zu auditierenden Elemente und entsprechende Gesprächsteilnehmer festgelegt werden.

Das Zertifizierungsaudit zeigt anhand von Stichproben den Ist-Zustand des UM-Systems auf. Seine Ergebnisse sollen gemeinsam mit den Ergebnissen der internen Audits zur UM-Bewertung (Management-Review) und zur Verbesserung der umweltorientierten Leistung der Organisation eingesetzt werden. Das Audit schließt die Beurteilung der Verfahren, die sich aus den gesetzlichen Umweltforderungen ergeben, mit ein. Wohlgemerkt wird in einem UM-System-Audit nicht die Einhaltung der gesetzlichen Vorschriften direkt geprüft, sondern Verfahren und Nachweise zu ihrer Erfüllung. Ergebnisse aus der Präsentation der UM-Elemente, der Auditierung und Befragung der Mitarbeiter vor Ort werden im DQS-Auditprotokoll festgehalten. Vermerkt wird, ob das einzelne UM-Element die Forderungen erfüllt, teilweise erfüllt oder nicht erfüllt. Bei einer teilweisen Erfüllung und Nichterfüllung der Forderungen werden vom Auditteam Abweichungsberichte erstellt, wobei zwischen Haupt- und Nebenabweichungen unterschieden wird. Hauptabweichungen sind kritische Abweichungen und müssen vor der Zertifikatserteilung behoben sein, für Nebenabweichungen muß die Organisation entsprechende Korrekturmaßnahmen schriftlich fixieren. Bei kritischen Abweichungen, die die Systemwirksamkeit in Frage stellen, wird vom Auditleiter mit der Organisation ein Nachaudit vereinbart, um die Verfolgung der Korrekturmaßnahmen sicherzustellen.

Bild 3 zeigt einen Auszug aus den DQS-Auditfragen für eine gemeinsame QM- und UM-System-Zertifizierung strukturiert nach den Elementen der bezüglich Umweltschutz erweiterten ISO 9001. Da die Art und Weise der Erfüllung bestimmter Forderungen bezogen auf die Branche und das jeweilige Unternehmen sehr unterschiedlich ist, dürfen diese Fragen nicht als starre Vorlage aufgefaßt werden. Sie dienen dem Auditor als Anleitung und

DQS Deutsche Gesellschaft zur Zertifizierung von Qualitäts managementsystemen mbH	**Auditprotokoll**	
	Fragen nach ISO DIS 14001, Entwurf Juni 1995	Seite 4 von 30

Forderung und Angabe der betrachteten UM-Dokumentation	Bezug	Feststellungen zur betrachteten Stichprobe	Bewertung
4 Umweltmanagementsystem			
4.0 Allgemeines			
0.1) Wie ist der **Geltungsbereich** des Umweltmanagementsystems definiert?	14 V		
0.2) Wie sind die betroffenen **Standorte** im Geltungsbereich spezifiziert?	V		
0.3) Wie wird dabei die **Weiterentwicklung** des Umweltmanagementsystems sichergestellt?	14 V		
0.4) Wie werden **grundlegende Änderungen** der Geschäftsaktivitäten berücksichtigt?	14 V		
0.5) Ist das UM-System mit seinen Verfahrensanweisungen in angemessener Weise **verwirklicht**?	14 V 9		
0.6) Wurde als Grundlage für das UM-System eine **Umweltprüfung** durchgeführt?	14 V		
0.7) Umfaßt die **Umweltprüfung** die Gebiete: - Anforderungen aus Rechts- und Verwaltungsvorschriften sowie Bescheiden; - Ermittlung der bedeutenden Umweltauswirkungen; - Überprüfung der bestehenden Umweltmangementpraktiken und -verfahren; - Bewertung der Erfahrungen aus der Untersuchung früherer umweltrelevanter Vorfälle?	14 V		

1 = erfüllt   2 = teilweise erfüllt, noch akzeptabel   3 = teilweise erfüllt, nicht akzeptabel
4 = nicht erfüllt   nz = nicht zutreffend

Bild 3   Auditprotokoll (Auszug für das Audit des Um-Systems)

müssen entsprechend „übersetzt" und gegebenfalls um weitere Fragen ergänzt werden. Um eine gemeinsame Auditierung von QM- und UM-Systemen zu erleichtern, sind Fragen bezüglich des QM- und UM-Systems in einem Auditfragenkatalog zusammengefaßt. Die speziellen umweltschutzbezogenen Fragen sind kursiv gedruckt.

8.4 Zertifikaterteilung

Nach erfolgreichem Abschluß des Audits und positiver Beurteilung des Ergebnisses durch die DQS-Geschäftsführung und das DQS-Präsidium wird das UM-System-Zertifikat erteilt. Das UM-System-Zertifikat dokumentiert, daß ein wirksames UM-System vorhanden ist. Dazu gehört, daß die Organisation nachgewiesen hat, daß sie Verfahren zur Einhaltung der umweltschutzbezogenen Rechts- und Verwaltungsvorschriften hat und darüber hinaus über eine Umweltpolitik mit der Verpflichtung zu ständiger Verbesserung verfügt, sie anwendet und in regelmäßigen Abständen bewertet.

Da UM-System-Zertifikate verstärkt öffentlichkeitsrelevant sind, wird derzeit auf den UM-System-Zertifikaten der DQS die Umweltpolitik der zertifizierten Organisation/ des zertifizierten Organisationsbereiches mit abgebildet. Die von der obersten Leitung der Organisation verfaßte Umweltpolitik ist damit Bestandteil des Zertifikats. Das DQS-Zertifikat hat eine Gültigkeit von drei Jahren und kann auch zu Werbezwecken (jedoch nicht für Produkte) verwendet werden.

Ein UM-System-Audit stellt zwar eine Momentaufnahme dar, die Organisation verpflichtet sich jedoch bei der Zertifikaterteilung zu jährlichen DQS-Erhaltungsaudits (Überwachungsaudits). Nach drei Jahren kann das Zertifikat um weitere drei Jahre verlängert werden.

Bild 4 zeigt ein Muster des UM-System-Zertifikats wie es für die Pilotzertifizierungen verwendet wurde.

Z E R T I_{Die} F I K A T

**DQS Deutsche Gesellschaft zur Zertifizierung
von Qualitätsmanagementsystemen mbH**

bescheinigt hiermit, daß das Unternehmen

am Standort/an den Standorten

ein

Umweltmanagementsystem (UM-System)

eingeführt hat und anwendet.

Durch ein Umwelt-Audit wurde der Nachweis erbracht, daß
dieses UM-System die Forderungen des folgenden
Internationalen Norm-Entwurfs erfüllt:

ISO/DIS 14001 : 1995

Environmental management systems
- Specification with guidance for use

Die Grundlage des UM-Systems ist die nebenstehend wiedergegebene
Umweltpolitik des Unternehmens.

Erstausstellung:

Dieses Zertifikat ist gültig bis:

Zertifikat-Registrier-Nr.:

Berlin / Frankfurt am Main,

Präsident   Geschäftsführer

Geschäftsstellen: D-60433 Frankfurt/Main, August-Schanz-Str. 21, D-10787 Berlin, Burggrafenstr. 6,

Seite 1/2

Bild 4:   UM-System-Zertifikat

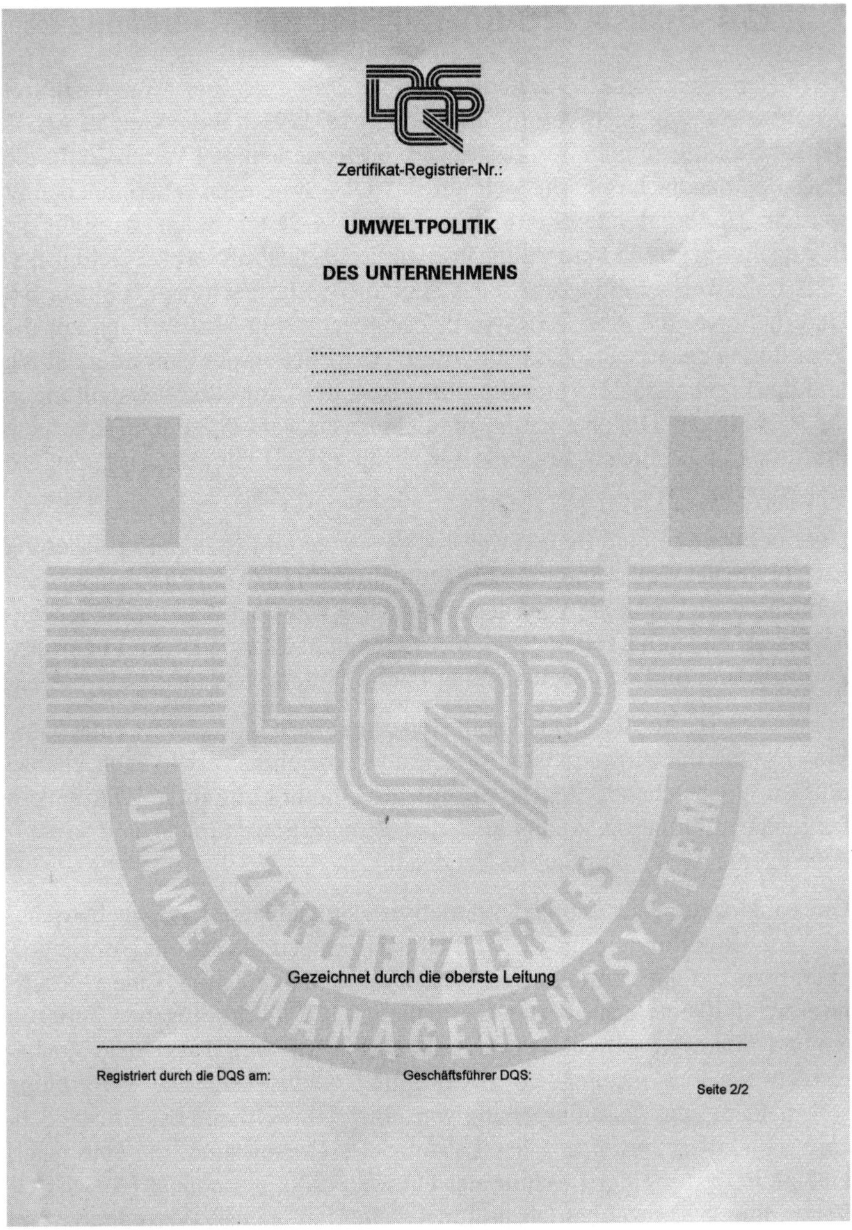
Zertifikat-Registrier-Nr.:

UMWELTPOLITIK

DES UNTERNEHMENS

....
....
....
....

ZERTIFIZIERTES UMWELTMANAGEMENTSYSTEM

Gezeichnet durch die oberste Leitung

Registriert durch die DQS am: Geschäftsführer DQS:

Seite 2/2

Bild 4: UM-System-Zertifikat

9   UM-System-Zertifizierung und EG-Verordnung

Zertifizierungen von UM-Systemen können im engen Zusammenhang mit der Begutachtung nach Verordnung (EWG) 1836/93 stehen: Gemäß Art. 12 der Verordnung können Zertifizierungen nach anerkannten Verfahren für die Teile der Begutachtung, die sich auf das UM-System beziehen, anerkannt werden. Zu der erfolgten Zertifizierung des UM-Systems käme dann für die Begutachtung gemäß Verordnung in erster Linie die Prüfung und Gültigkeitserklärung zwecks Eintragung in das Standortregister nachträglich hinzu. Bei Unternehmen, die eine UM-System-Zertifizierung in Vorbereitung auf die Verordnung beantragen, kann auf Wunsch der Entwurf der Umwelterklärung und der Ergebnisse der Umweltprüfung bzw. der Umweltbetriebsprüfung in die Prüfung der Dokumentation miteinbezogen werden; allerdings ist eine Prüfung mit positivem Ergebnis nicht mit einer Gültigkeitserklärung zu verwechseln.

Unternehmen können freilich wählen, ob sie die UM-System-Zertifizierung nach Norm als Vorbereitung auf die Teilnahme am EU-Gemeinschaftssystem betrachten oder diese vollkommen unabhängig von einer Begutachtung beantragen. Im folgenden sollen die Gemeinsamkeiten zwischen der UM-System-Zertifizierung und der Begutachtung kurz erläutert werden:

Voraussetzung für die DQS-Zertifikaterteilung ist der Nachweis eines UM-Systems, das die Umweltpolitik, -ziele und -programme verwirklicht. Ebenso müssen entsprechende Regelkreise für die Überprüfung ihrer Wirksamkeit festgelegt sein. Interne Audits und Management-Bewertungen sind wesentliche Elemente für den Soll-Ist-Vergleich.

Ganz analog die Verordnung: Unternehmen sind aufgefordert, eine betriebliche Umweltpolitik festzulegen, sich Umweltziele zu setzen, ein Umweltprogramm zu erstellen und ein UM-System zu implementieren. Eine Umweltprüfung, d. h. eine erste Bestandsaufnahme der umweltbezogenen Tätigkeiten und Auswirkungen bildet eine Grundlage. Ebenso sind geeignete Mechanismen für ihre regelmäßige Überprüfung vorzusehen. Die Verordnung spricht in diesem Zusammenhang von einer Umweltbetriebsprüfung, d. h. einer objektiven Bewertung der Leistung der Organisation, die eine regelmäßige Bewertung der Leistung der Umweltpolitik einschließt (Art. 1 EG-Verordnung). Umweltbetriebsprüfungen werden gemäß Verordnung (im Sinne interner Audits) nach den Leitlinien der ISO 10011 durchgeführt. Sie schließen ihrem Charakter je nach Ansatz z. B. ein Produkt-, Verfahren- und Compliance- neben dem System-Audit ein. Standorte, die die Forderungen der Verordnung erfüllen, erhalten eine EU-Teilnahmeerklärung.

Formal unterscheidet sich eine UM-System-Zertifizierung (im gesetzlich nicht geregelten Bereich) von der Begutachtung (im durch die Verordnung gesetzlich geregelten Bereich) u. a. dadurch, daß Begutachtungen ausschließlich von Umweltgutachtern/Umweltgutachterorganisationen durchgeführt werden dürfen, die gemäß einem Prüfungsverfahren zugelassen werden. Er/ sie prüft die Umweltpolitik, die umweltbezogenen Zielsetzungen, das Umweltprogramm, das UM-System, das Umweltprüfungs- bzw. Umweltbetriebsprüfungsverfahren sowie die Umwelterklärung, wobei zu beachten ist, daß es nicht Ziel der externen Umweltbegutachtung ist, die interne Umweltbetriebsprüfung zu wiederholen.

Nach ihrer Zulassung als Umweltgutachterorganisation bietet die DQS die externe Begutachtung einschließlich der Prüfung der Umwelterklärung formal im Sinne der Verordnung an.

10   UM-System-Audits kombiniert mit QM-System-Audits

Die Auditierung eines UM-Systems kann mit der Auditierung eines QM-Systems kombiniert werden, z. B. anhand eines gemeinsamen DQS-Audits. Die Abschnitte zur Zertifizierung von UM-Systemen gleichen denen zur Zertifizierung von QM-Systemen, so daß beide in einen Zertifizierungsablauf eingebunden werden können. Um das Audit vor Ort so effektiv wie möglich zu gestalten, werden die jeweiligen qualitäts- und umwelschutzbezogenen Elemente zusammenhängend auditiert. QM- und UM-System-Feststellungen werden in einem gemeinsamen Auditprotokoll festgehalten. Bezüglich der System-Dokumentation ist es den Unternehmen selbst überlassen, inwieweit sie die Beschreibung ihrer Tätigkeiten zusammenführen. Das QM-Handbuch und das UM-Handbuch ergänzen sich gegenseitig und können in einem Handbuch vereint sein. Auch Organisationen, die ihr UM-System zertifizieren lassen möchten und die bereits über ein QM-System-Zertifikat verfügen, bietet die DQS an, die UM-System-Zertifizierung gemeinsam mit einen QM-Erhaltungsaudit durchzuführen.

Um bei einer gemeinsamen Auditierung/Zertifizierung des QM- und UM-Systems den Umfang des Auditteams nicht unnötig zu vergrößern, ist der UM-System-Auditleiter gleichzeitig auch QM-System-Auditleiter. Die Beistellung des oder der Umweltexperten bleibt davon unberührt. Ziel der DQS ist es, auf Wunsch des Unternehmens keine unnötige „Doppelauditierung" vorzunehmen, sondern beide Themen gemeinsam behandeln zu können. Qualitätsmanagement und Umweltmanagement überschneiden sich beträchtlich, sind Teil des Gesamtmanagements und müssen in der betrieblichen Organisation aufeinander abgestimmt sein. Sie sollten deshalb auch bei der Auditierung bzw. Zertifizierung nicht künstlich getrennt werden.

Allerdings werden getrennte Zertifikate erteilt.

Zertifizierung des Umweltmanagement-Systems als Erweiterung des Qualitätsmanagement-Systems

Ein Erfahrungsbericht aus der Computerindustrie

Peter Kleinsorge

1 Vorgeschichte

Im beschriebenen Unternehmen AT&T GIS Deutschland GmbH, einer hundertprozentigen Tochter eines amerikanischen Computerunternehmens, bestand für die Workstation Products Division (WPD) ein beschriebenes, dokumentiertes und gelebtes Qualitätsmanagementsystem seit Anfang der siebziger Jahre. Interne Audits wurden regelmäßig durchgeführt, ergänzt durch externe Audits durch die zentrale amerikanische Qualitätsorganisation. Ein System zur Erfassung und Analyse von Qualitätskosten war ebenso vorhanden wie kontinuierliche Verbesserungsprogramme. Als die DIN ISO 9000 Normenreihe veröffentlicht wurde, konnte nach Analyse der vorliegenden Normen folgendes festgestellt werden:

- Das QM-System war im wesentlichen konform mit den Empfehlungen nach DIN ISO 9004.

- Einige Elemente des QM-Systems entsprachen nicht im vollen Umfang den Forderungen der DIN ISO 9001.

Lücken gab es, wo Elemente des QM-Systems zwar als selbstverständlich angesehen und praktiziert wurden, jedoch nicht nach den Forderungen des Regelwerks dokumentiert waren.

Als die Entscheidung fiel, das QM-System zertifizieren zu lassen, geschah die Vorbereitung ohne große Eile und Kraftanstrengung – sozusagen begleitend zur täglichen Arbeit. Hervorzuheben ist dabei, daß die Qualitätsmanagementstelle zwar die treibende Kraft war und die Vorbereitungen koordinierte, die fehlende oder zu überarbeitende Dokumentation jedoch von den Fachabteilungen und Prozeßeignern erstellt wurde.

So wurde schließlich der gesamte Fertigungsbereich bestehend aus

- Flachbaugruppenfertigung,
- Endmontage von Personal Computern,
- Logistik
- und unterstützende Prozesse

im Juli 1992 durch die DQS nach DIN ISO 9002 zertifiziert, im Dezember 1992 folgte der Entwicklungsbereich nach DIN ISO 9001. Der zeitliche Versatz war bedingt durch organisatorische Veränderungen. Mitte 1993 wurden wir auf Bestrebungen aufmerksam, das Regelwerk DIN ISO 9001 um Elemente des Umweltschutzes zu erweitern. Wir wußten auch um Bestrebungen anderer Länder (z. B. UK), ein selbständiges Regelwerk über UM-Systeme zu schaffen. Wir hielten jedoch den deutschen Vorstoß für wesentlich sinnvoller, da nach unserer Auffassung die Vorsorge für unsere Umwelt Teil eines jeden vernünftigen weiterführenden TQM Programmes sein sollte. Und damit wiederholte sich der oben beschriebene Zyklus:

- Umweltschutz und Vorsorge wurden im Unternehmen bereits seit Jahren vorangetrieben – und das nicht nur, um gesetzliche Bestimmungen zu erfüllen.
- Ein Vergleich mit dem Vorschlag zur Erweiterung von DIN EN ISO 9001 (heute DGQ-Schrift 100-21) zeigte, daß im wesentlichen Konformität erzielt wurde.
- Doch auch hier entsprachen einige Elemente des UM-Systems nicht im vollen Umfang den Forderungen dieser DGQ-Schrift 100-21.

Lücken gab es wiederum da, wo Prozesse des UM-Systems zwar praktiziert wurden, aber nicht nach den Forderungen des Regelwerks dokumentiert waren.

Es lag also nahe, nach dem Erfolg der QM-System-Zertifizierung die Möglichkeiten zur Zertifizierung des UM-Systems auszuloten. Dies geschah in hervorragender und offener Zusammenarbeit mit der DQS in Berlin und endete für beide Parteien in einem Vertrag, das UM-System der AT&T Global Information Solutions – Workstation Products Division Augsburg, in einem Pilotprojekt als Erweiterung des bestehenden QM-Systems zu zertifizieren.

2 Erweiterte DIN ISO 9001-Norm als Grundlage eines Umwelt- / Qualitätsmanagement-Systems

Qualität und Umweltverhalten von Produkten sowie der herstellenden Unternehmen gehören auf dem europäischen Markt in zunehmendem Maße zusammen. Zunächst aus der Sicht des Käufers und/oder Verbrauchers:

Beim Kaufentscheid wird bei sonst gleichen Produkteigenschaften und wettbewerbsfähigem Preis das Umweltverhalten des Produktes immer wichtiger, d. h. der Käufer bewertet

- die Umweltfreundlichkeit des Produktes/der Verpackung und
- die Möglichkeit, nach Ende der Gebrauchsdauer das Produkt umweltfreundlich zu entsorgen.

Schließlich spielt auch die Kenntnis der umweltfreundlichen Herstellprozesse eine immer größer werdende Rolle beim Kaufentscheid.

Das heißt, der Kunde hat bereits in weitem Maße den Begriff „Umwelt" in sein Qualitätsverständnis integriert – in die Vorstellung seiner unausgesprochenen Produktanforderungen.

Wir, als Produkthersteller, stellen uns pro-aktiv auf den Wandel der Gesellschaft ein, indem wir das Qualitätsziel konkretisieren:

Qualitätsziel ist die Erfüllung festgelegter und vorausgesetzter Forderungen zur Zufriedenheit des Kunden und der Gesellschaft durch wirtschaftliche und umweltverträgliche Maßnahmen.

Aus dem neuen Inhalt des Qualitätsziels ist klar ersichtlich, daß es keine getrennten Ansätze für ein QM-System und ein UM-System geben kann, sondern nur eine ganzheitliche Lösung im Rahmen eines TQM Konzepts:

ein Managementsystem, das die Forderungen an ein UM-System ebenso abdeckt wie die Forderungen an ein QM-System.

Und genau diesen Ansatz verfolgt die ursprünglich als Normvorschlag konzipierte DGQ-Schrift 100-21 in Erweiterung von DIN EN ISO 9001.

Diese Schrift enthält alle 20 Elemente der DIN EN ISO 9001, wobei jedes Element um umweltrelevante Forderungen erweitert wurde. Besondere Übersichtlichkeit wurde dadurch geschaffen, daß die Forderungen an ein UM-System im Kursivdruck sich klar von den „klassischen" Forderungen an ein QM-System nach DIN EN ISO 9001 hervorheben. Dieses Konzept sicherte Verständnis und Akzeptanz des Regelwerks im Unternehmen, da bereits bekannte Elemente (z. B. Lieferantenüberwachung) lediglich um umweltrelevante Forderungen zu erweitern waren.

Diskussionsstoff im Unternehmen gab es selbstverständlich um die Frage der Eignerschaft des QM/UM-Systems. Wer übernimmt die führende Rolle, der Beauftragte der obersten Leitung für Qualität oder der für die Umwelt? Die Frage wurde klar beantwortet:

> *die oberste Leitung.*

Die beiden Beauftragten unterstützen die oberste Leitung bei ihren Aufgaben. So gelten die Elemente Management-Review (QM/UM-Bewertung) und interne Audits für beide Teilsysteme (QM + UM) und werden gemeinsam durchgeführt (Bild 1).

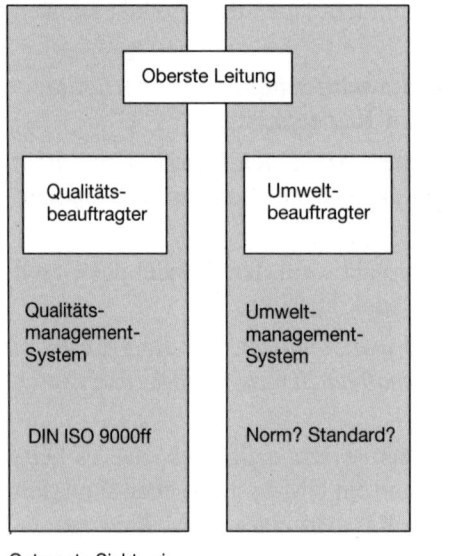
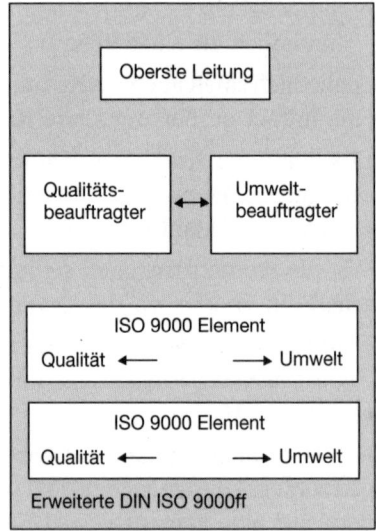

Bild 1: Qualitäts- und und Umweltmanagement-System

Die Umweltpolitik jedoch sollte zusätzlich zur Qualitätspolitik klar formuliert sein, da sie Teil des UM-System-Zertifikats ist. Alle in der Umweltpolitik getroffenen Aussagen müssen im UM-System durch Maßnahmen beschrieben und entsprechend umgesetzt sein. Das bedeutet:

Zielsetzungen müssen durch die Leitung vorgegeben und durch entsprechende Aktionspläne abgesichert sein. Die Bewertung der Verfolgung der Ziele erfolgt durch das Management Review (Bild 2).

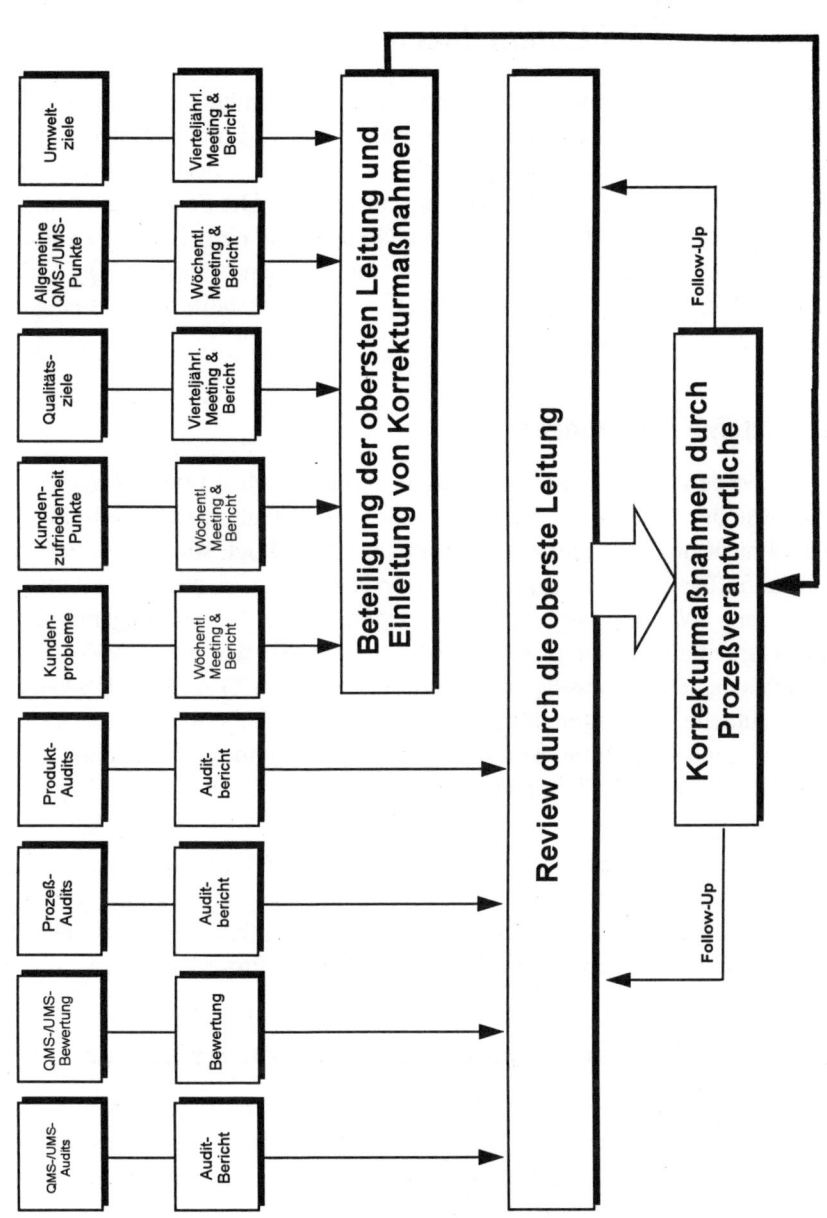

Bild 2: QMS/UMS Review- und Verbesserungszyklus

3   Identifikation der umweltrelevanten Elemente im Unternehmen

Im dargestellten Fall handelt es sich um ein Unternehmen der Computerindustrie, dessen Aufgabe es ist, in einem weltweiten Verbund Personal Computer und Workstations für den weltweiten Markt zu entwickeln, zu fertigen und in die verschiedenen Vertriebskanäle zu verteilen. Die Fertigung bestand zum Zeitpunkt der Zertifizierung aus der Montage und dem Test der Zentraleinheiten. Monitore, Tastaturen sowie Software werden beigestellt. Die Mitarbeiterzahl beträgt ca. 600, es werden PC's und Workstations in 6-stelliger Größenordnung pro Jahr produziert.

3.1   Externe Forderungen

Externe Forderungen an das UM-System werden durch nationale Gesetzgebung sowie durch nationale und internationale Empfehlungen gestellt. Hierbei wird nicht nur der gegenwärtige Status berücksichtigt, sondern es finden auch zukünftige Entwicklungen und Trends Eingang in das gegenwärtige UM-System. Was wir wollen, ist ein UM-System, das vorbeugend und zukunftsorientiert ist – ein proaktives UM-System. Ein reaktives UM-System paßt sich lediglich den jeweiligen Forderungen (z. B. der EPA in den USA) an. Für wesentliche Tätigkeiten, für die Einführung und für die Bekanntmachung dieser externen Forderung, ist der eingesetzte Umweltbeauftragte der obersten Leitung verantwortlich. Die Umsetzung liegt in der Verantwortung der Prozeßeigner.

Weitere externe Forderungen ergeben sich aus der Firmenethik und der Umweltpolitik des Konzerns. Auch hier ist es Aufgabe des Umweltbeauftragten, diese Forderungen in konkrete Ziele umzusetzen bzw. dabei zu helfen, wobei deren Verwirklichung die Verantwortung der Prozeßeigner ist.

3.2   Interne Forderungen an die umweltrelevanten Elemente

Generell und auf höherer Ebene sind die Forderungen festgeschrieben in der Qualitäts-/Umweltpolitik des Unternehmens. Es gilt nun, diese umzusetzen auf die einzelnen Geschäftsprozesse, wobei die 20 Elemente der DIN EN-ISO 9001 das formale Gerüst bilden.

Entwicklungsprozeß

Hier muß eindeutig festgelegt sein, welche Materialien entweder im Hause oder bei Lieferanten von der Verwendung auszuschließen sind. Ebenso sollten Richtlinien bestehen, welche Materialien vorrangig zu verwenden sind. Eindeutige Festlegungen muß es für die Kennzeichnung von Kunststoffteilen geben. Diese Vorgaben schlagen sich nieder in den „Environmental Requirements & Guidelines", einem Forderungskatalog für die Entwicklung, der damit die gleiche Rangfolge erhält wie das technische Lastenheft. Hier wird ganz eindeutig auch das Element 4.3 „Vertragsprüfung" der DIN EN ISO 9001 angesprochen.

Ein weiterer wichtiger Aspekt im Entwicklungsprozeß ist die Entwicklung einer umweltgerechten Verpackung:

- aus umweltverträglichen Materialien, z. B. gepreßten Baumwollabfällen statt Schaumstoff oder Styropor als Dämm-Material,
- recyclefähig,
- auf geringes Volumen zerlegbar, für Rücknahme und eventuelle Wiederverwendbarkeit.

Beschaffung

Hier kommt es hauptsächlich darauf an, daß die Verträge mit den Lieferanten eindeutige Forderungen an die Umweltverträglichkeit der beschafften Produkte enthalten. Die Festlegung der Forderungen erfolgt entweder

- in OEM-Verträgen (Generalverträgen)
- oder in Einkaufsspezifikationen für jedes beschaffte Teil

Auch dies ist nichts Neues, sondern die gleiche Vorgehensweise, wie mit Qualitätsforderungen schon jahrelang verfahren wird.

Produktion

Im beschriebenen Beispiel der Computerfertigung werden im Produktionsprozeß weder umweltschädigende Stoffe produziert, noch fallen solche als Prozeßnebenprodukte an. Anders in einem Betrieb der chemischen Industrie!

Deshalb ist die Verwendung umweltschädigender Substanzen zu minimieren und der Umgang mit solchen Substanzen und Materialien, wenn unvermeidbar, klar zu regeln.

Geregelt wurde der Umgang mit Anlieferverpackungen, die nach Materialien getrennt in der Produktion gesammelt und fachgerecht entsorgt werden. Als längerfristige Korrekturmaßnahme schließt sich hier der Kreis zum Element

„Beschaffung", um entsprechende Forderungen zur Vermeidung bzw. Minimierung von Verpackungsabfall durchzusetzen.

Der Umgang mit Gefahrstoffen ist durch den Gesetzgeber geregelt und findet seinen Niederschlag in den entsprechenden Verfahrensanweisungen zum DIN EN ISO 9001 – Element „Handhabung, Lagerung, Verpackung, Konservierung und Versand".

Neu festzulegen war der Umgang mit Elektronikschrott. Hier wurden neue Prozesse entwickelt und eingeführt, die sicherstellen, daß die Vorgaben der Elektronikschrottverordnung bzw. des Kreislaufwirtschaftsgesetzes eingehalten werden und die Entsorgung durch qualifizierte Unternehmen sichergestellt ist.

Installation und Service

Hier sind zwei Komponenten zu betrachten:

Das Produkt selbst und die Verpackung.

Produkt:

Dem Kunden wird die Möglichkeit gegeben, das Produkt nach Gebrauchsende umweltgerecht zu entsorgen, indem er es dem Hersteller zurückgibt. Beim Hersteller wird dann der Prozeß der Elektronikschrottentsorgung wirksam. Bauteile, die während der Gebrauchsdauer ersetzt werden, müssen hinsichtlich ihrer Entsorgung gekennzeichnet sein (z. B. Batterien).

Verpackung:

Auch hier soll dem Kunden die Möglichkeit gegeben werden, die Verpackung zurückzugeben. Der Produkthersteller entscheidet dann über die weitere Verwendung. Zur Beschaffenheit der Verpackung wurde das Wesentliche im Kapitel „Entwicklung" gesagt.

Unterstützende Prozesse:

Hier geht es im beschriebenen Unternehmen im wesentlichen um den Energieverbrauch. Dieser wird seit Jahren gemessen und nach Zielsetzungen, die sich aus der Qualitätspolitik ableiten, durch geeignete Programme fortlaufend reduziert – und das trotz steigender Produktion. Maßnahmen zur Einsparung von Energie werden umgesetzt durch

- geeignete Investitionen wie Energiesparlampen, Zeitschaltuhren, helligkeitsgerechte Beleuchtung, Einsatz von energiesparenden PC's am Arbeitsplatz usw.

- Motivation und aktive Beteiligung aller Mitarbeiter. Von uns und unseren Mitarbeitern hängt es ab, ob wir Umweltbewußtsein täglich praktizieren. Dazu gehören selbst kleine Dinge, die sich problemlos und mit hoher Akzeptanz realisieren lassen, wie

- Verwendung von kostenlos ausgegebenen Tassen für den Kaffeeautomaten statt der Verwendung von Papp- oder gar Plastikbechern,

- Mehrwegflaschen in Getränkeautomaten,

- Trennen und Sammeln von Altpapier am Arbeitsplatz und vieles mehr (Bild 3).

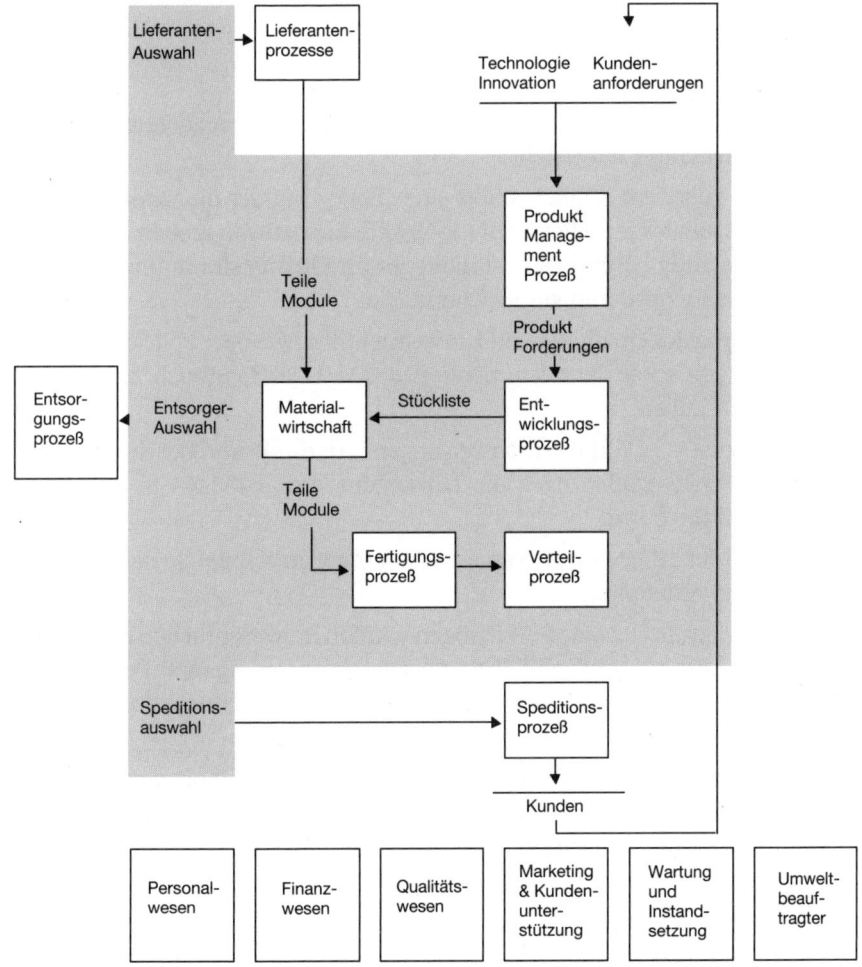

Bild 3: Qualitäts- und Umweltmanagement-System

4 Erweiterung des QM-Handbuchs zum QM/UM-Handbuch

Aus allem vorher gesagten geht eigentlich klar hervor:
Es gibt nur ein QM/UM-Handbuch.

Die Struktur ist wie folgt:

Kapitel

Das QM/UM-Handbuch hat 20 Kapitel, entsprechend den 20 Elementen der DIN EN ISO 9001. Die Qualitäts- und Umweltpolitik ist im Kapitel 1, Verantwortung der obersten Leitung, beschrieben.

Hierarchie

Innerhalb eines jeden Kapitels oder Elements werden zwei Hierarchieebenen der Dokumentation dargestellt:

- *Policies* – zu jedem Kapitel gehört eine „Policy", in der die Umsetzung der Forderungen des jeweiligen DIN ISO 9001-Elements in groben Zügen und allgemeingültig beschrieben ist. Dies gilt für Qualitätsforderungen wie für Umweltschutzforderungen gleichermaßen.

  Die Summe der Qualitäts- und Umweltpolitik sowie der „Policies" der Elemente ergibt so ein kundenorientiertes QM/UM-Handbuch zur Darstellung nach außen.

- *Procedures* – (Verfahrensanweisungen und Prozeßbeschreibungen) beschreiben prozeßbezogen die Umsetzung der „Policies" in wesentlich detaillierterer Form.

  Die Zahl der „Procedures" variiert von Kapitel zu Kapitel, je nach Schwerpunkt der Aktivitäten.

  Für die umweltrelevanten Aktivitäten wurden im wesentlichen bereits vorhandene „Procedures" und Prozeßbeschreibungen ergänzt. Perfekt wäre es, diese Ergänzungen, wie in der DGQ-Schrift, durch Kursivdruck hervorzuheben.

  Selbstverständlich entstanden auch einige neue Verfahrensanweisungen, so z. B. über den Umgang mit Gefahrstoffen. Im gemeinsamen QM/UM-Handbuch sind drei Arten von Verfahrensanweisungen und Prozeßbeschreibungen vertreten.

  – Nur QM-System,

  – QM plus UM-System,

  – Nur UM-System.

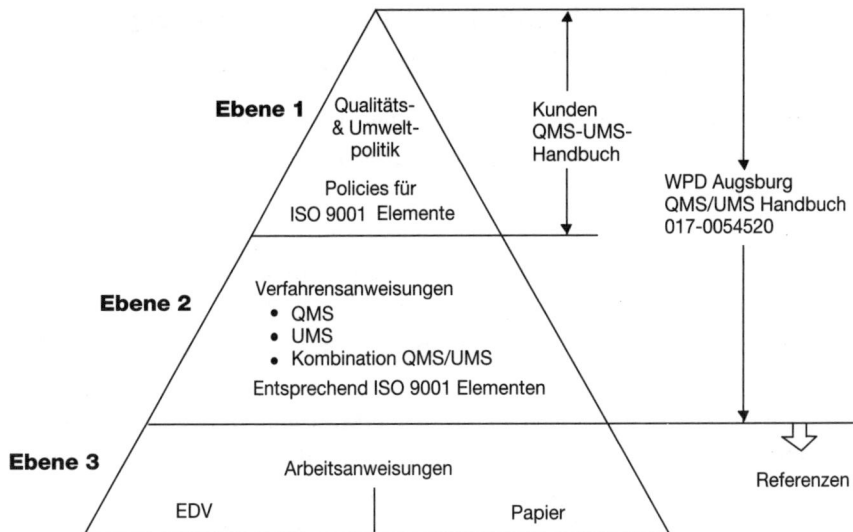

Bild 4: QMS/UMS Struktur der Dokumentation

Das QM/UM-Handbuch ist als ganzes mit einer „Zeichnungsnummer" im regulären Prozeß freigegeben worden. Die einzelnen „Policies" und „Procedures", ebenso mit Zeichnungsnummern versehen, sind die „Einzelteile" der „Baugruppe" QM/UM-Handbuch. Das Inhaltsverzeichnis stellt. quasi die „Stückliste" dar (Bilder 4 und 5).

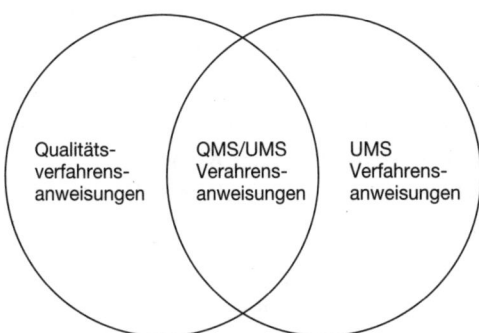

Bild 5: QMS/UMS Struktur der Dokumentation

Vorhandene Arbeitsanweisungen, unter der Ebene der „Procedures", sind nicht Bestandteil des QM/UM-Handbuchs und unterliegen der Verantwortung und Überwachung der Prozeßeigner.

5   Vom beschriebenen Umweltmanagementsystem zum lebenden Umweltmanagementsystem

Wenn wir davon ausgehen, daß wir die Idee, das UM-System zertifizieren zu lassen, auf der Zeitachse mit „0" (Null) bezeichnen, so ergibt sich etwa folgender Ablauf:

Monate

1: Analyse des Entwurfs für die DGQ-Schrift 100-21 als Erweiterung von DIN EN ISO 9001 (Entwurf)

2: Entscheidung über die Beschreibung des vorhandenen UM-Systems gemäß dieser Schrift

3: Abklärung des Grundgedankens, das UM-System in das QM-System zu integrieren, mit den anderen Unternehmensbereichen des Konzerns. WPD Augsburg übernimmt die Führungsrolle

4: Formulierung der Umweltpolitik, Erweiterung vorhandener „Policies" und „Procedures", Identifikation von Lücken im UM-System durch interne Audits

5: Schließen der Lücken durch geeignete Prozeßbeschreibungen und Verfahrensanweisungen

6: Vorgespräch mit dem designierten DQS-Auditleiter

7: Klärung notwendiger organisatorischer Voraussetzungen

8: Voraudit durch DQS, 3 Auditoren, 2 Tage

9: Überarbeitung einiger Verfahrensanweisungen als Resultat der Voraudits

10: Start von Schulungsprogrammen für neue Umweltanforderungen, bzw. zur Auffrischung vorhandener Verfahren

11: Beschreibung des Projekts „Zertifizierung des UM-Systems" und Erklärung des neuen Qualitätsbegriffs für jeden Mitarbeiter. Kommunikationsmittel: der periodisch erscheinende „Qualitätsbrief"

12: Umfassendes internes Audit für alle Elemente des UM-Systems

14: Zertifizierungsaudit im Juli 1994
Im Zertifizierungsaudit, das von der DQS unter Teilnahme der ÖQS (Österreichische Vereinigung zur Zertifizierung von Qualitätssicherungssystemen) und SQS (Swiss Association for Quality Assurance Certificates) durchgeführt wurde, wurden insgesamt vier unkritische Abweichungen festgestellt und dokumentiert. Die Korrekturmaßnahmen wurden im September 1994 durch die DQS verifiziert.

16: Zertifikatserteilung im Oktober 1994 (Bilder 6 und 7).

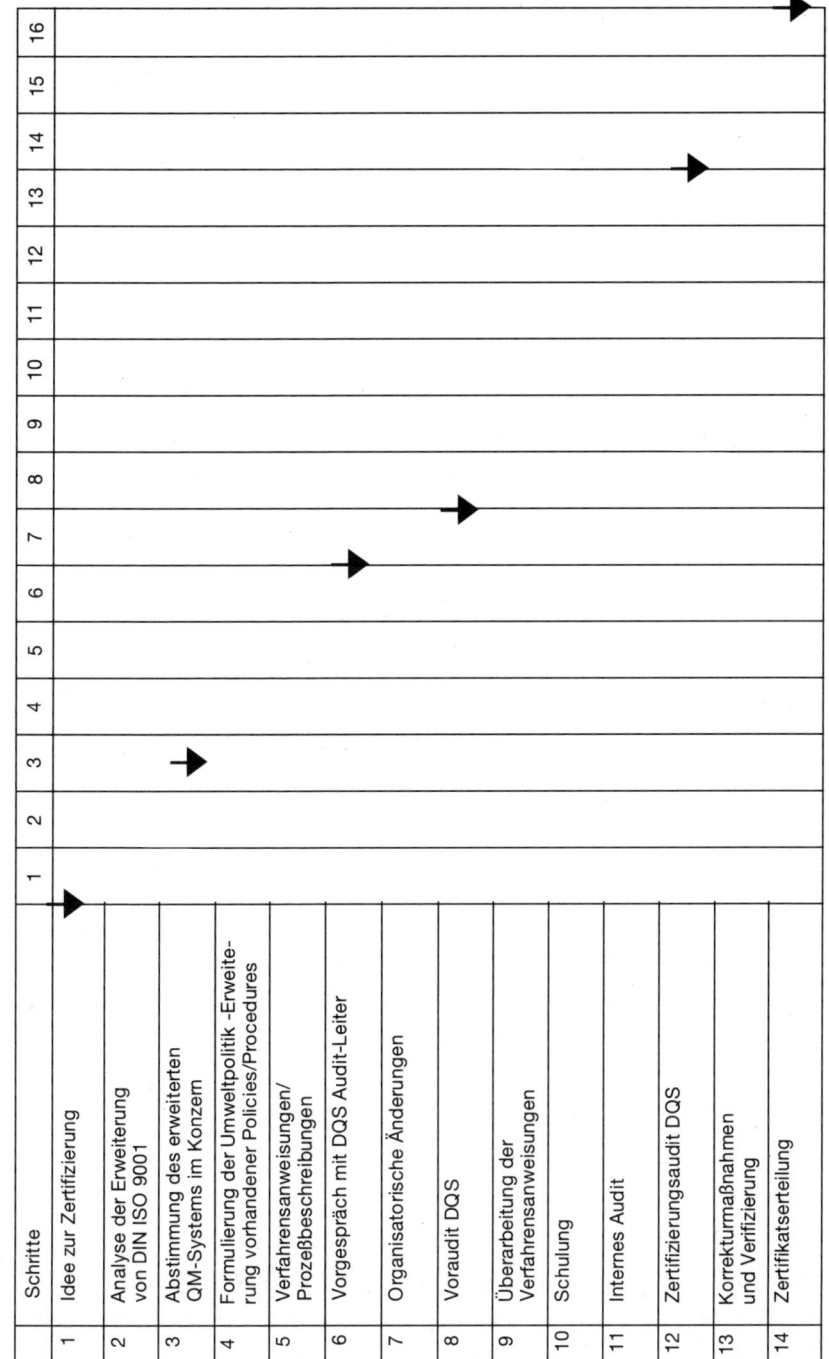

Monate

Schritte		1	2	3	4	5	6	7	8	9	10	11	12	13	14	15	16
1	Idee zur Zertifizierung	▶															
2	Analyse der Erweiterung von DIN ISO 9001																
3	Abstimmung des erweiterten QM-Systems im Konzern			▶													
4	Formulierung der Umweltpolitik -Erweiterung vorhandener Policies/Procedures																
5	Verfahrensanweisungen/ Prozeßbeschreibungen																
6	Vorgespräch mit DQS Audit-Leiter						▶										
7	Organisatorische Änderungen																
8	Voraudit DQS								▶								
9	Überarbeitung der Verfahrensanweisungen																
10	Schulung																
11	Internes Audit																
12	Zertifizierungsaudit DQS													▶			
13	Korrekturmaßnahmen und Verifizierung																
14	Zertifikatserteilung																▶

Bild 6: Zertifizierung des Umweltmanagement-Systems – von der Idee zum Zertifikat

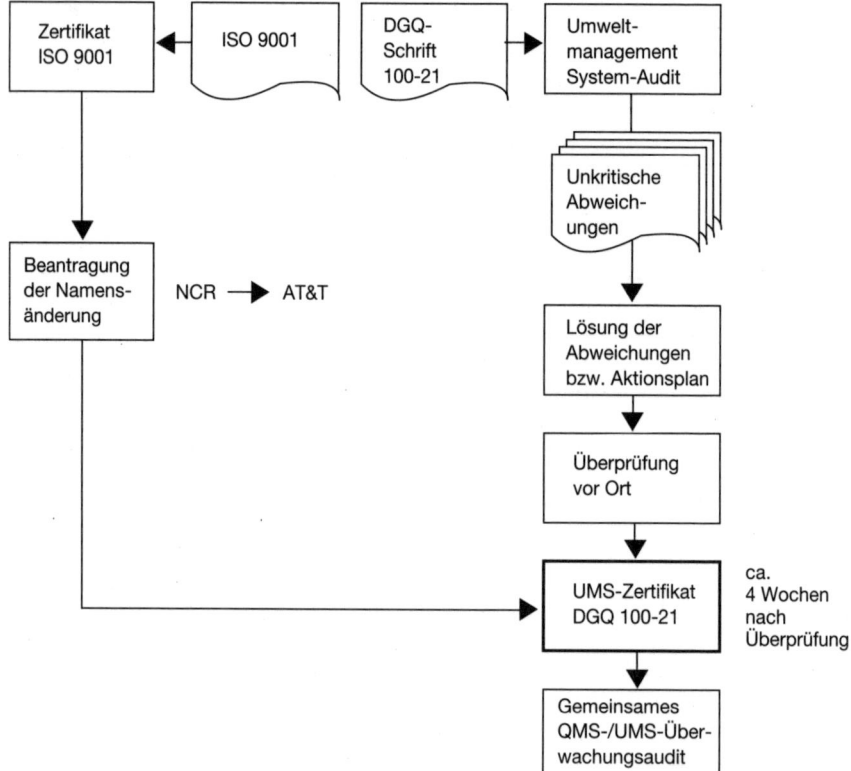

Bild 7:   UMS-Zertifizierungsprozeß

Die weitere Vorgehensweise ist abhängig von Änderungen der Geschäftsprozesse, die eine Neubestimmung des QM/UM-Systems notwendig machen.
Eine Neufassung des QM/UM-Handbuchs wird in der ersten Hälfte des Jah-
res 1995 erfolgen, wobei der Umfang eher geringer als größer wird. Der Weg
dorthin wird wiederum strukturiert sein durch:

- Geändertes Geschäftsumfeld,
- Beschreibung neuer Prozesse,
- Wegfall bisheriger Prozesse,
- Schulung,
- Interne Audits,
- Schließen von UM-Lücken und Korrigieren von Abweichungen,
- Gemeinsames QM/UM-Überwachungsaudit durch ein gemischtes QM/
  UM-Audit-Team im ersten Quartal 1995.

6 Schlußbetrachtung

Wir können aus der Sicht eines zertifizierten Unternehmens nur hoffen, daß das Bestreben, ein gemeinsames Regelwerk für QM/UM-Systeme auf der Basis einer erweiterten Norm DIN EN ISO 9001 zu schaffen, an Boden in Europa gewinnt, auch wenn es kurzfristig in der internationalen Normung nicht zu dieser Lösung gekommen ist (siehe ISO 14001, z. Zt. Entwurf). Nicht nur, weil es aus der erweiterten Sicht des Qualitätsverständnisses Sinn macht, sondern auch aus der praktischen Überlegung heraus, Überwachungsaudits gemeinsam durchzuführen.

Voraussetzung hierfür ist allerdings die qualifizierte Ausbildung von UM-System-Auditoren für interne wie für externe Audits.

Erfahrungsbericht aus Pilotzertifizierungen von Umweltmanagementsystemen aus der Sicht der Zertifizierungsstelle

Dr. rer. nat. Wolfgang Fischer, Dipl.-Ing. Joachim Pärsch

1 Einführung

Seit Mitte der 80er Jahre werden in Europa interne Umweltaudits vornehmlich bei Tochtergesellschaften amerikanischer Konzerne durchgeführt. Dies geschieht im Rahmen firmenweiter Gesamtkonzepte, um einerseits der umweltrelevanten Gesetzgebung zu entsprechen, die sich seit Mitte der 70er Jahre in den USA erheblich verschärft hat, und um andererseits den sich auf Grund des steigenden Umweltbewußtseins der Öffentlichkeit häufenden Schadensersatzklagen wirksamer begegnen zu können. Im Rahmen dieser (internen) Audits erfolgt eine Prüfung der Managementsysteme ausschließlich in bezug auf ihre Eignung, die umweltrelevanten gesetzlichen Vorschriften einhalten zu können.

Eine Erhöhung des Auditanspruchs erfolgte durch Anwendung eines Positionspapiers zu „Umweltschutz-Audits", das im Jahre 1988 durch die Internationale Handelskammer ICC veröffentlicht wurde. Die auf Basis dieses Positionspapiers durchgeführten Audits sollen Aussagen darüber ermöglichen, wie gut Umweltschutz-Organisationen, -Management und -Einrichtungen funktionieren, um den Schutz der Umwelt zu fördern. Das ICC-Positionspapier war die Ausgangsbasis des umweltpolitischen Aktionsprogramms der Kommission der Europäischen Gemeinschaft bei der Entwicklung des am 18.12.1990 veröffentlichten Entwurfs zum Öko-Audit, der nach mehreren Änderungen als die *EU-Verordnung Nr. 1836/93 des Rates vom 29. Juni 1993 über die freiwillige Beteiligung gewerblicher Unternehmen an einem Gemeinschaftssystem für das Umweltmanagement und die Umweltbetriebsprüfung* (im folgenden als *EU-Verordnung* bezeichnet) am 13.07.1993 verabschiedet wurde. Ein wesentlicher Unterschied zwischen dem ICC-Positionspapier und der EU-

Verordnung ist darin zu sehen, daß das Positionspapier das interne Audit fokussiert, während die EU-Verordnung auch das externe Audit durch den unabhängigen Umweltgutachter mit in den Vordergrund stellt.

2   Die Beweggründe der DQS, Umweltmanagement-systeme zu auditieren und zu zertifizieren

Obwohl gegenwärtig die Voraussetzungen für die Durchführung der Verordnung gerade erst geschaffen sind (Gründung des Umweltgutachterausschusses, der Zulassungsstelle DAU sowie Festlegung der *„Zuständigen Stellen")*, hat sich die DQS bereits 1994 entschlossen, UM-System-Audits im gesetzlich nicht geregelten Bereich durchzuführen. Einer der wesentlichsten Gründe für diese Entscheidung waren der festgestellte Informations- und Aufklärungsbedarf bei Unternehmen, die Umweltmanagementsysteme einführen und sich dabei an der *EU-Verordnung* orientieren wollen.

Ziel dieser Rechtsakte ist die Stärkung der Verantwortung für den Umweltschutz durch die Industrie. Zur Umsetzung dieses Ziels *„sollten die Unternehmen eine Umweltpolitik festlegen, die nicht nur die Einhaltung aller einschlägigen Umweltvorschriften vorsieht, sondern auch die Verpflichtung zur angemessenen kontinuierlichen Verbesserung des betrieblichen Umweltschutzes umfaßt."*

Besonders dieser Passus der *EU-Verordnung* bereitet Akzeptanzprobleme und stieß bei deutschen Unternehmen zunächst auf erheblichen Widerstand, da die umweltrelevante Gesetzgebung in Deutschland bereits zur Erfüllung von hohen Forderungen zwingt.

Standorte im europäischen Ausland können schon allein durch die freiwillige Erfüllung von in Deutschland vorgeschriebenen Umweltschutzforderungen den Nachweis führen, daß sie der *Verpflichtung zur angemessenen kontinuierlichen Verbesserung* nachkommen. Dadurch sind die Bedingungen für die Eintragung der *Standorte* nach Artikel 8 der *EU-Verordnung* für diese Unternehmen teilweise erheblich leichter zu erfüllen.

Eine zusätzliche Unsicherheit resultiert aus der unscharfen Vorgabe bezüglich des Umfangs der in der *EU-Verordnung* genannten *Verpflichtung zur angemessenen kontinuierlichen Verbesserung des betrieblichen Umweltschutzes*. Dieser Umfang ist nicht festgelegt und wird sich auch zukünftig in den unterschiedlichen Branchen und aufgrund der unterschiedlichen betriebsspezifischen Gegebenheiten nicht allgemeingültig festlegen lassen.

Neben der Feststellung des Bedarfs einer sachbezogenen, auf die *EU-Verord-nung* ausgerichteten Aufklärungsarbeit waren für die DQS die ständig wachsende Flut von teilweise irreführenden und unseriösen Dienstleistungsangeboten sowie schlicht unrichtigen Informationen auf dem Sektor Umweltschutz zusätzliche Argumente, aktiv zu werden. In Gesprächen mit Unternehmensleitungen wurde wiederholt festgestellt, daß Fehlinformationen in den Unternehmen teilweise zu großer Unsicherheit geführt haben und falsche Hoffnung bezüglich einer möglichen Umsetzung der *EU-Verordnung* zu einem frühen Zeitpunkt geweckt wurden. Die Fehlinformationen führten auch zur Erwartung extrem hoher Kosten für den präventiven (über den gesetzlich geforderten Umfang hinausgehenden) Umweltschutz bis zu einer gänzlich ablehnenden Haltung gegenüber der EU-Verordnung bzw. der Einführung von Umweltmanagementsystemen im allgemeinen.

Meinungsäußerungen, zum Teil aus führenden Wirtschaftsinstituten, in denen Qualitätsmanagementsysteme (QM-Systeme) nach der DIN EN ISO 9000-Reihe aus Unkenntnis nicht selten als Innovations- und Kreativitätshemmer angesehen werden, tragen ebenso zu dieser Skepsis bei, wie die Furcht der Unternehmen, die soeben die Hürde der Einführung eines QM-Systems nach der DIN EN ISO 9000-Reihe genommen haben, ein zweites System zur Umsetzung des betrieblichen Umweltschutzes installieren zu sollen.

In einigen Fällen wurde die DQS von Unternehmen direkt mit der Bitte angesprochen, ordnend und aufklärend in das derzeitige, von unterschiedlichen Interessen geprägte Geschehen einzugreifen. Mitunter wurde befürchtet, daß sich die durch unseriöse Zertifizierer bescheinigten freiwilligen, jedoch zweifelhaften Beiträge zum Umweltschutz, die über den gesetzlich geforderten Rahmen hinausgehen, bald in neuen gesetzlichen Aufgaben niederschlagen können.

Andererseits dokumentieren bereits etliche Unternehmen in ihrer Firmenpolitik den Willen, einen aktiven Beitrag zum Umweltschutz zu leisten, und sie sind seit geraumer Zeit auch in der Lage, entsprechende Nachweise zu führen.

Da, wie erwähnt, der Umfang der in der *EU-Verordnung* geforderten *angemessenen kontinuierlichen Verbesserung des betrieblichen Umweltschutzes* nicht festgelegt ist, besteht seitens dieser Unternehmen der Wunsch, ihre in der Umwelterklärung dargestellte Umweltleistung und die *Angemessenheit* der kontinuierlichen Verbesserung durch eine externe Stelle bewerten und sich das Vorhandensein eines effektiven Umweltmanagementsystems durch ein Zertifikat bestätigen zu lassen.

Hintergrund dieser Absicht ist die Erkenntnis, daß Umweltschutz, systematisch gestützt durch die Unterhaltung von Umweltmanagementsystemen (UM-Systemen), dem Unternehmen Vorteile sowohl in rechtlicher als auch wirtschaftlicher Hinsicht bringen können.

In diesem Zusammenhang sind beispielsweise die Entlastung vom Organisationsverschulden, die Abwehr von Haftungsansprüchen bei Umweltschäden oder die Entlastung bezüglich Haftung aus dem Umwelthaftungsgesetz zu nennen. Andere Vorteile werden besonders im Ausschluß bzw. in der Herabsetzung umweltrelevanter Risiken und, damit verbunden, in einer bevorzugten Behandlung durch Banken und Versicherungsgesellschaften gesehen.

Da im In- und Ausland verstärkt Unternehmen umweltbewußte Lieferanten bevorzugen, wird der Nachweis eines UM-Systems in zunehmenden Maße als eine Möglichkeit der Wettbewerbsabgrenzung erkannt. Um den hier geschilderten Bedürfnissen bezüglich

• Information über die Möglichkeiten der Nutzung von UM-Systemen,

• Hilfestellung bei der Interpretation und Vorbereitung der Umsetzung der *EU-Verordnung*,

• Bewertung und Bestätigung bestehender UM-Systeme

gerecht zu werden, wurden Pilotprojekte mit solchen Unternehmen geplant und durchgeführt, die bereits über ein zertifiziertes QM-System verfügen. Über die Vorbereitung und Durchführung von UM-System-Audits sowie über die dabei gewonnenen Erfahrungen und Erkenntnisse soll im folgenden berichtet werden.

3 Von der DGQ-Schrift 100-21 als vorläufige Auditgrundlage zu ISO 14001

Die DQS beschäftigt sich seit Jahren mit der Problematik der Auditierung und Zertifizierung von UM-Systemen und daher automatisch mit der Frage, wie Forderungen an Umweltmanagementsysteme sinnvollerweise zu gestalten sind.

Das zwischenzeitlich als Auditgrundlage auch im Sinne der für die in der *EU-Verordnung* erstellte Referenzdokument „Umweltmanagmentsysteme; Modell zur Darlegung der umweltschutzbezogenen Fähigkeit einer Organisation" wurde in Erweiterung der ISO 9001 von Vertretern führender interessierter Unternehmen verschiedener Branchen in einem Arbeitskreis des DQS-Lenkungsausschusses in Zusammenarbeit mit der DGQ in mehreren Jahren über verschiedene Zwischenstufen entwickelt.

Die als DGQ-Schrift 100-21 vorliegende Fassung, die auch die Forderungen der *EU-Verordnung* und die Forderungen bereits existierender nationaler Normen (z. B. BS 7750) und internationaler Normvorschläge berücksichtigt, war für die DQS bis zur Verabschiedung einer international anerkannten UM-System-Norm alleinige Bezugsbasis bei der Auditierung und Zertifizierung von UM-Systemen und dient nun denjenigen Unternehmen als Hilfestellung, die QM- und UM-System gemeinsam betrachten wollen. Heute liegt der internationale Norm-Entwurf ISO/DIS 14001 vor, nach dem bereits zertifiziert werden kann.

Je nach Wunsch des Unternehmens wird im Audit heute ein Auditprotokoll verwendet, das nach ISO/DIS 14001 oder nach ISO 9001 strukturiert ist.

4 Das Umweltmanagementsystem

Die in der DGQ-Schrift bewußt vorgenommene Möglichkeit der Zusammenführung und Abstimmung der klassischen Qualitätsmanagement- und der Umweltmanagement-Forderungen durch deren gemeinsame strukturelle und inhaltliche Orientierung an DIN EN ISO 9001 hat zur Folge, daß UM-

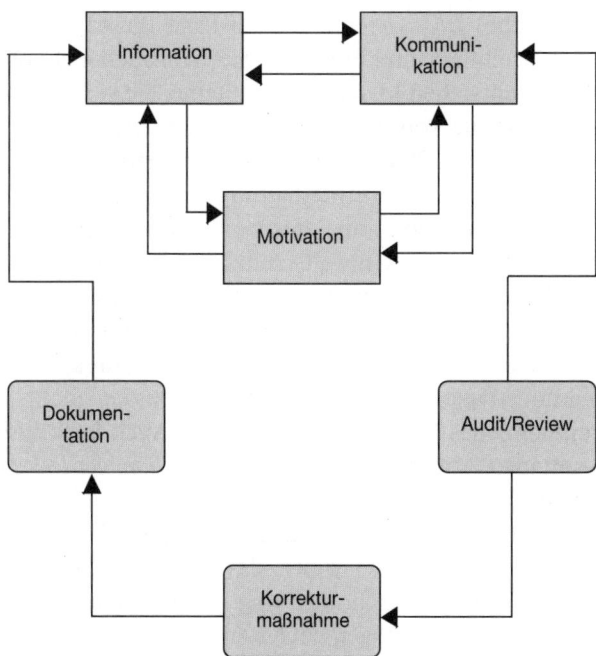

Bild 1: Der kontinuierliche Verbesserungsprozeß

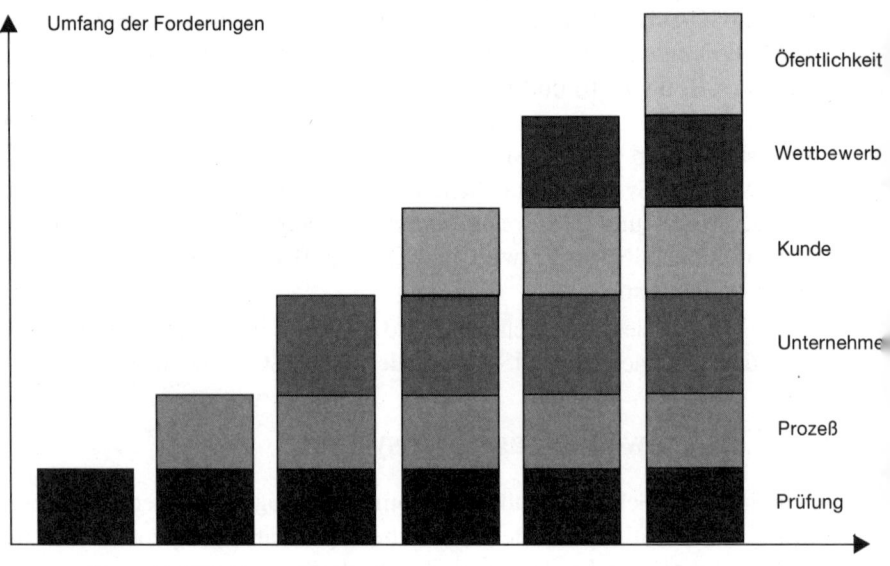

Bild 2: Erweiterung des Qualitätskonzepts

Systeme und (klassische) QM-Systeme, die auf Basis dieses Modells konzi-
piert werden, sich hinsichtlich ihrer Funktionsmechanismen nicht unterscheiden. In beiden Fällen entstehen Managementsysteme, die sich als Werkzeuge
zur wirksamen Umsetzung von Zielvorgaben eignen (Bild 1). Die solchen
Systemen zugrundeliegende Philosophie ist die Sicherstellung eines fehlerfreien Informationsflusses zur Aufrechterhaltung einer ungestörten Kommunikation in den Bereichen (Bild 2), die entsprechend der firmenspezifischen
Festlegung des Qualitäts- und Umweltschutzkonzepts zu berücksichtigen
sind. Da die Tätigkeiten zur Umsetzung von Firmenzielen in enger gegen-
seitiger Wechselwirkung zueinander stehen und daher am effektivsten umgesetzt werden können, wenn durch Integration aller direkt und indirekt
betroffenen Funktionsträger ein optimaler Informationsaustauch stattfindet,
bietet sich ein einheitliches Managementsystem an. Auch in der *EU-Verordnung* 1836/93) Anhang I Abschnitt B, Abs. 5c: *„Erstellung der Dokumentation
mit Blick auf die Beschreibung der Wechselwirkung zwischen den Systemelementen")* spiegelt sich erwartungsgemäß die Empfehlung zur Einrichtung eines
„übergreifenden Managementsystems" wider, das der gegenseitigen Wechsel-
beziehung der Prozeßabläufe Rechnung trägt. Zusätzliche wirtschaftliche
Vorteile des übergreifenden Managementsystems liegen in der Vermeidung
von Doppelfunktionen und in der gemeinsamen Nutzung von vorhandenen
Einrichtungen und Instrumentarien der klassischen Qualitätsmanagements.

4.1 Die Dokumentation des UM-Systems

Kernstück solcher Managementsysteme ist die Dokumentation, die als „Informationsträger" das Kommunikationsfeld (das gesamte Netzwerk interner und externer Prozesse) steuert und ständig durch die betroffenen Funktionsträger dem jeweils neuesten Erkenntnisstand angepaßt wird. Sie beinhaltet alle schriftlich festgelegten Maßnahmen, die zur Erfüllung der firmenspezifisch transformierten Forderungen notwendig sind. Ihr Umfang richtet sich, wie unter Punkt 3.2 dargelegt, nach der firmenspezifischen Festlegung des Qualitäts- und Umweltschutz-Konzepts.

Der Aufbau eines UM-Systems z. B. durch Einbindung des betrieblichen Umweltschutzes in ein bereits vorhandenes QM-System ist gleichbedeutend mit der Ergänzung der in der Unternehmenspolitik festgelegten Unternehmensziele durch zusätzliche umweltrelevante Ziele. Das bereits existierende dokumentierte Kommunikationsfeld muß entsprechend den zusätzlichen umweltrelevanten Forderungen ggfs. über den betrieblichen Bereich hinaus bis in die Öffentlichkeit (Anwohner, Behörden, politische Parteien etc.) erweitert werden.

Umweltschützende Maßnahmen werden um so wirksamer greifen, je größer dieses Kommunikationsfeld ist und je umfassender dieses Feld mit den Kommunikationsfeldern anderer Unternehmen überlappt. Somit wäre ein globales Kommunikationsfeld (globales Konzept) sicherlich die konsequente Antwort auf das weltweite Umweltproblem. In diesem Falle müßten jedoch wirtschaftliche nationale Interessen ethischen internationalen Interessen den Vorrang geben. Da in absehbarer Zukunft nicht mit einer solchen (notwendigen) Entwicklung zu rechnen ist, müssen zumindest expandierbare „Insellösungen" geschaffen werden, zu deren Einrichtung die Unternehmen nur durch pragmatische Konzepte motiviert werden können. Um hier eine ungerechtfertigte Belastung der Unternehmen zu vermeiden, die bereit sind, einen freiwilligen Beitrag zum aktiven Umweltschutz zu leisten, ist für die Erstellung der umweltrelevanten Dokumentation das Prinzip der Wirtschaftlichkeit zu postulieren. Danach sollen die Kosten für die Durchführung von umweltschützenden Maßnahmen grundsätzlich in einem ausgewogenen Verhältnis zu dem erzielbaren Nutzeffekt stehen. Mit dieser auch in der *EU-Verordnung* erkennbaren Konzession *(Verpflichtung zur angemessenen kontinuierlichen Verbesserung des betrieblichen Umweltschutzes)* sollen auch die Unternehmen zur Ergreifung umweltschützender Maßnahmen motiviert werden, die bisher Umweltschutz nur mit zusätzlichen Kosten in Verbindung brachten.

5   UM-System-Zertifizierungsaudits der DQS: erste Erfahrungen aus Pilotprojekten

5.1   Voraussetzungen für die Durchführung eines UM-System-Zertifizierungsaudits der DQS

Unter Zugrundelegung der erweiterten Betrachtung, bei der es neben der Erfüllung der produkt- und kundenrelevanten Forderungen (falls diese nicht schon umweltschutzbezogene Einzelforderungen einschließen) auch um die Erfüllung der umweltrelevanten Forderungen an Anlagen und Prozesse geht, kann das für die Auditierung klassischer QM-Systeme durchgeführte Systemaudit auch für die Auditierung von *„übergreifenden Managementsystemen"* angewendet werden. Obwohl zwischen den spezifikationsbestimmenden und umweltrelevanten Maßnahmen, wie bereits dargelegt, eine enge Wechselwirkung besteht, ist eine scharfe, auf den Auditumfang bezogene Abgrenzung aufgrund der umfangmäßig unterschiedlich realisierbaren Beiträge zur *kontinuierlichen Verbesserung des betrieblichen Umweltschutzes* erforderlich.

Die Frage ist nicht geklärt, ob bereits dann von einer kontinuierlichen Verbesserung des betrieblichen Umweltschutzes gesprochen werden kann, wenn ein nachweisbares UM-System zur Erfüllung interner Umweltschutzforderungen und zur Einhaltung umweltrelevanter Gesetze und Verordnungen vorliegt, oder ob zusätzlich der Nachweis der Umsetzung quantitativer, zeitlich terminierter umweltbezogener Zielvorgaben zu erbringen ist. Die DQS vertritt letzteren Standpunkt und verlangt für die Zertifizierung eines integrierten UM-Systems den Nachweis der kontinuierlichen Verbesserung des betrieblichen Umweltschutzes (z. B. bezüglich Abfall, Emissionen, Energieverbrauch usw. als auch z. B. bezüglich der Umweltverträglichkeit der Angebotsprodukte).

Zusammengefaßt sind die Voraussetzungen für die Durchführung eines DQS-UM-System-Audits:

1. Einführung eines Managementsystems, das geeignet ist, die Erfüllung der gesetzlichen Forderungen sicherzustellen. Günstig ist es, wenn das QM-System vor der Auditierung des umweltrelevanten Systemteils bereits zertifiziert oder Bestandteil der Gesamtauditierung ist. (Der Nachweis, daß gesetzliche umweltrelevante Forderungen erfüllt werden, ist allein nicht zertifizierbar, auch dann nicht, wenn diese Forderungen durch umweltrelevante präventive Forderungen ergänzt werden).

2. Der zu zertifizierende Bereich verfügt über eine Umweltpolitik, die entsprechend der *EU-Verordnung „die umweltbezogenen Gesamtziele und Handlungsgrundsätze eines Unternehmens, einschließlich der Einhaltung aller einschlägigen Umweltvorschriften"* beinhaltet.

3. Der zu zertifizierende Bereich hat meß- bzw. bewertbare umweltrelevante Qualitätsziele zum Beispiel in einem ihrer Realisierung dienenden *Umweltprogramm* entsprechend der *EU-Verordnung* festgelegt.

Die bisherigen Ausführungen sollen dem Leser einen Eindruck über den Umfang der Vorarbeiten vermitteln, die heute die DQS in die Lage versetzen, UM-Systeme mit der gebotenen Sorgfalt und Seriosität zu zertifizieren.

Im folgenden soll über die Durchführung der Zertifizierungsverfahren berichtet werden, aber auch über Erfahrungen aus zahlreichen Projektgesprächen, die mit Unternehmen im Rahmen ihrer Vorbereitung auf die Zertifizierung ihres UM-Systems nach Norm und/oder Begutachtung nach EU-Verordnung geführt wurden.

5.2 Erster Vertragsabschnitt

Der Ablauf des Zertifizierungsverfahrens unterteilt sich in mehrere Abschnitte, die schematisch im Teil C2, Bild 2, wiedergegeben sind. Aus dieser Darstellung ist erkennbar, daß das Ablaufverfahren für die Zertifizierung eines klassischen QM-Systems analog auf den Zertifizierungsablauf für ein UM-System bzw. auf ein übergreifendes Managementsystem übertragen wurde.

Das Zertifizierungsverfahren beginnt mit der Beantwortung der DQS-Projektfragenliste zur Vorbereitung auf ein UM-System-Audit.

Sie enthält Fragen zur Darlegung des UM-Systems, die nach Beantwortung sowohl dem Unternehmen als auch dem DQS-Auditleiter einen Überblick über die umweltrelevante Leistung des zu auditierenden Bereiches vermitteln soll. Die Fragenliste wird von der zu auditierenden Stelle selbständig oder gemeinsam im Rahmen des nachfolgend beschriebenen Projektgespräches ausgefüllt.

5.2.1 Erfahrungen aus Projektgesprächen

Die oberste Leitung, der Beauftragte der obersten Leitung, die Umweltbeauftragten, die Funktionsträger des Unternehmens und der DQS-Auditleiter legen im Rahmen eines Projektgespräches alle erforderlichen Maßnahmen fest, um die Voraussetzungen für eine erfolgreiche Durchführung des Zertifizierungsaudits zu schaffen. Schwerpunkte dieser Gespräche sind die Diskussion des Auswertungsergebnisses der DQS-Projektfragenliste zur Vorbereitung auf ein UM-System-Audit sowie die Erläuterung der Zertifizierungsgrundlage (DGQ-Schrift 100-21, zukünftig ISO 14001) und des Auditfragenkataloges (s. a. Abschn. 5.3.1). Da erfahrungsgemäß bei Systemaudits die Nach-

weise der Erfüllung der Forderungen an die Unternehmensleitung am häufigsten Schwierigkeiten bereiten, wird diesen Elementen und den dabei
gemachten Erfahrungen hier besonderes Interesse gewidmet.

5.2.1.1 Unternehmenspolitik

Im Gegensatz zur Vorbereitung eines QM-System-Audits erwies sich die
zusätzliche Durchführung einer Analyse der Umweltpolitik zu diesem frühen
Zeitpunkt als sehr sinnvoll. Während in den herkömmlichen, den Umweltschutz ausgrenzenden Unternehmenspolitiken leichter nachweisbare, d. h.
meßbare oder bewertbare Ziele zu finden sind, fällt die Formulierung
umweltrelevanter Unternehmensziele erheblich schwerer. In vielen Fällen
handelt es sich um Willenserklärungen, deren Umsetzung zu unverbindlich
geplant ist. Da bekanntlich im Rahmen eines Systemaudits die festgelegten
Ziele und die Tätigkeiten zur Umsetzung im System nachzuweisen sind,
müssen geeignete Indikatoren vorhanden sein, um feststellen zu können, daß
das System wirksam ist. Zu diesen Indikatoren gehört u. a. der Umsetzungs-
grad der Zielvorgaben. Dieser muß zum Zeitpunkt des Audits bewertbar sein,
d. h. es müssen in angemessenem Umfang Nachweise dafür erbracht werden,
daß die dokumentierten umweltrelevanten Ziele des Unternehmens bereits
erreicht sind oder daß geeignete Maßnahmen zur Zielerreichung durchgeführt werden.

Bei allen bisher durchgeführten Pilotprojekten mußten bezüglich des Umfan-
ges und der Festlegung der unternehmerischen Zielvorgaben Nachbesserun-
gen vorgenommen werden. Dies war einerseits aus dem oben genannten
Grund der Nichtnachweisbarkeit der Befolgung der Absichtserklärungen
erforderlich und führte, da auch mittelfristig deren Umsetzung als unwahrscheinlich anzusehen war, zur völligen Streichung von Einzelzielen. Andererseits wurden Einschränkungen dort vorgenommen, wo die tatsächliche
Umsetzung von zu allgemein festgelegten Zielvorgaben (z. B. Einsatz ausschließlich umweltfreundlicher Produkte, Durchführung nur umweltfreundlicher Prozesse etc.) zum wirtschaftlichen Ruin des Unternehmens geführt
und bei Außenstehenden falsche Hoffnungen geweckt hätten.

Diese notwendigen Korrekturen bestätigten in anschaulicher Weise die
bereits bei der Einführung klassischer QM-Systeme gemachten Erfahrungen,
daß ohne die firmenspezifische Festlegung der bezüglich Umweltschutz zu
„managenden" oder zu „sichernden" Objekte (z. B. Angebotsprodukt, Abfall,
Emissionen, Energieverbrauch usw.) keine seriöse Umweltpolitik im Rahmen
der Unternehmenspolitik formuliert werden kann. Verstößt man gegen diesen
Grundsatz, ist die Kluft zwischen „Wollen" (repräsentiert durch extrem hohe,

teilweise nicht erfüllbare unternehmerische Zielvorgaben) und dem unzurei-
chenden „Können" (erkennbar in einer zur Umsetzung dieser Zielvorgaben
ungenügenden Dokumentation) ein deutliches Anzeichen dafür, daß der Sinn
und die Wirkungsweise eines Managementsystems nicht verstanden wurden.

Dort, wo erforderlich, erfolgte im Anschluß an das Projektgespräch eine nach-
trägliche Auseinandersetzung mit den Konzepten zu Qualität und Umweltschutz und daraus resultierend eine teilweise Neuformulierung der umweltrelevanten Zielvorgaben.

5.2.1.2 Sammlung und Differenzierung umweltrelevanter Forderungen

Da, wie bereits erwähnt, das UM-System-Zertifikat der DQS auch den Nachweis der kontinuierlichen Verbesserung des Umweltschutzes bedeutet, wurde
bei allen Projektgesprächen eine Bestandsaufnahme mit Differenzierung der
nachweisbaren umweltbezogenen Leistungen vorgenommen.

Die Differenzierung bestand in einer gruppenweise vorgenommenen Drei-
teilung der umweltrelevanten Aktivitäten:

- Der ersten Gruppe wurden die ohnehin gesetzlich geforderten Maßnahmen zugeordnet. (Im internationalen Sprachgebrauch wird dieser Teil als
  „compliance part" bezeichnet. Audits, in denen der Nachweis der Fähigkeit
  zur Einhaltung gesetzlicher Vorschriften zu erbringen ist, werden daher
  auch als „compliance audits" bezeichnet).

- Die zweite Gruppe berücksichtigte die über den gesetzlich geforderten
  Rahmen hinausgehenden umweltrelevanten Aktivitäten, die mit ihrer
  Durchführung als beendet anzusehen waren.

- In der dritten Gruppe wurden (fortlaufende) Tätigkeiten und Projekte
  fokussiert, die den kontinuierlichen Prozeß der Verbesserung aufrechterhalten. (Die Aktivitäten der Gruppen zwei und drei werden im internationalen Sprachgebrauch auch als „performance part" bezeichnet, die entsprechenden Audits, in denen also die Fähigkeit auditiert wird, den Prozeß der
  kontinuierlichen Verbesserung des betrieblichen Umweltschutzes voran-
  zutreiben, als „performance audits").

Erstaunlicherweise wurde bei dieser Analyse bisher in allen Fällen festgestellt, daß Unternehmen, ohne sich dessen bewußt zu sein, bereits in erhebli-
chem Umfang Aktivitäten der dritten Kategorie als selbstverständlich anse-
hen und durchführen. Das bewußte Aufzeigen dieses Sachverhaltes moti-
vierte dazu, sich noch intensiver mit Möglichkeiten der ständigen Prozeßverbesserung zu beschäftigen, also gerade mit jener Problematik, die, wie anfangs
erwähnt, auf Unternehmen wegen vermeintlich zusätzlicher Kosten eher
abschreckend wirkte.

5.2.1.3 Managementverantwortung

Bei der Erörterung der Frage nach den Verantwortlichkeiten und Zuständigkeiten wurde die Stellung des Umweltschutzverantwortlichen der Unternehmensleitung im Sinne des BImSchG § 52a, des „Beauftragten der obersten Leitung" (s. DIN EN ISO 9001, DGQ-Schrift 100-21, Entwurf DIN EN ISO 14001) bzw. „management representative" (ISO/DIS 14001) oder *„Managementvertreters"* (im Sinne der *EU-Verordnung*) diskutiert. Erwartungsgemäß kam dabei in allen Fällen die Sprache auf die immer wieder diskutierte Stellung des Hauptverantwortlichen in der obersten Leitung im Unternehmen. Diese wurde bei der Einführung eines UM-Systems aufgrund des zu befürchtenden Konkurrenzdenkens zwischen Qualitäts- und Umweltschutzstellen als besonders problematisch angesehen. Hier führte die erneute, teilweise auch erstmalige Auseinandersetzung mit dem Thema *„Übergreifendes Managementsystem"* in mehreren Fällen zu einer sehr sinnvollen organisatorischen Lösung. Diese bestand in einer Zusammenlegung der Hauptverantwortlichkeiten für Qualität und Umweltschutz in einer Person. Dieser Führungskraft, die der obersten Leitung tatsächlich angehört, obliegt vornehmlich die Durchführung der geforderten „Reviews", in denen die Funktionsfähigkeit des Systems bewertet wird. An diese Funktion berichten die in größeren Firmen üblicherweise zusätzlich von der obersten Leitung benannten, gegebenenfalls in einer Person vereinten, Qualitäts- und Umweltbeauftragten der obersten Leitung. Um Verwechslungen vorzubeugen, können diese Beauftragten in „Systembeauftragte" umbenannt werden. Damit würde auch begrifflich klargestellt, daß die normenkundigen und auditerfahrenen Mitarbeiter (nur) für die praktische Systemeinführung und -pflege zuständig sind. Im Gegensatz dazu ist der „Hauptverantwortliche in der obersten Leitung" für die prinzipielle Entscheidung zur Einführung und die prinzipielle Anwendung und Aufrechterhaltung des Systems verantwortlich. Die Bereitstellung der dafür erforderlichen Informationen (beispielsweise Durchführung interner Audits, Fehlerursachenanalysen, Kostenanalysen etc.) ist dann nicht deren Aufgabe, sondern die der Systembeauftragten.

In dieser Position, die meist durch eine Stabsstelle repräsentiert wird, haben diese Systembeauftragten, die meistens der mittleren Leitungsebene angehören, wohl die Rechte und Pflichten, Systeme einzuführen und zu auditieren, nicht jedoch die Autorität und die Rechte zur prinzipiellen Aufrechterhaltung des Systems. Dafür sind Entscheidungsbefugnisse bei der Bereitstellung von Mitteln und Personal und bei der Durchführung von organisatorischen Änderungen erforderlich, die bekanntlich dem Top-Management vorbehalten sind. Bei der Integration des betrieblichen Umweltschutzes in ein solches Managementsystem sind schon durch ungünstige organisatorische Festlegungen folgenschwere Kommunikationsprobleme zwischen Systembeauftragten vorprogrammiert, besonders dann, wenn, wie in einigen Fällen beobachtet, der UM-System-Beauftragte an den QM-System-Beauftragten berichten soll.

Die eingehende Klärung dieser Problematik wurde ausnahmslos begrüßt. Einige Unternehmensleitungen bestätigten, daß sie sich erst im Rahmen dieser Projektgespräche die Kenntnisse angeeignet hätten, die schon bei der Einführung der QM-Systeme erforderlich gewesen wären. Viele interne Auseinandersetzungen zwischen den Bereichen Qualitätswesen und Umweltschutz hätten sich bei entsprechender Information vermeiden lassen. In etlichen Fällen war nach der eingehenden Diskussion über die in der Norm DIN EN ISO 9001 und in der *EU-Verordnung* festgelegten Aufgaben der Beauftragten der obersten Leitung bzw. der Managementvertreter die sofortige Bereitschaft der Führungsspitze vorhanden, die Schlüsselfunktion des Hauptverantwortlichen zu erkennen und selbst zu übernehmen. Dabei wurde deutlich, daß nur die irrige Meinung, Tätigkeiten des Systembeauftragten zusätzlich ausführen zu müssen (wie z. B. Normenstudium, Audittraining, Auditdurchführung etc.) der Hinderungsgrund für das Top-Management war, die Funktion des Hauptverantwortlichen für die prinzipielle Anwendung und Aufrechterhaltung des Systems aus den eigenen Reihen korrekt zu besetzen.

Nach der erfolgten Klarstellung bleibt es Geschmacksache, die Benennung „Beauftragter der obersten Leitung" bzw. „Systembeauftragter" auch für den „Hauptverantwortlichen in der obersten Leitung" zu verwenden, wenn wie in kleinen Unternehmen ohnehin notwendig, der Geschäftsführer oder ein Geschäftsleitungsmitglied beide Funktionen innehat.

Die Erkenntnis, daß Managementsysteme hervorragende Werkzeuge zur Einleitung und Umsetzung kontinuierlicher Verbesserungsprozesse im Rahmen des betrieblichen Umweltschutzes aber auch aller anderen betrieblichen Abläufe sind, wurde teilweise erst in der Abschlußbesprechung des Zertifizierungsaudits erkannt. Ursachen dafür liegen in der bekannten Tatsache, daß sich das für die Umsetzung und Aufrechterhaltung des Systems verantwortliche Top-Management wenig, wenn überhaupt, mit Normen und Regelwerken beschäftigt. Auch der normenkundige und fachlich kompetente Systembeauftragte, der ja eigens für diesen Zweck „beauftragt" wurde, schaffte es als Prophet im eigenen Hause in den seltensten Fällen, vor einer Zertifizierung der Unternehmensleitung klarzumachen, daß ein Managementsystem letztendlich ein Werkzeug zur systematischen Verfolgung und Umsetzung der Unternehmenspolitik ist. Resultate sind die dem Auditor bekannten, vom Top-Management im Rahmen der Zertifizierung angebotenen Ausführungen zum Element „Management-Bewertung" („Review"). Erschreckend oft werden dabei anstelle von bewertbaren Fakten und Maßnahmen (beispielsweise unternehmerische Zielvorgaben, die die „Qualitätsfähigkeit" der dokumentierten Organisation verbessern sollen) abgezeichnete und mit teilweise sinnlosen Kommentaren versehene Berichte über Audits und Korrekturmaßnahmen vorgelegt.

Dem normenkundigen Leser werden in der Neufassung von DIN EN ISO 9001:1994 wesentliche Ergänzungen zum Element 4.1.1 gegenüber der Fassung aus dem Jahre 1987 nicht entgangen sein. Danach muß die Qualitätspolitik relevant für die organisatorischen Ziele des Lieferanten sowie für die Erwartungen und Erfordernisse seiner Kunden sein. Die Ableitbarkeit von Zielvorgaben aus der Unternehmenspolitik und deren Bewertung zur Feststellung der Systemwirksamkeit (Element 4.1.3 QM-Bewertung) sind neue sinnvolle Forderungen.

Damit werden die Lücken geschlossen, die zwischen Unternehmenspolitik – Qualitätspolitik – Qualitätszielen und der nur auf den spezifikationsgerechten Realisierungsprozeß ausgelegten Dokumentation des QM-Systems klaffte.

Gleiches gilt analog für UM-Systeme, Umweltpolitik und Umweltziele bezüglich der Erwartungen von Kunden und der Öffentlichkeit.

5.3   Zweiter Vertragsabschnitt, UM-Dokumentationsprüfung

Im zweiten Vertragsabschnitt erfolgt die Prüfung der UM-System-Unterlagen, also des Umweltmanagement-Handbuches, und da, wo erforderlich, der UM-Verfahrensanweisungen. Im Rahmen der DQS-Auswertung wird beurteilt, ob die in der UM-Dokumentation beschriebenen Verfahren ausreichend sind, um die genormten Forderungen an die Dokumentation eines Umweltmanagmentsystems zu erfüllen. Ferner wird die Dokumentation hinsichtlich ihrer Angemessenheit bewertet, die in der Unternehmenspolitik dokumentierten Zielvorgaben umzusetzen. Bei der Begutachtung nach EU-Verordnung gehören hierzu auch die Prüfung der Ergebnisse der Umweltprüfung bzw. Umweltbetriebsprüfung und des Entwurfs der Umwelterklärung.

5.3.1   (UM-System)-Auditfragen und Auditprotokoll der DQS

Als zusätzliche Hilfestellung für die Erstellung bzw. Ergänzung der Dokumentation und zur Vorbereitung des Zertifizierungsaudits erhalten die Unternehmen diese Auditfragen. Diese Fragen sind – je nach Wunsch des Antragstellers – die Grundlage zur Durchführung von gemeinsamen QM- und UM-System-Audits oder zur Durchführung eines UM-System-Audits bzw. einer Begutachtung nach EU-Verordnung. Die Fragen sind branchenunspezifisch formuliert und müssen vom Anwender auf die unternehmensspezifischen Gegebenheiten transformiert werden.

Trotz der umfassenden Auseinandersetzung mit der Problematik nachweisbar erfüllbarer umweltrelevanter Zielvorgaben bei den Vor- oder Projektgesprächen lagen die festgestellten Abweichungen am häufigsten in Bereich Umweltpolitik und Festlegung der meß- und bewertbaren umweltrelevanten Ziele.

Schwierigkeiten bereitete auch die Beschreibung des Verfahrens der UM-Bewertung (Management Review) durch die oberste Leitung, um die Funktionsfähigkeit und Angemessenheit der festgelegten Maßnahmen zur Erfüllung der umweltschutzbezogenen Forderungen zu bewerten.

Wie seinerzeit von einigen Auditoren der Nachweis der Prozeßbeherrschung anhand statistischer Qualitätslenkung (SPC), ob sinnvoll oder nicht, im QM-System gefordert wurde, herrscht gegenwärtig die teilweise von einigen Beratungsunternehmen verbreitete Meinung, daß in einem UM-System die Ökobilanz einen festen Platz haben müßte. Eine Normforderung ist dies nicht.

Da, wie bereits erwähnt, auch die Implementierung eines UM-Systems dem Unternehmen einen wirtschaftlichen Vorteil bringen sollte, sind umweltrelevante Festlegungen aufgrund ihrer oft schwierigen Bewertbarkeit besonders kritisch zu betrachten. Wie im Bereich des klassischen Qualitätsmanagements führen sinnlose, bürokratische und unangemessene Maßnahmen auch im Umweltschutz zu Nichtakzeptanz und Demotivation.

Etliche Unternehmen haben es bereits verstanden, mit Erfolgsnachweisen über die Erfüllung bewußt bescheiden gehaltener Zielvorgaben ihre Mitarbeiter zu motivieren, sich freiwillig neuen und höheren Forderungen zu stellen.

In einem anderen Fall konnte trotz der nachgewiesenen Kluft zwischen den hohen umweltrelevanten Ansprüchen in der Unternehmenspolitik und der zur Erfüllung dieser Ansprüche angebotenen Dokumentation keine Einigung darüber erzielt werden, das Anspruchsniveau der umweltrelevanten Zielsetzung auf ein glaubhaftes (technisch machbares und wirtschaftlich vertretbares) Niveau zu reduzieren. Dieser Umstand führte zu einer Rückweisung der Dokumentation durch die DQS verbunden mit einer Vertragskündigung seitens des Auftraggebers. Möglicherweise ist anschließend doch noch eine entsprechende Niveauabsenkung vorgenommmen worden. Jedenfalls wurde nach kurzer Zeit das UM-Systemzertifikat an dieses Unternehmen durch eine andere Zertifizierungsgesellschaft erteilt.

5.4 Dritter Vertragsabschnitt, DQS-Zertifizierungsaudit

Der dritte Vertragsabschnitt beinhaltet vereinbarungsgemäß die Durchführung des Zertifizierungsaudits. Zwar werden die UM-System-Audits ablaufmäßig in Analogie zum Verfahren der Zertifizierung eines QM-Systems durchgeführt (Teil C2, Bild 2), dennoch sind einige erhebliche Unterschiede hinsichtlich der Schwerpunkte der Auditierung und der Zusammensetzung des Auditteams zu berücksichtigen.

5.4.1 Auditteam

Im Gegensatz zur Auditierung von QM-Systemen haben bei der Auditierung von UM-Systemen die Umweltpolitik bzw. die aus ihr abgeleiteten bzw. ableitbaren umweltrelevanten Ziele einen entscheidenden Einfluß auf den Auditumfang und auf die Zusammensetzung des Auditteams.

Als Beispiel sei die Umweltpolitik eines Unternehmens genannt, die unter anderem die Orientierung an der *EU-Verordnung* als ein Unternehmensziel fordert. Mit dieser Zielsetzung wird der sehr hohe Anspruch auf „Sicherstellung der Einhaltung aller umweltrelevanten Gesetze und Verordnungen" erhoben. Folglich mußte eine Bewertung des Erfüllungsgrades dieser ständigen Zielvorgabe durch einen Experten für umweltrechtliche Fragen vorgenommen werden. Dabei galt es zu prüfen, ob die organisatorischen Voraussetzungen für die Erfüllung der im Anhang II, Abs. C, der *EU-Verordnung* genannten Forderungen in Bezug auf die Umweltbetriebsprüfung im Unternehmen gegeben sind, also beispielsweise das *„Vorhandensein von Personen oder Personengruppen, die über die erforderlichen Kenntnisse der kontrollierten Sektoren und Bereiche, darunter Kenntnisse und Erfahrungen in bezug auf das einschlägige Umweltmanagement und die einschlägigen technischen, umweltspezifischen und rechtlichen Fragen, sowie über ausreichende Ausbildung und Erfahrung für die spezifische Prüftätigkeit verfügen, um die genannten Ziele zu erreichen".* Ferner wurden stichprobenartig die Systematik zur Einhaltung der umweltrelevanten Gesetze und Nachweise über die Einhaltung geprüft. Der Experte hierfür, ein Umweltjurist, und der Co-Auditor, der gleichzeitig fachlicher Experte für die Branche war, sowie der für die ordnungsgemäße Auditdurchführung verantwortliche Auditleiter bildeten das Auditteam, das für dieses Projekt zusammengestellt worden war.

Während das Auditteam bei der DQS-Zertifizierung eines QM-Systems gewöhnlich aus einem Auditleiter und einem Co-Auditor besteht, wobei einer der Auditoren über angemessene, fachliche branchenspezifische Kenntnisse verfügen muß, verlangt die Auditierung von UM-Systemen u. a. zusätzliches, umweltrechtliches Expertenwissen.

Da die Zertifizierung eines UM-Systems in Analogie zu der eines QM-Systems auf der Basis eines Systemaudits erfolgt, erhebt sich die Frage, ob grundsätzlich ein Umweltjurist dem Auditteam angehören sollte. Falls es lediglich um die Beurteilung der organisatorischen und personellen Voraussetzungen hinsichtlich der Eignung und Fähigkeit einer Organisation geht, die Einhaltung der gesetzlich geforderten Maßnahmen sicherzustellen, sollte jeder Auditor mit juristischen umweltrelevanten Basiskenntnissen in der Lage sein, diesen Teil der Auditierung vorzunehmen. Die gleiche Frage stellt sich mit Sicherheit bei der Qualifikation eines Umweltgutachters für Begutachtungen im Sinne der *EU-Verordnung*.

5.4.2 Der Auditumfang

Ein weiterer Unterschied zwischen der Auditierung eines QM-Systems und der eines UM-Systems liegt im Auditumfang. Dieser wird im wesentlichen durch die in der Unternehmenspolitik genannten umweltrelevanten Zielvorgaben bestimmt.

Während bei der Auditierung eines QM-Systems der Nachweis einer dokumentierten Qualitätspolitik zu erbringen ist, die in allen Ebenen des Unternehmens verstanden, verwirklicht und beachtet wird, sind bei der Auditierung eines UM-Systems exakte und hinsichtlich der Anzahl angemessene Nachweise für die Erfüllung jedes der einzelnen Ziele zu erbringen. An die Nachweistiefe zum Element Umweltpolitik werden zur Reduzierung der Unsicherheiten verschärfte Forderungen gestellt. Zum anderen ist diese Vorgehensweise notwendig, um das Vertrauen der Öffentlichkeit in die umweltschutzbezogene Fähigkeit eines Unternehmens durch von kompetenter Seite bestätigte Fakten zu gewinnen und zu erhöhen.

Um falschen Erwartungen vorzubeugen, sei an dieser Stelle nochmals darauf hingewiesen, daß die erfolgreiche Auditierung eines UM-Systems nach Norm, auch wenn die systembezogenen Kriterien der *EU-Verordnung* aufgrund der unternehmerischen Zielvorgaben in den Auditumfang aufgenommen werden, keinesfalls zu der Schlußfolgerung führen darf, daß das UM-System-Zertifikat formal ein Zertifikat der *EU-Verordnung* ist.

Vor der Auditdurchführung und in den Projektgesprächen der Pilotprojekte wurden daher die Unternehmen darüber informiert, daß das Zertifizierungsaudit ein Systemaudit ist, das sich nicht auf die Durchführung einer Umweltprüfung oder Umwelt-Betriebsprüfung bezieht und nicht mit einer Systemvalidierung im Sinne der EU-Verordnung gleichzusetzen ist sowie die Gültigkeitserklärung der Umwelterklärung nicht beinhaltet.

Auf die Unterschiede zwischen einem DQS-Zertifizierungverfahren und einer Systemvalidierung (Bild 3) wurde eingehend hingewiesen. Auch wurden die Unternehmen dahingehend belehrt, daß im Falle einer Zertifikatserteilung diese nur vorläufigen Charakter haben kann, und bei Veröffentlichung einer

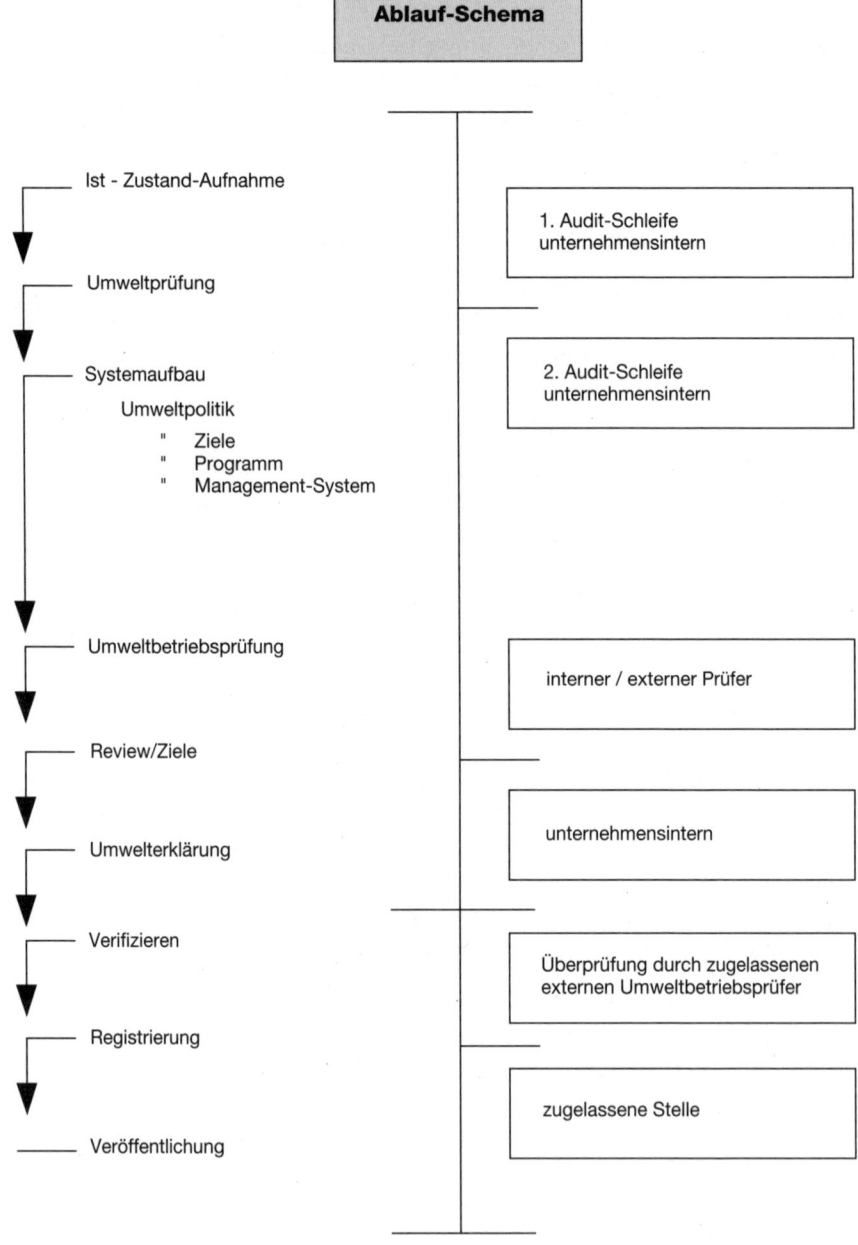

Bild 3: Ablaufschema

europäischen oder international anerkannten Norm zum Umweltmanagement gegebenenfalls aufgrund der Ergebnisse einer Ergänzungsprüfung, sofern diese durch zusätzliche Forderungen der neuen Norm notwendig erscheint, zu bestätigen ist.

6   Bewertung des DQS-Zertifikates

Auch eine im Rahmen des Zertifizierungsaudits gezogene positive Bilanz ist kein Nachweis der Effizienz des Systems, da Effizienz in unmittelbarem Zusammenhang mit der Wirtschaftlichkeit steht, deren Beurteilung nicht Gegenstand eines Zertifizierungsaudits ist. Dies gilt für Systemaudits generell.

Das Zertifikat als Nachweis eines UM-Systems impliziert zwei Aussagen: Die eine Aussage ist die Bestätigung, *daß ein UM-System eingeführt wurde und angewendet wird, das die Forderungen der zugrundeliegenden Norm erfüllt.*

Ferner schließt das Zertifikat die Aussage darüber ein, *daß die Organisation in der Lage ist bzw. **fähig** ist, die in der Umweltpolitik des Unternehmens dokumentierten Zielsetzungen zu realisieren.*

Dieser Umstand wird häufig verkannt. Die Ansicht, daß das Vorhandensein eines QM-System-Zertifikats die Verhinderung produktbezogener Fehler garantiere, ist ebenso unrichtig wie die Meinung, daß mit dem Vorhandensein des UM-System-Zertifikats automatisch Umweltschäden vermieden würden.

Auf den ersten, von der DQS erteilten vorläufigen Zertifikaten ist die Umweltpolitik der Organisation abgedruckt. Auf diese Weise ist sichergestellt, daß die Öffentlichkeit nur über die umweltrelevanten Aktivitäten und Zielsetzungen informiert wird, die sich tatsächlich im Rahmen eines DQS-System-Audits durch das Auditteam objektiv nachvollziehen lassen.

Praxisbeispiel aus der metallverarbeitenden Industrie

Dipl.-Ing. (FH) Thomas Ritzenfeldt

1 Einleitung

Umweltrahmenhandbuch

Das Umweltrahmenhandbuch ist die Grundlage für ein aktives, ganzheitliches, integrierbares Umweltmanagementsystem (UM-System).

Bei dem Getriebehersteller GETRAG in Ludwigsburg und den in der Unternehmensgruppe Antriebstechnik verbundenen Unternehmen wurde Ende 1993 ein Umweltrahmenhandbuch in Anlehnung an ein Qualitätsmanagementhandbuch und die Qualitätsmanagementsystemnorm DIN EN ISO 9001 eingeführt. Damit wurde lange vor Einführung von Umweltschutz-Audits gemäß EU-Verordnung ein wichtiger Schritt für ein aktives und integriertes UM-System getan. Durchgeführt wurde das Projekt von der GETRAG-Abteilung Umweltschutz und dem Steinbeis Transferzentrum in Mosbach.

Umweltschutz gewinnt im Bewußtsein von Gesellschaft, Politik und Verwaltung immer größere Bedeutung. In immer stärkerem Maße werden umweltfreundliche Produkte, eine umweltverträgliche Produktion sowie die Recyclingfähigkeit der Produkte nach Gebrauch sowohl vom Gesetzgeber als auch vom Endverbraucher gefordert.

Seit der 3. Novellierung des Bundes-Immissionsschutzgesetzes (BImSchG) 1990 werden Unternehmen, die genehmigungsbedürftige Anlagen nach dem BImSchG betreiben, vom Gesetzgeber quasi verpflichtet, UM-Systeme einzuführen, d. h. eine festgelegte Ablauf- und Aufbauorganisation zur Durchführung des betrieblichen Umweltschutzes darlegen zu können und, beispielsweise in einem Umweltschutzhandbuch, zu dokumentieren. Dies sollte sich im Hinblick auf weitere Verschärfungen der Umweltgesetzgebung jedoch nicht nur auf Unternehmen mit genehmigungspflichtigen Anlagen nach dem BImSchG beschränken, denn bei der Produkt- und Umwelthaftung wird der Druck auf die Unternehmen weiter ansteigen.

Umweltschutz ist somit nicht mehr nur allein Aufgabe der verschiedenen technischen Fachbereiche des Unternehmens, sondern Umweltschutz ist zu einer Führungsaufgabe für die Unternehmensleitung geworden, die generell alle Betreiberpflichten und die daraus für das Unternehmen entstehenden Aufgaben wahrzunehmen hat. Dies entbindet jedoch nicht den einzelnen Mitarbeiter von seiner Aufgabe, sich aktiv im Unternehmen für den Umweltschutz zu engagieren.

2   Gründe für die Erstellung eines Umweltrahmenhandbuchs

Die primären und sekundären Gründe, die dazu geführt haben, daß die Firma GETRAG mit ihren verbundenen Unternehmen sich dazu entschlossen hat, ein Umweltrahmenhandbuch einzuführen, sind nachfolgend aufgeführt.

Primäre (zwingende) Gründe sind insbesondere:

- Gesetzliche Vorgaben (z. B. Offenlegung der Organisationsstruktur nach § 52 BImSchG, Sicherheitsanalyse, Gefahrenabwehrpläne nach der Störfallverordnung, Mitteilungspflicht);
- Umwelthaftung (Beweislastumkehr im Schadensfall nach dem Umwelthaftungsgesetz, Nachweisen der Nichtursächlichkeit);
- Generelle Einhaltung der Umweltschutzgesetze;
- Schutz vor Strafverfolgung;
- Vermeidung zukünftiger Altlasten und damit verbundener unkalkulierbarer Risiken und Kosten;
- Einbindung der gesetzlich geforderten Beauftragten im Bereich Umweltschutz in die Unternehmensorganisation (Unternehmerpflicht);
- Erhalt der Produktionsfähigkeit (Einhaltung von Genehmigungen, genehmigungsbedürftigen Anlagen);
- Ermittlung und Verringerung des vorhandenen Risikopotentials (Stoffe, Emissionen).

Sekundäre Gründe sind insbesondere:

- Die Umsetzung der Unternehmensvision „wir machen's besser" mit dem Leitsatz für die Umwelt: „wir setzen uns aktiv für ein ausgewogenes Verhältnis zwischen Ökologie und Ökonomie ein, um unseren Kindern eine lebenswerte Umwelt zu überlassen."
- Voraussetzungen schaffen, um an der „EU-Öko-Audit"-Verordnung 1836/ 93 (EWG) teilnehmen zu können;

- Sicherung der Wettbewerbsfähigkeit;
- Sicherer Umgang mit dem vorhandenen Risikopotential (Stoffe, Emissionen);
- Transparenz der Umweltkosten, um damit Einsparpotentiale zu erkennen;
- Verbesserung der Vertrauensbasis bei Behörden, Kunden und in der Öffentlichkeit;
- Motivation der Mitarbeiter, sich aktiv am betrieblichen Umweltschutz zu beteiligen.

3 TQM und „Total Environmental Management" („TEM")

Zur Sicherung der Produktqualität führen heute immer mehr Unternehmen ein Qualitäts-Managementsystem (QM-System) ein. Die Bestrebungen, alle Prozesse im Unternehmen und die Qualität des Produkts ständig zu verbessern bzw. die vom Kunden gewünschte Qualität ständig zu garantieren, werden in alle Bereiche des Unternehmens integriert. Man spricht in diesem Zusammenhang von dem Unternehmenskonzept „Total Quality Management" (TQM).

Umweltschutzkultur des Unternehmens entwickeln	Schlüsselabläufe entwickeln, fixieren, trainieren	Umweltschutztechniken off- und on-line verbessern
Umweltschutzsystem und seine Elemente strukturieren	**Umweltschutzregeln erstellen und im Umwelthandbuch fixieren**	Techn. Prozesse kontinuierlich verbessern
Umweltschutzverantwortung durch "Eigentum" personifizieren	Zertifizierbarkeit erreichen und aufrechterhalten	Umweltbewußtsein der Mitarbeiter verbessern
Umwelt-Audit einführen, Korrekturfähigkeit systematisieren	Interne Schnittstellen verbessern	Tägliche Verbesserung des Umweltschutzes
Ziele und Maßstäbe für internen Umweltschutz einführen		

Bild 1: Bausteine des „TEM-Konzeptes"

Ein QM-System auf dem Wege zu TQM wird in der Gruppe Antriebstechnik schon über Jahre hinweg erfolgreich betrieben. Das TQM-Konzept hatte Vorbildfunktion für den Entwurf eines aktiven, ganzheitlichen, integrierbaren UM-Systems, quasi im Sinne einer analogen Strategie, die hier „Total Environmental Management" („TEM") genannt sei. Die wesentlichen Bausteine bzw. Strategien und Zielsetzungen, die zu einem „TEM"-Konzept gehören, sind in Bild 1 dargestellt.

Das „TEM"-Konzept läßt sich wie folgt beschreiben:

- „TEM" als schrittweiser, zyklischer Verbesserungsvorschlag;
- Konzentration auf das Wesentliche;
- Verbesserungen mit geeigneten Maßstäben beobachtbar und kontrollierbar machen;
- Individueller Grundaufbau in Anlehnung an DIN EN ISO 9000-9004 und an das bereits im Betrieb vorhandene TQM-Konzept;
- Fähigkeit zur Selbstüberwachung in allen Ebenen entwickeln;
- Umwelt-Audits unterstützen und den „TEM"-Prozeß korrigieren.

4   Aufbau und Inhalt des Umweltrahmenhandbuchs

4.1 Aufbau

Die Einführung von QM-Systemen ist dank der Normen DIN EN ISO 9000-9004 erheblich erleichtert worden. Im Bereich des betrieblichen Umweltschutzes waren in den vergangenen Jahren mehrere Institutionen damit beschäftigt, Normen für UM-Systeme zu erarbeiten. Heute wird die bereits bestehende britische Norm BS 7750 für UM-Systeme zur Grundlage für die internationale Norm ISO-DIS 14001 gemacht. Andererseits ist man bestrebt, auch die Normenreihe DIN EN ISO 9000-9004 zum Thema Qualitätsmanagement auf das Umweltmanagement anwendbar zu machen und entsprechend zu erweitern. Die britische Norm ist allerdings anders aufgebaut als DIN EN ISO-9001 und verwendet andere Begriffe und Gliederungsgesichtspunkte. Aus der Sicht der Firma GETRAG war diese Norm unbefriedigend, und daher wurde als Grundlage für die Erstellung des Umweltrahmenhandbuchs die Qualitätsmanagementsystemnorm DIN EN ISO 9001 gewählt. Eine Gegenüberstellung der DIN EN ISO 9001 und der britischen Norm BS 7750 zeigte, daß die britische Norm zu allgemein gehalten ist und die Integration des Umweltschutzgedankens, vor allem die Hilfen für den normalen Alltag zur Realisierung eines betrieblichen Umweltschutzes, nur ungenügend berücksichtigt werden. Weitere Vorteile des Aufbaus des Umweltrahmen-handbuchs nach der QM-Systemnorm sind die schnellere Umsetzbarkeit und Akzeptanz im Unternehmen, da kein neues, zusätzliches System geschaffen wird.

Die vom Umweltrahmenhandbuch ausgehenden, notwendigen Umwelt-schutzarbeits- bzw. -verfahrensanweisungen wie z. B. für die „Abfall- und Wertstoffentsorgung" oder „Abwasserbehandlung" können nach demselben Aufbau (Gliederungspunkte) der Qualitätsmanagement-Verfahrensanwei-sungen erstellt werden.

Sehr wichtig ist allerdings, daß Schnittstellen mit weiteren Handbüchern wie Organisationshandbuch, Qualitätsmanagementhandbuch oder Konstruk-tionshandbuch eindeutig definiert werden, um zu verhindern, daß gemein-same Gesichtspunkte mehrmals und dann eventuell noch unterschiedlich beschrieben werden.

Das Umweltrahmenhandbuch ist als Lose-Blatt-Sammlung erstellt, um es ständig kostengünstig aktualisieren zu können.

4.2 Inhalt

Das Umweltrahmenhandbuch der Gruppe Antriebstechnik befaßt sich im wesentlichen mit

- der Dokumentation der Umweltschutz-Strategien des Unternehmens wie z. B.:
  - der Organisationsstruktur im Bereich Umweltschutz,
  - Stellenbeschreibungen (Beauftragte),
  - Zuständigkeiten,
  - Verantwortungsstrukturen,
  - Umweltschutzaufzeichnungen,
  - Melde- und Entscheidungswege;
- der Einführung von Umweltschutz-Richtlinien, die für alle betrieblichen Funktionsbereiche verbindlich sind und die Umsetzung der übergeordne-ten Umweltschutz-Strategien auf der Management- bzw. Organisationse-bene vollziehen;
- der umfassenden Beschreibung und Definition der betrieblichen Umwelt-schutzelemente, einschließlich der ergänzenden Controlling-Instrumente und Informationssysteme (siehe das nachfolgende Inhaltsverzeichnis).

Bild 2 zeigt das Inhaltsverzeichnis des erarbeiteten Umweltrahmenhand-buchs.

- Handhabung des Umwelt-Rahmenhandbuchs
- Grundsätze zum UM-System
- Rechtsnormen, Auflagen, interne Forderungen
- Vertragsprüfung
- Designlenkung
- Lenkung der Dokumente
- Beschaffung
- Vom Auftraggeber beigestellte Produkte
- Identifikation und Rückverfolgbarkeit
- Umwelttechnische Prozesse und Prozeßlenkung
- Prüfungen, Überwachungen
- Prüfmittel
- Prüfkennzeichen
- Lenkung fehlerhafter Produkte
- Korrekturmaßnahmen
- Handhabung, Lagerung, Verpackung, Versand
- Umweltschutzaufzeichnungen
- Interne Umwelt-Audits
- Schulung, Personal
- Kundendienst
- Statistische Methoden
- Umweltschutzkosten
- Umwelthaftung, Anlagensicherheit
- Umweltschutz bei Investitionen
- Übersicht über Umweltschutzverfahrensanweisungen

Bild 2: Inhaltsverzeichnis Umweltrahmenhandbuch der Fa. GETRAG/Ludwigsburg

Aus Bild 2 geht hervor, daß zusätzlich zu den Elementen aus dem Qualitätsmanagement die Elemente

- Umweltschutzkosten,
- Umwelthaftung, Anlagensicherheit,
- Umweltschutz bei Investitionen,
- Übersicht über Umweltschutzverfahrensanweisungen

im Umweltrahmenhandbuch als wesentliche Elemente eines ganzheitlichen, aktiven UM-Systems aufgenommen worden sind.

Die Bereiche wie z. B. Abfallentsorgung, Abwasserbehandlung oder Emissionen werden nicht speziell als separates Element abgehandelt, sondern werden

jeweils, sofern relevant, in den einzelnen Kapiteln betrachtet. Für die betriebliche Umsetzung der gesetzlichen Forderungen bzw. der Belange des
Umweltrahmenhandbuches sind oder werden spezielle Umweltschutzverfahrensanweisungen erstellt und im Element „Übersicht über Umweltschutzverfahrensanweisungen" zusammengefaßt.

Auf die Organisation des Umweltschutzes der Gruppe Antriebstechnik wird
spezieller eingegangen, da der Verfasser dieses Artikels der Auffassung ist,
daß sich die gewählte Organisationsmatrix jederzeit auch auf einzelne und
kleinere Unternehmen mit geringen Veränderungen bzw. bei Verwendung
nur einzelner Elemente anwendbar ist.

Bild 3 zeigt die generelle Organisationsform des Umweltschutzes in der
Gruppe Antriebstechnik.

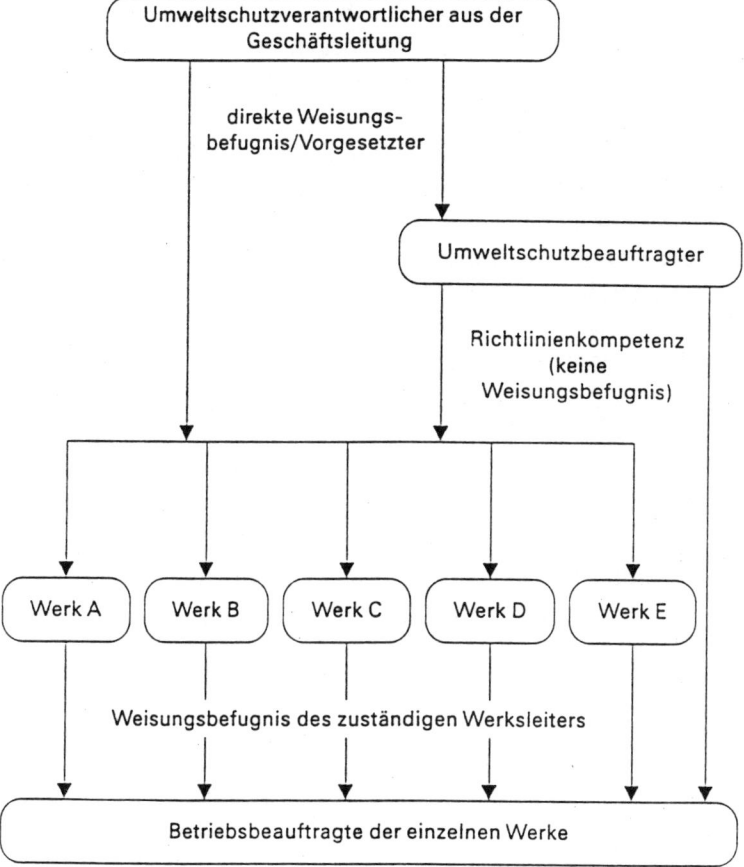

Bild 3:   Organigramm Umweltschutz der Gruppe Antriebstechnik

Der Bereich Umweltschutz ist in einer Stabsfunktion in die Organisationsstruktur der Gruppe Antriebstechnik, die insgesamt aus drei GETRAG-
Werken und zwei verbundenen Unternehmen besteht, eingebunden.

Aus der Geschäftsführung heraus, die einheitlich für alle Unternehmen verantwortlich ist, ist ein Geschäftsführer namentlich als Umweltschutzverant-
wortlicher benannt. Er hat generell für die Einhaltung der gesetzlichen
Betreiberpflichten zu sorgen und ihm unterliegen auch die allgemeinen Sorg-
faltspflichten sowie die strafrechtliche Verantwortung im Bereich Umweltschutz für die Unternehmen.

Die Stelle des Umweltschutzbeauftragten ist direkt als Stabsstelle dem
Umweltschutzverantwortlichen der Geschäftsführung unterstellt. Die Stelle
des Umweltschutzbeauftragten wird als zentrale Instanz verstanden, die die
Umweltpolitik des Unternehmens intern umsetzt, koordiniert und weiterentwickelt. Der Umweltschutzbeauftragte hat beratende Funktion (fachlicher
Ansprechpartner) für die einzelnen Betriebsbeauftragten in den Werken, für
die Werksleiter sowie für die Geschäftsführung. Er besitzt keine direkte Wei-
sungsbefugnis in den Werken, außer im Störfall mit beträchtlichen Umweltauswirkungen. Der Umweltschutzbeauftragte ist auch als Immissions- und
Gefahrgutbeauftragter für die gesamte Unternehmensgruppe bestellt.

Die jeweiligen Werksleiter tragen gegenüber der Geschäftsführung (dem
Umweltschutzverantwortlichen) die Verantwortung für die Einhaltung und
Umsetzung der umweltrelevanten Forderungen und Anordnungen wie die
Umweltschutzverfahrensanweisungen ausgehend vom Umweltrahmenhand-
buch in den Werksbereichen.

Die Betriebsbeauftragten in den einzelnen Werken (Abfall- und Gewässer-
schutz- sowie Kühlschmierstoffbeauftragte), die teilweise gesetzlich gefordert, aber andererseits auch freiwillig ohne behördliche Anordnung bestellt
wurden, sind Mitarbeiter aus der Linienorganisation, die in ihrer Funktion als
Betriebsbeauftragte direkt dem zuständigen Werksleiter unterstellt sind.

Die einzelnen Beauftragten sind schriftlich in dieser Funktion bestellt. In den
Bestellschreiben sind die Aufgaben, Rechte und Pflichten sowie der Verant-
wortungsbereich eindeutig niedergeschrieben.

5 Abgrenzung / Einbindung in die bestehende Unternehmensorganisation

Das Umweltrahmenhandbuch der Gruppe Antriebstechnik stellt neben dem Qualitätsmanagement-, Konstruktions- und Planungshandbuch derzeit noch eine eigene gleichberechtigte Einheit dar und ist dem Organisationshandbuch untergeordnet.

Eine ganzheitliche Eingliederung bzw. das Zusammenführen von Umweltrahmenhandbuch und Qualitätsmanagementhandbuch zu einem gemeinsamen Qualitäts- und Umweltmanagementhandbuch wird derzeit noch nicht angestrebt, um die teilweise noch sehr unterschiedlichen Belange und Anforderungen nicht miteinander zu vermengen.

6 Einführung im Unternehmen

Von der Idee bzw. dem Beschluß, ein Umweltrahmenhandbuch in das eigene Unternehmen einführen zu wollen, wurden frühzeitig die oberste Leitungsebene bzw. die Führungskräfte und der Betriebsrat in einer Informationsveranstaltung informiert.

Zur besseren Integration und Umsetzung des erarbeiteten Umweltrahmenhandbuchs wurde ein Arbeitskreis Umwelt gebildet.

In diesem Arbeitskreis ist aus allen Unternehmensbereichen ein Mitarbeiter vertreten, der die Funktion des „Paten" für das Umweltrahmenhandbuch in seinem Bereich hat, d. h. er ist für die Umsetzung und Anwendung des Umweltrahmenhandbuchs in seinem Bereich verantwortlich und ist zugleich auch Ansprechpartner bei Fragen von Mitarbeitern aus diesem Bereich.

Weiterhin bringt der „Pate" Anregungen, Ideen der Mitarbeiter bzw. zukünftige Belange und Veränderungen der Bereiche in den Arbeitskreis ein, damit das Umweltrahmenhandbuch kein starres, sondern ein dynamisches System darstellt.

7   Vorgehensweise bei der Erstellung des Umweltrahmenhandbuchs

Bild 4 verdeutlicht die generelle Vorgehensweise bei der Erarbeitung des Umweltrahmenhandbuchs.

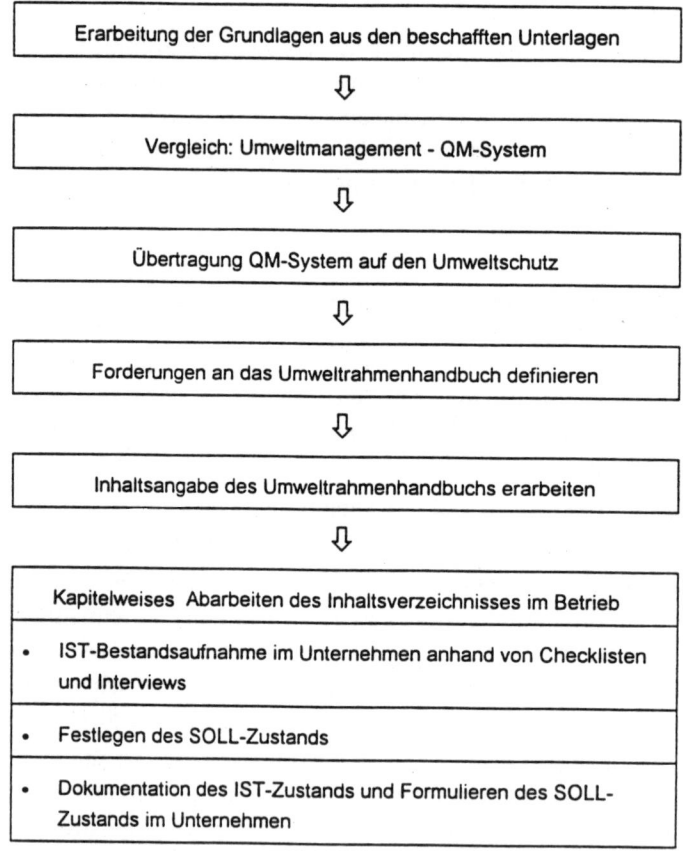

Bild 4:   Vorgehensweise zur Erstellung eines Umweltrahmenhandbuchs

Ein zeitlich aufwendiger, aber notwendiger Schritt ist die Ist-Bestandsaufnahme der Situation des Umweltschutzes im Betrieb anhand von verschiedenen Checklisten und deren Auswertung. Dadurch wird in Zusammenarbeit mit den verschiedenen Fachbereichen (wie Einkauf, Konstruktion, Qualitätswesen, Logistik, Vertrieb, Produktion, Weiterbildung usw.) das Umweltrahmenhandbuch kapitelweise erarbeitet.

Im Umweltrahmenhandbuch wird die Ablauf- und Aufbauorganisation aller Bereiche, die mit dem Umweltschutz in Berührung kommen, aufgezeigt. Die Konformität des betrieblichen Umweltschutzes mit externen (gesetzlichen, behördlichen) Forderungen wird geprüft und Maßnahmen zur Erfüllung der Forderungen entwickelt. Es werden Leitlinien und Grundsätze des Unternehmens im Bereich Umweltschutz festgelegt.

Für die Arbeits- und Verfahrensanweisungen werden Richtlinien und Vorgaben erarbeitet. Stellenbeschreibungen und Pflichtenhefte für die im Umweltschutz tätigen Mitarbeiter werden erstellt.

8 Zusammenfassung Umweltrahmenhandbuch

Das Umweltrahmenhandbuch ist ein Regelwerk zum ganzheitlichen, aktiven Umweltschutz.

Seine Anwendung führt zum dokumentierten Nachweis der praktizierten Umweltschutzmaßnahmen.

Es ermöglicht, ausgehend von der Entwicklung neuer Produkte über den Betrieb und den Neubau von Anlagen bis hin zur Kontrolle und Minimierung von Emissionen, die „Querschnittsfunktion und die Führungsaufgabe Umweltschutz" in alle Bereiche eines Unternehmens zu integrieren.

Das Umweltrahmenhandbuch ist das Dokument, in dem das „Was", „Wer" und „Wie" zu diesem Aufgabenbereich beschrieben wird. Seine fortschreibbare Form garantiert ständige Aktualität und stellt einen Leitfaden für umweltverträgliche Betriebsabläufe dar und ist damit die Grundlage der gesamtbetrieblichen Umweltschutzorganisation.

Das Umweltrahmenhandbuch stellt Leitlinien für den emissions- und nichtemissionsbezogenen Umweltschutz auf, koordiniert deren Durchführung und stellt damit das Managementinstrument zur freiwilligen Teilnahme an der „EU-Öko-Audit"-Verordnung 1836/93 (EWG) dar.

Durch die Anlehnung des Aufbaus eines Umweltrahmenhandbuchs an die DIN EN ISO 9000-9004 wird eine schnelle Akzeptanz im Unternehmen dort erreicht, wo bereits ein QM-System nach der QM-Systemnorm aufgebaut ist. Es wird sichergestellt, daß der Umweltschutz als „Ganzheitliche Aufgabe" vom Einkauf der Betriebsstoffe und Rohteile über Produktion und Vertrieb bis zur Entsorgung und Verwertung nach Gebrauch betrachtet wird. Dadurch werden keine „Insellösungen" geschaffen, „end of the pipe – Maßnahmen" vermieden und letztendlich die Schadstofffrachten im Rahmen des Produktzyklusses im Sinne des Umweltschutzes verringert.

Ein integriertes Umwelt- und Qualitätsmanagementsystem für ein Unternehmen der chemischen Industrie

Dr. Uwe Müller, Dr. Martin Witthaus

Zentraler und verbindender Grundgedanke eines integrierten Managementsystems für Umwelt- und Qualitätsmanagement ist die sichere Beherrschung aller dafür relevanten Geschäftsprozesse. Durch prozeßintegrierte Sicherungsmaßnahmen sollen Fehler und nachteilige Wirkungen von vornherein vermieden werden. Dies gilt nicht nur für Produktionsprozesse, sondern für die gesamte Geschäftsprozeßkette, betrifft also z. B. auch Lagerung und Transport oder die Produktentwicklung unter Berücksichtigung des gesamten Produktlebenszyklus. Der Weg zur Instrumentalisierung dieses Grundgedankens ist in einer transdisziplinären Betrachtungsweise zu finden, die die Lösung von Problemen nicht mehr eindimensional in fachlicher Perspektive, sondern im Sinne ganzheitlichen Prozeßdenkens sieht.

Im Gegensatz zum Qualitätsmanagement mit der weltweit anerkannten Normenreihe ISO 9000 ff. hat die Diskussion über geeignete Regelwerke für Umweltmanagementsysteme (UM-Systeme) zu ersten Ergebnissen geführt (siehe Entwürfe zu ISO 14001 und ISO 14004). Abgesehen von unternehmensspezifischen Besonderheiten bei der Gestaltung von Managementsystemen sind für die chemische Industrie zwei Besonderheiten zu berücksichtigen: Zum einen gilt es, die Akzeptanz der chemischen Industrie in der Öffentlichkeit durch ein wirksames UM-System nachhaltig zu stärken, zum anderen haben zumindest alle großen Chemieunternehmen umfangreiche Umweltschutzabteilungen und damit eine seit vielen Jahren eingespielte Umweltschutzorganisation.

Ein praxisgerechtes UM-System sollte deshalb die Forderungen erfüllen, einerseits bestehende bewährte Organisationsstrukturen abbilden zu können, und andererseits ein Instrument darzustellen, welches durch sein Funktionieren Vertrauen und Glaubwürdigkeit bei Öffentlichkeit und Nachbarschaft nachhaltig fördert.

Dieser Beitrag beschreibt die Gestaltung eines UM-Systems aus der Sicht der Firma Henkel. Umweltmanagement wird hier als die Zusammenführung aller Aktivitäten in Fragen von Umweltschutz und Sicherheit gesehen. Hierzu einige Eckdaten zur Organisation von Umweltschutz und Sicherheit im Stammwerk Düsseldorf-Holthausen:

1911   Gründung der Werkfeuerwehr

1927   Bestellung des ersten Sicherheitsingenieurs in der chemischen Industrie

1953   Erste Fachabteilung für ökologische Forschungsarbeiten

1959   Einführung ökologischer Gütekontrolle in Wasch- und Reinigungsmitteln

1971   Einrichtung der Leitstelle für Umwelt- und Verbraucherschutz

1974   Bestellung von Immissionsschutz-, Gewässerschutz- und Abfallbeauftragten

1982   Grundsätze zum Umwelt- und Verbraucherschutz

1987   Umweltschutz als gleichrangiges Ziel in Unternehmensleitlinien

1988   Betriebsvereinbarung über Informations- und Mitwirkungsrechte des Betriebsrates

Beginn der Erstellung von Ökobilanzen

1989   Einrichtung des Bereiches Umweltschutz und Sicherheit

Erstes unternehmensweites Öko-Audit

Beginn des Ausbaus und der Zertifizierung von Qualitätsmanagementsystemen nach DIN ISO 9001 bzw. 9002

1990   Beginn systematischer Umweltschutzschulung der Mitarbeiter

1991   Bekenntnis zur „Business Charter for Sustainable Development"

Verpflichtung aller Organisationseinheiten zur Durchführung regelmäßiger Umweltschutzbesprechungen

1992   Erster jährlicher Umweltbericht

1993   Risikopotentialstudien für deutsche Standorte

Entwicklung eines Henkel-spezifischen Konzepts für ein UM-System

1 Die Ausgangslage des Unternehmens

1.1 Umweltrechtliche Forderungen an die Organisation

Die im folgenden beschriebenen gesetzlichen Forderungen an die Organisation beziehen sich nur auf die Aspekte, die in die Struktur von Unternehmen eingreifen bzw. eingreifen können.

Aufgrund verschiedener Umweltgesetze ist es zwingend vorgeschrieben, eine Vielzahl von Betriebsbeauftragten für das Unternehmen zu ernennen. Zusätzlich hat die 3. Novelle des Bundesimmissionsschutzgesetzes (BImSchG) 1990 im § 52 a die Forderung nach einem Umweltverantwortlichen im Unternehmen erhoben. In Absatz 2 wird der Betreiber genehmigungsbedürftiger Anlagen aufgefordert nachzuweisen, auf welche Weise die dem Umweltschutz (i.S. des BImSchG) dienenden Vorschriften und Gesetze beachtet werden. Dieses erfordert bereits den Nachweis einer betrieblichen Aufbau- und Ablauforganisation zum Umweltschutz.

Das Umwelthaftungsgesetz ermöglicht ggfs. die Abwendung der Beweislastumkehr besonders durch den Nachweis des bestimmungsgemäßen Betriebes (§ 6 Abs. 2 UmweltHG). Das bedeutet, daß das Unternehmen rückwirkend auf zehn Jahre die Einhaltung des bestimmungsgemäßen Betriebes nachweisen können muß. Zum bestimmungsgemäßen Betrieb gehören dabei die Einhaltung besonderer Betriebspflichten (verwaltungsrechtliche Zulassungen, Auflagen und vollziehbare Anordnungen) sowie die Einhaltung von Rechtsvorschriften zum Umweltschutz und der Nachweis, daß zum in Frage kommenden Zeitpunkt keine Störung vorlag. Dies erfordert neben dem Nachweis der tatsächlichen Einhaltung des materiellen Gehaltes dieser Forderungen auch organisatorische Maßnahmen.

Darüber hinaus wird ein Umwelt- bzw. Sicherheitsmanagement bereits im Rahmen der Novellierung der Seveso-Richtlinie[1] der EU angestrebt. In der Begründung zu diesem Entwurf wird dazu angeführt, daß die Mehrzahl der in der EU gemeldeten Störfälle auf Managementfehlern beruhen. Dabei handelt es sich um Defizite in der Organisation, unzureichendes Training oder um menschliche Fehler. Es ist daher damit zu rechnen, daß in den nächsten Jahren das System des Sicherheitsmanagements nachgewiesen werden muß.

Die gesetzlichen Bestimmungen führen dazu, daß sich Unternehmen mit der Öffentlichkeit zwingend auseinandersetzen müssen (Offenlegungen bei Genehmigungsverfahren, Information der Öffentlichkeit etc.). Darüber

---

[1] „Draft Proposal for a Council Directive on the Control of Major Accident Hazards involving Dangerous Substances" vom November 1993.

hinaus stellen noch das Umweltinformationsgesetz[2] sowie die Verordnung der EU zur Umweltmanagement- und betriebsprüfung[3] weitergehende Forderungen.

Gerade letztere Verordnung wird, wenn auch nach augenblicklicher Konzeption zunächst auf freiwilliger Basis, auf die Organisation des Umweltschutzes Einfluß nehmen. Die Idee zur Einführung dieser Verordnung führte in der Industrie angesichts des vorhandenen Ordnungsrechts zunächst zu einer ablehnenden Haltung (Bergius 1992 [3]; Stabenow 1992 [18]). Die Sinnhaftigkeit eines Umwelt-Audits als unternehmensinternes Instrument wurde dagegen nicht in Frage gestellt (Meurin 1992 [12]; Lauff 1992 [9]). Nach Zeschmann (1992 [22]) hat das Umwelt-Audit zwei Funktionen zu erfüllen:

1. Eine interne Lenkungsfunktion, nämlich eine Rückkoppelung herzustellen, damit aus dem Steuerungsvorgang Umweltschutz ein Regelkreis wird.

2. Eine externe Informationsfunktion, die darin besteht, Ängste abzubauen und den berechtigten Interessen der Öffentlichkeit entgegenzukommen.

Die Prüfung des UM-Systems anhand eines Umwelt-Audits wird zunehmend auch als Instrument angesehen, dem verantwortlichen Handeln Ausdruck zu verleihen. An dieser Stelle ist auf das internationale Responsible Care Programm der Chemischen Industrie zu verweisen, zu dem sich der Verband der Chemischen Industrie und damit seine Mitgliedsfirmen, so auch Henkel, verpflichtet haben.

1.2 Wechselwirkungen im Unternehmen

Um die internen und externen Einflüsse auf ein Unternehmen zu verdeutlichen, ist in Bild 1 ein stark vereinfachtes Modell, nur bezogen auf die Aspekte des Umweltschutzes und der Sicherheit, dargestellt. In einem Wechselwirkungsprozeß wird über den Einsatz der Inputfaktoren entschieden, wobei die Betriebsleitung wesentlich über die als Input zur Verfügung stehenden Finanzmittel entscheidet (vgl. Bild 1). Zur Abwehr unerwünschter Ereignisse sind eine Vielzahl von Betriebsbeauftragten (zum großen Teil gesetzlich vorgeschrieben) erforderlich, die ihrerseits in den Wechselwirkungsprozeß des

---

[2] Gesetz zur Umsetzung der Richtlinie 90/313/EWG des Rates vom 7.6.1990 über freien Zugang zu Informationen über die Umwelt -Umweltinformationsgesetz- (BR-Drs. 469/94)

[3] Verordnung (EWG) Nr. 1836/93 des Rates vom 29.6.1993 über die freiwillige Beteiligung gewerblicher Unternehmen an einem Gemeinschaftssystem für das Umweltmanagement und die Umweltbetriebsprüfung (ABl der Europ. Gemeinschaft Nr. L 168)

Unternehmens als „Sicherungssystem" eingreifen. Daneben erfaßt das Sicherungssystem auch den mit der Betriebsleistung verbundenen Output, der sich als Umweltbelastung auswirkt.

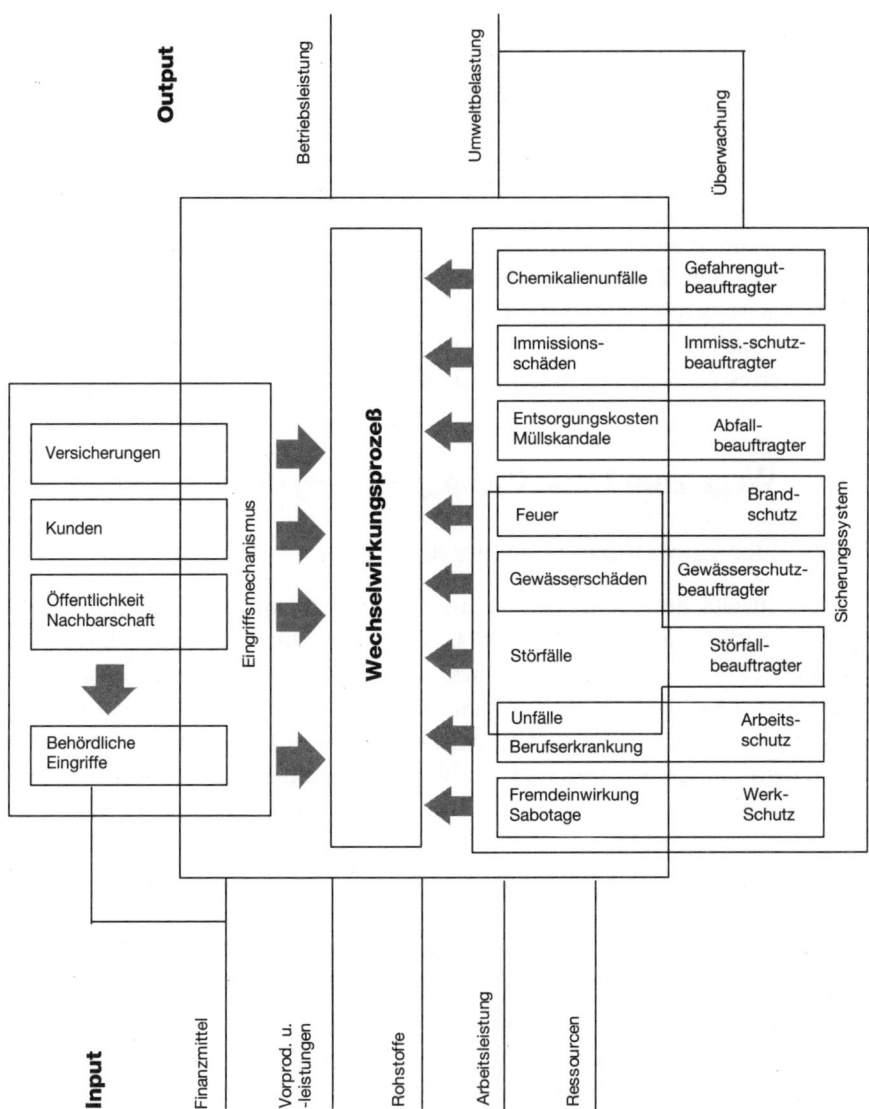

Bild 1: Vereinfachtes Unternehmensmodell, bezogen auf Sicherheit und Umweltschutz (Müller 1994a [14], S. 139)

In den Wechselwirkungsprozeß des Unternehmens greifen direkt die Behörden ein, z. B. auf dem Wege vollziehbarer Anordnungen oder durch Nebenbestimmungen bei Genehmigungen und aktivieren dadurch z. T. erhebliche finanzielle Mittel. In das Unternehmen greift der Konsument durch seine Kaufentscheidung ein oder die Nachbarschaft z. B. unmittelbar durch Einsprüche bei Genehmigungsverfahren oder mittelbar durch Beschwerden bei Behörden. In verstärktem Maße nehmen auch Versicherungen Einfluß, da beispielsweise durch das Umwelthaftungsgesetz immer neue Versicherungsleistungen mit hohen Risiken für die Versicherer gefordert werden.

Vor diesem Hintergrund benötigt das Unternehmen Instrumente, um den gesetzlichen Forderungen zu genügen und darüber hinaus seine individuelle ökologische Positionierung festzustellen, aus der sich strategische Instrumente für den Wettbewerb ableiten lassen. Angesichts dieses komplexen Systems ist es schon um der Effizienz willen erforderlich, diesen Wechselwirkungsprozeß zu strukturieren und in seinen Abläufen zu optimieren, d. h. ein integriertes Managementsystem einzuführen.

2   Wege zum Umweltmanagementsystem

2.1   Der Umweltmanagementgedanke

Der Umweltschutz, seine Dokumentation und Organisation, waren bei Henkel bis Anfang der 90er Jahre geprägt durch verschiedenartigste Aktivitäten. In vielen Gebieten konnte dabei, wie eingangs beispielhaft gezeigt, eine Vorrangstellung in ökologischen Fragen eingenommen werden. Die Zielsetzung, alle Umweltschutzaktivitäten in ein geschlossenes UM-System zu integrieren, wird bei Henkel seit 1993 verfolgt und resultierte in dem nachfolgend skizzierten Ansatz.

2.2   Produkt- und produktionsbezogener Umweltschutz

Grundsätzlich werden zwei ökologische Ausrichtungen im Unternehmen Henkel verfolgt: einerseits der produktionsbezogene Umweltschutz, zum anderen der produktbezogene Umweltschutz.

Unter den Produktaspekt fällt die Verträglichkeit der Produkte für Umwelt und Verbraucher bei bestimmungsgemäßer Anwendung, die Entsorgungsfrage und in zunehmendem Maße auch die Rechtfertigung für die Realisierung des Produktes vor dem Hintergrund globaler Umweltprobleme (z. B. FCKW-Verbot aufgrund der Ozonloch-Debatte) und Ressourcenschonung.

Diesen berechtigten Erwartungen hat Henkel u. a. dadurch Rechnung getragen, daß bereits 1959 die ökologische Qualitätsprüfung für Angebots- bzw. Verkaufsprodukte eingeführt und 1971 eine Abteilung für Umwelt- und Verbraucherschutz gegründet wurde.

Es sei angemerkt, daß bei vielen Produkten[4], insbesondere wenn sie direkt an den Endverbraucher vermarktet werden, eine Eigendynamik zu verbesserter Umweltverträglichkeit wegen des damit verbundenen Werbeeffektes eingetreten ist. Derartige Wettbewerbsvorteile sind durch eine Verbesserung der Umweltleistungen in der Produktion nicht direkt zu erzielen. Eine transparente Darstellung von Umweltschutz- und Sicherheitsleistungen in der Produktion kann jedoch zur Imagebildung der Firma beitragen (vgl. Sihler 1991 [17], S. 41 ff.; Barman 1992 [2], S. 416) und damit indirekt Wettbewerbsvorteile erbringen.

In diesem Zusammenhang sei auf die Medienwirksamkeit von Störfällen hingewiesen. Die allgemeine Erfahrung der letzten Jahre hat gezeigt, daß größere Ereignisse in Produktionsanlagen überregional bekannter Unternehmen immer auch zu überregionalen Schlagzeilen geführt haben.

In bezug auf eine umweltschonende Produktion ist letztlich auch die Frage des ethischen Selbstverständnisses des Unternehmens in Umweltschutzfragen zu beantworten. Hier geht es nicht um Grundsatzfragen der Ethik, sondern um die Verantwortung, die ein Unternehmen zu übernehmen hat, das Anlagen mit erhöhtem Gefährdungspotential betreibt, wie es z. B. durch die Störfall-Verordnung definiert wird. Henkel bekennt sich zu den Prinzipien des „Sustainable Development" (vgl. Schmidheiny 1992 [16]; Sihler 1991 [17], S. 33) als ein Konzept für eine nachhaltige, langfristig tragbare Entwicklung.

2.3 Grundzüge des integrierten Managementsystems

Das UM-System muß dem Unternehmen in jedem Falle Sicherheit bieten, seine Umweltschutzverpflichtungen einzuhalten und darüber hinaus Entscheidungsinstrumente liefern, die den Grad freiwilliger Umweltschutzaktivitäten bestimmen helfen.

Die funktionsübergreifende Ausrichtung des Umweltmanagements ist unverzichtbar, Umweltprobleme können nicht durch isolierte Betrachtung eines Funktionsbereiches (z. B. Produktion) gelöst werden.

---

[4] Eine umfangreiche Sammlung von Fallbeispielen ist bei Meffert (1992 [11], S. 310 ff.) zu finden.

Ferner müssen die Umweltleitlinien und Umweltschutzziele des Unternehmens klar formuliert sein. Diese sollten sich nicht nur an gesetzlichen Grenzwerten orientieren, sondern darüber hinaus die spezifische ökologische Positionierung des Unternehmens darlegen.

Das UM-System[5] Henkel muß folgenden Bedingungen genügen:

1. mit dem QM-System Henkel im Einklang stehen;
2. alle gesetzlichen Forderungen erfüllen;
3. die Möglichkeit bieten, individuelle Ziele und Instrumente zu verwirklichen.

In Anknüpfung an das bei Henkel eingeführte QM-System ist hier eine Umsetzung des durch DIN ISO 9000 ff. beschriebenen Managementsystems für den Umweltschutz vorgenommen worden. Diesen Überlegungen liegt der Gedanke zugrunde, daß im QM-System bereits die Kernelemente eines allgemeinen Managementsystems beschrieben sind und die hierzu getroffenen Regelungen verbindlich eingeführt wurden. Für die Anwendung im Umweltschutz bedarf es allerdings einer spezifischen Interpretation von Begriffen und Erweiterung von Inhalten.

Das sind zunächst die Begriffe

- Kunde,
- Produkt,
- Umweltschutz.

Unter dem Begriff „Kunde" subsumiert Henkel hier alle, die in Umweltbelangen Einfluß auf das Unternehmen ausüben bzw. die Leistung Umweltschutz in Anspruch nehmen. Unter den Kundenbegriff des Umweltschutzes fallen daher (vgl. auch Barman 1992 [2], S. 416):

- der Gesetzgeber,
- die Behörden,
- die Öffentlichkeit,
- die Nachbarn,
- die Eigentümer / Aktionäre,
- die Beschäftigten,
- die Versicherungen,
- die Geschäftspartner sowie
- die Endverbraucher / Konsumenten.

---

[5] Die EU-Umwelt-Audit-Verordnung definiert als Umweltmanagementsystem „*den Teil des gesamten übergreifenden Managementsystems, der die Organisationsstruktur, die Aufgaben, Gepflogenheiten, Verfahren und Ressourcen für die Festlegung und Durchführung der Umweltpolitik einschließt."*

Zum Begriff „Produkt": Im Qualitätsmanagement wird das Angebots-/
Verkaufs-Produkt auf die Forderungen und Erwartungen des Kunden
(einschließlich seiner umweltschutzbezogenen Produktforderungen) abgestimmt, und zufriedenstellende Qualität wird als Erfüllung dieser Forderungen verstanden. Eine derartig konkrete Kunden-Lieferanten-Beziehung
besteht beim produktionsbezogenen Umweltschutz nicht, da die oben definierten Interessenpartner häufig nur indirekt Einfluß ausüben. Das Ergebnis
des Unternehmens bzw. die Unternehmensleistung im Sinne des Umweltschutzes ist daher abstrakt und umfassend zu definieren, beispielsweise nach
§ 1 des Bundes-Immissionsschutzgesetzes:

Das UM-System dient daher

- „dem Schutz vor schädlichen Umwelteinwirkungen auf Menschen, Tiere
  und Pflanzen, Boden, Wasser, Atmosphäre sowie Kultur- und sonstige
  Sachgüter,
- dem Schutz vor Gefahren, erheblichen Nachteilen und erheblichen Belästi-
  gungen und
- der Vorbeugung des Entstehens schädlicher Umweltauswirkungen."

Schließlich bleibt noch der Gegenstand des Umweltschutzes zu definieren.
Im Sinne der medienübergreifenden Vorgehensweise verstehen wir darunter

- Immissionsschutz,
- Gewässerschutz,
- Abfallmanagement,
- Bodenschutz,
- Störfallvorsorge und
- Schutz vor Einwirkungen von Gefahrstoffen.

Der Begriff „Störfallvorsorge" umfaßt die Anlagensicherheit, den Brand-
schutz sowie die Aufgaben des Störfallbeauftragten. Diese Definition schließt
den Arbeitsschutz zunächst weitestgehend aus, um die Komplexität des
Systems zu beschränken. Dessen ungeachtet muß der Arbeitsschutz in einem
ganzheitlichen Sicherheitssystem mitgeregelt werden (vgl. Müller 1992).

Das UM-System (s. Tabelle 1) ist grundsätzlich für einen gesamten Standort
auszulegen. Dies ist für den Umweltschutz unabdingbare Voraussetzung, weil
zumindest die Auswirkungen der Produktion auf die Umgebung Standortbe-
zug haben. Daneben enthält das System Elemente für die ganzheitliche
Umweltpolitik des Unternehmens.

Tabelle 1:   Umweltmanagementsystem

Name des QM-Elementes (DIN EN ISO 9001)	Elemente eines Umweltmanagementsystems
1. Verantwortung der Leitung	**Umweltschutz- und Sicherheitspolitik** – z.B. Leitlinien zum Umwelt- und Verbraucherschutz Produktionsbezogene Vorgaben für das Sicherheitsniveau müssen zumindest an einem Standort einheitlich sein
2. Qualitätsmanagementsystem	**Organisation von Umweltschutz und Sicherheit** – Aufbauorganisation
3. Vertragsprüfung	**1. Prüfung von Verträgen** auf Umwelt- und Sicherheitsbelange – z.B. Werkverträge **2. Wirksamkeit des Umweltmanagementsystems** – z.B. Jahresberichte der Betriebsbeauftragten, Umweltauditberichte, Stellungnahmen der Betriebsbeauftragten gem. BImSchG
4. Designlenkung	**Berücksichtigung von Umweltschutzbelangen** – z.B. Abfallwirtschaftskonzept, Umweltverträglichkeitsprüfungen, Erstellung von Sicherheitskonzepten, Erstellung von Sicherheitsanalysen und Genehmigungsanträgen, integrale Verfahrensentwicklung, Bestimmung sicherheitstechnischer Kennzahlen, Sicherheitsempfehlungen
5. Lenkung der Dokumente und Daten	**Handhabung interner Unterlagen** – z.B. Verifizierung erteilter Genehmigungen und Erlaubnisse, Stoffinformationen, Dokumentation von sicherheitsrelevanten Prüfungen und Wartungen
6. Beschaffung	**Beschaffung** 1. Auswahlkriterien zur Beschaffung umweltschonender Produkte 2. Sicherstellen, daß die beschafften Produkte in umwelt- und sicherheitstechnischer Hinsicht den Spezifikationen, Normen sowie den unternehmensinternen Umweltanforderungen entsprechen

Tabelle 1: (Fortsetzung)

Name des QM-Elementes (DIN EN ISO 9001)	Elemente eines Umweltmanagementsystems
7. Lenkung der vom Kunden bereitgestellten Produkte	**Ressourcennutzung** – Konzepte zur extensiven Ressourcennutzung, Energieeinsparung etc.
8. Kennzeichnung und Rückverfolgbarkeit von Produkten	**Kennzeichnung und Beschreibung** – Betriebsanweisungen, Kennzeichnung nach Gefahrstoff- und Transportrecht, Anlagenkennzeichnung, Rohrleitungskennzeichnung
9. Prozeßlenkung	**Lenkung der Produktion** – z.B. Vorgehensweise bei Anlagenänderungen, Tankbelegungen
10. Prüfungen	**Kontrollen** – z.B. Anlagen- und Betriebsrundgänge, Lecküberwachungsgeräte, Ex-Messungen
11. Prüfmittelüberwachung	**Überwachung von Sicherheitseinrichtungen** – Sachkundigen-, Sachverständigenprüfungen bei überwachungsbedürftigen Anlagen, Sicherheitsventile, Prüfung und Wartung von Schutz-MSR, Wartung und Instandhaltung sicherheitstechnisch bedeutsamer Anlagenteile
12. Prüfstatus	**Prüfstatus** – Kennzeichnungen zur Identifikation von Prüfungen z.B. Prüfplaketten an Feuerlöschern, Aufzügen etc.
13. Lenkung fehlerhafter Produkte	**Maßnahmen zur Gefahrenabwehr** – (Abweichungen vom bestimmungsgemäßen Betrieb) Gefahrenabwehrpläne, Sonderschutzplan, Information der Öffentlichkeit, Feuerlöschübungen, Übungen zur Gebäuderäumung, Notabfahranweisungen
14. Korrektur- und Vorbeugungsmaßnahmen	**Korrekturmaßnahmen** – Maßnahmen nach Ereignissen oder Beinahe-Ereignissen, die eine Wiederholung verhindern

Tabelle 1:   (Fortsetzung)

Name des QM-Elementes DIN EN ISO 9001	Elemente eines Umweltmanagementsystems
15. Handhabung, Lagerung, Verpackung Konservierung und Versand	**Umgang mit Stoffen und Produkten** – einschließ- lich Reststoffe, Verpackungsentwicklung, Transport und Lagerkonzepte
16. Lenkung von Q-Aufzeichnungen	**Aufzeichnungen zu Umweltbelangen** – Emissions- erklärung, Abwasserstatistik
17. Interne Q-Audits	**Interne Audits** – Brandschauen, Begehungen der Betriebsbeauftragten für Umweltschutz, Öko-Audit
18. Schulung	**Schulung** – Umweltschutzschulung, Umweltschutz- besprechungen, Ausbildung von Sachkundigen, Weiterbildung der Betriebsbeauftragten
19. Wartung	**Umweltleistungen** – TUIS, Beiträge zu Responsi- ble Care oder Sustainable Development, Umwelt- schutzberatung für Auftragnehmer oder Kunden
20. Statistische Methoden	**Statistische Verfahren** zur Quantifizierung von Umweltauswirkungen, Ökobilanzen, Lärmkataster, Immissionswerte, Geruchskataster, Erfassung der Umweltentwicklung in Werksnähe

In Tabelle 1 ist eine Interpretation der DIN EN ISO 9001[6] für ein UM-System dargestellt. Dabei sind alle Systemelemente vertreten, zum Teil aber mit neuen Inhalten entsprechend den oben definierten Begriffen belegt worden. So läßt sich z. B. das Systemelement 7 (Beigestellte Produkte) in diesem Sinn als Ressourcenbereitstellung (z. B. Raumbedarf, Energie, Wasser, Boden, Luft) als ein von der Umwelt beigestelltes Produkt definieren. Eine kritiklose Anpassung des Umweltschutzes an das Qualitätsmanagement wird in den

---

6   DIN EN ISO 9001: Qualitätsmanagementsysteme – Modell zur Darlegung der Quali-
   tätssicherung/QM-Darlegung in Design, Entwicklung, Produktion, Montage und
   Wartung, Ausgabe August 1994.

Unternehmen der chemischen Industrie weder dem Anspruch noch dem Regelungsbedarf des Umweltschutzes gerecht (Müller 1994b). Wie oben dargelegt, muß das UM-System in jedem Falle mindestens den geltenden gesetzlichen Bestimmungen gerecht werden, so daß zusätzliche, über DIN EN ISO 9001 hinausgehende Forderungen zu erfüllen sind. Diese sind in geeigneter Weise in das Gliederungsschema einzufügen. Heute stehen auch die Forderungen nach ISO/DIS 14001 zur Verfügung.

In Tabelle 2 werden hierzu beispielhaft UM-Regelungen mit Zuordnung zu den Kapiteln des Umwelthandbuches aufgelistet. Ergänzend sind, soweit zutreffend, die wesentlichen Rechtsquellen bzw. die entsprechende Quelle der EU-Verordnung 1836/93 zugeordnet:

Die Beispiele zeigen, daß ein Umwelthandbuch nach den vorgenannten Kriterien geordnet werden kann. Was dabei allerdings kaum gelingt, ist die zusätzliche Ordnung nach den Umweltpfaden: Boden, Wasser, Luft.

Tabelle 2: Beispielhafte Regelungen in einem nach Tabelle 1 geordneten Handbuch

Element	Festzulegende Regelungen	Verpflichtung	EU-Verordnung 1836/93
1	Umweltpolitik und -programm des Unternehmens	–	Anh. I, A 1 Anh. I, D
2	Aufgaben des „Obersten Beauftragten für das Umweltmanagement"	–	Anh. I, B 2
2	Bestellung von Betriebsbeauftragten für Abfall, Gewässerschutz, Immissionsschutz etc.	BImSchG, WHG, AbfG, usw.	Anh. I, B 2
2	Organisation von Umweltschutz und Sicherheit	BGB,	Anh I, B 2
2	Erstellung eines Umwelthandbuches	–	Anh. I, B 5
4	Umweltschutz und Sicherheit bei Planung und Errichtung von Anlagen	BImSchG, UmweltHG	Anh. I, A 5
4	Ökologische Absicherung von Produkten und Verpackungen	ChemG, AbfG	Anh. I, A 5

Tabelle 2:   (Fortsetzung)

Element	Festzulegende Regelungen	Verpflichtung	EU-Verordnung 1836/93
5	Erstellung von Verfahrens- anweisungen für das Umwelthand- buch	–	Anh. I, B 5
5	Koordination von Genehmigungs- verfahren	BImSchG	–
8	Erstellung von Sicherheits- datenblättern	GefStoffV	Anh. I, B 3
9	Kontrolle von Gefahrguttransporten	GGVS	Anh. I, B 4
9	Nachweis des bestimmungsgemäßen Betriebes	UmweltHG	Anh. I, B 4
9	Durchführung und Dokumentation „nicht wesentlicher" Anlagenänderungen	UmweltHG, BImSchG	Anh. I, B 4
11	Überwachung von Sicherheits- einrichtungen	UmweltHG	Anh. I, B 4
13	Gefahrenabwehrpläne	StörfallV	Anh. I, B 2
14	Untersuchung umweltschutz- und sicherheitsrelevanter Vorfälle	UmweltHG	Anh. I, B 4
15	Einstufung und Umgang mit Gefahrgütern	GGVS	Anh. I, B 3
15	Umsetzung des Substitutionsgebotes	GefStoffV	–
15	Lagerung von Gefahrstoffen	StörfallV, GefStoffV	Anh. I, B 3 Anh. I, D 5
17	Durchführung einer Arbeitsbereichs- analyse	GefStoffV	–
18	Umweltschulungen	Betriebsver- einbarung, BImSchG, AbfG, WHG	Anh. I, B 2

3 Implementierung eines Umweltmanagement-Systems

Für die Akzeptanz und Wirksamkeit des UM-Systems ist es wichtig, die festzulegenden Regelungen auf das zu beschränken, was wirklich benötigt wird, und keine unnötige Bürokratie aufzubauen. Bisher geübte und bewährte Praxis gilt es dabei ebenso zu berücksichtigen wie bereits vorhandene und den Umweltschutzaufgaben in der Regel gut angepaßte Strukturen. Baut das UM-System auf Bewährtem auf, ergänzt dies wo nötig und paßt sich in der Systematik weitgehend dem eingeführten QM-System an, dürfte die Einführung des UM-Systems relativ einfach sein.

3.1 Aufbau eines Umwelthandbuches

Der Begriff des „Umwelthandbuches" kursiert seit einiger Zeit im deutschen Sprachgebrauch. Gemeint ist damit die Beschreibung der umweltschutzbezogenen Aufbau- und Ablauforganisation einschließlich aller Umweltschutzaktivitäten in einer systematischen Dokumentation. Den größten Nutzen hat ein Umwelthandbuch, wenn es tatsächlich als ein Nachschlagewerk verstanden und benutzt wird. Daher müssen Struktur und Inhalt auch diesem Anspruch gerecht werden.

Für größere Standorte ist die Darlegung insbesondere der Ablauforganisation in einem einzigen Umwelthandbuch wenig praktikabel. Es gibt zwar eine Reihe standortweit gültiger Regelungen (z. B. zur Gefahrenabwehr, zur Abwasserbehandlung, zur Emissionsüberwachung). Daneben gibt es eine ganze Reihe von Regelungen, die nur die besonderen Belange des Einzelbetriebes oder gar eines einzelnen Arbeitsplatzes betreffen.

Daraus ergibt sich als Konsequenz für eine bedarfsgerechte, nutzerfreundliche Dokumentation, daß diese hierarchisch aufgebaut sein sollte. So werden in einem Rahmenhandbuch die Aufbauorganisation mit Festlegung von Verantwortungen und Befugnissen sowie standortübergreifenden Regelungen dokumentiert. Für die Betriebe und Serviceeinheiten gibt es daneben Arbeitshandbücher, in denen nur die betriebs- und servicerelevanten Regelungen enthalten sind. Dies ist exakt derselbe Aufbau wie bei der Dokumentation des QM-Systems. Werden beispielsweise die Regelungen für den Umgang mit Produkten generell unter Kapitel 15 der UM- bzw. QM-Handbücher abgelegt, so erleichtert dies nicht nur das Auffinden, sondern bietet auch gute Möglichkeiten zur Vereinfachung der Dokumentation. Doppelte oder gar widersprüchliche Regelungen können somit vermieden werden.

Es ist auch empfehlenswert, die für den Umweltschutz zu erstellenden Vorschriften und Anweisungen so aufzubauen, daß sie unmittelbar zu den Verfahrensanweisungen des QM-Systems passen. Eine optische Differenzierung der nur für das UM-System gültigen Regelungen ist jedoch, insbesondere im Hinblick auf die Audits, sicher sinnvoll.

Für die betriebsspezifischen Arbeitsanweisungen gilt vom Grundsatz her, je arbeitsplatzbezogener eine Regelung ist, um so mehr verschwimmen die Konturen zwischen Qualitäts- und Umweltmanagement. Es läßt sich häufig nicht mehr trennen, unter welchem Aspekt eine Maßnahme durchgeführt wird. Eine Trennung würde für den Mitarbeiter nur zur Verwirrung führen. Die Arbeits- und Betriebsanweisungen sollten deshalb in der Regel die Aspekte Qualität, Sicherheit, Umweltschutz und Arbeitssicherheit ganzheitlich regeln.

3.2   Auditierung und Zertifizierung von Umweltmanagement-Systemen

Qualitätsaudits sind ein unverzichtbares Instrument, um die Wirksamkeit von QM-Systemen zu prüfen und aufrechtzuerhalten. Die DIN EN ISO 9000 ff. fordert ausdrücklich die Durchführung interner Audits nach einem festgelegten Plan, das Review der Auditberichte durch die Leitung und die Veranlassung von Korrekturmaßnahmen, wenn Unzulänglichkeiten festgestellt werden. Bei Qualitätsaudits unterscheidet man üblicherweise drei Arten von Audits: Systemaudits, Prozeßaudits und Produktaudits.

Alle drei Auditarten werden bei internen Audits angewandt und dienen der kontinuierlichen Verbesserung von Produkten und Prozessen nicht nur bezüglich Produktion, sondern auch z. B. in den Entwicklungs- und Servicebereichen des Unternehmens. Produktaudits werden aber auch von Kunden durchgeführt, wenn diese die Qualitätsfähigkeit des Lieferanten prüfen wollen, manchmal verbunden mit einem Audit des QM-Systems. Ein Systemaudit wird dann durchgeführt, wenn die Konformität des QM-Systems mit eigenen Festlegungen oder/und einem Regelwerk, z. B. mit den Normen DIN EN ISO 9001, 9002 oder 9003, nachgewiesen werden soll. Erfolgt dieses Systemaudit durch eine neutrale Stelle, z. B. durch einen akkreditierten Zertifizierer, so dient dieses Audit dem Zwecke der Zertifizierung bzw. der anschließenden Überwachung des zertifizierten QM-Systems.

Analog zum QM-System lassen sich auch für das UM-System die drei Auditarten System-, Prozeß- und Produktaudit definieren, und es gibt auch hier interne Audits, Kundenaudits und Audits durch neutrale Dritte.

Ein Umwelt-„Produktaudit" würde sich sinngemäß mit den umweltbelastenden Outputs der unternehmerischen Tätigkeit befassen, d. h. mit Emissionen, Lärm, Abfall etc. Die Auditfragen orientieren sich dabei zwangsläufig – und sehr viel ausgeprägter und subtiler als bei Qualitätsfragen – an dem System des Ordnungsrechts mit Vorgaben von Grenzwerten und konkreten Dokumentationspflichten. Das Umwelt-„Produktaudit" entspräche also in Teilen einem „compliance audit", wie es von den Aufsichtsbehörden durchgeführt wird.

Bei der zweiten Auditart, dem Prozeßaudit, gibt es keine prinzipiellen Unterschiede zwischen UM- und QM-Systemen. Ganz anders dagegen beim Systemaudit: Während ein QM-System heute ganz überwiegend nach den international anerkannten Normen ISO 9001, 9002 oder 9003 zertifiziert wird, steht eine einheitliche Norm für UM-Systeme erst seit August 1995 als Entwurf ISO/DIS 14001 zur Verfügung.

Soll mit dem Audit des UM-Systems die Zertifizierung durch eine neutrale Institution angestrebt werden, so muß eindeutig klargestellt sein, auf welchen Regelwerken das UM-System basiert. Wie oben dargelegt, leiten sich aus dem Ordnungsrecht ebenso wie aus der EU-Verordnung 1836/93 eine Vielzahl von Forderungen ab, die in DIN EN ISO 9001 oder 9002 nicht enthalten sind, sodaß ein Zertifikat nach DIN EN ISO 9001 oder 9002 zukünftig z. B. durch ein Zertifikat nach ISO 14001 für das UM-System ergänzt werden kann (z. B. auf der Grundlage eines gemeinsamen Systemaudits). Im Interesse des Unternehmens ist darauf zu achten, daß auf jeden Fall die Forderungen der EU-Verordnung in die Auditierung des UM-Systems mit einfließen, um zu einem späteren Zeitpunkt bei der Verifizierung nach EU-Verordnung keine Doppelarbeit leisten zu müssen.

Im Zusammenhang mit der Auditierung von UM-Systemen auf Basis der EU-Verordnung sind zwei neue Begriffe von besonderer Bedeutung: der Umweltbetriebsprüfer und der zugelassene Umweltgutachter, die beide in der Verordnung eine Legaldefinition finden. Im folgenden soll darauf aus praktischer Unternehmenssicht kurz eingegangen werden.

Die Umweltbetriebsprüfung nach Umwelt-Audit-Verordnung darf von interen Prüfern vorgenommen werden. In Deutschland gibt es – im Gegensatz zu allen anderen EU-Ländern – die Institution der gesetzlichen Betriebsbeauftragten für Umweltschutz, d. h. für Immissionsschutz, Gewässerschutz, Abfall und Störfälle. Diese Betriebsbeauftragten sind aufgrund ihrer Stellung unabhängig, und sie haben bereits einen klaren Auditauftrag. Sie sollen die Betriebsstätten in regelmäßigen Abständen begehen. Außerdem haben sie ein definiertes Qualifikationsprofil, welches die Sachkenntnis sicherstellen soll. Im Sinne der Effizienz und Sachdienlichkeit bietet sich an, die Ergebnisse der Fachaudits dieser Betriebsbeauftragten bei der Umweltbetriebsprüfung (vgl. Art. 4 Abs. 1 der EU-VO) besonders zu beachten. Die Umweltbetriebsprüfung schließt das interne UM-Systemaudit ein und wird in Verantwortung des Managementvertreters (d. h. vom System-Beauftragten der obersten Leitung) durchgeführt. Sollen interne Betriebsbeauftragte als interne Umweltbetriebsprüfer herangezogen werden, kommen sie in Wahrung ihrer Unabhängigkeit vom eigenen zu prüfenden Fachbereich und ggf. selbst ausgestattet mit der Aufgabe eines Managementvertreters vornehmlich für Umweltbetriebsprüfungen an anderen Standorten des Konzerns in Betracht. Der Einsatz eines externen Prüfers für die interne Prüfung empfiehlt sich nur dann, wenn aufgrund der Art und Größe des Unternehmens kein eigenes Personal zur Verfügung steht.

Der zugelassene Umweltgutachter muß sich – und das sollte heute schon für einen UM-System-Auditor gelten – bei seiner Arbeit die Ergebnisse der Umweltbetriebsprüfung vorlegen lassen und diese zum wesentlichen Gegenstand seines Audits machen.

Für die zugelassenen Umweltgutachter und für interne Umweltbetriebsprüfer oder UM-System-Auditoren gibt es noch keine ausgereiften Qualifikationskriterien für ihre Tätigkeit. Der Umweltgutachterausschuß nach UAG hat seine Arbeit begonnen. Als Mindeststandard müssen die Qualifikationsanforderungen der 5. Verordnung zum Bundes-Immissionsschutzgesetz (angewandt auch auf Wasser und Abfall) sowie fundierte Kenntnisse der relevanten Regelwerke für Managementsysteme und Auditerfahrungen berücksichtigt werden. Daneben sollte noch eine entsprechende nachweisbare Erfahrung in Umweltbelangen (z. B. als Betriebsbeauftragter) dazugehören. Schon allein die vom zugelassenen Umweltgutachter zu beurteilende Frage, ob der „Stand der Technik" eingehalten wird, verlangt ein hohes Maß an Sachkenntnis.

Über allen Aspekten der Auditierung und Zertifizierung sollte niemals das wichtige Ziel aus den Augen verloren werden, mit dem UM-System Vertrauen zu schaffen bei allen Anspruchspartnern des Unternehmens. Dabei kommt der von der EU-Verordnung geforderten Umweltberichterstattung (Umwelterklärung) eine zentrale Bedeutung zu. Umweltbewußte Unternehmen sollten darin eine Chance sehen, den Wert von Verantwortung und Eigenüberwachung in den Unternehmen selbst und gegenüber der Öffentlichkeit deutlich zu machen. Der Umweltbericht/die Umwelterklärung sollte als Instrument gewertet werden, das dazu beiträgt, die Skepsis der Öffentlichkeit gegenüber der langfristigen ökologischen Tragbarkeit industrieller

Produktion abzubauen. Das Unternehmen Henkel hat mit seinen sehr offen gehaltenen Umweltberichten, in denen u. a. eine Vielzahl Henkel-relevanter Umweltdaten zumeist über einen 10-Jahres-Zeitraum veröffentlicht werden, eine sehr positive Resonanz gefunden.

In diesem Sinne gewinnt das UM-System und seine ständige Überprüfung durch sachkundige Mitarbeiter des Unternehmens, ebenso wie durch externe Prüfer, eine sehr hohe Bedeutung. Es muß gelingen, die Glaubwürdigkeit und Effektivität der UM-Systeme und deren Überwachung der Öffentlichkeit nachhaltig verständlich zu machen. Nur dann werden Zertifikate für UM-Systeme oder Teilnahmebescheinigungen gemäß EU-Verordnung den dafür erforderlichen Aufwand lohnen. Der Zugewinn an Effizienz durch ein systematisch strukturiertes und dokumentiertes, mit dem QM-System harmonierendes UM-System für das Unternehmen selbst und seine Umweltschutzaktivitäten bleibt in jedem Falle ein lohnendes Ziel.

Literatur zu Kapitel C6

[1] *Antes, R.:* Die Organisation des betrieblichen Umweltschutzes. In: *Steger, U.* (Hrsg.): Handbuch des Umweltmanagements. C. H. Beck Verlag, München 1992, S. 487-511

[2] *Barman, J. P.:* Ökologie, eine unternehmerische Herausforderung – Gesellschaftliche Akzeptanz als Voraussetzung für unternehmerischen Erfolg. Die Unternehmung 46 (1992) Nr. 6, S. 415-428

[3] *Bergius, M.:* Ökologische Kontrolle sorgt für Streit in Bonn. Handelsblatt vom 15.9.92

[4] *Dahlhoff, D.:* Ökologie-Management für die Marke Opel. In: *Coenenberg, Weise, Eckrich:* Ökologie-Management als strategischer Wettbewerbsfaktor. Schäffer Verlag, Stuttgart 1991, S. 49-73

[5] *Dierkes, M.; Marz, L.:* Umweltorientierung als Teil der Unternehmenskultur. In: *Steger, U.* (Hrsg.): Handbuch des Umweltmanagements. C. H. Beck Verlag, München 1992, S. 223-241

[6] *Dyllick, T.:* Ökologisch bewußte Unternehmensführung: Bausteine einer Konzeption. Die Unternehmung 46 (1992) Nr. 6, S. 391-413

[7] Henkel KGaA: Umweltbericht 1994

[8] *Haller, M.:* Ökologische und ökonomische Risiken im Spannungsfeld von Gesellschaft und Unternehmung. Vortrag bei oikos-Konferenz für umweltbewußte Unternehmensführung vom 22.-24.6.1989 in St. Gallen

[9] *Lauff, R. J.:* Umwelt-Audits als eigenverantwortliches Management-Instrument. Energiewirtschaftliche Tagesfragen 42 (1992) Nr. 8

[10] *Meffert, H.; Kirchgeorg, M.:* Marktorientiertes Umweltmanagement: Grundlagen und Fallstudien. Poeschel Verlag, Stuttgart 1992

[11] *Meffert, H.:* Strategisches Ökologie-Management. In *Coenenberg, Weise, Eckrich:* Ökologie-Management als strategischer Wettbewerbsfaktor. Schäffer Verlag, Stuttgart 1991, S. 7-33

[12] *Meurin, G.:* Überprüfungen des betrieblichen Umweltschutzes sollen Schwachstellen aufdecken. Frankfurter Zeitung / Blick durch die Wirtschaft vom 24.4.1992

[13] *Müller, U.:* Arbeitsschutz als integraler Bestandteil des Sicherheitskonzeptes von Chemieanlagen. Vortrag auf der ACHEMA am 9.6.1991 in Frankfurt

[14] *Müller, U.;* 1994a: Der Störfallbeauftragte; Rechtsgrundlagen, Aufgaben und Umsetzungsmöglichkeiten im Betrieb. Erich Schmidt Verlag, Berlin 1994

[15] *Müller, U.;* 1994b: Umweltschutz und Qualitätssicherung. Fett 96 (1994) Nr. 7, S. 256-258

[16] *Schmidheiny, S.,* BCSD: Kurswechsel: Globale unternehmerische Perspektiven für Entwicklung und Umwelt, 2. Aufl. Artemis und Winkler, München 1992

[17] *Sihler, H.:* Ökologie-Management: Das Beispiel Henkel. In *Coenenberg, Weise, Eckrich (Hrsg.):* Ökologie-Managment als strategischer Wettbewerbsfaktor. Schäffer Verlag, Stuttgart 1991, S. 33-49

[18] *Stabenow, M.:* Öko-Prüfstand im Kreuzfeuer der Kritik. Frankfurter Zeitung / Blick durch die Wirtschaft v. 15.9.92

[19] *Steger, U.:* Umweltorientierte Unternehmensführung – Strategie für die Praxis. In: Bundesverband Junger Unternehmer (Hrsg.): Handbuch für wirtschaftliches Umweltmanagement. Köln 1989

[20] *Steger, U.:* Umweltmanagement – Gebot für heute und morgen. In *Steger, U.* (Hrsg.): Handbuch des Umweltmanagements. H. Beck Verlag, München 1992, S. 1-15

[21] *Weston, R. F.:* Sustainable Development: Make It a Given, Not a Goal. Chemical Engineering Progress (1992) Nr. 2, S. 84-88

[22] *Zeschmann, E.-G.:* Teil I: Die Ökoprüfung muß an den betrieblichen Umweltrisiken ansetzen – Der Unterschied zwischen Management-Audit und Leistungs-Audit Frankfurter Zeitung / Blick durch die Wirtschaft vom 31.7.1992. Teil II: Recherchen und Gespräche im Betrieb bringen die wichtigsten Informationen – Was während und nach der Prüfung beachtet werden muß. Frankfurter Zeitung / Blick durch die Wirtschaft vom 14.8.1992

Sachwortverzeichnis